Peter F. E. Sloane / Martin Twardy /
Detlef Buschfeld

Einführung
in die
Wirtschaftspädagogik

Ferdinand Schöningh
Paderborn · München · Wien · Zürich

Peter F. E. Sloane, Prof. Dr. rer. pol., Dipl.-Hdl., geb. 1954, ist Ordinarius für Wirtschaftspädagogik der Fakultät für Betriebswirtschaft an der Ludwig-Maximilians-Universität München und dort Vorstand des Instituts für Wirtschafts- und Sozialpädagogik.

Martin Twardy, Prof. Dr. rer. pol., Dipl.-Hdl., geb. 1940, ist Ordinarius für Wirtschafts- und Sozialpädagogik der Wirtschafts- und Sozialwissenschaftlichen Fakultät der Universität zu Köln und dort Direktor des Instituts für Berufs-, Wirtschafts- und Sozialpädagogik und des Forschungsinstituts für Berufsbildung im Handwerk.

Detlef Buschfeld, Dr. rer. pol., Dipl.-Hdl., geb. 1961, ist Akademischer Rat am Institut für Berufs-, Wirtschafts- und Sozialpädagogik der Wirtschafts- und Sozialwissenschaftlichen Fakultät der Universität zu Köln.

Die Deutsche Bibliothek – CIP-Einheitsaufnahme

Sloane, Peter F. E.:
Einführung in die Wirtschaftspädagogik / Peter F. E. Sloane/Martin Twardy/Detlef Buschfeld. – Paderborn; München; Wien; Zürich: Schöningh, 1998
  (UTB für Wissenschaft: Uni-Taschenbücher; 2060)
  ISBN 3-8252-2060-5 (UTB)
  ISBN 3-506-99487-5 (Schöningh)

Gedruckt auf umweltfreundlichem, chlorfrei gebleichtem Papier
(mit 50 % Altpapieranteil)

© 1998 Verlag Ferdinand Schöningh, Paderborn
(Verlag Ferdinand Schöningh GmbH, Jühenplatz 1, D-33098 Paderborn)
ISBN 3-506-99487-5

Printed in Germany.
Herstellung: Ferdinand Schöningh, Paderborn
Einbandgestaltung: Alfred Krugmann, Freiberg am Neckar

UTB-Bestellnummer: ISBN 3-8252-2060-5

Inhalt

Vorwort

Die Wirtschaftspädagogik beschäftigt sich mit allen Fragen des Lehrens und Lernens im Wirtschaftssystem, allgemein mit Fragen der Wirtschaftserziehung und der beruflichen Bildung. Dabei betrachtet die Wirtschaftspädagogik immer das Verhältnis zwischen Arbeiten und Erwerbstätigkeit auf der einen und Persönlichkeitsentwicklung des Menschen auf der anderen Seite. Es wird der Versuch unternommen, ökonomische und pädagogische Überlegungen miteinander zu verbinden, wobei das ökonomisch Notwendige nicht, und vor allem Dingen nicht automatisch, pädagogisch vernünftig ist und umgekehrt.

Mit dieser „Einführung in die Wirtschaftspädagogik" wollen wir den Leser in die Wirtschaftspädagogik als Wissenschaft *hineinführen*. Das Buch wendet sich daher an alle, die einen ersten *Einstieg* in das Studium suchen, insbesondere an *Studienanfänger*. Daneben wird es als studienbegleitende Lektüre für das *Grundstudium* der Wirtschafts-, Berufs- und Sozialpädagogik empfohlen. Es ist unser ausdrückliches Anliegen, eine Einführung zu schreiben, die bei den Lesern *keine fachspezifischen Vorkenntnisse* voraussetzt. Dabei stützen wir uns auf langjährige Erfahrungen, die wir in der Hochschulausbildung von angehenden Wirtschaftspädagogen gewonnen haben.

In Teil A greifen wir Fragen auf, die uns von Studentinnen und Studenten während ihres Grundstudiums immer wieder gestellt werden. Insofern sind es *Grundfragen*. Wir wollen hierbei mögliche Perspektiven unseres Faches aufzeigen, nämlich: die Tätigkeitsfelder von Wirtschaftspädagogen in der Praxis, die Einordnung der Wirtschaftspädagogik als Wissenschaftsdisziplin, das Studium der Wirtschaftspädagogik und die zentralen Begriffe der Wirtschaftspädagogik.

Teil B zielt auf die *Praxis der Berufsbildung*. Im Mittelpunkt steht der institutionelle Aufbau der Berufsbildung, verbunden mit einer detaillierten Analyse sowohl der Rahmenbedingungen beruflicher Bildung als auch der einzelnen Lernorte. Dieser Teil gibt gewissermaßen erste Anworten auf die Fragen, welche die Wirtschaftspädagogik stellt. Es handelt sich um Erkenntnisse der Wirtschaftspädagogik, einfacher ausgedrückt: um wirtschaftspädagogisches Wissen.

In Teil C wird dieses Wissen dann problematisiert, und zwar indem gefragt wird, wie wirtschaftspädagogisches Wissen überhaupt entsteht und wie *wirtschaftspädagogische Forschung* betrieben wird. In

Teil C werden die Zweifel ausgedrückt, die uns als Theoretiker pla-
gen. Und Zweifel (an) der Theorie und auch (an) der Praxis gehören
für uns in das Zentrum des Studiums der Wirtschaftspädagogik.
In den drei Schwerpunkten

Teil A: Grundfragen der Wirtschaftspädagogik
Teil B: Praxis der Berufsbildung
Teil C: Wirtschaftspädagogische Forschung

haben wir jeweils das gleiche Ordnungsprinzip verankert. Wir gehen
in allen Teilen in einem ersten Kapitel von Fallbeispielen aus. So thematisieren wir in A.1 die Arbeitssituationen von Wirtschaftspädagogen (Lehrer, Referenten, Weiterbildner); in B.1 wählen wir als
Ausgangspunkt die unterschiedlichen Berufsbiographien von Absolventen des beruflichen Bildungssystems; in C.1 beziehen wir uns auf
Forschungs- und Entwicklungsarbeiten von Wirtschaftspädagogen.
Diese Praxisbeispiele nehmen wir jeweils als Ausgangsbasis für theoretische Erörterungen.
   Der Wechsel zwischen diesen Fallbeispielen und den einzelnen
theoretischen Aufarbeitungen wird durch kurze eingeschobenen Abschnitte verdeutlicht, die wir „Zwischenspiel" genannt haben. Solche
„Zwischenspiele" fassen die vorhergehenden Überlegungen zusammen und sollen einerseits eine Orientierungshilfe darstellen und andererseits die gedankliche Weiterführung des Lesers motivieren.
   Die Einführung in ein so komplexes Fach wie die Wirtschaftspädagogik kann dieses Fach nicht als Ganzes abbilden. Wir haben uns
daher für Reduktionen entschieden. So haben wir den gesamten Bereich der Didaktik und der Lehr-/Lernforschung ausgeklammert. Es
gibt lediglich bei den Grundfragen in Teil A sowie bei der wirtschaftspädagogischen Forschung in Teil C einige Hinweise auf diesen Bereich der Wirtschaftspädagogik, der u. E. so zentral und wichtig ist, dass er Gegenstand einer gesonderten Abhandlung sein muss.
   Eine weitere Reduktion ergibt sich dadurch, dass einzelne Gedanken zu einem vorläufigen Ende gebracht werden mussten. Mit anderen Worten: sehr oft könnten die dargestellten Sachverhalte durchaus
weiterführend problematisiert werden. Wir mussten aus Gründen der
Verständlichkeit des Textes für Anfänger und aus Raumgründen hierauf verzichten. An einigen Stellen verweisen wir durch sogenannte
„graue Zellen" auf mögliche weiterführende und relativierende Überlegungen. Schließlich soll der Teil C aufzeigen, auf welchen Annahmen und Grundlagen wissenschaftliche Texte, wie der vorliegende,
beruhen. Dies ist zugleich die Aufforderung zu einer wissenschaft-

lich-kritischen Haltung, die die Leser konsequent auch auf das vorliegende Buch anwenden können und sollen.

Wir würden unser Buch daher als subjektiven Erfolg empfinden, wenn es uns mit ihm gelänge, den Leserinnen und Lesern einerseits einiges an Erkenntnissen zur Wirtschaftspädagogik zu vermitteln und sie andererseits anzuregen, diese Erkenntnisse mit der notwendigen kritischen Sichtweise zu überprüfen.

Die hier vorgestellte Einführung in die Wirtschaftspädagogik ist wiederum ein Kompromiss, nämlich zwischen dem Kölner und dem Münchener Lehrkonzept zur Wirtschaftspädagogik. Viele Jahre gemeinsamer Arbeit in Köln waren hier sicherlich eine gute Basis, trotzdem mussten unterschiedliche Standpunkte ausgetauscht und ein Konsens hergestellt werden. Damit waren verbunden: Freude an der Auseinandersetzung, aber auch ein großer Aufwand an Koordination und Abstimmung. Wir danken allen, die sich daran beteiligt haben, insbesondere gilt unser Dank drei Ehefrauen und neun Kindern.

Peter F. E. Sloane
Martin Twardy
Detlef Buschfeld

Köln und München, im März 1998

A Grundfragen der Wirtschaftspädagogik

A.1 Wirtschaftspädagogen in der Praxis – Tätigkeitsfelder für Wirtschaftspädagogen

Die Wahl eines Studienfachs wird oft über die damit verbundenen ‚Berufsaussichten‘ nach dem Studium begründet. Darunter fällt die Aussicht auf eine individuell interessante Tätigkeit ebenso wie die Perspektive, einen entsprechenden Arbeitsplatz zu finden. Über letztere wagen wir keine Prognose, aber wir werden drei Tätigkeitsfelder vorstellen, die mit hoher Wahrscheinlichkeit von Interesse sind, wenn Sie Wirtschaftspädagogik studieren. Das Tätigkeitsfeld ‚Schule‘ rückt schon in den Blick über den bei erfolgreichem Abschluss des Studiums der Wirtschaftspädagogik verliehenen akademischen Titel „Diplom-Handels*lehrer*“. Dem akademischen Grad nicht zu entnehmen ist das zweite maßgebliche Tätigkeitsfeld: das betriebliche Personalwesen oder ‚der Betrieb‘. Wirtschaftspädagogen arbeiten zudem auch in einem dritten Bereich, der sich den organisatorischen und verwaltenden Aufgaben der Berufsbildung widmet. Wir bezeichnen diesen sehr vielfältigen Bereich vereinfachend als Tätigkeitsfeld ‚Bildungsverwaltung‘. Die drei Tätigkeitsfelder sind die typischen Arbeitsbereiche; andere sind möglich.[1]

Das Studium der Wirtschaftspädagogik orientiert sich an diesen drei möglichen Tätigkeitsfeldern, geht aber auch darüber hinaus. Denn die Bewältigung der Tätigkeiten erfordert nach unserer Ansicht

---

[1] Aus Gründen der leichteren Lesbarkeit verzichten wir teilweise auf die Nennung der weiblichen Bezeichnungsformen von Für- und Hauptwörtern. Wir erinnern gelegentlich an den Umstand, männliche und weibliche Form gemeinsam zu denken, indem wir nur die weibliche Form verwenden. Dann sind selbstverständlich Männer immer mit gemeint. Ein zweiter Hinweis betrifft die mit ‚…‘ bezeichneten Wörter oder Sätze. Diese kennzeichnen entweder alltagssprachliche Redewendungen oder markieren gewünschte Hervorhebungen. „…“ kennzeichnen Zitate oder drücken aus, dass der Satz, in dem „…“ steht, sich mit „…“ beschäftigt – als Kennzeichnung metasprachlich benutzter Ausdrücke.

auch ein Verständnis davon, wie ‚Wirtschaft' und ‚Erziehung' als wesentliche Lebensbereiche ineinander greifen und somit die Lebenswege individuell prägen. Einen ersten Einblick in die Zusammenhänge gibt das Kapitel A.1.2.

A.1.1 Drei Szenen: Tätigkeitsfelder von Wirtschaftspädagogen

Auf die einfache Frage, was Wirtschaftspädagogen nach dem Studium eigentlich beruflich machen, gibt es zum Glück keine einfache Antwort. Als eine erste Annäherung haben wir mit Wirtschaftspädagogen Gespräche geführt, die seit etwa fünf Jahren im Berufsleben stehen. Die Gespräche begannen unter dem Motto: Was machst Du eigentlich an einem ganz normalen Arbeitstag? Aus den Gesprächen haben wir drei Szenen geschrieben, oder anders formuliert: drei Geschichten gemacht. Sie enthalten und verdichten unsere Eindrücke aus den geführten Gesprächen und sind insofern fiktiv. Wir legten den Gesprächspartnern die Geschichten vor. Alle konnten sich darin zumindest ein Stück weit wiedererkennen. Von daher sind unsere fiktiven Geschichten zwar ausschnitthaft und bewusst akzentuiert, sie spiegeln aber durchaus authentisch die Tätigkeitsfelder wider.

A.1.1.1 Tätigkeitsfeld Schule

Jemand hatte die Kaffeemaschine angelassen. Bis auf einen kleinen Rest war der Kaffee verdampft. „Da bin ich wohl noch gerade rechtzeitig gekommen", dachte sich Marie B., „aber trinken kann ich die Brühe wohl nicht mehr." Sie stellte die Maschine aus, schüttete den Rest weg und spülte die Kanne. Im Schrank suchte sie nach Kaffeepulver. Sie fand keins, wohl aber drei Packungen Filtertüten. „Ich trinke sowieso zu viel Kaffee", tröstete sie sich und ging in das Raucherzimmer. Auf dem großen Tisch standen noch ein paar Kaffeetassen, im Aschenbecher neben einem Ordner mit alten Prüfungsaufgaben qualmte noch eine Zigarette.

„Ist noch jemand da", rief sie laut. Sie erhielt keine Antwort, aber aus dem ‚Medienraum', wie das Hinterzimmer genannt wurde, drangen Geräusche. Marie B. ging weiter zur offenen Tür und sah, wie Kollege Klaus in einem Schrank kramte. Überrascht fragte sie: „Was machst du denn noch hier?" „Ich hatte die Speditionsklasse bis zur siebten Stunde und dann war ich noch in Raum 39, um die Festplatten zu säubern und das neue FiBu-Programm zu installieren", antwortete Kollege Klaus. „Ach so", reagierte Marie B., „ich musste noch ein paar Sachen für die Fortbildung zusammensuchen, die heute abend und morgen den Tag über stattfindet. Wenn ich im nächsten Halbjahr für das neue Netzwerk im Lernbüro zuständig bin, muss ich ja zumindest in etwa Bescheid wissen."

„Das stimmt", meinte Kollege Klaus, während er die Zigarette aus dem Aschenbecher nahm, „aber hoffentlich bringt die Fortbildung auch etwas, außer ein bisschen Abwechslung vom Unterrichtsalltag. Aber da fällt mir auf, dass Du dann morgen gar nicht bei der Klassenkonferenz der H 74 dabei bist. Das ist ja ärgerlich. Ich hatte fest mit Deiner Unterstützung im Fall von Jörg und Jeanette gerechnet. Die Kollegen, die die Sprachen unterrichten, sprechen sich ja für eine Trennung der beiden Turteltauben aus und wollen Jörg wegen seiner häufigen Störungen in eine andere Klasse versetzen. Ich glaube ja, das Problem könnte man auch in einem Beratungsgespräch mit den beiden lösen, was wohl angemessener wäre. Am besten mit unserer Beratungslehrerin, der Frau Kohn. Auf jeden Fall muss die Frage vor dem Klassenausflug geklärt sein. Apropos, hast Du Dich mal um das Busunternehmen gekümmert?"

„Nein", meinte Marie B., „ich wollte eigentlich, dass die Schüler sich selbst um die Angebote kümmern, schließlich sollen sie den Angebotsvergleich beherrschen. Aber dazu muss ich erst das Thema Willenserklärung abhandeln. Ich hoffe, ich bin in zwei Wochen soweit." „Ist das nicht zu spät", bemerkte Kollege Klaus. „Vielleicht, mal sehen, ich könnte den Angebotsvergleich auch vorziehen. Aber das überlege ich mir am Wochenende, wenn ich die letzte Klassenarbeit nachgesehen habe. Lass mich nur mal machen, ich kümmere mich drum ." Während der letzten Worte von Marie B. war Kollege Klaus in den Vorraum gegangen. „Wo ist denn der Kaffee geblieben", fragte er. „Entschuldige, das Konzentrat hab' ich eben weggeschüttet, es war eh nicht mehr viel übrig." „Schade", meinte Kollege Klaus, „aber was soll's: ich trinke sowieso zu viel Kaffee."

A.1.1.2 Tätigkeitsfeld Betrieb

Armin M. studierte Wirtschaftspädagogik und ist Diplom-Handelslehrer. Nach seinem Studium, das er eigentlich mit der festen Absicht begonnen hatte, Berufsschullehrer zu werden, entschied er sich, ‚in die Wirtschaft zu gehen'. Er war im Verlauf seines Studiums unsicher geworden, ob ‚Schule' das richtige Arbeitsfeld für ihn sei und da kam ihm das Angebot, in einem mittelständischen Unternehmen tätig zu werden, gerade recht. Als Assistent des Bereichsleiters für das Personal- und Ausbildungswesen arbeitete er drei Jahre. Dann wechselte er zu einem weltweit agierenden Unternehmen mit über fünftausend Mitarbeitern, welches Produkte für die Mess- und Regeltechnik herstellt.

Diese Produkte sind für Kunden bzw. Händler meist erklärungsbedürftig. ‚Kundenschulungen‘ gehören gewissermaßen mit zu den Produkten, die das Unternehmen verkauft. Entsprechend müssen Mitarbeiter und Händler ebenfalls ständig geschult werden. Armin M. arbeitet aber nicht in diesem Schulungsbereich, bei dem häufig technische Informationen im Vordergrund stehen. Als Referent für Personal- und Organisationsentwicklung ist sein Tätigkeitsfeld vielmehr mit dem Personalwesen verbunden. Armin M. sowie seine Kolleginnen und Kollegen (eine Diplom-Handelslehrerin, eine Diplom-Psychologin sowie ein Diplom-Kaufmann und ein Diplom-Ökonom) werden von den anderen Mitarbeitern deshalb als ‚Personaler‘ bezeichnet.

Armin M. fährt auf dem Weg nach Hause gerade auf die Autobahn auf. Früher als sonst hat er heute seinen Stammarbeitsplatz verlassen, weil er die nächsten zwei Tage im ‚Seminarhotel‘ verbringen wird. Dort soll er einen Workshop moderieren. Und Workshop meint, die Teilnehmer zur aktiven Teinahme anzuregen, sie dazu zu bewegen, sich als Personen mit einzubringen.

Normalerweise nutzt er die Autobahnfahrt bereits, um ein wenig abzuschalten. Doch diesmal geht ihm das Gespräch mit Herrn F. nicht aus dem Kopf. Armin M. war gerade drauf und dran gewesen, sein Büro zu verlassen, da hatte Herr F. telefonisch angekündigt, er werde noch mal eben kurz vorbeikommen. Armin M. hatte Herrn F. in der letzten Woche über ein längeres Gespräch näher kennengelernt. In dem Gespräch ging es um Gestaltungsmöglichkeiten von flexiblen Arbeitszeitmodellen. Herr F. sollte für seine Gruppe „Produktentwicklung" zu einem Konzept Stellung nehmen, das Armin M. in Zusammenarbeit mit anderen ‚Personalern‘ entwickelt. Nun kam Herr F. und reichte noch eine Statistik für seine Gruppe nach, die die Zahl der Überstunden in seiner Gruppe aufschlüsselte.

Armin M. spürte gleich, dass die Statistik nur ein Vorwand für ein Gespräch war. Eine Sensibilität für solche Vorwände hatte er sich als ‚Personaler‘ schon erarbeitet. Irgendein dringender Beweggrund hatte Herrn F. veranlasst, zu ihm zu kommen, und zwar sofort. Schon bald stellte sich heraus: Nicht die Statistik, sondern die Umstände der Erstellung der Statistik waren der eigentliche Grund für den Besuch. Herr F. hatte nämlich eine Mitarbeiterin gebeten, die Statistik zu erstellen. Es gab offenbar Reibereien. Nur widerwillig hatte die Mitarbeiterin die Arbeit übernommen. „Es sei ja schließlich nicht ihre Aufgabe als Ingenieurin", hatte sie gesagt. Und entsprechend musste sich Herr F. über einige Fehler in der Tabelle ärgern, die er dann schnell noch selbst verbesserte. Verärgert hat er dann zum Hörer gegriffen, und nachgefragt, ob er bei Armin M. vorbeikommen könnte.

Armin M. ermunterte Herrn F. dazu, mehr über seine Gruppe zu erzählen und hörte dabei intensiv zu. Denn für Herrn F. war es wie eine Art Ventil. Nachdem das Eis einmal gebrochen war, schilderte er eine Reihe von kleineren Schwierigkeiten im Umgang miteinander, die die Zusammenarbeit in der Gruppe belasteten. Armin M. bot Herrn F. an, in der kommenden Woche zu ihm zu kommen, um abzuklären, welche Lösungsmöglichkeiten es vielleicht gäbe, das Arbeitsklima in der Gruppe zu verbessern. Manchmal genügt schon der Hinweis, den Mitarbeitern regelmäßig eine angemessene Rückmeldung, das berühmte ‚Feed-back' zu geben. „Leichter gesagt als getan", meinte Herr F. gegen Ende des Gesprächs, „aber selbst darüber zu reden, falle ihm nicht leicht."

„Wem fällt das schon leicht", dachte Armin M. in seinem Wagen, „dabei sind solche Schwierigkeiten alltäglich, und sie zuzugeben, ist der erste wichtige Schritt."

A.1.1.3 Tätigkeitsfeld Bildungsverwaltung

Gesa M. schaut von ihrem Buch auf, betrachtet über den Schreibtisch hinweg den Ausblick aus ihrem Zimmer, den Wolkenhimmel. „Die Entdeckung des Himmels", denkt sie. So heißt das Buch von Harry Mulisch, in dem sie gerade die Sätze gelesen hatte: „Du hast bestimmt selbst schon gemerkt, dass sich im Leben alles fortwährend ändert – meistens geschieht das langsam und fast unmerklich, aber manchmal auch plötzlich und sehr einschneidend."

Gesa M. denkt mehr und mehr an ihre eigene Situation. Die neue Stelle in einer fremden Stadt war ein ähnlicher Fall. „Warum eigentlich dieser schnelle Berufseinstieg, wo ich mich doch gerade jetzt so wohl fühle? Eine Pause hätte ich wohl verdient, nach der Promotion." Erst vor vier Wochen hat sie ihre Doktorprüfung endgültig absolviert. Vier Jahre lang hatte sie sich mit dem Thema „Organisatorische Rahmenbedingungen von Lehr-Lernprozessen" beschäftigt -eine anstrengende Zeit. Die Möglichkeit, als Bildungsreferentin bei der Industrie-

und Handelskammer in München tätig zu werden, hat sie natürlich sofort gereizt, auch wenn sie eigentlich lieber noch ein bisschen Urlaub gemacht hätte. Aber es ging dann plötzlich ganz schnell. Nächste Woche soll sie schon anfangen.

„Wer kann sich schon so lange theoretisch auf eine praktische Aufgabe vorbereiten", fragt sich Gesa M. „Und wer hätte gedacht, dass ich jemals promovieren werde? Eigentlich wollte ich doch nach der Ausbildung schnell studieren, um bald im Unternehmen der Eltern zu arbeiten. Aber während des Studiums habe ich mich mehr und mehr für Wirtschaftspädagogik interessiert. Und als ich dann nach dem Studium noch die Chance bekam, bei einem Forschungsprojekt „Neue Qualifizierungskonzepte für Führungskräfte in Klein- und Mittelbetrieben" mitzuarbeiten, war plötzlich die Promotion das Ziel. Und dann habe ich aufgrund der Kontakte des Forschungsprojekts zu Kammern und Verbänden das Stellenangebot erhalten. Langsam und fast unmerklich hat sich alles geändert. Wie im Roman".

Gesa M. nimmt sich aus diesen Gedanken heraus nochmals die Stellenbeschreibung ihres künftigen Arbeitsplatzes aus der Schreibtischschublade. Besonders interessant erscheint ihr die Aufgabe, Seminare für Aus- und Weiterbildner zu organisieren und teilweise selbst durchzuführen. Sie sollen mit den rechtlichen Grundlagen der Ausbildung und den neu festgelegten Anforderungen der Ausbildungsordnungen vertraut werden. Eine solche Qualitätssicherung der Berufsausbildung zu betreiben, obwohl Qualität gar nicht so leicht zu präzisieren ist, ist eine schwierige Aufgabe, die viel Überzeugungsarbeit bedeutet. Um diese Aufgabe zu bewältigen, wird sie mit den Ausbildungsberatern der Kammer eng zusammenarbeiten müssen. Außerdem gehören auch Informations- und Fortbildungsveranstaltungen für Prüfungsausschussmitglieder, die Kontaktpflege mit Schulen und Behörden usw. zu ihren Aufgaben. Und noch etwas: Sie soll ein Projekt betreuen, welches den Austausch von Auszubildenden in andere Länder der Europäischen Union fördern soll. „Aber halt", sagt sich Gesa M. „Erst in einer Woche! Jetzt entdecke ich erst mal den Himmel…"

A.1.1.4 Synopse der Tätigkeiten

Worin liegen nun Gemeinsamkeiten, worin Unterschiede der Tätigkeitsfelder, in denen Marie B., Armin M. und Gesa M. arbeiten? Wir beginnen zunächst mit den Unterschieden. Die institutionelle Unterscheidung zwischen ‚Schule', ‚Betrieb' und ‚Bildungsverwaltung' deutet auf verschiedene *Lebenswelten* hin, die an vermeintlichen Kleinigkeiten festgemacht werden können: Ein eigenes Büro, selbst ein eigener Schreibtisch als Arbeitsplatz, ist in der Schule i. d. R. nicht vorhanden, für Armin M. und Gesa M. wohl eher selbstverständlich. Umgekehrt ist es für Marie B. selbstverständlich, Arbeiten zu Hause zu erledigen und so das Gefühl eines Feierabends nicht zu kennen, während Armin M. und Gesa M. die ‚freie' Zeiteinteilung der Lehrer am Nachmittag als Privileg ansehen könnten.

Unterschiedlich klar bestimmt sind auch Zuständigkeiten für Arbeitsbereiche innerhalb der jeweiligen Institution. Während Gesa M. auf eine formelle ‚Stellenbeschreibung' zurückgreifen kann, die ihre Position in der Industrie- und Handelskammer beschreibt, ergeben sich bei Marie B. die Zuständigkeiten eher auf informelle Art, beispielsweise für die Busreise oder auch die Zuständigkeit für zu wenig Kaffee und zu viele Filtertüten. Gerade in einer Institution, in der zwischen fünfzig und einhundert eigentlich gleichberechtigte Kolleginnen und Kollegen sich einen großen Arbeitsbereich wie das Lehrerzimmer oder auch das Hinterzimmer als ‚Medienraum' teilen, erhält das Gefühl für Zusammengehörigkeit und gegenseitige Rücksichtnahmen eine eigene Qualität, jedenfalls eine andere Qualität als in einer kleineren Abteilung von ‚Personalern'. Im Kapitel B.2.2 werden wir noch auf die Unterschiede der Institutionen und deren Lebenswelten eingehen.

Weitere Unterschiede lassen sich offensichtlich auch hinsichtlich der Personen ausmachen, für die und mit denen gearbeitet wird. So sind die *Zielgruppen* ganz unterschiedlich. Schüler, Mitarbeiter, Abteilungsleiter, Ausbilder und Prüfungsausschussmitglieder lassen sich in Bezug auf ihre Erfahrungen, Einstellungen, Erwartungen, Interessen usw. kaum sinnvoll vergleichen. Tendenziell hat Marie B. häufiger mit jüngeren Menschen zu tun, Armin M. und Gesa M. sind eher mit älteren Menschen in Kontakt, wobei hier durchaus der Fall eintreten kann, dass sie Menschen etwas nahebringen müssen, die weit älter sind als sie selbst. Wichtig erscheint uns aber, dass in allen drei Tätigkeitsfeldern im Prinzip sowohl mit Jugendlichen als auch mit Erwachsenen gearbeitet werden kann: Gesa M. wird mit Jugendlichen aus anderen europäischen Staaten arbeiten, Marie B. wird vielleicht selbst einmal in der Lehrerfortbildung Kollegen in der Computernetzwerkverwaltung unterrichten und für Armin M. wäre es durchaus möglich, in einem anderen Betrieb als ‚Personaler' auch für die Auszubildenden und ihre Betreuung in den Abteilungen zuständig zu sein. Dennoch prägt das Lebensalter der Zielgruppen die Tätigkeitsfelder unterschiedlich.

Durch die verschiedenen Lebenswelten von Lehrerinnen und Lehrern an berufsbildenden Schulen, von Ausbildern oder Personalentwicklern in Betrieben oder von Wirtschaftspädagogen, die in der Bildungsverwaltung tätig sind, werden auch unterschiedliche *Rollenverständnisse* entwickelt. Dazu tragen auch die Personen bei, die neben Wirtschaftspädagogen in den Tätigkeitsfeldern arbeiten: Lehrerinnen mit ‚zweiter Staatsprüfung‘, beispielsweise Sprachen-, Sport-, Politik- oder Geographielehrerinnen, betätigen sich neben den ‚Wirtschaftswissenschaftlern‘ an berufsbildenden Schulen[2]. Psychologen, Pädagogen, Volks- und Betriebswirte, Soziologen, Juristen arbeiten häufig neben Wirtschaftspädagogen in Betrieben oder der Bildungsverwaltung. Insofern führen verschiedene Ausbildungswege in ähnliche Tätigkeitsfelder. Wir belassen es aber an dieser Stelle bei diesem Hinweis auf die vielen Wege, die nach Rom führen, und beschränken uns auf den Weg als Wirtschaftspädagoge.

Die Gemeinsamkeiten lassen sich an den Tätigkeiten festmachen, die in allen drei Szenen angedeutet wurden: Unterrichten, Beraten und Organisieren. *Unterrichten* ist dabei eine Sammelbezeichnung für „mit einer Klasse einen Angebotsvergleich praktisch durchzuführen“, „Kundendienstmitarbeitern technische Informationen zu vermitteln“, „einen Workshop im Seminarhotel zu moderieren“ oder „ein Training für Prüfungsausschussmitglieder zu leiten“. Das *Beraten* umfasst zunächst die Feststellung bzw. Erkundung der jeweiligen Problemlage, eine Art Diagnose. Dies erfordert Beobachtungsgabe, Kenntnisse der Personen und ihrer Lebenssituationen und auch den Mut, über Menschen und deren Situation zu urteilen. Erst dann können sinnvolle Lösungswege vorgeschlagen und umgesetzt werden. Das *Organisieren* bezieht sich einerseits auf administrative Tätigkeiten (Klassenkonferenzen, Bildungsbedarfsanalysen, Informationsveranstaltungen), andererseits sind immer auch Neuerungen konzeptionell zu erarbeiten bzw. sind die Rahmenbedingungen für deren Umsetzung zu schaffen. Pflege von Computernetzwerken, Flexibilisierung von Arbeitszeitmodellen oder die Neuordnung von Ausbildungsinhalten sind Beispiele hierfür, wobei die Inhalte sich ständig wandeln bzw. austauschbar sind. Insofern geben wir den Stand im Jahre 1997 wieder. Der DEUTSCHE BILDUNGSRAT hat einmal die Aufgaben eines Lehrers beschrieben mit Lehren, Erziehen, Beurteilen,

---

[2] An berufsbildenden Schulen, in denen sowohl in kaufmännischen als auch in gewerblich-technischen Berufen ausgebildet wird, wären noch zahlreiche andere Fachvertreter zu nennen. Siehe dazu auch den Punkt B.2.2.1.

Beraten und Innovieren[3]. Wir meinen, diese Aufgaben lassen sich auf die drei Tätigkeitsfelder übertragen, insbesondere da es letztlich darum geht, in einer dynamisch sich verändernden Welt der Wirtschaft zu agieren und zu reagieren. Dies erfordert eine Entwicklung und Veränderung von Menschen und deren Fähigkeiten zur Bewältigung von Problemen.

Im Hinblick auf eine Bestimmung, womit sich Wirtschaftspädagogik beschäftigt, hat Gerhard BUNK formuliert: „Als Wirtschaftserziehung werden solche sozialen Handlungen verstanden, durch die Menschen versuchen, das physio-psychische Gefüge anderer Menschen (positiv) im Hinblick auf Optimierungsfähigkeiten und -tätigkeiten sowie Verantwortlichkeiten zu verändern bzw. die als wertvoll beurteilten Komponenten zu erhalten"[4]. Daran lässt sich die Gemeinsamkeit aller drei Tätigkeitsfelder herausheben: Die Entwicklung von Menschen, deren Förderung in erzieherischen Situationen und die Handlungsfähigkeit der Menschen in wirtschaftlichen Situationen sind gemeinsamer Bezugspunkt. Die Handlungsfähigkeit soll gefördert oder – provokativer formuliert – angepasst und optimiert werden. Kurzgefasst: Es geht um Persönlichkeitsentwicklung *und* Lebensbewältigung.

In der synoptischen Betrachtung kann zudem ein gemeinschaftlicher Aspekt skizziert werden, der eher implizit den Hintergrund der Szenen prägt. Es ist der Aspekt, der sich aus der Schwierigkeit einer kurz- wie langfristigen ‚Erfolgsrückmeldung' bei den jeweiligen Tätigkeiten ergibt. Erfolg und/oder Leistung von ‚Lehrern', ‚Personalern' oder auch ‚Verwaltern' sind von ihnen selbst schwer in Erfahrung zu bringen, wenn der Erfolg sich erst in den ‚Ernstsituationen' einstellt bzw. die erbrachte Leistung sowohl den Lehrenden als auch den Lernenden zugebilligt werden muss. Ein ‚Misserfolg' eines Se-

---

[3] Vgl. DEUTSCHER BILDUNGSRAT 1970, S. 217 ff. Der Deutsche Bildungsrat wurde als Nachfolgeinstitution für den Deutschen Ausschuss für das Erziehungs- und Bildungswesen durch ein Abkommen zwischen der Bundesregierung und den Regierungen der Länder der Bundesrepublik am 15.07.1965 gegründet. Man wollte ein Gremium, das insbesondere Vorschläge für die Zahl, Struktur und den Finanzbedarf der Bildungseinrichtungen vorlegte. Die Amtszeit des Deutschen Bildungsrats betrug 5 Jahre, jedoch wurde das Mandat 1975 nicht mehr verlängert, was zum Ende dieser Form der institutionalisierten Zusammenarbeit von Verwaltung und Wissenschaft führte.

[4] BUNK 1982, S. 16.

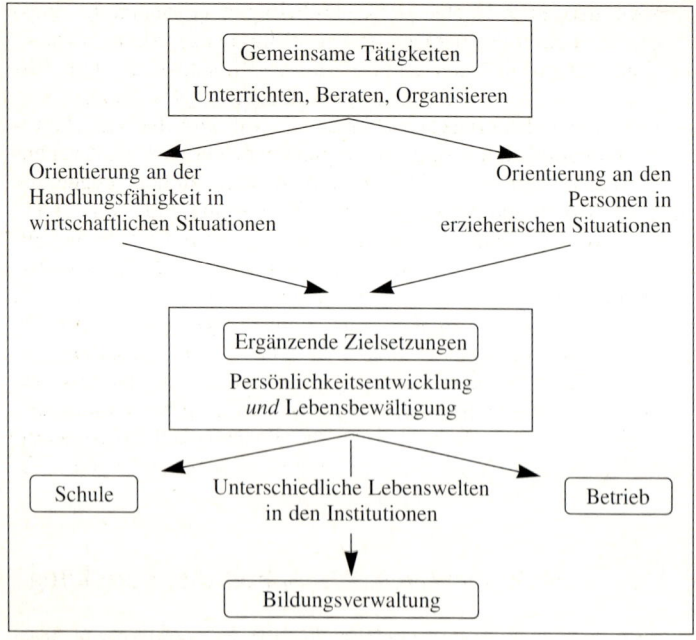

Abbildung A. 1: Synopse der Tätigkeitsfelder

minars wird in der Regel zunächst immer auch dem Trainer zugerechnet, ein ‚Erfolg' dagegen zuerst immer auch den Teilnehmern,
ganz gleich, wie Misserfolg und Erfolg überhaupt definiert und gemessen werden können.

Neben diesem psychologischen Gesichtspunkt erwächst als weitere Konsequenz daraus ein Rechtfertigungsdruck. Weil Erfolg
und/oder Leistung im Ergebnis häufig unbestimmt sind, wird von
‚Außenstehenden' der Nutzen der dargestellten Tätigkeitsfelder nicht
selten in Frage gestellt. Während wohl kaum jemand die Notwendigkeit einer allgemeinbildenden Schule oder einer Produktions- und
Vertriebsabteilung in Unternehmen bezweifeln würde, stehen im berufsbildenden Bereich die Daseinsberechtigung einer gesonderten
Berufsschule oder einer eigenen Weiterbildungsabteilung in Unternehmen durchaus in Frage. Die Antworten auf solche kritischen Fragen können in zwei Richtungen gedeutet werden. Erstens kann ver-

sucht werden, einen Nachweis für den Erfolg zu erbringen. In jüngster Zeit wird dafür das Schlagwort vom Bildungscontrolling verwendet. Dadurch sollen Kosten und Nutzen von Bildungsmaßnahmen erfasst und beurteilt werden. Mit dem Bildungscontrolling könnte so – ganz im Sinne ökonomischen Denkens – Zweiflern die wirtschaftliche Vorteilhaftigkeit der eigenen Tätigkeiten belegt werden. Zweitens kann versucht werden, Kritiker durch Argumente zu überzeugen, die nicht auf Kosten und Nutzen abheben. Zielsetzung und Sinn der Tätigkeiten von Wirtschaftspädagogen sind – ganz im Sinne pädagogischen Denkens – offenzulegen und zu rechtfertigen. Beide Gesichtspunkte erfordern von Wirtschaftspädagogen nach unserer Ansicht im besonderen Maße die Fähigkeit, die eigene Tätigkeit selbst-kritisch, aber auch selbst-bewusst zu reflektieren und sich mit ihr zu identifizieren. Daher gehören Überlegungen zum Selbstverständnis von Wirtschaftspädagogik und Wirtschaftspädagogen in den Abschnitten A.2 und A.4 ebenso zum Kernbestandteil eines wirtschaftspädagogischen Studiums (A.3), wie die Grundfragen wirtschaftspädagogischer Forschung in Teil C.

A.1.2 Zwei Perspektiven: Wirtschaft und Erziehung

Eine Redensart behauptet, nicht für die Schule werde gelernt, sondern für das Leben. Und eine andere meint, dass das Leben selbst die beste Schule sei. Mit diesen beiden Aussagen kann einfach ausgedrückt werden, worum es in diesem Abschnitt geht: Man lernt für und durch ‚das Leben‘. Diese allgemeine Formulierung wollen wir konkretisieren an den uns interessierenden Lebensbereichen ‚Wirtschaft‘ und ‚Erziehung‘, um insbesondere deren gegenseitige Beeinflussung zu untersuchen.

Sowohl mit dem Begriff „Wirtschaft“ als auch mit dem Begriff „Erziehung“ können bestimmte Verhaltensweisen, eben die *Vorgänge* „Wirtschaften“ und „Erziehen“, gemeint sein (A.1.2.1). Mit den Begriffen lassen sich aber auch bestimmte Organisationsformen oder Subsysteme der Gesellschaft umschreiben, eben die *Strukturen* des Wirtschafts- und Erziehungssystems einer Gesellschaft (A.1.2.2). Und beide Aspekte, Vorgänge und Strukturen, prägen den individuellen ‚Charakter der Person‘ ebenso wie das ‚Gesicht der Gesellschaft‘.

Auf den ersten Blick mag es fast trivial erscheinen, die Vorgänge „Wirtschaften“ oder „Erziehen“ als Grundvorgänge zu bezeichnen, die seit jeher das menschliche Dasein bestimmen. Immer schon ha-

ben Menschen ‚gewirtschaftet' und wurden Menschen ‚erzogen';
vielleicht oder gerade deshalb reklamiert der Mensch für sich eine
herausgehobene Stellung unter den Lebewesen. Wirtschaften und Erziehen bezeichnen wir als anthropologische[5] Grundkonstanten, deren
Ausprägungen ganz unterschiedlich sein mögen. Wirtschaften und
Erziehen konzentrieren sich in diesem Sinne auf das einzelne Individuum, sie sind dennoch nie nur von einem einzelnen Individuum zu
vollziehen. Es sind immer soziale Vorgänge, denn zum Tauschen
(Wirtschaften) und Fördern (Erziehen) gehören mindestens zwei. Je
mehr Personen einbezogen werden, desto stärker werden Wirtschaften und Erziehen zu soziologischen[6] Konstanten, die sich im Gesellschaftssystem widerspiegeln. Regeln der Wirtschaft und der Erziehung prägen somit die Gesellschaft, in der Menschen wirtschaften
und erziehen.

Auf den zweiten Blick entsteht zwischen der anthropologischen
und soziologischen Perspektive ein Spannungsfeld, in dem zahlreiche
‚Weltprobleme' verankert sind. Denn wird nicht gerade durch die
anthropologischen Besonderheiten die Anmaßung gerechtfertigt, mit
der die Menschheit die Natur- und Umweltzerstörung betreibt? Und
liegt in der soziologischen Betrachtung von (unterschiedlichen) Gesellschaften nicht eine versteckte Begründung für die Unvermeidbar-
keit einer ersten und einer dritten Welt? Wem dies zu weit gefragt ist,
der kann sich auf die eigene Lebenssituation konzentrieren. Sind die
Unterschiede zwischen Armen und Reichen in unserer Gesellschaft
nicht auch eine Folge der anthropologischen Überzeugung, dass
Menschen nicht alle gleich, sondern unterschiedlich veranlagt sind
und eben deshalb auch unterschiedlich fähig sind und befähigt wer-

---

[5] Im deutschsprachigen Raum kann Anthropologie als die umfassende Wis-
     senschaft vom Menschen aufgefasst werden. Sie untersucht u.a. die Stel-
     lung des Menschen in der Welt, ‚seine' Natur im Vergleich zur außer-
     menschlichen Natur. Innerhalb der Anthropologie gibt es verschiedene
     Richtungen (u.a. historische, biologische, medizinische und eben auch
     pädagogische Anthropologien), anhand derer sich Aussagen zu Men-
     schenbildern formulieren lassen. Das Wissen um Menschenbilder hilft gele-
     gentlich bei der Beurteilung von Meinungen und Theorien.
[6] Die Soziologie wird häufig die Lehre von der Gesellschaft genannt. Prinzi-
     piell können aber alle sozialen Formen des Zusammenlebens von Menschen
     (soziale Beziehungen) darunter gefasst werden; Soziologie der Paarbezie-
     hungen, Soziologie der Familie, Soziologie der Vereine, Soziologie der
     Stadt und viele weitere. Die gesellschaftliche Bedeutung solcher sozialen
     Beziehungen erst formt die soziologische Perspektive.

den müssen? Und fordert nicht die Gesellschaft solche Unterschiede, um beispielsweise ‚auf dem Arbeitsmarkt bestehen‘ zu können? Noch enger gefasst: Was meint man eigentlich damit, wenn von „Hochqualifizierten" und „Niedrigqualifizierten", „anspruchsvollen" und „anspruchslosen Tätigkeiten" gesprochen wird? Warum verdienen Frauen für gleiche Arbeit häufig weniger als Männer, werden Lehrende an Grund- und Hauptschulen anders besoldet als an Gymnasien?

Mit diesen Hinweisen auf das Spannungsfeld zwischen individueller und gesellschaftlicher Sichtweise deuten wir eine für das Studium der Wirtschaftspädagogik wichtige Denkhaltung an, nämlich die jeweilige Reflexion von Lebenssituationen im Hinblick auf das ‚betroffene‘ Individuum und das ‚angetroffene‘ soziale Umfeld.[7]

A.1.2.1 Wirtschaften und Erziehen als Verhaltensweisen

Wenn Wirtschaften und Erziehen als anthropologische Grundkonstanten bezeichnet werden, dann folgt daraus, dass im Grunde jeder Mensch diese Verhaltensweisen erfahren hat und ausübt. Durch die Alltäglichkeit der Verhaltensweisen wird die weit verbreitete Meinung begründet, dass man keine besondere Fähigkeit benötige, keine besondere Ausbildung oder gar ein Studium brauche, um Wirtschaften oder Erziehen zu können. Es gibt genug Beispiele dafür. Dennoch sind die Verhaltensweisen auf irgendeine Art erlernt worden. Ausbildung und Studium sind ein Versuch, sie systematisch zu lehren. Und untrennbar damit verbunden ist das Vorhandensein von Vorstellungen, die klären, wie Wirtschaften und Erziehen ‚richtig‘ geht und ablaufen soll. Insofern sind im folgenden Ziele und Mittel sowie die Bedingungen des Wirtschaftens und des Erziehens zu erläutern.

Als Ziel des Wirtschaftens wird in der Regel die Versorgung mit Gütern oder Dienstleistungen genannt. Im Sinne einer allgemeinen Betrachtung hebt Dieter SCHNEIDER[8] in einem weitverbreiteten Wirt-

---

7   Beide Aspekte werden in früheren Einführungen in die Berufs- und Wirtschaftspädagogik unterschiedlich gewichtet. Den ersten Aspekt hebt beispielsweise Alfons DÖRSCHEL bei seinen Überlegungen zum Verhältnis von Wirtschaft und Erziehung hervor (DÖRSCHEL 1975b, S. 92 ff.). Den zweiten Aspekt stellt Wilfried VOIGT (1977, S. 13 f., S. 99 ff.) heraus.

8   Vgl. SCHNEIDER 1992, S. 494. Mit Dieter SCHNEIDER beziehen wir uns auf einen geschätzten, wenn auch umstrittenen Vertreter der Betriebswirtschaftslehre, der sich insbesondere dagegen wendet, eine Allgemeine Betriebswirtschaftslehre als ‚Managementlehre‘ oder ‚angewandte Sozialwis-

schaftslexikon den Erwerb von Einkommen bzw. die Verringerung von Einkommensunsicherheiten als Ziel des Wirtschaftens hervor. Die Mittel sind nur in der Möglichkeit des Tauschens gegeben, beruhen also auf dem Vertragsprinzip von Leistung und Gegenleistung. Der Einkommenserwerb durch Raubüberfall oder durch Ausnutzung zwischenmenschlicher Abhängigkeiten würde nicht unter die Kategorie des Wirtschaftens fallen. Bedingung für Wirtschaften ist, dass dem Tauschobjekt individuell ein Wert als eine Art Knappheitsmesser zugeordnet werden muss. Die Knappheit von Gütern und die begrenzte Möglichkeit von Menschen, Güter selbst in gewünschter Güte herzustellen, begründen die Notwendigkeit des Wirtschaftens. Knappheit der Güter und notwendige Arbeitsteilung oder Spezialisierung sind entsprechende Ausgangspunkte. Neben diesem sachlichen Aspekt wird in der Regel auch ein formaler Aspekt mit Wirtschaften verbunden, nämlich möglichst vorteilhaft zu tauschen. Die Versorgung mit vorher bestimmten Gütern soll durch geringste Gegenleistungen erzielt werden oder umkehrt: für vorher genau bestimmte eigene Leistungen soll eine maximale Güterversorgung erreicht werden. Die Wirtschaftlichkeit des Verhaltens wird an dieser Maxime gemessen. Die Bestimmung von ‚geringstem Einsatz‘ oder ‚größtmöglicher Versorgung‘ bereitet in realen Zahlen aber große Schwierigkeiten. Daher wird teilweise wirtschaftlicher Erfolg an den relativen Vorteilen gemessen, also wie erfolgreich im Vergleich zu Wettbewerbern oder zum Vorjahr getauscht wurde. Der Erfolg wird periodisch ermittelt, häufig jährlich. Mit Wirtschaften ist nach dieser Auffassung die Idee des Wettbewerbs verbunden, ‚sich zu verbessern‘, ‚besser als andere sein‘ oder ‚besser als andere werden‘. Daher rührt die Dynamik der Wirtschaft, wobei diese Orientierung am Prinzip des Wettbewerbs letztlich schon vorwegnimmt, wie das Wirtschaftssystem funktionieren soll.

Auch das Ziel des Erziehens kann analog zwischen einem sachlichen und einem formalen Aspekt unterschieden werden. Der sachliche Aspekt lässt sich anthropologisch sehr vereinfacht mit der Erhaltung einer nachkommenden Generation umschreiben, bis diese ihr Leben eigenständig gestalten kann. Soziologisch gewendet hieße es: Reproduktion der Gesellschaft. Die sachlich anmutende Zielsetzung folgt unmittelbar aus der anthropologischen Bedingung des Erzie-

---

senschaft‘ aufzufassen. Hans RAFFÉE entgegnet SCHNEIDER und stellt die Vielfalt der unterschiedlichen in Deutschland relevanten Ansätze der Betriebswirtschaftslehre dar (RAFFÉE 1993, S. 25 ff.).

hens. Sie zeigt für den Menschen eine außergewöhnliche Position in der Natur auf. Der Mensch sei im Vergleich zu anderen Organismen bei der Geburt als ein Mängelwesen (Arnold GEHLEN) einzuschätzen, welches durch Lernen ,Mängel' ausgleichen muss, teils durch Hilfe und Schutz aus dem sozialen Umfeld, teils durch Auseinandersetzung mit ihr. Der Mensch ist in diesem Sinne ein außerordentliches Lern- oder Neugierwesen (Heinrich ROTH). Ihn kennzeichnet seine Instinktarmut bzw. seine Formbarkeit und eine im Vergleich zu anderen Lebewesen lange Kindheits- und Jugendphase als ,Lernzeit'. Bedingung des Erziehens sind mithin die Erziehungsbedürftigkeit und die Annahme der Entwicklungsfähigkeit des Menschen, der entsprochen wird durch das Mittel der sozialen Förderung, also der Begegnung von Menschen.[9]

Dem ersten Augenschein nach mag auch dies trivial erscheinen. Aber schon die Frage, wann Erziehung eigentlich endet, deutet die Probleme an. Kann irgendwann von der ,Selbständigkeit' der zu Erziehenden ausgegangen werden, die Erziehung und Erzieher überflüssig werden lässt? Ist Erziehen als Hilfe zur Selbsthilfe irgendwann abgeschlossen? Sind die noch so Erwachsenen auch erziehungsbedürftig? Gemeinsam ist den Fragen, wann das Ziel der Erziehung erreicht sei.

Das Ziel des Erziehens wird in eher formaler Hinsicht durch die ,Entwicklung zur Persönlichkeit' charakterisiert. Mit der Idee der Persönlichkeit sind immer angestrebte Idealbilder von Persönlichkeit verbunden. Im deutschsprachigen Raum werden sie häufig auch als „Bildungsideale" bezeichnet. Die ,gebildete Person' kann als formales Ziel des Erziehens genannt werden, auch wenn die inhaltliche Seite dabei offen und kontrovers bestimmt sein mag. Der ,mündige Bürger', der verantwortlich gemäß freier Selbst- und in gesellschaftlicher Mitbestimmung handelt, könnte beispielsweise für unsere Gesellschaft eine mögliche Ausprägung eines solchen Ideals kennzeichnen. Ideale sind zeitlich bedingt und beschreiben, was sich die gegenwärtig Erziehenden von den künftig Erziehenden erhoffen und von diesen einfordern. Friedrich Daniel SCHLEIERMACHER verdeutlicht zu Beginn des 19. Jahrhunderts bereits diesen Bezugspunkt erzieherischen Handelns, wenn er in einer der ersten systematischen Vorlesungen über eine ,Theorie der Erziehung' seine Überlegungen auf der Frage aufbaut: „Was will denn eigentlich die ältere Generati-

---

9 Vgl. dazu die Stichworte „Bildsamkeit" (LANGEWAND 1994b) und „Verhältnis, pädagogisches" (SCHWENK 1994).

on mit der jüngeren?"[10] Entsprechend dieser Antwort müsste das Erziehungssystem gestaltet werden.

Ein Erfolg des Erziehens könnte über die Annäherung der realen Personen (der realen Gesellschaft) an die Idealvorstellungen der Personen (der Gesellschaft) festgestellt werden, wobei die in Kapitel A.1.1.4 skizzierten Probleme eine Rolle spielen. Ein Erfolg ist – wenn überhaupt – in diesem Sinne nur punktuell und langfristig in Erfahrung zu bringen und steht damit im Gegensatz zur periodischen Erfolgsermittlung des Wirtschaftens. Weiterhin wirkt im Kontrast zur Dynamik des Wirtschaftens das Bildungsideal des Erziehens über einen längeren Zeitraum notwendigerweise stabilisierend, selbst wenn das Bildungsideal sehr reformistisch angelegt ist.

Insofern deuten Wirtschaften und Erziehen zwei unterschiedliche Denkhorizonte an. Wie lassen sich nun die Tätigkeiten von Wirtschaftspädagogen in diese Denkhorizonte einordnen? Sind die Verhaltensweisen von Armin M. als Erziehen oder als Wirtschaften zu charakterisieren? Einerseits versucht er, bei der Lösung von Kommunikationsproblemen in Abteilungen zu helfen und fordert in den Workshops die Teilnehmer dazu auf, selbst tätig zu werden, sich aktiv einzubringen und dadurch ihre Einstellung zur beruflichen Tätigkeit zu verändern. ‚Beratende Hilfe leisten', die ‚Aufforderung zur Selbsttätigkeit' und ‚Veränderung von Einstellungen' können zweifellos zur Erziehung zählen bzw. Erziehenden zur Beschreibung ihrer Tätigkeiten in den Mund gelegt werden. Von daher erzieht Armin M. die anderen Mitarbeiter des Unternehmens. Andererseits sind Hilfe, Selbsttätigkeit und Einstellungsänderung nicht unbedingt allein auf die Personen ausgerichtet, sondern auch auf den wirtschaftlichen Erfolg, denn reibungslose Kommunikation unter den Mitarbeitern und deren zielstrebig-selbstbewusste Einstellung fördern die Produktivität eines Unternehmens, vergrößern sein Einkommen bzw. sichern ihm eine relative Vorteilhaftigkeit im Wettbewerb. Von daher wirtschaftet Armin M. stellvertretend für das Unternehmen. Die aufgezeigten Tätigkeiten

---

[10] Schleiermacher (1768-1834) war Theologe und wurde zu seiner Zeit durch eine Weiterführung der Plato-Übersetzung bekannt. Seine Vorlesungen (die heutigen Kenntnisse darüber stammen aus Aufzeichnungen seiner Schüler und Nachschriften) aus dem Jahre 1826 klären in systematischer Weise die Aufgabe der Erziehung (u.a. „Der Anfang und das Ende der Erziehung", „die Voraussetzung und das Ziel der Erziehung", „die Macht und Beschränkung der Erziehung", „die universelle und individuelle Aufgabe der Erziehung"). „Die allgemeinen Maximen für die pädagogischen Tätigkeiten" bestimmt er über die verhütende, gegenwirkende und unterstützende Tätigkeit.

von Armin M. lassen sich als erzieherische oder wirtschaftliche Verhaltensweisen deuten. Insofern ist das Verhältnis zwischen beiden zu betrachten. So könnte graduell die Dominanz wirtschaftlicher oder erzieherischer Aspekte herausgestellt werden oder aber deren jeweilige Ergänzung. Tatsächlich wäre zu fragen, ob in den Beispielen das eine ohne das andere erfolgreich sein kann. Würde Armin M. mit der Beratung erzieherisch Erfolg haben, wenn er sofort auf wirtschaftliche Vorteilhaftigkeit drängen würde? Und umgekehrt, würde sich überhaupt ein Beratungsgespräch ergeben, wenn nicht die Wirtschaftlichkeit gefordert wäre? Wir behaupten: Nein! Das eine würde ohne das andere nicht greifen, weil sie sich gegenseitig bedingen und begrenzen.

Bislang konzentrierten wir uns auf unterschiedliche Ziele, Mittel und Bedingungen des Wirtschaftens und Erziehens und deren Zusammenhang. Wir haben damit die sogenannten absichtsvollen (intentionalen) Aspekte des Wirtschaftens und Erziehens betrachtet. Intentionale Verhaltensweisen können jedoch sowohl gewünschte Folgen, als auch unerwünschte Nebenwirkungen erzeugen. Intentionalem Verhalten liegt die Erwartung einer vorhersehbaren Konsequenz zugrunde. Ergänzt werden muss dieser Aspekt um die Betrachtung, dass beim Wirtschaften und Erziehen ebenso nicht beabsichtigte und nicht erwartete Wirkungen auftreten können (funktional), deren Feststellung erst im Nachhinein erfolgen kann. Durch den Einfluss funktionaler Aspekte können Absicht und Wirkung erheblich voneinander abweichen. Deshalb weisen wir hier nur auf die funktionalen Aspekte der Vorgänge des Wirtschaftens und Erziehens hin, ihre Erläuterung erfolgt anhand der Strukturen des Wirtschafts- und Erziehungssystems im folgenden Kapitel.

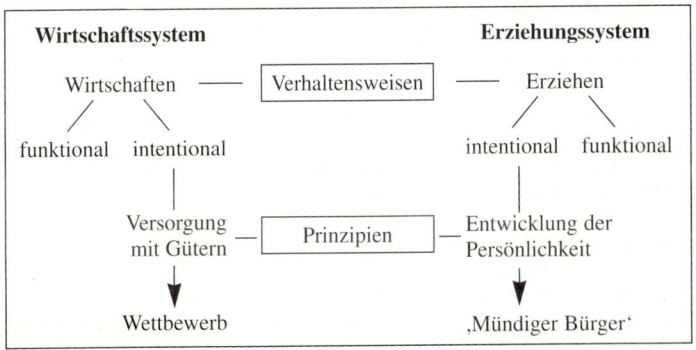

Abbildung A. 2: Wirtschaften und Erziehen als Verhaltensweisen

A.1.2.2 Bausteine des Wirtschafts- und Erziehungssystems

In einer Gesellschaft entstehen viele Teilbereiche (Subsysteme). Neben dem Wirtschafts- und dem Erziehungssystem könnten u. a. noch politische, kulturelle, rechtliche Subsysteme dargestellt werden. Sie hängen als Struktur der Gesellschaft jeweils zusammen und bedingen einander. Die folgende Untersuchung einzelner Subsysteme hebt die Abgrenzung und Unterscheidung von Institutionen hervor, die verschiedene Funktionen für die Gesellschaft übernehmen. Institution wird im Sinne einer abstrakten Bezeichnung für eine abgrenzbare Einheit, eine Organisationsform der Gesellschaft verwendet. Diese abgrenzbaren Einheiten erfüllen bestimmte Aufgaben der Gesellschaft, sogenannte gesellschaftliche Funktionen, und sind an entsprechende Regelmechanismen (Gesetze, Vorschriften) gebunden.

Beispiele für Institutionen sind Haushalte, Unternehmen und Schulen. Spontan könnte die Institution „Unternehmen" dem Wirtschaftssystem zugeordnet werden mit der Funktion, Güter zu produzieren. ‚Schulen' würden in dem Erziehungssystem dazu dienen, Schüler in ihrer Entwicklung zu fördern. Und Haushalte? Haushalte könnten die Güter konsumieren, die die Unternehmen produzieren. Sie könnten gleichzeitig auch als die Einheit bezeichnet werden, in der die Hausaufgaben erledigt werden, die manchmal – treffender auch – „Schularbeiten" genannt werden. Haushalte könnten also beiden Systemen zugeordnet werden. Im Grunde ist dies auch mit Unternehmen und Schulen leicht möglich. (Hoch-)Schulen sind teilweise bedeutende Wirtschaftsunternehmen einer Region, Ausbildungsbetriebe sind immer auch Unternehmen. Es kommt also auf die Perspektive an: Erst durch das gewählte gesellschaftliche Bezugssystem lassen sich in diesem Sinne Bausteine unterscheiden.

Die Institutionen des Wirtschafts- und Erziehungssystems werden wir im folgenden unterschiedlich benennen, obwohl sie in ihrem Kernbereich durchaus dieselben realen Gegebenheiten bezeichnen. Eine Gemeinschaft von Mutter, Vater und zwei Kindern gilt beispielsweise als Familie im Erziehungssystem und als Vier-Personen-Haushalt im Wirtschaftssystem[11]. In den Randbereichen liegen die

---

[11] Das griechische Wort „oikos" als Kennzeichnung für den Haushalt als Wirtschafts- und Lebensgemeinschaft ist Namensgeber der Ökonomie; in ursprünglichen Gesellschaften ist eine Trennung von Haushalt (das ganze Haus) und Familie (bürgerliche Kernfamilie) nicht wahrscheinlich; sie ist Ausdruck der hiesigen ‚ausdifferenzierten' Gesellschaft. Vgl. die Darstellung bei HERRMANN (1994, S. 186 ff.).

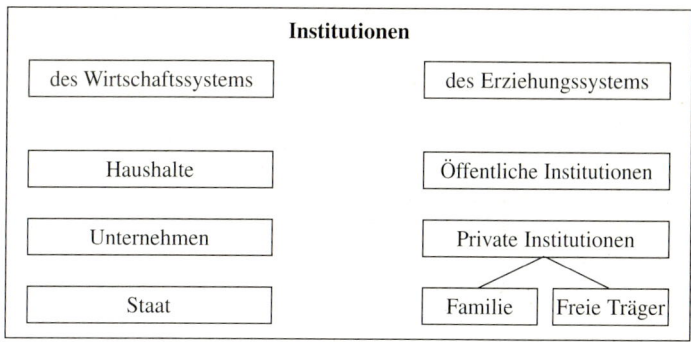

Abbildung A. 3: Institutionen des Wirtschafts- und Erziehungssystems

Unterschiede. Ein Single-Haushalt taucht im Erziehungssystem nicht auf, ein Auszubildender, der sein eigenes Geld verdient, aber noch bei seinen Eltern wohnt, wird als ‚Wirtschaftssubjekt' im Wirtschaftssystem nicht erfasst.

- Nach dem Statistischen Bundesamt gelten als Haushalte „zusammenwohnende und eine wirtschaftliche Einheit bildende Personengemeinschaft sowie Personen, die allein wohnen und wirtschaften (z. B. Einzeluntermieter). Zum Haushalt können verwandte und familienfremde Personen gehören (z. B. Hauspersonal)".[12]
- „Familien sind Ehepaare bzw. alleinstehende Väter oder Mütter, die mit ihren ledigen Kindern zusammenleben (Zweigenerationenfamilie)…".[13]
- Unternehmen sind im statistischen Sinne definiert als rechtlich selbständige Wirtschaftseinheiten, die sich letztlich nur durch Rechtsform, Art der Tauschverhältnisse und ihre Funktion von Haushalten abgrenzen lassen.
- Freie Träger als Institutionen des Erziehungssystems können eine Vielzahl von unterschiedlichen Einrichtungen erfassen: Unternehmen können dazu zählen, Volkshochschulen, Sport- und Freizeitvereine, Mal- und Musikschulen, private oder von caritativen bzw.

---

[12] STATISTISCHES BUNDESAMT; Statistisches Jahrbuch 1995, S. 44 f.
[13] STATISTISCHES BUNDESAMT; Statistisches Jahrbuch 1995, S. 44 f.; dort finden sich auch noch Erläuterungen zu weiteren statistischen Erfassungsproblemen.

kirchlichen Trägern geführte Kindergärten oder Privatschulen und
-universitäten usw. In der Regel wird zwischen freien Trägern und
dem Individuum bzw. dessen gesetzlichen Vertretern ein Vertrag
geschlossen. Auch freie Träger sind in diesem Sinne rechtlich selbständige Einheiten.

• Der Staat innerhalb des Wirtschaftssystems lässt sich durch Minis-
terien, Behörden und Ämter (Arbeitsamt, Kartellamt usw.) auf
Bundes- und Landesebene sowie kommunaler Ebene umschreiben.

• Öffentliche Institutionen im Erziehungssystem sind eine Sammelbezeichnung für Schulen, Jugendhilfeeinrichtungen, Heime sowie
Körperschaften des öffentlichen Rechts. Die Industrie- und Handelskammer, in der Gesa M. nach der Entdeckung des Himmels tätig sein wird (Kapitel A.1.1.3), ist beispielsweise eine solche Kör-
perschaft des öffentlichen Rechts, die per Berufsbildungsgesetz als
zuständige Stelle[14] für die betriebliche Berufsausbildung bestimmte Gestaltungs- und Kontrollfunktionen übernimmt. An sie kann
man sich wenden, wenn etwa Fragen zu Ausbildungsberufen und -
plätzen bestehen. Die Kammern führen auch bestimmte Funktionen im Wirtschaftssystem aus.

Doch bevor auf die Funktionen der Institutionen des Wirtschafts- und
Erziehungssystems näher eingegangen wird, sollen die sich aus Kapi-
tel A.1.2.1 ergebenden Konsequenzen für die Grundstrukturen des
Wirtschafts- und Erziehungssystem erläutert werden.

Wir gehen im Regelfall in beiden Systemen von einer Gemeinschaft von mehreren Personen aus, die eine Institution begründen. In
diesem Sinne sind Institutionen soziale Gebilde. Im Wirtschaftssystem werden sie als sogenannte Einzelwirtschaften aufgefasst; Institutionen im Wirtschaftssystem gelten als einzelne Wirtschaftssubjekte,
die untereinander ‚Tauschen'; es kommt in dieser Perspektive nicht
darauf an, wie viele Personen die Institution begründen und auch
nicht, wie die einzelnen Personen ihre Bedürfnisse untereinander abstimmen.[15] Weil die Institutionen als Wirtschaftssubjekte im Vorder-

---

[14] Nach langjähriger Diskussion wurde 1969 ein Gesetz zur einheitlichen Regelung der Berufsausbildung verabschiedet. Damit sollte eine bundeseinheitliche Grundlage für die berufliche Bildung geschaffen werden. Näheres
ergibt sich im Teil B.

[15] Vgl. stellvertretend für viele die Aussage von GABISCH 1990, S. 1: „Der
Haushalt besteht in der Regel aus mehreren Personen. Um zu einer einheit-
lichen Entscheidung zu gelangen, müssen diese Personen ihre Wünsche,
Vorstellungen und Ansprüche miteinander abstimmen. Hier [in dem ge-

grund stehen, werden sie in der folgenden Abbildung durch eine dickere Linie abgegrenzt. Die Institutionen tauschen Leistungen aus, was durch Pfeile symbolisiert wird.

Im Erziehungssystem stehen die Person und deren soziale *Begegnung* mit anderen Personen im Vordergrund. Das Erziehungssystem baut folglich nicht auf die Institution als ‚Erziehungssubjekt' auf, sondern eine Person steht in sozialem Bezug zu anderen Personen, die institutionell zugeordnet werden können. Dabei ist es nicht unerheblich, dass die Person, die erzogen wird, der gleichen Institution angehört, wie ihr Erzieher selbst. Zur Schule als Organisation gehören nicht nur Lehrer, sondern auch und vor allem Schüler. In der Grundstruktur kann also keine Beziehung zwischen den Institutionen des Erziehungssystems festgestellt werden, sondern nur eine Beziehung der Personen innerhalb dieser Institutionen. Diese in die Institution hineinreichende Beziehung zwischen Personen soll durch die dicke, gestrichelte Linie in der folgenden Abbildung hervorgehoben werden. Diese Begegnung hat, wie oben aufgezeigt, die Absicht, die Entwicklung der Person zu fördern. Eine solche Förderung kann durch Forderungen an das Individuum erfolgen, aber auch durch Hilfen, beispielsweise wie in Kapitel A.1.1.4 beschrieben, als Unterrichten und Beraten.

Die Unterschiede der Grundstrukturen des Wirtschafts- und Erziehungssystems fasst folgende Abbildung zusammen.

Als Konsequenz der verschiedenen Grundstrukturen lassen sich auch die Funktionen ganz unterschiedlich bestimmen; im Wirtschaftssystem sind es *Tausch*funktionen, im Erziehungssystem bezeichnen wir sie als *Ausgleich*funktionen.

Haushalte, Unternehmen und der Staat tauschen Leistungen aus. Durch Leistungen und Gegenleistungen können Funktionspaare bestimmt werden. Haushalte bieten Unternehmen Arbeitsleistungen an, damit diese produzieren können. Die Unternehmen offerieren den Haushalten Güter, die diese konsumieren können. Drei für die Wirtschaftspädagogik unmittelbar relevanten Funktionspaare können genannt werden.

- Produzieren und Konsumieren;
- Investieren und Sparen;
- Verwalten und Gestalten.

---

nannten Buch; d. Verf.] wird vorausgesetzt, daß diese Abstimmung bereits erfolgt ist. Für die theoretische Analyse des Haushalts kann dieser als nur aus einem Wirtschaftssubjekt bestehend aufgefaßt werden."

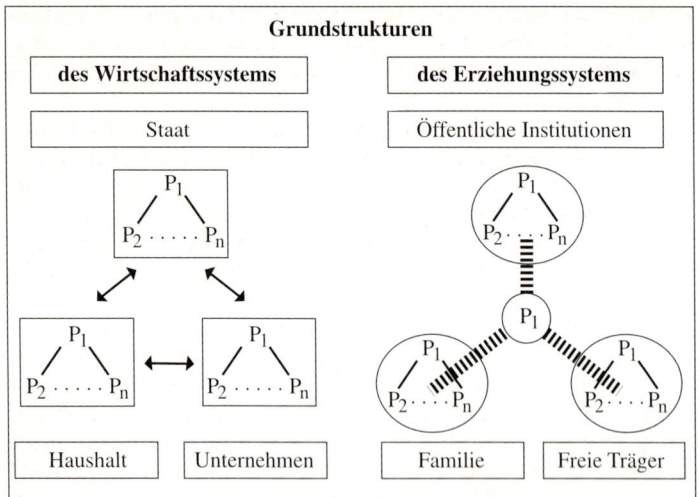

Abbildung A. 4: Grundstrukturen des Wirtschafts- und Erziehungssystems

Die Produktion als Funktion wird den Unternehmen zugeordnet, der Konsum den Haushalten. Um produzieren zu können, müssen Unternehmen Rohstoffe (Produktionsfaktor Boden), Maschinen (Produktionsfaktor Kapital) und menschliche Arbeitsleistungen (Produktionsfaktor Arbeit) einsetzen. Um konsumieren zu können, müssen Haushalte einen erheblichen Teil ihres Einkommens verwenden. Den anderen Teil ihres Einkommens können sie sparen. Die ‚gesammelten Ersparnisse' werden von Unternehmen in Form von Krediten genutzt, um Investitionen zu tätigen bzw. zu finanzieren. Für den Staat bestehen ebenfalls Möglichkeiten zu produzieren und zu konsumieren sowie zu sparen und zu investieren.[16] Zudem hat er aber noch Funktionen, die Haushalten und Unternehmen nicht zugesprochen werden können. Der Staat bezieht Steuern und Abgaben von Haushalten und Unternehmen und sorgt damit im Idealfall für eine angemessene Ver-

---

[16] Manchmal wird deshalb auch die Bezeichnung „öffentlicher Haushalt" und „öffentliche/staatliche Unternehmen" gebraucht. Wir betrachten diese Möglichkeit zunächst nicht näher. Die Frage, welche Güter der Staat wem anbietet, ist jedoch gerade im Hinblick auf den Bildungsmarkt (vgl. Kapitel A.4.2.4 und den Teil B) bedeutsam.

waltung und legitimierte Kontrolle des Ordnungsrahmens und der Gestaltung des Wirtschaftssystems, zum Beispiel der Unterstützung von bestimmten Wirtschaftsbranchen oder einkommensschwachen Haushalten.

Öffentliche Institutionen, private Träger und Familien sind Institutionen, denen es obliegt oder überlassen bleibt, zu erziehen. Damit stehen die Funktionen des Erziehungssystems im Spannungsfeld der Orientierung an Individuen und an der Gesellschaft. In diesem Spannungsfeld nehmen die Institutionen gemeinsam die Funktionen wahr, mit denen ein Ausgleich zwischen diesen Ansprüchen von Individuen und Gesellschaft versucht wird.

Für die Schule als öffentliche Institution des Erziehungssystems werden in der Literatur häufig drei Funktionen genannt: Schule hat demnach eine Qualifizierungs-, eine Selektions- und eine Integrationsfunktion.[17] Mit „Qualifizierung" ist die Vorbereitung auf die Bewältigung von Lebenssituationen gemeint, „Selektion" steht für die Ab- und Ausgrenzung von Schülern über Schulformen, Schulabschlüsse und damit verbundene Zugangsberechtigungen. „Integration" deutet die legitime Einbindung der Individuen in die gesellschaftliche Ordnung durch öffentliche Schulen und ihr Lehrangebot an. Im Kontext der anderen Institutionen des Erziehungssystems erscheinen uns diese Begriffe zu einseitig, weil sie letztlich ausschließlich die gesellschaftlichen Aspekte hervorheben. Wir verwenden daher andere Bezeichnungen und gehen von drei Funktionen aus:

• Bilden;
• Differenzieren;
• Integrieren.

Mit Bilden als Funktion wird angedeutet, dass neben der Qualifizierung von Individuen, die sich ja notwendig an gesellschaftliche, insbesondere berufliche Anforderungen anlehnt, auch eigene Ansprüche der Individuen durch die Institution erfüllt werden. Beispielsweise im Bereich der musikalischen Erziehung anderer oder individueller ‚Hobbies' können ganz unterschiedliche Ansprüche erfüllt werden, sei es in der Familie, in Vereinen oder in Arbeitsgemeinschaften der Schule. Diese Ansprüche gehen unserem Verständnis nach über die Bewältigung von Lebenssituationen hinaus, sie sind Selbstzweck

---

[17] Vgl. FINGERLE 1994, S. 1329. Die erzieherisch relevanten Funktionen der Familie werden in der Soziologie häufig als „Schutz-, Plazierungs- und Sozialisationsfunktion" bezeichnet.

oder weisen auf die individuelle Lebensgestaltung hin. „Bilden als
Funktion der Institutionen des Erziehungssystems" kann somit gelesen werden als „Bilden von Individuen, um einen Beitrag zu leisten
zur Entwicklung der Individuen selbst und zur Entwicklung der Gesellschaft". Denn die reproduziert sich neben der statischen Erhaltung
auch über ihre dynamische Anpassung und Veränderung[18]. Nicht zuletzt aufgrund dieser doppelten Leistung von Bildung als Funktion
und deren Hervorhebung sind viele Bezeichnungen der Alltagssprache mit Bildung statt mit Erziehung verknüpft: Bildungssystem, Bildungswesen, Bildungspolitik, Berufsbildung, Ausbildung, Weiterbildung … Dies kann aber nicht darüber hinwegtäuschen, dass das
‚Bildungssystem' auch noch ganz andere Funktionen als Bilden aufweist.

Mit Differenzieren als Funktion wird der anthropologisch bedingte
Umstand aufgegriffen, dass Erziehung in der Regel bei einem Zustand ansetzt, in welchem bereits Differenzen zwischen den Individu-
en bestehen. Durch Differenzieren kann nun einerseits versucht werden, eine solche Ungleichheit zu beheben oder aber sie zu stärken[19],
etwa durch Nachhilfe oder eine besondere Förderung einzelner Begabungen. Andererseits setzt Differenzieren die Unterscheidung und
Abgrenzung von Individuen voraus und ermöglicht diese wiederum.
Die Auswahl (Selektion) von Individuen, denen bestimmte Bildungs-
und damit Lebenswege eröffnet oder verwehrt werden, ist eine Folge
davon.

> „Differenzierungsmaßnahmen sind […] ein wichtiges Instrumentarium
> der Vorselektion und der Kanalisierung grundlegender Qualifikationen
> des gesellschaftlichen Nachwuchses. […/ Differenzierungsentscheidun-
> gen sind] im Kern auf das Kriterium der individuellen Leistungsfähigkeit
> zurückzuführen".[20]

---

[18] Hinzuweisen ist also auf konstruktive Kraft des Protestes, der sich gegen
die bestehenden Verhältnisse wendet. Die Bildung des Individuums (und
sein Recht auf Protest und Widerspruch) steht somit neben und gegen gesellschaftlich normierte Bildungsvorstellungen; Widersprüche wahrzunehmen, sie auszuhalten und aufzugreifen gehört zur Funktion des Bildens in
Institutionen.

[19] Ein Umstand, auf den SCHLEIERMACHER bereits 1826 hingewiesen hat. Vgl.
SCHLEIERMACHER 1957, S. 35 ff.

[20] Vgl. HURRELMANN 1994, S. 318 f. und BÖNSCH 1994, S. 321. Ein bekanntes
und vieldiskutiertes Beispiel für eine solche Differenzierungsmaßnahme ist
die Einteilung von Hauptschule, Realschule und Gymnasium sowie die Einrichtung von Sonderschulen. Daraus geht aber zugleich hervor, dass der Be-

Jedoch können durch differenzierte Bildungswege für bestimmte Personen deren Entwicklungsmöglichkeiten auch erst entfaltet werden. Differenzieren von Individuen kann daher für die Individuen und für die Gesellschaft erfolgen.

Mit Integrieren als Funktion wird die Eingliederung der Individuen in die Gesellschaft in dem Sinne angesprochen, dass ihnen – unmerklich – gesellschaftliche Normen vermittelt werden oder die Einhaltung von als normal empfundenen Verhaltensweisen von ihnen eingefordert wird. Auch die Integration kann damit für die Gesellschaft erfolgen, aber auch für die Individuen, beispielsweise dann, wenn von der Gesellschaft ausgegrenzte Personen durch die Institutionen des Erziehungssystems reintegriert werden sollen.

Im Überblick können folgende Funktionen des Wirtschafts- und Erziehungssystems festgehalten werden.

Den einzelnen Institutionen des Wirtschaftssystems werden bestimmte Funktionen zugewiesen. Für die Institutionen des Erziehungssystems ist eine solche Zuordnung nicht möglich. Alle Funktionen können und werden von den öffentlichen wie von privaten Institutionen wahrgenommen, teilweise also ‚doppelt und dreifach‘ erfüllt, teilweise auch ausgleichend. Letztgenanntes ist z. B. der Fall, wenn die Differenzierungsmöglichkeit der öffentlichen Institution Schule einer Familie ungenügend erscheint und sie diese subjektiv empfundenen ‚Defizite der Schule‘ selbst bzw. durch das familiäre Umfeld ausgleicht oder durch freie Träger ausgleichen lässt. Insofern stehen die Institutionen in einer ergänzenden und kontrollierenden Beziehung zueinander, die gegenseitig Verfügungsrechte (-pflichten) wahrnehmen bzw. sich über ihr Anteile streiten.[21]

Die konkrete Ausgestaltung der Beziehungen von öffentlichen und privaten Institutionen in Deutschland orientiert sich an dem Prinzip der Wahrung der Autonomie der Familien. Das Prinzip der Erziehungsberechtigung der Eltern wird begrenzt bzw. ergänzt durch die staatliche Aufsicht über das Schulwesen. Eingriffe in die Erziehungsberechtigung kann der Staat normalerweise nur in Fällen der Ver-

---

griff der individuellen Leistungsfähigkeit gesellschaftlich einseitig normiert bzw. reduziert wird, nämlich in der Regel auf ‚schulisch verkopfte‘ Leistung, wenn nicht gar nur auf ‚schulischen Erfolg‘.

[21] Pointiert kann ein solcher Streit an der Auseinandersetzung zwischen Ausbildungsbetrieben (freien Trägern) und der Berufsschule (öffentliche Institution) um die ‚notwendige‘ Anzahl der Berufsschultage nachempfunden werden.

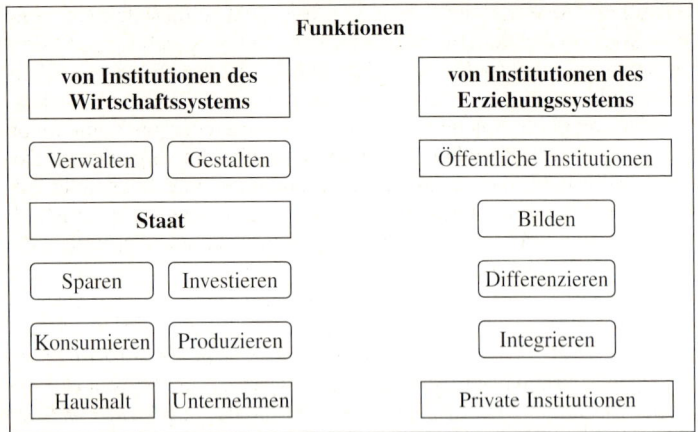

Abbildung A. 5: Funktionen des Wirtschafts- und Erziehungssystems

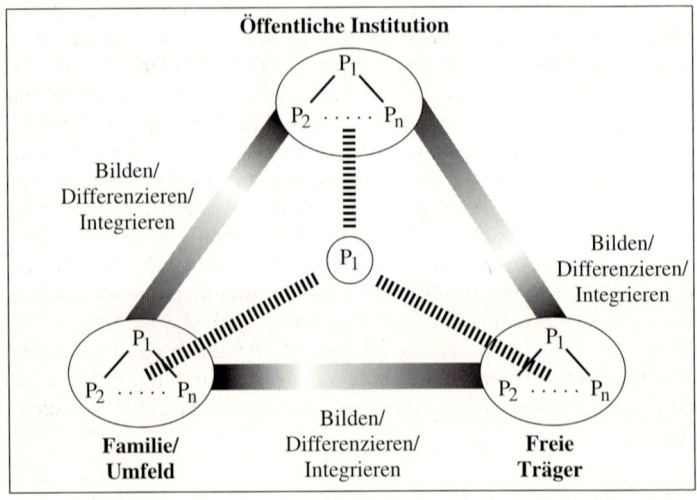

Abbildung A. 6: Bausteine des Erziehungssystems

wahrlosung (als Gegenbegriff zur Erziehung) vornehmen. Die staatliche Aufsicht über das Schulwesen obliegt den einzelnen Bundesländern. Das föderale Prinzip sorgt hier für eine dezentrale Gestaltung des Schulwesens und der Schulaufsicht[22], wobei eine Mitbestimmung von Eltern und Schülern rechtlich zumindest vorgesehen ist. Ob die Mitwirkung in ausreichendem Maße erfolgt, ist umstritten. Als Alternative zur staatlichen Regelschule ist der Schulbesuch von ‚Privatschulen‘ möglich. Solche Privatschulen stehen meist im Kontext von pädagogischen Reformkonzepten und/oder elitären Ansprüchen. Der Staat beeinflusst über staatliche Anerkennungen und finanzielle Unterstützungen die Gestaltung des ‚Privatschulwesens‘. Strittig ist, ob bereits zuviel oder zuwenig solcher privater (teilweise erwerbswirtschaftlicher) ‚Bildungsinstitutionen‘ existieren.

Insgesamt kann das Ordnungsprinzip des Erziehungssystems in Deutschland dezentral genannt werden; vielfältige Formen von öffentlichen und privaten Institutionen rechtfertigen die Aussage, dass in begrenztem, wenngleich gelegentlich schier unüberschaubarem Maße institutionelle Entscheidungsalternativen eine freie Wahl der Erziehungsmöglichkeiten gewähren; eine faktische Dominanz der öffentlichen Institutionen ist jedoch unverkennbar.

Das Ordnungsprinzip des Wirtschaftssystems in Deutschland wird mit dem Begriff der sozialen Marktwirtschaft beschrieben. „Sinn der sozialen Marktwirtschaft ist es, das Prinzip der Freiheit auf dem Markte mit dem des sozialen Ausgleichs zu verbinden"[23]. „Freiheit auf Märkten" bedeutet zum einen die Freiheit von Konsumenten und Produzenten in ihren Entscheidungen, was und wie sie auf Märkten anbieten oder nachfragen. Über den Mechanismus der Preisbildung sollen die Pläne von Konsumenten und Produzenten aufeinander abgestimmt werden. Die Idee der freiheitlichen Entscheidungen wird über die Idee des Wettbewerbs auf Märkten ‚reguliert‘. Wer ‚frei‘ sein will, muss demnach ‚wettbewerbsfähig‘ sein. Dies gilt auf dem Arbeitsmarkt vor allem für die Haushalte als Anbieter von Arbeitsleistungen und auf dem (Konsum-)Gütermarkt für Unternehmer als Anbieter von Produkten. Für die Menschen, die nicht oder nicht mehr ‚Marktteilnehmer‘ werden können, ist ein ‚sozialer Ausgleich‘ durch eine Umverteilung von auf Märkten erzielten Einkommen zu schaffen[24].

---

[22] Vgl. dazu ARBEITSGRUPPE BILDUNGSBERICHT 1994, S. 79 ff. und den Teil B.2.1.

[23] MÜLLER-ARMACK 1956, S. 390.

[24] Interessanterweise kann eine als soziale Hilfe gedachte Leistung in Form von ‚Einkaufsgutscheinen‘ für Sozialhilfeempfänger genau dazu führen, den freien Zugang zu Märkten aufzuheben.

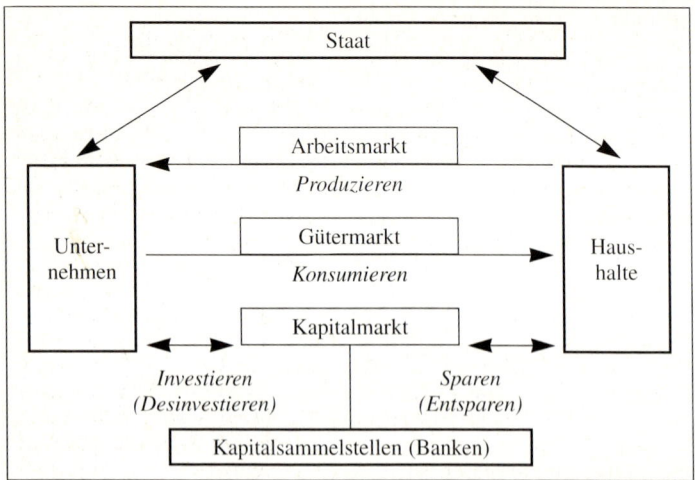

Abbildung A. 7: Bausteine des Wirtschaftssystems

Soweit eine sehr knappe Beschreibung des Ordnungsprinzips mit den Elementen autonome, dezentrale Entscheidung der Wirtschaftssubjekte und Wahrung des Wettbewerbs sowie soziale Umverteilung. In diesem Sinne verwaltet und gestaltet der Staat das Wirtschaftssystem, ob er sich nun zuviel oder zuwenig in die Wirtschaft einmischt, ist auch umstritten.

Das Ordnungsprinzip kann durch rechtliche Regelungen und durch die Akzeptanz der Wirtschaftssubjekte, genauer: durch die Akzeptanz der jeweils im Sinne von Wirtschaftssubjekten handelnden Menschen gewahrt werden. Letzteres ist eine Frage, die Wirtschaft und Erziehung eng miteinander verbindet. Weitere Verbindungspunkte zwischen Wirtschaft und Erziehung, die für Wirtschaftspädagogen als das eigentlich Interessante erscheinen, werden nun ausgehend von den Bausteinen des Wirtschaftssystems erläutert.

Die Problematik funktionaler Erziehung

Ein Text, in dem Erziehen als intentionaler und funktionaler Vorgang dargestellt wird und der Erziehung über Institutionen und Funktionen umschreibt, kann von zweierlei Seiten als überholt kritisiert werden. Die eine Seite behauptet, eine solche umfassende Betrachtung sei mit dem Konzept der „Sozialisation" besser darzustellen. Sozialisation meint dabei die Prägung der

Persönlichkeit aufgrund ihrer Interaktion mit der (materiellen und gesellschaftlichen) Umwelt (GEULEN 1994, S. 101). Erziehung wird auf die intentionale Seite begrenzt und somit ist Erziehung immer Bestandteil des Sozialisationsbegriffs (ebenda, S. 102). Diese Vorstellung stellt zweifellos die gesellschaftliche Sichtweise heraus; wir wollen jedoch Erziehung als soziale Begegnung von Individuen her angehen und deshalb setzt für uns der Sozialisationsbegriff ‚am falschen Bezugspunkt' an – wir kommen ohne ihn aus. In einer ausführlicheren Begriffsanalyse kommt Wolfgang BREZINKA zu einem ähnlichen Schluss (BREZINKA 1989, S. 269).

Soweit zum ersten Einwand. Mit dem Hinweis auf die dezidierte Begriffsanalysen von Wolfgang BREZINKA ist jedoch der zweite Einwand mitgeliefert. Denn er schreibt im gleichen Buch, dass unter dem Namen der Sozialisation die alten verworrenen Vorstellungen von ‚funktionaler Erziehung' wiederbelebt werden, die eigentlich als überholt gelten können (ebenda, S. 204). Dabei bezieht er sich auf frühere Arbeiten (BREZINKA 1971) in denen er ausschließlich intentionale Erziehung als relevanten Bezugspunkt einer Erziehungswissenschaft bestimmt. Sein Haupteinwand zielt darauf, erzieherische Wirkungen nicht sinnvoll abgrenzen zu können; alle oder zumindest alle sozialen Einwirkungen müssten erfasst sein. In diesem Sinne hatten ursprünglich und später im Kontext nationalsozialistischer Gedanken Friedrich SCHNEIDER und Ernst

KRIECK funktionale Erziehung verstanden – durchaus vergleichbar mit dem heutigen Sozialisationsbegriff. Mit der Kritik trifft BREZINKA einen wichtigen Punkt, und die kurze Bestimmung von funktionalem Erziehen gegen Ende des Kapitels A.1.2.1 ist in diesem Sinne leichtfertig ausgesprochen.

Ohne die Argumentation hier im einzelnen aufgreifen zu wollen, möchten wir ‚funktionale Erziehung' also gerade unter dem Einbezug der Funktionen von Institutionen des Erziehungssystems herausstreichen. Denn hier lassen sich Funktionen als Aufgabe übersetzen. Und sofern hier Aufgaben eindeutig einer Zielfunktion zugeordnet werden könnten, kämen wir dem intentionalen Erziehungsbegriff nahe. Doch die Institutionen sind in unseren Augen nicht nur Mittel (i.S. sie erfüllen ihre Aufgabe), sondern sie bündeln eine Reihe von Zielen. Sie öffnen einen Zielkorridor mit eigener Qualität. Dies bestätigt auch BREZINKA (1974, S. 132 ff.). Die formale Legitimation der genannten Institutionen des Erziehungssystems erfolgt über intentionale Erziehung, die institutionelle Absicht kann faktisch aber durchaus in unterschiedliche Richtungen wirken. Insofern koppeln eben gerade Erziehungsinstitutionen intentionale und funktionale Elemente, die insgesamt *erziehungsbedeutsam* sind (hierzu HEID 1994, S. 60). Unter anderem deshalb liegt der Schwerpunkt dieser Einführung auf einer institutionellen Betrachtung und stehen praktische intentionale Erziehungsfragen zurück, wie sie ja auch in der Didaktik aufgegriffen werden.

Diese Argumentation relativiert jedoch die vorne klar ausgesprochene Betonung, dass Erziehen die soziale Begegnung von Individuen meint – im Kontrast zu Wirtschaften als Tausch zwischen Wirtschaftssubjekten. Deswegen halten wir den Begriff der Selbsterziehung für fragwürdig (ähnlich DÖRSCHEL 1975b und BREZINKA). Denn i.S. der obigen Argumentation einer Kopplung von intentionalen und funktionalen Elemente durch Institutionen stellt sich nun zwangsläufig die Frage, ob nicht doch die Institution erzieht und nicht die in ihr tätigen Personen. „Schule" als Institution erzieht; erweitert auch: „Medien" erziehen. Wenn dieser Ansicht gefolgt wird, müsste Wirtschaftspädagogik als Institutionenkunde – auch im Verhältnis zu den Wirtschaftswissenschaften – neu durchdacht werden

A.1.3 Ein Bezugspunkt: Wirtschaftserziehung

Ausgangspunkte für eine Erörterung der Wirtschaftserziehung sind die Bausteine des Wirtschaftssystems, wie sie in Abbildung A.7 dargestellt sind.[25] In Ergänzung der bisherigen Aussage, dass Unternehmen investieren und Haushalte sparen, sind die eher selten gebrauchten, gegenläufigen Funktionen Entsparen und Desinvestieren in die Abbildung eingefügt worden. Desinvestieren bedeutet in dieser Form die Freisetzung von in konkreten Sachvermögen gebundenen Mitteln, beispielsweise durch Aufgabe oder Verlagerungen von Produktionsstandorten. Bildlich ausgedrückt meint Entsparen die Auflösung von Sparbüchern (als in früheren Zeiten zurückgelegtes Einkommen) zu Konsumzwecken und darüber hinaus auch die Aufnahme von Konsumkrediten (also eine Verfügung über künftiges Einkommen) durch Haushalte. Insbesondere im letzten Punkt liegt eine offensichtliche Begründung für diese Ergänzung in der Abbildung. Denn der Überschuldung von privaten Haushalten als wirtschaftliches Problem von Haushalten könnte durch Erziehung bzw. Beratung entgegengewirkt werden.

Wenn diese modellhafte Abbildung die Wirtschaft widerspiegelt, so steckt sie auch den Rahmen für eine Wirtschaftserziehung ab. Wirtschaftserziehung kann im Sinne der Begegnung in Unternehmen und in Haushalten im intentionalen und funktionalen Sinne stattfin-

---

[25] Eine Untersuchung, die von den Bausteinen des Erziehungssystems ausginge, könnte zu folgenden Kapitelüberschriften führen: Erziehungswirtschaft – Wirtschaften durch und in der Erziehung. Dieser Aspekt, der weithin unter die Bildungsökonomie gefasst wird, soll hier aber ausgeklammert bleiben.

den. In Unternehmen steht sie im Zusammenhang mit der Produktion von Gütern (i. S. von Waren und Dienstleistungen, genauer: im Zusammenhang mit durch menschliche Arbeit geleistete Produktion in Betrieben). Es geht also um Erziehung für den und in dem Betrieb, für Arbeitsleistungen und durch Arbeitsleistungen[26].

Mögliche Arbeitsleistungen müssen *arbeitsmarkt*fähig sein, um eine ‚freie' Wahl des Arbeitsplatzes und damit eine Mobilität zu ermöglichen. Sie können insofern nicht allein auf ein Unternehmen ausgerichtet sein, zugleich muss die spezielle Art der nachgefragten und angebotenen Arbeitsleistungen einigermaßen klar erkennbar sein. Diese Konsequenz spiegelt sich in der Idee der Berufsbildung wider, bei der auch eine unmittelbare institutionelle Verbindung zum Erziehungssystem besteht, etwa im Bereich der berufsbildenden Schulen. Berufliche Bildung ist nicht auf die sogenannte Berufs*aus*bildung beschränkt; allein die vom Arbeitsamt geförderten Umschulungsmaßnahmen im Sinne einer beruflichen Weiterbildung belegen diese Aussage.[27]

Von Beruf Unternehmer! Nicht nur ‚geborene' Unternehmer, sondern eine beachtliche Zahl von Personen kann von sich behaupten, irgendwann einmal ‚investiert' und ein Unternehmen aufgebaut zu haben (und irgendwann später ‚desinvestiert' zu haben); Computerfreaks, Handwerksmeister und Erfinder zeugen davon. „Einkünfte aus Gewerbebetrieb" sind deshalb neben der Rubrik „Einkünfte aus nichtselbständiger Arbeit" ein wichtiger Faktor im Wirtschaftssystem. Selbständigkeit fällt aber nicht vom Himmel; sie ist einerseits Folge des beruflichen Werdegangs, darüber hinaus sind unzweifelhaft noch andere Qualitäten notwendig, die irgendwie vermittelt wurden, etwa eine ausgeprägte Leistungs- und Wettbewerbseinstellung. Unternehmer (aber nicht nur sie) haben in der Gesellschaft eine besondere Verantwortung. In Zeiten eines Ausbildungsplatzmangels dokumentiert sich dies beispielsweise durch Appelle der Bundesregierung an die Unternehmen, mehr Ausbildungsplätze zu schaffen. Allgemein gilt dies für die Schaffung/Vernichtung von Arbeitsplätzen durch Rationalisierung oder die

---

[26] „Betriebs- und Arbeitspädagogik" hat sich als Bezeichnung von Teildisziplinen entsprechend in der Literatur durchgesetzt. Vgl. DÜRR 1983, ARNOLD 1982, ABRAHAM 1978, DÖRSCHEL 1975a, RIEDEL 1958.

[27] Dieser Bereich kann als der ursprüngliche Kernbereich der Berufs- und Wirtschaftspädagogik angesehen werden. Ähnliche Fragestellungen werden in der Arbeitsmarkt- und Berufsforschung und der Berufsbildungsforschung thematisiert.

Verlagerung von Produktionsstätten ins Ausland. Diese Überlegungen berühren die Aspekte der Wirtschafts- oder Unternehmensethik und eröffnen insofern ein mögliches Feld der Wirtschaftserziehung, welches in den letzten Jahren zunehmend thematisiert wird.[28]

Soweit zur unternehmerischen Seite der Wirtschaftserziehung. Auf der anderen Seite stehen die Konsumenten. Während das Ordnungsprinzip des Wirtschaftssystems von der Konsumentensouveränität im Sinne freier Entscheidungen spricht, stellt sich in wirtschaftserzieherischer Sicht die Frage, ob eine solche Souveränität angesichts der Wirkung von Medienwerbung tatsächlich gegeben ist, wie eine solche Souveränität denn überhaupt bestimmt werden kann angesichts der legalen Möglichkeit des Zigaretten- und Alkoholkonsums, die nachgewiesener Weise den Menschen unfrei (abhängig) machen?[29] Konsumerziehung beginnt im Kindesalter mit dem Taschengeld, setzt sich fort mit dem Girokonto für Jugendliche, dem ersten ‚selbstverdienten‘ Geld, der eigenen Bude, Urlaubsreisen mit eigener Kreditkarte, anschließendem Konsumkredit usw. Konsumerziehung als Teil der Wirtschaftserziehung kann entsprechend der Autonomie der Familie erst in dem öffentlichen Schulwesen thematisiert werden[30]; ob dies im ausreichendem Maße geschieht, ist umstritten, ob der hier durchschimmernde ‚pädagogische Zeigefinger‘ zulässig und notwendig ist, wird in Kapitel A.2.3 diskutiert.[31]

Zu Beginn dieser Überlegungen über die Verbindungen von Wirtschaft und Erziehung haben wir auf die Rolle der Erziehung für das Wirtschaftssystem bzw. den Staat in hingewiesen. Für ein Zwischenfazit in Form von vier Thesen wollen wir diesen Gedanken aufgreifen und fortführen.

These (1): Erziehen schafft die ideellen Bedingungen für das Wirtschaftssystem. Das Wirtschaftssystem beruht auf zentralen Annah-

---

[28] Vgl. zu diesem Komplex das Stichwort „Management Education", GEISSLER 1994, S. 1031 sowie die Arbeit von Thomas RETZMANN 1994.

[29] Zur Konsumpädagogik liegen beispielsweise die Arbeiten von Johannes BAUMGARDT 1978, Ullrich PLEISS 1987 und Martin TWARDY 1983 vor.

[30] Beispielsweise sind in dem Schulfach „Arbeitslehre" Elemente einer Konsumerziehung verankert.

[31] In dieser Darstellung haben wir den Umgang mit Geld (Sparen und Entsparen) unter die Konsumerziehung gefasst. Nicht nur aus systematischen Gründen ließe sich unabhängig davon analog zur ‚Unternehmererziehung‘ aber auch eine ‚Sparererziehung‘ konzeptualisieren, die sich auf den Umgang mit Geld bzw. Vermögenswerten konzentriert.

men, wie beispielsweise der Freiheit von Produktions- und Konsumentscheidungen, dem Recht auf Verantwortung für Eigentum sowie dem Wettbewerbsprinzip. Ein Wirtschaftssystem kann nicht verordnet werden, sondern muss von den Individuen in seiner Grundstruktur akzeptiert werden und von ihnen legitimiert und gestützt werden. Wie es Wilhelm Röpke einmal formuliert hat: „Das Wohl der sozialen Marktwirtschaft entscheidet sich jenseits von Angebot und Nachfrage."[32] Für (angehende) Wirtschaftspädagogen folgt daraus die Notwendigkeit einer intensiven Auseinandersetzung mit dieser Wirtschaftsordnung, deren Grenzen und Vorteilen; es geht darum, eine eigene Werthaltung dieser Wirtschaftsordnung gegenüber aufzubauen!

These (2): Wirtschaften schafft die materiellen Bedingungen für das Erziehungssystem. Das Erziehungssystem ist gebunden an materielle Lebensbedingungen, da die Förderung der Persönlichkeit von den zur Verfügung stehenden Ressourcen (Zeit für Erziehung, soziale Geborgenheit usw.) abhängt. Prosperität durch wirtschaftliche Verhaltensweisen ist somit eine wesentliche Rahmenbedingung für die Gestaltung des Erziehungssystems. Für (angehende) Wirtschaftspädagogen folgt daraus die Notwendigkeit, sich sowohl mit dem ,pädagogisch' Wünschenswerten als auch mit dem ,ökonomisch' Machbaren auseinanderzusetzen, um nicht an dem Ast zu sägen, auf dem man sitzt.

These (3): Das Erziehungssystem (als Ordnung) prägt die Möglichkeit des Wirtschaftens. Wirtschaften unter produzierendem und konsumierendem Aspekt basiert auf den Interessen und Fähigkeiten der Individuen. Interessen und Fähigkeiten werden durch Bilden, Differenzieren und Integrieren im Erziehungssystem ausgeprägt. Wäre das Erziehungssystem einseitig ausgerichtet, wären auch die Bedürfnisse der Menschen einseitig, Wirtschaften deshalb wahrscheinlich ein eintöniges Geschäft. Anders gesprochen: Erst die Ausformung und Förderung von musikalischen und sozialen Interessen durch das Erziehungssystem ermöglicht wirtschaftliche Expansion in der Musik- und Medienbranche; eine fundierte und geordnete Berufsbildung kann Innovationen (neue Produkte und Vertriebswege) in dieser Branche fördern. In dieser Hinsicht sind ,Bildung' oder ,Berufsbildung' weit mehr als ein Standortfaktor Deutschlands im internationalen Vergleich der Wirtschaftsstandorte; das Erziehungssystem kann berech-

---

[32] Zitiert nach Retzmann/Twardy 1993, S. 105.

tigt eigene Ansprüche an den Standort Deutschland und das Wirtschaftssystem stellen.

These (4): Das Wirtschaftssystem (als Ordnung) prägt die Notwendigkeit des Erziehens. Dieser Einfluss ist allgemein bekannt unter dem Stichwort „Qualifizierung zur Teilnahme am Wirtschaftssystem". Unter dem Stichwort „sozialer Ausgleich" fällt ein anderer Aspekt auf. Gerade dann, wenn – so die verharmlosende wirtschaftliche Ausdrucksweise – ‚ein Anbieter aus dem Markt ausscheidet', weil er ‚zu teuer' ist oder ein ‚Nachfrager nicht genügend Kaufkraft' zur Zahlung der Miete hat, ein erzieherisches Problem geschaffen wurde. Und es ist für die Individuen nicht allein durch wirtschaftliche Umverteilung zu bewältigen, dass sie über diesen Weg als Mitglied der Wettbewerbsgesellschaft ‚ausgeschieden' (worden) sind.

Zwischenspiel [1]

Im Fernsehen kommen häufig Wiederholungen von Sendungen vor. Manche Zuschauer freuen sich, manche schalten ab. Wir wollen analog – zusammenfassend – das erste Kapitel für den Leser wiederholen und für das nächste ein wenig werben. Halt wie im Fernsehen, hoffentlich spannender.

Für jemanden, der Wirtschaftspädagogik studieren will, ist die Bereitschaft zur Auseinandersetzung mit anderen (anvertrauten) Menschen von zentraler Bedeutung; es geht darum, einen Bezug zu ihnen herzustellen und eine Beziehung zu ihnen zu schaffen. Insofern wird ‚Pädagogik' studiert. Anders als in vielen, rein auf eine Tätigkeit in einer erzieherischen Einrichtung hin ausgerichteten Studiengängen ist neben dem ‚pädagogischen Schutzraum' auch die ‚rauhe Welt des Wirtschaftslebens' mit Leistungs- und Konkurrenzdenken, Verdrängungswettbewerb usw. das Umfeld, in der Begegnung sich ereignet. Beides prägt die Tätigkeiten des Unterrichtens, des Beratens und des Organisierens in den gegebenen, sehr unterschiedlichen Tätigkeitsfeldern Schule, Betrieb und Bildungsverwaltung.

In systematischer Betrachtung stellen sich die Verhaltensweisen Erziehen und Wirtschaften als anthropologische Konstanten unterschiedlich dar. Intentionale Prinzipien des Wirtschaftens sind die Güterversorgung und über die Wirtschaftlichkeit der Wettbewerb. Intentional ist Erziehen an die Persönlichkeitsentwicklung geknüpft und an Idealbildern wie beispielsweise dem des ‚mündigen Bürgers‘ orientiert. Diese Vorstellung ist an die Perspektive des Individuums gebunden, das wirtschaftet oder erzieht. Unabhängig davon wirtschaften und erziehen aus gesellschaftlicher Perspektive Institutionen des Wirtschafts- und Erziehungssystems auch funktional, und zwar wechselseitig. Erst daraus kann das Konstrukt Wirtschaftserziehung bestimmt werden im Sinne einer Erziehung für die Wirtschaft und im Sinne einer Erziehung durch die Wirtschaft. Den Zusammenhang versucht die folgende Abbildung A.8 darzustellen.

Soweit die Zusammenfassung; nun zur Werbung. Bislang haben wir bewusst von Erziehen/Erziehungssystem und Wirtschaften/Wirtschaftssystem gesprochen und die Worte „Pädagogik“ und „Ökonomie“ weitgehend vermieden. Zweimal – mit Ausnahme des Wortes „Wirtschaftspädagogik“ – jedoch haben wir sie in Kapitel A.1.1 ganz bewusst eingesetzt, als wir davon sprachen, dass Bildungscontrolling ganz im Sinne ökonomischen Denkens die Vorteilhaftigkeit darstellt und die Argumentation über Ziele ganz im Sinne pädagogischen Denkens die Rechtfertigung belegt. Ökonomische Vorteilhaftigkeit und pädagogische Verantwortung sind zwei Kategorien, die Wirtschaftswissenschaften (Ökonomik) und Erziehungswissenschaften (Pädagogik) als zentralen Gegenstand der jeweiligen Wissenschaften auffassen. Ökonomisch Vorteilhaftes kann pädagogisch verantwortbar sein, muss es aber nicht. Das Verhältnis zwischen Ökonomik und Pädagogik ist insofern unbestimmt, vielleicht geradezu spannend, wenn es um die ‚Wirtschaftserziehung‘ geht. Die Wortkombination „Wirtschaftspädagogik“ gewinnt so einen Reiz, denn ‚übersetzt‘ würde die Wortkombination „Wirtschaftserziehungswissenschaft“ lauten. Dabei kommt es auf die Betonung an: Wirtschaft*erziehungswissenschaft* hebt einen anderen Akzent hervor als Wirtschaftserziehungs*wissenschaft*. Unter anderem darum geht es im folgenden Abschnitt.

Ein weiterer Punkt, warum unter den Gesichtspunkten einer wissenschaftsdisziplinären Einordnung die Kombination Wirtschaftspädagogik vielleicht interessant zu studieren sein könnte, ist die darin ausgedrückte erziehungswissenschaftliche Perspektive auf das ‚Wirtschaftssystem‘, weil darüber auch über eine Gestaltung des Wirtschaftssystems aus (wirtschafts-)pädagogischer Sicht nachgedacht werden könnte: Wie müsste ein Wirtschaftssystem aussehen, damit es pädagogische Kriterien erfüllt? Und ist der normative ‚pädagogische Zeigefinger‘ in einer Wissenschaft überhaupt zuläs-

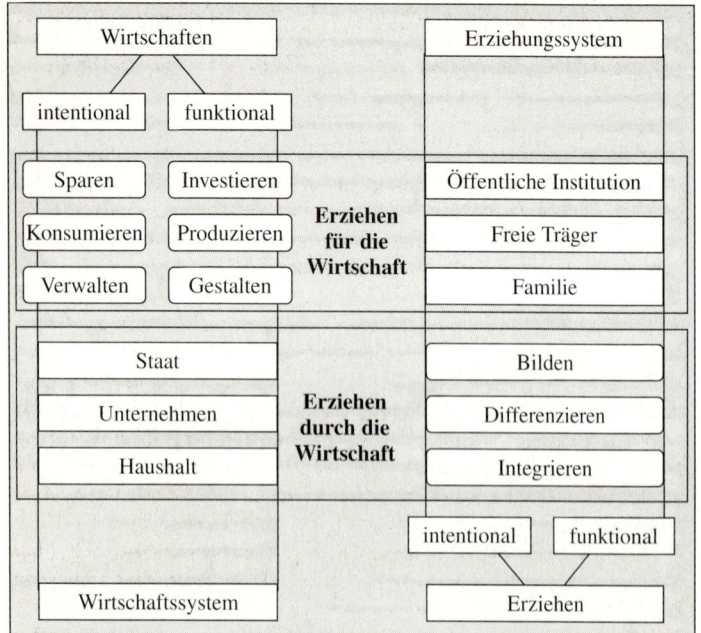

Abbildung A. 8: Wirtschaft und Erziehung im Überblick

sig? Und aus einer anderen Perspektive: Wie müsste eine Erziehungsökonomik aussehen, damit das Erziehungssystem das Kriterium der Vorteilhaftigkeit erfüllt? Und wird mit ökonomischer ‚Vorteilhaftigkeit' nicht implizit als Norm der auf Wachstum und Optimismus getrimmte, nach oben zeigende Daumen zum Maß aller Dinge gemacht? Mögliche Antworten auf diese Fragen können studiert werden.

A.2 Wirtschaftspädagogik als Wissenschaft – Einordnung der Wissenschaftsdisziplin

Wirtschaftserziehung ist ein alltägliches Phänomen. Sie findet ‚im richtigen Leben' statt. Nur ist man sich (leider oder glücklicherweise) nicht sicher, ob sie ‚richtig' stattfindet, warum sie wie stattfindet, in der Vergangenheit stattgefunden hat und in Zukunft stattfinden soll. Da man sich nicht sicher ist, fragt man die Gelehrten. Nur welche?

Welche Wissenschaftler können Antwort geben bzw. zumindest befragt werden? Und was kann als Antwort erwartet werden? Einfache Fragen sind häufig die schwierigeren. Diese beiden sind ganz besonders schwierig zu beantworten. Wir versuchen erste Antworten entlang der Geschichte der Wirtschaftspädagogik als Wissenschaftsdisziplin zu geben. Aber wie Wissenschaftler manchmal sind: Sie gehen den Sachen auf den Grund und fragen, was Wissenschaftler sind und warum und wie Wissenschaftler arbeiten, ob sie ‚richtig' arbeiten. Daher folgt zunächst eine etwas umfangreichere Hinführung zur Geschichte der Wirtschaftspädagogik als Wissenschaftsdisziplin über die Frage, was eine Wissenschaft und eine Wissenschaftsdisziplin ausmacht.

Wissenschaft ist Lehre oder Forschung *von* etwas. Es gibt ein Objekt, das gelehrt oder erforscht wird. „Objekt" ist dabei eine Sammelbezeichnung für so unterschiedliche ‚natürliche Dinge' wie Steine, Bäume, Menschen (Atome, Zellen, Geist und Seele) oder ‚soziale Dinge' wie Schulklassen und Betriebe (Unterricht und Arbeitsbeziehungen). ‚Soziale Dinge' sind dabei häufig keine ‚Dinge' (Strukturen) sondern Vorgänge wie beispielsweise Wirtschaften und Erziehen als Verhaltensweisen und damit verbundene Normen wie „Sparen ist gut!" oder „Sei strebsam!".

Von der ‚Objektebene' zu unterscheiden ist eine Ebene, auf der Aussagen über die Objekte getroffen werden, beispielsweise welche Objekte immer gleichzeitig oder nacheinander auftreten. Die Objekte werden durch Aussagen zueinander ‚in Beziehung' gesetzt, was in der Regel als „Theorie" bezeichnet wird. „Theorie" bedeutete ursprünglich das Beschauen eines Schauspiels (Theater) und wurde dann mit der sprachlichen Fixierung des Beschauten in Form von Texten verknüpft. Auf der ‚Theorieebene' können nun historische Ereignisse, einmalige oder wiederkehrende Situationen, bestimmte Verhaltensweisen, vorgefundene Sachverhalte in Form von Texten oder

Modellen systematisch, präzise und nachvollziehbar *beschrieben*
oder *dokumentiert* werden. Zudem kann untersucht werden, warum
sich ‚das Schauspiel' so zugetragen hat, wie es sich zugetragen hat.
Theorien *erklären* das Schauspiel bzw. helfen, das Schauspiel zu *verstehen*.

Mit der Theorieebene als Bezugspunkt für Wissenschaft ist nun
zweierlei verbunden. Erstens meint Wissenschaft ‚Zuschauer', und
Zuschauer sitzen auf der Tribüne und spielen nicht selbst auf der
Bühne. Häufig wird die Tribüne erst nach und nach aufgebaut; Wissenschaftler institutionalisieren sich, sie siedeln sich in einem eigenen Bereich an, abgegrenzt von der Bühne, dem Schauspiel des Alltags.[33] Zweitens meint Wissenschaft ‚Texte', ‚Modelle', ‚Systematik',
‚Erkenntnis', und diese werden gelesen, konstruiert, geordnet und
diskutiert. Wissenschaft ist in diesem Sinne ein (Nach)Denken, sie reflektiert die Praxis und bildet so ‚wissenschaftliche Theorien':

Wissenschaft erscheint so zunächst als Selbstzweck – der Elfen-
beinturm. Aber die gewonnen Erkenntnisse können helfen, unerwünschte Entwicklungen in der Welt zu vermeiden oder erwünschte
Entwicklungen zu unterstützen. Mit Theorien als Regieanweisung
kann ein künftiges Schauspiel *gestaltet* werden, können praktische
Probleme des Alltags gelöst werden.

Über diese Darstellung kann zunächst die Frage nach Wissenschaft
allgemein skizziert werden. Was kennzeichnet eine Wissenschaft als
Disziplin? Mit dem Wort „Disziplin" wird in der Regel ein Fach- bzw.
Tätigkeitsgebiet abgegrenzt oder zumindest auf die Einhaltung gemeinsamer Regeln hingewiesen, zum Beispiel in einer Sport‚disziplin'.
Ähnlich ordnet sich ‚die Wissenschaft' institutionell an Universitäten in Studiengänge bzw. Fachgebiete. Aus einer anderen Perspektive
kann gesagt werden: Die Einheit der Wissenschaft teilt sich in mehrere Wissenschaften, die von Hochschullehrern repräsentiert werden.
Eine Wissenschaftsdisziplin ist in diesem Sinne eine Hochschulge-

---

[33] EULER 1994, S. 220 ff. zählt weitere Kriterien der Abgrenzung von Wissenschaft und Alltagshandeln auf: So findet die Suche nach Problemlösungen
im Alltag stets unter Zeitdruck statt, während Wissenschaft sich i.d.R.
außerhalb zeitlicher Restriktionen bewegt. Wesentlich für Wissenschaft ist,
dass sie ihre Bemühungen um Erkenntnisgewinne in der Regel mehrheitlich
für andere betreibt, während Alltagshandeln oft erst durch eigene konkrete
Betroffenheit ausgelöst wird. Gleichzeitig versucht Wissenschaft, eher all-
gemeingültige Instrumentarien anzubieten im Gegensatz zu an konkreten
Einzelfällen orientierter Problemlösung des Alltags.

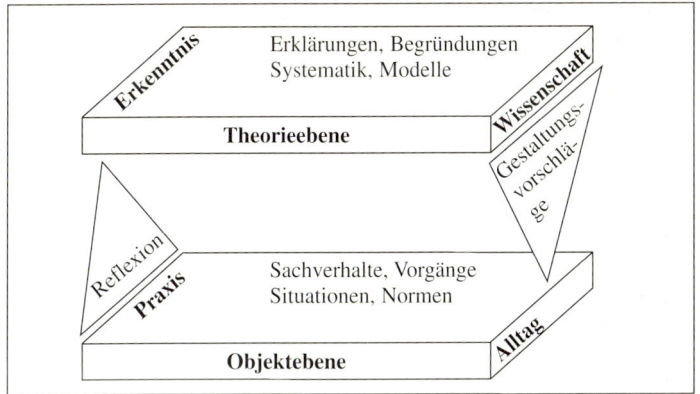

Abbildung A. 9: Objekt- und Theorieebene

meinschaft, die über das Lehrangebot eines Studienganges ‚ein Fachgebiet' repräsentiert. Nicht immer sind daran gleiche Bezeichnungen, ganz selten identische Lehrangebote geknüpft. Jedoch können Hochschulgemeinschaften auf systematische Darstellungen zurückgreifen, in der Regel Lehrbücher.

Davon zu unterscheiden sind Forschungsprogramme, wie sie häufig in Habilitationen grundgelegt werden. Hier geht es auch um die Art des (Nach)Denkens, also darum, wie Theorien gebildet und Erkenntnisse gewonnen werden. Eine Wissenschaftsdisziplin wird so als Denkstilgemeinschaft charakterisiert, die sich über Regeln des Forschens und damit häufig auch über das Objekt des Forschens geeinigt hat. Hochschulgemeinschaft und Denkstilgemeinschaft können übereinstimmen; unserer Kenntnis nach streiten sich aber bislang in jeder ‚Hochschulgemeinschaft' verschiedene ‚Denkstilgemeinschaften'.[34]

Es soll nun die Wirtschaftspädagogik als Wissenschaftsdisziplin in ihrer Entwicklung dargestellt werden. Wir heben drei Phasen hervor. Im Überblick weist die erste Phase ihren Schwerpunkt auf der Objektebene auf. Wirtschaftserziehung i. S. einer Erziehung für die Wirtschaft wurde zum Problem, weil die Entwicklung des Schulwesens

---

[34] Darstellung orientiert sich an SCHNEIDER 1987, S. 34 ff. Der Denkstil von Disziplinvertretern wird nicht selten als „Paradigma" (Denkmuster) oder „paradigmatischer Standpunkt" gekennzeichnet.

nicht Schritt halten konnte mit der rasanten wirtschaftlichen Entwicklung, speziell im Handel.

Die Etablierung einer Hochschulgemeinschaft prägt die zweite Phase. Es werden auf der Theorieebene systematische Darstellungen für den Studiengang Wirtschaftspädagogik entwickelt. Der Begriff „Wirtschaftspädagogik" wird in Form von Lehrstühlen institutionalisiert.

Die dritte Phase wird durch Ausprägung von Denkstilgemeinschaften gekennzeichnet. Anschaulich wird dies schon an den Artikeln „Wirtschaftspädagogik" im „Handwörterbuch der Sozialwissenschaften". In der ersten Ausgabe (1965) von Fritz URBSCHAT[35] nehmen ‚Forschungsrichtungen' der Wirtschaftspädagogik eineinhalb Spalten ein und werden einander ergänzend dargestellt. In der zweiten Ausgabe (1982) nehmen ‚Forschungsansätze' in der Darstellung von Ernst WURDACK[36] achtzehn Spalten ein und stellen den gegensätzlichen Charakter der Ansätze heraus.

Gegen Ende der dritten Phase hat sich die Lage beruhigt. Der Beginn einer vierten Phase lässt sich erahnen. Zur Teilnahme daran will dieses Buch einladen.

A.2.1 Keim und Kern: Unterricht in kaufmännischen Fortbildungsschulen

Die Geschichte der Wirtschafts*pädagogik* beginnt nach heutiger Einschätzung um die Jahrhundertwende mit der Einrichtung von Handelshochschulen (Leipzig und Aachen 1898, Köln und Frankfurt a. M. 1901), obwohl die Geschichte der Wirtschafts*erziehung* und auch die Geschichte der kaufmännischen Schulen viel weiter zurückgreift.

Der nachfolgende Textauszug aus dem Lexikon der Pädagogik von 1913 belegt die schulpolitische Umbruchsituation der Zeit und den daraus resultierenden Bedarf an ‚fortgebildeten' Lehrern, die kaufmännische Fächer unterrrichten.

Auslöser für die Entwicklung der Wirtschaftspädagogik war eine ‚Verstaatlichung' oder ‚Eingliederung' der vorher freiwilligen (privaten) kaufmännischen Schulen in das öffentliche Schulsystem. Mit der Etablierung eines neuen öffentlichen Schultyps wurden Lehrkräfte

---

[35] URBSCHAT 1965
[36] WURDACK 1982.

II. Gliederung. Im Deutschen Reiche kann man 2 große Gruppen von kaufmännischen Schulen unterscheiden: die eine bildet Leute für die niedere u. mittlere Laufbahn im Handel vor, während die andre den künftigen Leitern u. Führern der Industrie u. des Handels neben einer erweiterten Allgemeinbildung eine Fachbildung übermitteln will. Die 1. Gruppe umfaßt die kaufmännischen Fortbildungsschulen u. die Handelsschulen, die 2. die Handelshochschulen.

1. Die kaufmännischen Fortbildungsschulen schließen sich an die Volksschulen an — in einigen Städten, z. B. Köln, unterliegen auch die jungen Leute mit dem Berechtigungsschein zum einjährig-freiwilligen Militärdienste dem Fortbildungsschulzwang — u. dienen der Übermittlung besonders kaufmännischen Wissens während der praktischen Lehrzeit. Der Unterricht in der Unter-, Mittel- u. Oberstufe wird jetzt meist während des Tages erteilt, seltener abends, u. umfaßt gewöhnlich 6—8 Wochenstunden. Seit 1900 ist er pflichtmäßig. Pflichtfächer sind: Handelskunde mit Deutsch u. Schriftverkehr, Wirtschaftsgeographie, Bürgerkunde, kaufmännisches Rechnen u. Buchführung; in manchen Schulen Stenographie u. Maschinenschreiben; die beiden letzten Fächer sind neben Französisch, Englisch u. Religion vielfach wahlfrei. Die Unterrichtsmethode ist weder rein schulmäßig noch akademisch. Nach Entlassung aus der Pflichtschule wird den Schülern häufig in Abendkursen Gelegenheit gegeben, sich in den Unterrichtsfächern der Pflichtschule weiterzubilden.

Abbildung A. 10: Aus dem Lexikon der Pädagogik (1913)[37]

notwendig, denn Gymnasiallehrer wollten (und konnten) nicht, Volksschullehrer wollten schon und konnten aber erst nach einer eigenen Fortbildung die in dem Textauszug genannten Fächer unterrichten. ,Erfahrene und ehrbare Kaufmänner' kamen gleichfalls in Frage.

Die Diskussion um die Lehrerbildung wurde neben der inhaltlichen Ausgestaltung stark von standespolitischen und damit besoldungsbedeutsamen Fragen beeinflusst. Das Bemühen von Lehrerverbänden

---

[37] HOMMER 1913, Sp. 1147.

wie dem ‚Verein Preußischer Handelslehrer mit Hochschulbildung'
führte nach und nach zur Etablierung eines *akademischen* Diplomgra-
des „Diplom-Handelslehrer" um das Jahr 1925.[38] Das Lehrangebot
wurde an den für den ‚Führungskräftenachwuchs' zuständigen Handels*hoch*schulen angesiedelt. Insofern sollten Diplom-Handelslehrer
ebenso ausgebildet werden wie Diplom-Kaufleute, zusätzlich aber
noch für die Lehrtätigkeit qualifiziert werden. Die ‚pädagogischen'
Anteile beschränkten sich vorwiegend auf die Unterrichtsmethodik
und allgemeine Einführungen in die ‚Erziehungslehre'.

Keim solchen ‚handelsschulpädagogischen' Denkens ist also die
Ausrichtung auf ‚Theorie und Praxis des kaufmännischen Unter-
richtswesens' oder kürzer: die Didaktik der Wirtschaftslehre.[39] Damit
einher geht die Orientierung an der ‚Theorie und Praxis kaufmännischer Tätigkeiten', nämlich der Betriebswirtschaftslehre. Sie ist bis
heute auch Kern der Disziplin. Wie hart oder auch hartnäckig so ein
Kern sein kann, zeigt sich sehr anschaulich an Fragen zur Gestaltung
von Übungsfirmen. Bereits 1925[40] gibt es eine ‚Geschichte des Mus-
terkontors'[41], welches heute in Form von Übungsfirmen oder Lernbü-
ros aktuell diskutiert wird. Ebenso hartnäckig halten sich Probleme
und Lösungsvorschläge über das Verhältnis zwischen kaufmännischen Schulfächern und kaufmännischer Tätigkeit sowie zwischen
Hochschulfächern und Schulfächern. Die Vielzahl der unterschiedlichen Schulfächer in der obigen Darstellung lässt erahnen, wie
schwierig die Abbildung kaufmännischer Tätigkeiten in Schulfächern
ist. Ein weiteres Problem ist, welche Wissenschaft die entsprechen-

---

[38] Vgl. dazu den detaillierten Beitrag von PLEISS 1988 und 1973.

[39] „Didaktik": entlehnt aus der griechischen Sprache. Die aktive Form steht
für „Lehren/Unterrichten", die passive für „Lernen und belehrt werden".
„Didaktik" umfasst damit die Theorie und Praxis des Lehrens und Lernens.
Beide Wortpaare sind nur gemeinsam für die Didaktik relevant, also die
Verbindung von Theorie und Praxis und Lernen durch gelehrt werden. Un-
ter den Problemstellungen der Didaktik finden sich u.a. Fragen der (Lehr-)
Methodik, des Lehrinhaltes oder der Lehrpläne. Speziell hinsichtlich der
Akzentuierung von Lehrinhalt oder Methodik unterscheidet sich eine Viel-
zahl von didaktischen Konzeptionen.

[40] Vgl. PENNDORF/OBERBACH 1925.

[41] Übungskontor: Älterer Begriff für Lernbüro. Hier werden modellhaft wirklichkeitsnahe Geschäftsvorfälle in möglichst authentischem organisatorischen Rahmen simuliert. Deren Bearbeitung unter Anleitung dient somit
dem exemplarischen Lernen bestimmter kaufmännischer Inhalte. Vgl. Kap.
A. 5.1.

den Fragestellungen kaufmännischer Tätigkeit angemessen aufgreift und eine Gestaltung kaufmännischer Praxis anstrebt.

Paul ECKHART hat diesen Umstand 1927 in dem Vorwort zu einem Lehrbuch formuliert:[42]

> „Erst in den letzten Jahren hat sich die Überzeugung Bahn gebrochen, daß der bislang noch am häufigsten beschrittenste Weg, eine Fülle einzelner Kenntnisse aus dem Rechtswesen und der Betriebstechnik zu bieten, nicht zum gewünschten Ziele führt, sondern daß die Unternehmung als Ganzes erfaßt werden muß. Dem Schüler soll ein Bild ihres Lebens geboten werden, das die Zusammenhänge des Betriebsorganismus aufdeckt und verstehen lehrt.
>
> Das Ziel ist demnach:
>
> 1. Klare Aufdeckung der inneren und äußeren betriebstechnischen Vorgänge in ihrem natürlichen Verlauf.
>
> 2. Kenntnis der technischen Hilfsmittel, deren sich die Unternehmung heute in größtem Umfange bedient.
>
> 3. Aufdeckung der Lebensgesetze der Unternehmung, die ihr Handeln bestimmen, und die auf drei Wurzeln zurückführen: Betrachtung des Grundsatzes der Wirtschaftlichkeit, rechtliche Bindung durch die bestehenden Gesetze und engste Verflechtung in das Gesamtgetriebe der Volks- und Weltwirtschaft.
>
> Steht so das Ziel klar vor Augen, so erhebt sich die Frage, auf welchem Wege es am zweckmäßigsten zu erreichen ist. Der Weg der Hochschulen und ihrer Lehrweise kommt für das mittlere Fachschulwesen nicht in Frage. Der Schüler ist für abstraktes Denken und Herausarbeiten schwieriger Begriffsbestimmungen weder reif noch kommt es ihm praktisch für den späteren Beruf zustatten. Er will möglichst bald in das Leben eintreten, praktisch mitschaffen und verstehen, was in der Unternehmung um sich herum vor sich geht. Daher müssen wir aus dem Leben und der Anschauung schöpfen, Beispiele an die Stelle von Begriffsbestimmungen

---

[42] ECKARDT /VON DER AA 1927. Wir haben dieses Buch gewählt, weil Karl VON DER AA der erste Inhaber des 1923 an der Handelshochschule Leipzig eingerichteten Lehrstuhls für Handelsschulpädagogik und betriebswirtschaftliche Nachbarfächer war. In dem Vorwort zu diesem Buch wird die Problematik der Differenz zwischen Betriebswirtschaftslehre als Hochschuldisziplin, Betriebswirtschaftslehre als Schulfach und den Betriebswirtschaften der Praxis als zentral für den kaufmännischen Unterricht charakterisiert. Paul ECKARDT als Verfasser des Werkes hat an der Universität zu Köln gelehrt. Wir werden darauf noch im nächsten Kapitel zu sprechen kommen. Das Buch selbst ähnelt einem stark gegliederten Schulbuch: So finden sich dort im Teil C „Die Hilfsmittel der Büroarbeit" unter dem Punkt „Büromaschinen" Darstellungen von Schreib-, Diktier-, Rechenmaschinen sowie von Vervielfältigungsgeräten.

setzen und immer in engster Anlehnung an den tatsächlichen Verlauf der geschäftlichen Geschehnisse den Stoff darbieten. Selbstverständlich müssen dabei alle Ergebnisse der wissenschaftlichen Forschung berücksichtigt und ausgewertet werden."

Der ‚handelsschulpädagogische' Kern der Wirtschaftspädagogik, so belegen die Zitate, hängt stark zusammen mit der Gleichzeitigkeit der Entwicklung einer Betriebswirtschaftslehre als Wissenschaft an Handelshochschulen, von kaufmännischen Handels- und Fortbildungsschulen sowie von dem diese institutionelle Entwicklung auslösenden Wandel in der kaufmännischen Erwerbs- bzw. Berufsarbeit.

Die Abbildung hebt als Mittelpunkt dieser ersten Phase der Didaktik der Wirtschaftslehre das Verhältnis von Schulfächern an Handelsschulen, der ‚Fachwissenschaft an Handelshochschulen' sowie der vorzufindenden (und künftig erwarteten) Arbeits- und Berufssituationen hervor. Auf den ersten Blick mag dies eine einleuchtende Gedankenkette sein: Die kaufmännische Arbeits- und Erwerbssituation wird

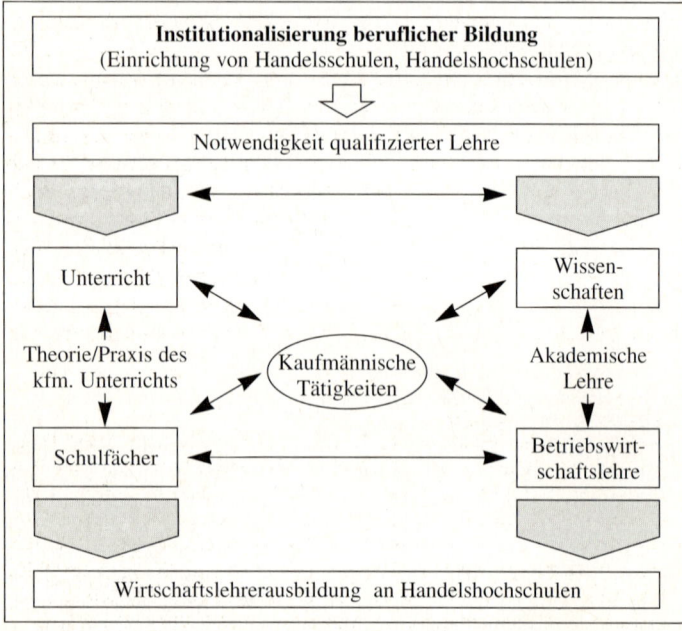

Abbildung A. 1↑: Zur Institutionalisierung beruflicher Bildung

von der Betriebswirtschaftslehre als Fachwissenschaft reflektiert und ‚verbessert‘, was sich wiederum in Schulfächern widerspiegelt, die an Schulen unterrichtet werden. Leider (glücklicherweise) sind solche Abbildungsketten nicht möglich. So ist sehr umstritten, ob die Betriebswirtschaftslehre (die Wirtschaftswissenschaft) überhaupt die kaufmännischen Tätigkeiten abbildet, etwa in den Rechtsfragen oder im Umgang mit technischen Hilfsmitteln. Zweitens ist sehr umstritten, ob und wie Schulfächer sich an welcher Richtung der Fachdisziplin orientieren sollen. Beispielsweise orientiert sich ein großer Teil der Betriebswirtschaftslehre als ‚Nachwuchsführungslehre‘ schwerpunktmäßig an der Sichtweise von Unternehmern als Arbeitgeber. Die Handelsschüler sind aber zunächst einmal Arbeitnehmer; sollte dann nicht über diese Perspektive aufgeklärt werden? Diese doppelten Brüche zwischen Schultheorie und Berufspraxis, zwischen Fachtheorie der Wissenschaft und Unterrichtspraxis in Schulfächern werden unter den Stichworten „Wissenschaftsorientierung“ oder „Situationsorientierung“ in der Didaktik immer wieder und immer noch diskutiert.[43]

In dem Titel der Abbildung A.11 wird mit ‚beruflicher Bildung‘ ein zweiter Kern der ersten Phase genannt, denn in dieser Zeit wird die ‚Berufs‘schule institutionalisiert. Einerseits tritt sie als Anhang der in Kreisen der Wirtschaft vorgenommen Abgrenzungen in der Lehrlings‚aus‘bildung auf, andererseits als Vorreiter der Idee einer umfassenden ‚Bildung durch den Beruf‘ oder kürzer ‚Berufsbildung‘. Neben dem Wirken von Georg KERSCHENSTEINER war u.a. die Reichsschulkonferenz von 1920 wichtiger Impulsgeber für die Einrichtung der Berufsschule und für die Verankerung einer ‚staatsbürgerlichen Bildung‘ oder wie wir heute sagen würden ‚politischen Bildung‘ als ihr Auftrag.[44] Heute werden an Berufsschulen daher sog. ‚allgemeinbildende‘ Fächer wie Politik, Deutsch, Sport, Religion unterrichtet. Ihre

---

[43] Vgl. REETZ 1985; CZYCHOLL 1985; TWARDY 1996a.

[44] KERSCHENSTEINER gelang es um die Jahrhundertwende durch seine Tätigkeiten als Stadtschulrat von München und als königlicher Schulkommissar, die Institution Berufsschule und den Vorläufer des dualen Systems zu etablieren (WEHLE 1956, S. 142 f.). SPRANGER 1920 betrieb die kultur-philosophische Sicherung der Möglichkeit von Bildung durch den Beruf in Fortsetzung von Kerschensteiners Wirken. Aloys FISCHER 1924, S. 333 betonte den hohen Stellenwert der Verbindung von Theorie und Praxis mit Schwerpunkt in der beruflichen Bildung, ferner hob er den gesellschaftlichen Stellenwert der von ihm sogenannten Berufsschule hervor; TWARDY 1996b, S. 187 ff.

Bedeutung wird diskutiert wie eh und je, ebenso wie der Stellenwert
der Berufsbildung gegenüber der Allgemeinbildung thematisiert wird.

   Die Idealisierung einer ‚bildenden Kraft des Berufes' und die Idealisierung der Wirtschaft als ‚Kulturbereich' (u.a. neben den Künsten,
den Wissenschaften, der Religion) prägen auch weite Teile der nachfolgenden Phase. Diese Idealisierung wurde in der ersten Phase grundgelegt, ihre zentrale und folgenreiche Wirkung entfaltet die Idee einer
Berufsbildung als Persönlichkeitsbildung erst bei der Institutionalisierung der Wirtschaftspädagogik (und/oder eben Berufspädagogik).

A.2.2. Fach und Faschismus: Einrichtung von Lehrstühlen für Wirtschaftspädagogik

In der Mitte der zwanziger Jahre beginnt die zweiten Phase der Entwicklung der Wirtschaftspädagogik als Wissenschaftsdisziplin. Wir
bezeichnen sie als „Phase der Institutionalisierung", weil sich diese
Fachrichtung in dieser Zeit an Handelshochschulen etablierte. Es gibt
nun die ersten ‚Vertreter' der Wirtschaftspädagogik, eine Adresse. Eine Hochschulgemeinschaft entwickelt sich, die durch Hinweise auf
Forschungsergebnisse und andere Veröffentlichungen (Zeitschriften,
Lehrbücher) auch beginnt, systematisch Begriffe und Argumentationsfiguren auszuweisen.[45] Die Bemühungen um theoretische Absi-
cherung eines eigenen und für eine Wissenschaftsdisziplin hinreichend großen und bedeutsamen Problemfeldes setzen ein; sie sind
zentral mit der Idee der Berufsbildung und der Idee der Wirtschaft als
Kulturbereich der Gesellschaft (neben Kunst, Wissenschaft, Politik,
Gemeinschaft und Religion) verbunden.[46]

   In Abgrenzung zur ersten Phase mit ihrer starken Anbindung an
die (betriebs-)wirtschaftswissenschaftliche Ausbildung und die der
Wirtschaftslehrerausbildung werden nun allgemein pädagogisch inte-
ressierende Fragen hervorgehoben. Der Aspekt der Erziehung durch
Beruf und Wirtschaft rückt neben den Aspekt der Erziehung für die
Wirtschaft. Dabei ist nicht zu verkennen, dass seit 1933 die funktionalen Wirkungen der Erziehung geradewegs intentional gewendet als

---

[45] Hinweisen und auch empfehlen möchten wir die Lektüre von DÖRSCHEL
      1975b – erste Auflage 1960 – die gewissermaßen einen Endpunkt der Phase
      markiert.
[46] Vgl. SPRANGER 1920; FISCHER 1924.

Erziehung zur nationalsozialistischen Gemeinschaft ihre normative Bedeutung erlangen. Die Wörter „Volkswirtschaft", „Beruf", „Arbeit" erhalten einen eigenen Klang im Kontext nationalsozialistischer Gedanken. Insofern lässt der Umstand, dass „die endgültige Durchsetzung der Wirtschaftspädagogik als selbständig vertretene Hochschuldisziplin"[47] in die Zeit des Nationalsozialismus fällt, aufhorchen.

Die Betonung der pädagogischen Aspekte führt zur Abgrenzung gegenüber der ‚Stammwissenschaft' Betriebswirtschaftslehre, ohne jedoch zu einer Annäherung an die damalige ‚allgemeine', weltanschaulich und philosophisch ausgerichtete Erziehungswissenschaft zu führen. Im Gegenteil: Deren Desinteresse an den praktisch-pädagogischen Aufgabenstellungen im Wirtschafts- und Berufsbereich wurde genutzt, um Wirtschaftspädagogik als eigenständige und von der allgemeinen Pädagogik unabhängige Wissenschaft zu deklarieren. So kommt es zu dem nachdenkenswerten Umstand, dass viele Lehrstühle für Wirtschaftspädagogik in den wirtschaftswissenschaftlichen Fakultäten angesiedelt wurden, obwohl die Kennzeichnung als erziehungswissenschaftliche Disziplin gebräuchlich war. Aufgrund dieser relativen Autonomie der Wirtschaftspädagogik kann sie in dieser Phase als *Wirtschaftserziehungs*wissenschaft charakterisiert werden. Allerdings wurde Wirtschaftserziehung nicht deutlich als ‚Objekt einer Wissenschaft' bestimmt und die Wissenschaftlichkeit wurde letztlich doch über pädagogisch-philosophische oder pädagogisch-psychologische Argumente und Literaturverweise zu belegen versucht.

Das ‚Fach' Wirtschaftspädagogik dehnt sich in diesem Sinne aus. Es behauptet für sich eine Sonderstellung zwischen Ökonomik und Pädagogik und verhält sich nach beiden Seiten ambivalent. Mal wird die wirtschaftliche oder ökonomische, mal die erzieherische oder pädagogische Nische gesucht.

Mit dem vermeintlichen ‚Objekt' Wirtschaftserziehung ist ein Geflecht von beschreibenden und wertenden Aussagen verbunden; wir versuchen nachzuzeichnen, wie dieses Geflecht in dieser zweiten Phase, Mitte der zwanziger Jahre bis Mitte der sechziger Jahre, von einzelnen Vertretern ganz unterschiedlich eingegrenzt wurde. Dabei spielt die faschistische Deutung des ‚Objekts' eine tragende Rolle. Wir konzentrieren uns auf zwei ‚Persönlichkeiten' der Wirtschaftspädagogik, Friedrich FELD (1887-1945) und Friedrich SCHLIEPER (1897-1981). Der eine wirkte vor und während, der andere während und

---

[47] PLEISS 1973, S. 209 ff.

hauptsächlich nach der Zeit des Faschismus. Beide sind insbesondere auch mit dem ‚Fach' Wirtschaftspädagogik verbunden. Einer der ersten hauptamtlichen Dozenten für die ‚Handelsschulpädagogik' in Frankfurt war Friedrich FELD, genauer: Doktor, Diplom-Handelslehrer und Handelsschuldirektor Friedrich FELD.[48] Nach der Übernahme des Lehrauftrages in Frankfurt bemühte er sich ab 1926 darum, Titel von Vorlesungen und Übungen mit der Bezeichnung ‚Wirtschaftspädagogik' zu versehen. Der im Jahr 1930 im ‚Fach' Wirtschaftspädagogik in Berlin habilitierte Professor Dr. FELD bezeichnete sich selbst seit 1932 als „Professor für Wirtschaftspädagogik".[49]

Von ihm werden Textauszüge wiedergegeben, die die Spannbreite (um nicht zu sagen: Beliebigkeit) der Ausdeutung zwischen individueller und gesellschaftlicher Sichtweise des ‚Objekts' Wirtschaftserziehung in dieser Phase belegen.

So hoffen wir mit dem Aufbau der berufspädagogischen Einstellung auch auf dem Wege zur S y n t h e s e der rationalen und irrationalen Elemente unserer Zeit zu sein. In dieser Synthese sehen die weitschauenden Philosophen und Pädagogen den verheißungsvollen Anstieg zu einer neuen Humanität, die durch die erstrebte Verbindung des rein Menschlichen mit dem Wirtschaftlich-Rationalen der heutigen Kulturlage sich über das humanistische Ideal der humboldtschen Zeit erhebt und eine wertsteigernde Kulturentwicklung gewährleistet.

Vorstehende Begriffsfassung zeigt uns, daß wir es hier mit einem s e l b s t ä n - d i g e n pädagogischen Wissenschaftszweig zu tun haben; denn er unterscheidet sich von den andern grundlegend durch Stoffabgrenzung, Methode und Erkenntnisziel, hat weiter seine besonderen Fragestellungen, die nicht mit den Mitteln bisheriger pädagogischer Einstellung beantwortet werden können. Seine Methode ist die Art, wie er seinen wissenschaftlichen Stoff auffucht und behandelt, wie er sich alfo das Material für seine Erkenntnissätze verschafft. Diese Sätze lassen sich zurückführen auf einige evidente Grundvorausfetzungen oder Axiome, die wir in den bisherigen Kapiteln durch Unterfuchung der wirtschaftlichen Kulturlage und der dadurch bestimmten und darauf bezogenen berufspädagogischen Situationen befonders gekennzeichnet haben. D i e w i s s e n s c h a f t l i c h e n B e d i n g u n g e n , die an unfere Disziplin gestellt werden müssen, s i n d a l s o e r f ü l l t.

Abbildung A. 12 : Text 1 von Friedrich FELD 1928[50]

---

[48] Daten zu FELD (s. insb. PLEISS 1973, S. 187): Dissertation über „Das Lehrverfahren in der kaufmännischen Fachschule auf beruflicher und jugendpsychologischer Grundlage", Direktor der kaufmännischen Schule in Gießen, anschl. Habilitation zum Thema: „Grundfragen der Berufsschul- und Wirtschaftspädagogik". FELD war damit erster habilitierter Hochschullehrer der als von ihm selbst so bezeichneten Wirtschaftspädagogik.

[49] Vgl. zur gesamten Entwicklung PLEISS 1973, S. 182 ff.

[50] FELD 1928, S. 54.

„Die Wirtschaftpädagogik ist eine erziehungswissenschaftliche Disziplin, die die Ausbildungs- und Menschenführungsprobleme aller Lebensstufen innerhalb des völkischen Wirtschaftslebens in Theorie und Praxis zum Gegenstand hat. Sie hat als systematische und angewandte Erziehungswissenschaft unter Auswertung der anthropologischen, wirtschafts- und sozialwissenschaftlichen Erkenntnisse die Grundsätze und Maßnahmen aufzustellen, um folgende Aufgaben zu erfüllen:

1. Den Berufsnachwuchs in Betrieb und Schule leistungstüchtig auszurichten und im Arbeitsprozess richtig einzusetzen,
2. die Berufsfortbildung aller Schaffenden zwecks Leistungssteigerung zu regeln und damit die Grundlage für deren leistungsgerechten Aufstieg zu legen,
3. die Berufserzieher aller Grade heranzubilden,
4. die mit Führungsaufgaben Betrauten betriebspädagogisch einsatzfähig zu machen,
5. die didaktischen Hilfsmittel für diese Arbeits- und Berufserziehung bereitzustellen.

In Erfüllung dieser Aufgaben hat sie darauf zu achten, daß sich die wirtschaftsberuflich Tätigen durch Entfaltung ihrer individuellen und sozialen Anlagen zu Berufspersönlichkeiten entwickeln, die sich der Betriebs- und Volksgemeinschaft als nützliche Glieder willig unterordnen."

Abbildung A. 13: Text 2 von Friedrich FELD 1944[51]

In Text 1 wird die kulturphilosophische Grundlegung der Wirtschaftserziehung mit ihrer intentionalen Ausrichtung insbesondere auch auf das Individuum von FELD hervorgehoben. In Text 2 dominiert die Unterordnung der Wirtschaftserziehung unter die ‚Gemeinschaftsidee', in faschistischer Sichtweise gleichzusetzen mit der Zerstörung der Idee von Individualität und Freiheit. Damit geht die völlige Instrumentalisierung der Wissenschaftsauffassung für politische Ziele einher.[52]

Friedrich SCHLIEPER, genauer: Prof. Dr. Dipl.-Hdl. Friedrich SCHLIEPER[53] wurde 1941 erster Inhaber eines Lehrstuhls für Wirt-

---

[51] FELD 1944, S. 90 f.

[52] FELD 1928, S. 53 schreibt weiter: „Ergänzend sei hinzugefügt, daß der Einwand einer mangelnden Objektivität der Berufspädagogik mit der Feststellung abgewiesen werden kann, daß es ganz auf den Begriff ankommt, den man der Objektivität zugrunde legt, und damit auch der Beurteilung des Wahrheitsgrades".

[53] SCHLIEPER war Lehrer an einer kaufmännischen Schule in Köln; seit 1929 wirkte er bei Übungen zur Didaktik und Methodik der Verkaufs-, Betriebs- und Handelskunde (Prof. SEYFERT) mit.

schaftspädagogik einer Universität. Er lehrte an der Universität zu
Köln bis 1965. Eigentlich war die Einrichtung eines solchen Lehrstuhls bereits für das Jahr 1933 vorgesehen, aber die für Paul ECK-
HARDT beantragte ‚venia legendi für das Gebiet der Wirtschaftspädagogik‘ wurde vom ‚Staatskommissar für die Universität zu Köln‘
abgelehnt, weil für die Nationalsozialisten ein mit einer ‚nichtari-
schen‘ Ehefrau verheirateter Professor nicht genehm war. Die von
ECKHARDT vertretene wirtschaftsdidaktische Ausrichtung der Wirtschaftspädagogik wurde damals von der wirtschafts- und sozialwissenschaftlichen Fakultät befürwortet.[54] Insofern griffen die Faschis-
ten ganz massiv in die Besetzung eines Lehrstuhls eines der
bedeutendsten Studienorte der Wirtschaftspädagogik ein. Gegen
SCHLIEPER (seit 1933 NSDAP-Mitglied) hatten die Nationalsozialisten keine Einwände.[55] Bei Friedrich SCHLIEPER steht das Bemühen
um Klärung grundlegender Begriffe im Vordergrund, wobei seine
Formulierungen heute eher verklärend als klärend erscheinen.

So formuliert SCHLIEPER 1944:[56]

> „Die Wirtschaftspädagogik hat also zunächst eine empirische [real er-
> fahrbare; Anm. d. A.] und explikative [erläuternde, bzw. bei Schlieper
> systematisierende; Anm. d. A.] Seite. Andererseits hat sie dem wirt-
> schaftspädagogischen Tun nach objektiv geltenden Werten Normen zu
> geben. Die Problemstellung der Wirtschaftspädagogik ist also primär
> die: Wie vollzieht sich unter den Einflüssen der wirtschaftlichen Funkti-
> on der Volksgemeinschaft auf ihre Glieder deren Formung im Sinne der
> völkischen Erziehungsfunktion? Erst dann kann der andere Problemkreis
> behandelt werden: Nach welchen Normen ist die Reifung des Gliedes
> der Volksgemeinschaft im Sinne der völkischen Wirtschaftsfunktion zu
> beeinflussen?“

Demgegenüber (?) schreibt er 1954 über die Forschungsrichtung des
Kölner wirtschaftspädagogischen Lehrstuhls:[57]

---

[54] PLEISS 1973, S. 305; SCHANNEWITZKY 1991, S. 50 ff.
ECKHARDT ging später nach München. SCHANNEWITZKY zeigt einerseits die
fachdidaktische Ausrichtung auf, belegt darüber hinaus aber auch die Idee
eines umfassenden wirtschaftspädagogischen Verständnisses bei ECKHARDT.
Er betonte dabei ausdrücklich die individuelle und gesellschaftliche Sichtweise. In diesem Sinne verwandte ECKHARDT sogar auch den Begriff der
Sozialpädagogik als Synonym für gesellschaftlichen Aspekt.
[55] SEUBERT 1977, S. 31.
[56] SCHLIEPER 1944, S. V.
[57] SCHLIEPER 1954, S. 12.

„Das Schwergewicht dieser Forschung liegt auf der empirischen und explikativen Seite, und ihre Problemstellung lautet: Wie vollzieht sich unter den heute gegebenen wirtschaftlichen und sozialen Verhältnissen die Formung des Menschen, besonders des in der Wirtschaft beruflich tätigen Menschen? Unter diesem Gesichtswinkel sucht sie das Geschehen in den einzelnen wirtschaftlichen Betrieben und in der gesamten Volkswirtschaft sowie die pädagogischen Wirkungen der verwirklichten oder möglichen Wirtschafts- und Sozialordnungen zu ergründen."

Aus diesem Vergleich der SCHLIEPER-Texte geht die ‚Variabilität‘ vom Grundverständnis einer auf die Wirtschaftserziehung ausgerichteten autonomen Wissenschaftsdisziplin in dieser Zeit hervor. Nicht unwichtig erscheint die in beiden Texten konstant bleibende Reihenfolge. Die Erfassung der realen Sachverhalte und damit auch die funktionalen Aspekte der Erziehung stehen vor den normativen (intentionalen) Bemühungen. Das Sein wird auf das Sollen übertragen; eine Auffassung, die einen der zentralen Kritikpunkte in der dritten Phase bildet.

Als Konsequenz dieser Betrachtung des Faches Wirtschaftspädagogik kann die eigentümliche und insofern vielleicht fachspezifische Verbundenheit von deskriptiver oder normativer sowie individueller oder gesellschaftlicher Sichtweise hervorgehoben werden. Die vier Sichtweisen greifen vom Grundsatz her die Ökonomik und Pädagogik auf; sie werden im ‚Fach‘ Wirtschaftspädagogik von der Pädagogik her bestimmt. Insofern repräsentiert der Name des ‚Faches‘ sein Programm: Pädagogisch-normative Orientierungen der Wirtschaft als soziale Gemeinschaft. Zur Betonung des letztgenannten Aspektes wurde in der zweiten Phase die Kennzeichnung Wirtschafts- und Sozialpädagogik eingeführt.[58]

Für Studenten resultiert daraus u. E. die Notwendigkeit, sich sowohl mit der deskriptiven als auch der normativen Seite auseinanderzusetzen. So wäre auch eine Erziehung zum ‚mündigen Bürger‘ und eine ‚Erziehung zur sozialen Marktwirtschaft‘ auf ihre normativen und deskriptiven Aspekte zu untersuchen; denn vor der Beliebigkeit von Begriffen, die zugleich Normen und Deskriptionen sind, schützt nur die kritische Auseinandersetzung mit ihnen. Ein eindrucksvolles Übungsfeld für eine solche kritische Auseinandersetzung ist die historische Betrachtung.

---

[58] Analog „Wirtschafts- und Sozialwissenschaften", „Wirtschafts- und Sozialpolitik", „Wirtschafts- und Sozialgeschichte" usw. Sie hat von daher ursprünglich keine gemeinsame Entwicklungslinie mit der aus dem Phänomen der Sozialarbeit und Fürsorgehilfe hervorgegangenen Sozialpädagogik.

A.2.3 Anker und Antrieb: Wirtschaftspädagogik als Teildisziplin der Erziehungswissenschaft

„Kritik" ist das Wort der dritten Phase. Kritik an ‚bestehenden Verhältnissen'. Kritik wird zum Antrieb für Reformen der Praxis und der
Theorie. Kritik wird aber auch zum Anker für Denkstilgemeinschaften
von Wissenschaftlern verschiedener Disziplinen. Sie orientieren sich an
der Vorstellung, ‚kritisch' zu sein und zu wirken, wenn auch in geradezu gegensätzlichem Verständnis. Die Denkstilgemeinschaft der ‚Kritischen Theorie' steht gegen die des ‚Kritischen Rationalismus' und beide kritisieren die traditionelle ‚geisteswissenschaftliche Pädagogik'.[59]
Bei soviel Kritik gerät nach dem Krieg Restauriertes in Bewegung.

So müssen wir erneut pointieren, was sich in der zweiten Phase der
Wirtschaftspädagogik herauskristallisiert hatte:

* eine Hochschulgemeinschaft hatte sich etabliert und ihren Zustän-
  digkeitsbereich weit abgesteckt;
* eine (relative) Eigenständigkeit der Wirtschaftspädagogik wurde
  behauptet;
* deskriptive und normative Aussagen waren politisch instrumentali-
  siert, idealisiert und vermischt worden.

Vor allem an den letzten beiden Punkten entzündete sich die Kritik.
Zwar hatte die Hochschulgemeinschaft der zweiten Phase die Notwendigkeit einer ‚empirischen' Forschung betont, aber deren Umsetzung weitgehend vernachlässigt.[60] Die Frage, wie Wirtschaftserziehung geschieht, wurde mit dem Hinweis auf die Notwendigkeit der
grundlegenden Klärung dessen, was Wirtschaftserziehung ‚dem *Wesen*
nach' eigentlich ist, aufgeschoben und damit auch aufgehoben. Die
Forschung blieb weitgehend spekulativ bzw. rezipierte und interpre-
tierte Veröffentlichungen aus anderen Disziplinen. Sie war damit
‚geistes'wissenschaftlich ausgerichtet.[61] Auf der Suche nach dem We-

---

[59] Die Kennzeichnung als „Pädagogik" steht in diesem Kontext der dritten
      Phase – entgegen unserem im Zwischenspiel (1) eingeführten Sprachge-
      brauch – als Art Gegenbegriff zur „Erziehungswissenschaft". Denn in „gei-
      steswissenschaftlicher Pädagogik" ist mit „Pädagogik" neben der Theorie
      bzw. der Wissenschaft immer auch die Praxis bzw. der Alltag gemeint.

[60] Vgl. zur Argumentation ZABECK 1992, S. 88.

[61] Später werden Lehrbücher wie etwa Karl ABRAHAMS „Wirtschaftspädago-
      gik" oder der „Betrieb als Erziehungsfaktor" als rein spekulative Werke be-
      zeichnet (ZABECK 1992, S. 88).

sen *schirmte* man sich von der *Wirklichkeit ab*, mehr noch: man *bestätigte* – bewusst oder unbewusst – die *bestehenden Verhältnisse*, weil sie eben nur so sein konnten (oder sollten) wie sie ihrem Wesen nach sind (und immer schon gewesen sind). Dies galt nicht nur für Wirtschaftspädagogen, sondern auch für die Pädagogik allgemein.

Gegen die Abschirmung von der Wirklichkeit wendete sich die Forderung nach einer empirischen Erziehungswissenschaft, die sich der Wirklichkeit mit ‚objektivierbaren‘, ‚nachvollziehbaren‘ oder ‚statistischen‘ Methoden und nicht spekulativ zuwenden will. Heinrich ROTH forderte 1962 eine ‚realistische Wende‘ der Pädagogik. Insbesondere normative Aussagen sollten (!) allenfalls als Forschungsobjekt auf der Praxisebene, keinesfalls aber in wissenschaftlichen Theorien vorkommen. Die ‚Pädagogik als empirische Wissenschaft‘ findet eine Orientierung in der Denkstilgemeinschaft des ‚Kritischen Rationalismus‘.[62] Die ‚Kritik‘ bezieht sich hier auf die Prüfung und Widerlegung von Theorien an der mit den genannten Methoden erfahrbar bzw. zugänglich gemachten Wirklichkeit. Sie setzt ‚messbare‘ (sogenannte operationalisierbare) Begriffe voraus, mit denen die Wirklichkeit nachvollziehbar erfasst werden kann. Der kritische Blick auf Forschungsergebnisse anderer, die vorläufige Bewährung von Theorien und Problemlösungen in der Wirklichkeit werden gefordert. Kritik richtet sich demnach vor allem an sich selbst: Kritik als Kritik der Wissenschaft, wenn sie sich nicht der Möglichkeit der Widerlegung durch andere Wissenschaftler und der Möglichkeit des Scheiterns von Theorien an der Erfahrung aussetzen will.

Gegen die *Bestätigung bestehender Verhältnisse* durch die Ansätze ‚geisteswissenschaftlicher Pädagogik‘ wendet sich die Kritische Theorie als Denkstilgemeinschaft. Sie fordert Kritik als Ideologiekritik, die die Verkehrtheit und Parteilichkeit bestehender gesellschaftlicher Machtverhältnisse aufdeckt. Dagegen setzt sie als Norm die Emanzipation.[63] Erziehung müsse der Emanzipation des Menschen von überflüssiger sozialer Herrschaft dienen. Diese Forderung wurde bald ausgedehnt: Auch Erziehung müsse eine emanzipatorische sein […] Kritische Erziehungswissenschaft wollte eine Kritik der sozialen Verhältnisse, die eine Erziehung behindern, welche ihrerseits der Emanzipation des Menschen durch Erziehung dient.[64]

---

[62] Vgl. HEID 1996, S. 17 ff.

[63] „Emanzipation" in diesem Sinne bedeutet die Selbstbefreiung von einengenden Grenzen, hin zur Mündigkeit.

[64] Vgl. LENZEN 1994, S. 29.

Die teilweise unversöhnliche Gegnerschaft der Denkstilgemeinschaften hinsichtlich der Frage, ob Werte in wissenschaftlichen Aussagen möglich sein sollen (oder geradezu: müssen), verdeckt die gemeinsame Wirkung dieser beiden Denkstilgemeinschaften bezüglich der Erforschung der ‚bestehenden Verhältnisse‘ als Aufgabe der ‚Sozial‘wissenschaften.[65]

Durch die Verlagerung der Frage vom Objekt der Wirtschaftserziehung hin zum Denkstil von Sozialwissenschaftlern wird auch die in der zweiten Phase behauptete relative Eigenständigkeit in Zweifel gezogen. Wirtschaftspädagogen verstehen sich überwiegend als Wirtschafts*erziehungswissenschaftler*. Wirtschaftspädagogik bindet sich als Teildisziplin der Pädagogik (=Erziehungswissenschaft) in deren Forschungskontext ein. Die Verankerung der Lehre in wirtschafts- und sozialwissenschaftlichen Fakultäten bleibt davon vielfach unberührt, obwohl durch die Reform der Lehrerausbildung während der dritten Phase auch Bezeichnungen nach dem Muster „Lehrstuhl für Erziehungswissenschaft (oder Pädagogik), insbesondere Wirtschaftspädagogik“ eingeführt wurden.

Damit ist auch deutlich, dass Erziehungs-, oder um den bekannteren Begriff zu verwenden, Bildungsökonomik nicht Forschungsgegenstand einer Wirtschaftspädagogik ist, die die Bestimmung „Pädagogik“ ernst nimmt. Bildungsökonomik ist insofern Sache von Ökonomen. Allerdings sind deren Forschungsergebnisse bei der Gestaltung von Erziehungs- und Bildungspraxis auch aus der Perspektive von Pädagogen bedeutsam. Wirtschaftspädagogen sind offenbar aufgrund des Studienaufbaus (vgl. das Kapitel A.3) hinsichtlich öko-

---

[65] Die Kontroverse zwischen Kritischen Rationalisten und Kritischen Theoretikern ist nicht auf einzelne Disziplinen beschränkt, der sogenannte Positivismusstreit durchzog die Sozialwissenschaften insgesamt. Die Kritische Theorie ist in Westdeutschland sicherlich stärker in der Pädagogik als in der Ökonomik aufgenommen worden, obwohl die Kritische Theorie eine ihrer Wurzel in der politischen Ökonomie marxistischer Prägung hat. Beide haben – in unterschiedlicher Ausrichtung – die Aufmerksamkeit auf die ‚bestehenden Verhältnisse‘ gelenkt. Nicht zuletzt deshalb kann heute etwa für die Bereiche der Berufswahl und Berufsberatung, der beruflichen Grundbildung, der Qualifikationsforschung, der Wirtschaftsdidaktik oder für die Situation bestimmter Zielgruppen (‚Lernbeeinträchtigte‘ oder ‚jugendliche Arbeitslose‘) eine „Forschung in gewisser Breite und Ausdifferenzierung mit Ergebnissen“ festgehalten werden. Vgl. Senatskommission 1990, S. 20 f.

nomischer und pädagogischer Theorien in beiden Denkwelten geschult.[66]

Die wirtschaftspädagogische Forschung steht ungeachtet dessen weiterhin vor dem Problem der Gestaltung von Praxis. Einerseits ist die Mitgestaltung von Praxis immer wieder verlockend und wird häufig genug von den Institutionen des Alltags und der Politik eingefordert, andererseits ist sie nur durch (teilweise) Preisgabe der Positionen der Denkstilgemeinschaft möglich. Im Einzelfall dokumentiert sich dieses Problem in Forschungs- oder Reformprojekten und insbesondere in Modellversuchen. Eine nicht ganz zufällige Auswahl mit spezifischem Bezug zu wirtschaftspädagogischen Forschern solcher Projekte sei kurz vorgestellt:

- Der Kollegschulversuch[67], dessen Grundlagen in Nordrhein-Westfalen bereits über 25 Jahre zurückreichen, ermöglicht Doppelqualifikationen in allgemeinbildenden sowie in handwerklich-technischen oder kaufmännischen Bildungsbereichen. So kann etwa innerhalb der gymnasialen Oberstufe parallel zu einer beruflich orientierten Qualifikation (z. B. Höhere Handelsschule mit ihren entsprechenden Lerninhalten) auch das Abitur erworben werden. In NRW führte dieser Versuch zum Umbau des beruflichen Schulwesens. Berufsbildende Schulen und Kollegschulen wurden in ein „Berufskolleg" als einheitliche Schulform überführt.
- Die Evaluation der Einrichtung einer Berufsakademie in Baden-Württemberg[68]: Das Projekt der Berufsakademie ist auch unter dem Titel „Stuttgarter Modell" bekannt. Hauptsächlich von der privaten Wirtschaft initiiert, wurde die Berufsakademie 1974 als eine Berufsbildungseinrichtung mit der Möglichkeit eines eigenen Abschlusses gegründet. Vorrangig verfolgtes Ziel ist die starke Verzahnung von Theorie und Praxis und damit eine zügige (sechssemestrige) Qualifizierung im Sinne eines kurzen Studiums mit außerordentlichem und institutionalisiertem Praxisbezug.

---

[66] Sie denken zwischen Machbarem (weil ökonomisch vorteilhaft) und Wünschenswertem (weil pädagogisch verantwortbar). Diese Aussage ist allerdings nicht deskriptiv gemeint – wir haben sie *nicht* ‚an der Wirklichkeit geprüft'- sondern verstehen sie als Aufforderung. Soweit ein kleiner Einblick in die Schwierigkeit, deskriptive und normative Sätze zu unterscheiden. Zur Bildungsökonomie vgl. z. B. Friedrich EDDING 1989.

[67] Vgl. etwa GRUSCHKA 1992.

[68] Vgl. ZABECK/ZIMMERMANN 1995.

- Das Forschungsprojekt der Deutschen Forschungsgemeinschaft „Lernen und Denken in komplexen ökonomischen Situationen"[69]: Bei diesem ‚Göttinger Projekt' steht die enge Verzahnung theoretischer und praktischer Lerninhalte im Vordergrund. Zentraler Bezugspunkt war der Bereich moderner Informations- und Kommunikationstechnologien in der Betriebswirtschaftslehre und im Rechnungswesen. Das Projekt lief von 1987 bis 1991 für die ersten Jahrgänge der Berufsfachschule Wirtschaft.

- Modellversuche der Bund-Länder-Kommission für Bildungsplanung und Forschungsförderung[70]: Bis 1995 wurden etwa 250 Projekte von Bund und Ländern gefördert. Davon bezogen sich etwa 50 auf die berufliche Bildung, wobei die Abgrenzung des Bezuges gegenüber anderen Schulformen häufig schwierig ist. Themenbereiche derartiger Projekte sind hauptsächlich neue Technologien und die Einbeziehung von Umweltfragen in das Bildungswesen. Die vorrangigen Ziele ‚Überprüfung bzw. Revision von Rahmenlehrplänen', ‚Findung neuer Lehrformen und deren adäquate Anpassung an geänderte Anforderungen' sollen durch neue Unterrichtsmodelle bis hin zur Modellierung komplett neuer Bildungsgänge erreicht bzw. überprüft werden. Organisatorische Hilfsmittel, Mittel zur Umgestaltung von Räumen, Lehrmittel und Lehrerfortbildungen werden hierzu zur Verfügung gestellt und erprobt.

- Modellversuche des Bundesinstituts für Berufsbildung zum arbeitsplatznahen Lernen.[71] Gemeint ist hiermit die teilweise Verlagerung von Schulungen und Seminaren an den Arbeitsplatz oder praxisassimilierte Lernorte.

- Modellversuche des Bundesinstituts für Berufsbildung im Bereich handwerklicher Berufsbildung, unter anderem der Qualifizierung von Handwerksmeistern, Förderung von Lernbeeinträchtigten und Fortbildung von Ausbildungsberatern.[72]

Da wir in dem letztgenannten Bereich tätig waren, haben wir die Problematik, wissenschaftlichen und pragmatischen Ansprüchen gerecht zu werden, ‚empirisch' kennengelernt. Sie führen in ein Spannungsfeld, welches insbesondere die Ausweisung von Normen auf der Praxis- als auch der Theorieebene notwendig macht. Der ‚pädagogi-

---

[69] Vgl. ACHTENHAGEN u.a 1992.

[70] Vgl. BUND – LÄNDER – KOMMISSION (1995).

[71] Vgl. DEHNBOSTEL (1996).

[72] Vgl. dazu die Schriftenreihe des Forschungsinstituts für Berufsbildung im Handwerk an der Universität zu Köln.

sche Zeigefinger' gehört unserer Auffassung nach zu einer Wirtschaftserziehungs*wissenschaft*; in dieser auszuweisenden normativen
Orientierung liegt ein Anker. Zudem ist die ,Vermittlung' von Theori-
en in die Praxis als eine eigene Aufgabe einer Wissenschaft zu sehen,
die ebenso wie die Erkenntnisgewinnung unterschiedlich in den jeweiligen Denkstilgemeinschaften angegangen werden kann (vgl. dazu
auch Teil C). Der daraus gewonne Antrieb besteht in der Wirtschaftspädagogik im doppelten Sinn. Aus diesem Selbstverständnis resultiert
die Vermittlung von ökonomischen Theorien und die Vermittlung pädagogischer Theorien in Wirtschaft und Erziehung als Praxis.

Als eine Zusammenfassung dieses vor dem Hintergrund der Geschichte einer Disziplin zu verstehenden Selbstverständnisses dient
die abschließende Übersicht.

Bezeichnung	1. Phase (Entstehung)	2. Phase (Etablierung)	3. Phase (Kritik)
Zeit	bis 1920	ca. 1920 - 1965	ab 1965
Vorwiegende Problem- stellung	Bedarf an Lehrern für kaufmännische Fortbildungs- schulen	Etablierung einer Hochschulge- meinschaft durch Hervorhebung des „Kulturbereichs Wirtschaft".	Diskussion um Forschungs- methoden und Selbstverständ- nis „erzie- hungswissen- schaftliche Teil- disziplin"
Charakteri- sierung	Handelsschulpäda- gogik „Theorie und Praxis kaufmänni- schen Unterrichts- wesens"	Autonome Handels- hochschulpädagogik „Erziehungsaspekte des Lebensbereichs Wirtschaft", angesie- delt bei den Wirtschafts- und Sozialwissen- schaften	Teildisziplin der Erziehungswis- senschaft „Erzie- hung unter Be- rücksichtigung gesellschaftlicher, insbesondere wirtschaftlicher Bedingungen"
,Mögliche' pointierende Bezeichnung des Studien- abschlusses	Diplom- Handelslehrer	Diplom-Wirtschafts- pädagoge	Diplom- Erziehungs- wissenschaftler (mit Schwer- punkt)

Abbildung A. 14: Phasen der Wirtschaftspädagogik im Überblick

Wirtschaftspädagogik als Erziehungswissenschaft

Mit der zusammenfassenden Übersicht, so scheint es, sei ein vorläufiger Konsens gefunden. Um so bedenkenswerter erscheint deshalb die Mahnung eines in diesen Fragen exponierten Vertreters der Disziplin:[73]

„[Die] an den Auseinandersetzungen der Vergangenheit unmittelbar Beteiligten dürften dagegen gefeit sein, in pragmatischer Absicht ‚ausgehandelte' salvatorische Formeln für die Dokumentation von jetzt herrschender Harmonie zu nehmen. Von einem solchen Missverständnis sind jedoch diejenigen bedroht, die neu zur Berufs- und Wirtschaftspädagogik hinzutreten, indem sie sich studierend mit ihr auseinandersetzen oder sich in ihr Gespräch einblenden […]"

Wird der Streit, ob es sich bei der Wirtschaftpädagogik um eine Wirtschafts- oder Erziehungswissenschaft handelt, nur pragmatisch unterdrückt, indem man nicht weiter darüber nachdenkt? Warum sollte man, wenn man vermeintlich fest im Sattel sitzt, darüber nachdenken, welches Pferd geritten wird? Dazu zwei Merk-Punkte:

• In einem 1996 veröffentlichten Thesenpapier der Abteilung für Wirtschaftspädagogik der Wirtschaftsuniversität Wien wird die Eigenständigkeit des wissenschaftlichen Faches Wirtschaftspädagogik betont. Es „zielt auf die Aufarbeitung und Verknüpfung sozial- und wirtschaftswissenschaftlicher und erziehungswissenschaftlicher Untersuchungsbereiche, Fragestellungen und Forschungsergebnisse." (FORTMÜLLER/ AFF 1996, S. 419). In seiner Antrittsvorlesung machte Peter F.E. SLOANE deutlich, dass er die Konturen der wirtschaftspädagogischen Lehre als Disziplin in den Wirtschaftswissenschaften ausprägen will (SLOANE 1995, S. 36). Hans-Carl JONGEBLOED baut sein Verständnis von Wirtschaftspädagogik über eine Verpflichtung der jeweiligen Disziplinen Ökonomik und Pädagogik aufeinander auf; die Ökonomik auf den ethischen Diskurs und die Pädagogik auf die didaktische Verantwortung für den wirtschaftenden Menschen. (JONGEBLOED 1996, S. 12). Wirtschaftspädagogik als Disziplin, die ihre Eigenständigkeit aus der Positionierung zwischen zwei anderen gewinnt. Diese Punkte zeigen auf, wie sehr die salvatorische Formel „erziehungswissenschaftliche Teildisziplin" eine Harmonie vortäuscht; wenn es um den Namen geht, scheint der „Diplom-Wirtschaftspädagogiker" (SCHANNEWITZKY 1978, S. 265) in der traditionellen Form als Diplom-Handelslehrer auch ein disziplinäres Selbstverständnis auszudrücken.

• Im Jahre 1991 wurde eine Arbeitsgemeinschaft Berufsbildungsforschungsnetz gegründet, in der sich verschiedene Forschungsinstitutionen und universitäre Einrichtungen zusammenschlossen. Es soll Forschungsaktivitäten transparent machen, Kooperationen ermöglichen und koordinierte Forschungsprogramme entwickeln. In unserem

---

[73] ZABECK 1992, S. II.

Zusammenhang ist die Namensgebung des Netzwerks interessant, die gewissermaßen einen neuen Fokus anbietet: Berufsbildung als Forschungsgegenstand. Dieser ist dann nicht mehr einer Disziplin oder Disziplinvertretern vorbehalten, sondern führt genau unterschiedliche Perspektiven ein. Soziologische, ökonomische, pädagogische und psychologische Perspektiven werden über das Problem zusammengeführt. Damit rückt die ‚Berufswissenschaft' (nicht nur Berufspädagogik) stärker in den Vordergrund, die konsequent von der Breite des mit Wirtschaftserziehung angedeuteten Problemfeldes

abrückt und sich auf die Berufs-, Arbeitsmarkt- und Unternehmensperspektive konzentriert.

Diese beiden Punkte heben u. E. insofern ein Diskussions- und Konfliktpotential hervor, welches die „Berufs- und Wirtschaftspädagogik" in der vierten Phase beschäftigen muss, wobei hier die Aufarbeitung der zentralen Problemstellungen mindestens so wichtig sein dürfte wie die der Positionsbestimmungen und Positionsunterscheidungen. Aber vielleicht – um die Formulierung von Jürgen ZABECK aufzugreifen – blenden Sie sich persönlich in die Diskussion ein.

Zwischenspiel [2]

„Guten Tag", oder schlicht „Hallo" heißt es vielfach als Begrüßung, wenn man noch unbekannte Menschen in einem unbekanntem Raum trifft. ‚Wohlerzogene' Menschen stellen sich zudem mit Namen vor. „Guten Tag, ich heiße Wirtschaftspädagogik", so könnte sich die Disziplin vorstellen. Und sehen Sie, da fängt die Schwierigkeit schon an: Wirtschaftspädagogik ist allenfalls eine „griffige Kurzbezeichnung".[74] Vielfach heißt es „Berufspädagogik", „Arbeits- und Berufspädagogik", „Wirtschafts- und Berufspädagogik" oder „Wirtschafts- und Sozialpädagogik". Aber was halten Sie von einem, der sich noch nicht mal richtig mit Namen vorstellen kann?

Um diesen schlechten Eindruck ein wenig zu korrigieren, folgen als Zwischenspiel Erläuterungen, die auch auf das nächste Kapitel verweisen. Die Trennung zwischen Berufs- und Wirtschaftspädagogik rührt in der ersten Phase aus der Trennung von Gewerbelehrerausbildung (gewerblich-technisch = Berufspädagogik i. e. S.) und Handelslehrerausbildung (kaufmännisch-verwaltend = Wirtschaftspädagogik i. e. S.). Da wir uns auf kaufmännische Sichtweisen beschränken und auch glauben, dass diese sich von gewerblich technischen durchaus unterscheiden, stimmt die Kurzbezeichnung. In der zweiten Phase er-

---

[74] PLEISS 1986, S. 130.

folgt durch die Ausweitung und Spezifizierung der Objekte der Wirtschaftserziehung auch eine Inflation der Bezeichnungen. Unvollstän-
dig in alphabetischer Reihenfolge: „Arbeits-", „Berufs-", „Betriebs-",
„Hauswirtschafts-", „Industrie-", „Konsum-", „Landwirtschafts-",
„Sozial-", „Technik-" und eben „Wirtschaftspädagogik". All diese Pä-
dagogiken unter Wirtschaftspädagogik zu fassen, könnte allenfalls aus
Gründen der Griffigkeit erfolgen. In diesem Sinne verwenden wir
Wirtschaftspädagogik als Bezeichnung, obwohl sich als Ergebnis der
zweiten und dritten Phase ein Doppelname „Wirtschafts- und Berufspädagogik" als Familienname der (*einer*) Disziplin durchsetzt.[75] Dass
dieses Buch dann „Einführung in die Wirtschaftspädagogik" heißt,
liegt so gesehen nur an der kaufmännischen Ausrichtung.

Unabhängig von der Bezeichnung der Wissenschaft kann Forschung und Lehre von ‚Wirtschafts- und Berufspädagogen', können die Studieninhalte – im Ausblick auf das folgende Kapitel –
schon über die Schwerpunkte der drei Phasen skizziert werden. Wir
wollen dies, auch um einen unserer akademischen Lehrer hervorzuheben, an der Person von Martin SCHMIEL andeuten.

- Mit SCHMIEL[76] verbinden wir in Bezug auf die erste Phase didakti-
  sche Theorie und Praxis, beispielsweise belegt mit den Büchern
  „Einführung in fachdidaktisches Denken" (1978), „Das Unterrich-
  ten in der beruflichen Weiterbildung von Erwachsenen" (1975),
  „Gruppenunterricht in der beruflichen Weiterbildung" (1980) oder
  „Lernstandsfeststellungen in der Berufsbildung" (1973).
- Systematische Darstellungen über Breite der Disziplin, wie im
  Werk ‚Berufspädagogik' (1976/77) oder das gemeinsam mit
  Karl-Heinz SOMMER publizierte „Lehrbuch der Berufs- und
  Wirtschaftspädagogik" (1985). Beide Werke erläutern neben der
  Erörterung von Grundfragen die Bandbreite über drei Lebensab-
  schnitte: Vorberufliche Bildung und Berufsfindung, berufliche
  Ausbildung, berufliche Weiterbildung.
- Drittens haben wir SCHMIEL als Forscher kennengelernt, der em-
  pirisch orientiert die Wirklichkeit befragt und zugleich diese im
  Sinne geisteswissenschaftlicher Tradition auslegt.

Darüber sind auch drei wesentliche Eckpunkte für das Studium bestimmt: Didaktik, Berufs- und Wirtschaftspädagogik und Forschungsfragen. Dazu mehr, wenn wir Ihren Namen erfahren.

---

[75] PLEISS 1986, S. 130.
[76] SCHMIEL 1973, 1975, 1978, 1980; SCHMIEL/SOMMER 1985.

A.3 Das Studium der Wirtschaftspädagogik – Aufbau und Perspektiven

Die Einschreibung an einer Hochschule ist sicher ein kleines Mosaiksteinchen im Wandel des Lebensgefühls, das mit der Aussage „ich studiere jetzt" verbunden ist. Aus Katharina M. wird eine Kommilitonin[77], deren Namen man – noch – nicht kennt. Und der Mensch Katharina hat plötzlich ganz viele Kommilitonen, die an größeren Universitäten zu Beginn des Studiums eher als Ko-Millionen erscheinen, die sich irgendwie immer gerade in der Schlange sammeln, in der man selbst ansteht. Fragt man dann den vor einem in der Schlange Stehenden um Rat, was zu tun ist, welche Veranstaltungen nun wo und was da stattfindet, ist der sehr hilfsbereit, weiß aber eigentlich nichts Genaues. Nur soviel hat er gehört, dass sie unbedingt erforderlich sei, aber eigentlich nicht nötig.

Im Ernst: Unsicherheit, Zweifel und das Gefühl, von niemandem eine verlässliche Antwort für seine ganz spezielle Frage zu bekommen, gehören zum Studium dazu. Sie sind zumindest in den Anfangssemestern normal. Bei einer Orientierung aus dem subjektiven Chaos helfen frühzeitige Kontakte zu Kommilitonen. Neben den zahlreichen Angeboten, etwa durch Studentenorganisationen, bietet sich für Studenten der Wirtschaftspädagogik ein früher Besuch von wirtschaftspädagogischen Veranstaltungen an, da dort der Kreis der Kommilitonen überschaubarer ist und ‚Gleichgesinnte' sitzen (s. auch Kapitel A.3.4).

Es mag auf den ersten Blick verwundern, dass den Studenten der Wirtschaftspädagogik ein frühzeitiger Kontakt zu wirtschaftspädagogischen Veranstaltungen empfohlen wird, was doch eigentlich selbstverständlich erscheint. Doch die wirtschaftswissenschaftlichen Anteile des Studiums (A.3.3) dominieren erfahrungsgemäß gerade in der ersten Phase des Studiums. Dort ist eine Orientierung aufgrund der großen Anzahl der Studenten etwas schwieriger.

---

[77] Über die Bezeichnung „Kommilitone", die sich sprachlich auf die militärischen Waffenbrüder zurückführen lässt, kann in diesem Zusammenhang sicher nachgedacht werden. Denn in einem Punkt liegt ein Vergleich noch heute nahe: Im Heer der Namenlosen wird nämlich die Matrikelnummer für Identifikation und Berechtigungen wichtig. In dem anderen Punkt, nämlich einem Befehlsgehorsam, passt die Bezeichnung nun gar nicht. Als studentischer ‚Kämpfer' ist jeder sich selbst der Vorgesetzte.

Sie merken schon: Das Wort Orientierung ist uns bei der Darstellung des Studiums wichtig. Erstens, weil ein Studium eben nicht einen Stundenplan wie in der Schule vorgibt, sondern sehr vielfältige Angebote zur Orientierung bereitstellt. Ein ‚Studium generale‘, also ein Blick über den Tellerrand des Studiengangs auf das ganze Spektrum von Veranstaltungen einer Universität, gehört ebenso dazu, wie die Möglichkeit, ein Thema bei verschiedenen Hochschullehrern zu studieren. Zweitens, weil ‚sich zu orientieren‘ in unseren Augen für ein Studium unabdingbar ist. Darin liegt der Reiz von Eigenverantwortung, Selbständigkeit und Selbstdisziplin bei freier Zeiteinteilung. Studieren, also ‚etwas eifrig betreiben‘, bedeutet in diesem Sinne, sich Fragen zu stellen und die Antworten zu suchen, wobei wir zähneknirschend respektieren, wenn dies zwischen Wohnungs- und Jobsuche, Umzugs- und Beziehungskisten, Termin- und Urlaubshetze und all den anderen wirklich wichtigen Dingen des Lebens gelegentlich verloren geht.

A.3.1 Allgemeines zum Studiengang Wirtschaftspädagogik

Der ‚Diplomstudiengang Wirtschaftspädagogik‘ ist nur einer von vielen Wegen, um sich auf eine der in Kapitel A.1.1 beschriebenen Tätigkeiten vorzubereiten. Verschiedene Wege können dazu führen, Lehrer an berufsbildenden Schulen, Trainer im Betrieb oder Bildungsmanager zu werden. Sie werden in der folgenden Abbildung angedeutet.

Wir konzentrieren uns in der Darstellung auf den Studiengang Wirtschaftspädagogik. Für diesen Studiengang gibt es eine bundesweite Rahmenordnung (von 1996)[78], die wir im folgenden skizzieren. Doch wie der Name schon sagt, bietet diese Ordnung nur einen Rahmen für die Gestaltung des Studiengangs an einzelnen Universitäten. Je nach Studienort kann dieser Rahmen durch die jeweilige Studienordnung der Universität ganz unterschiedlich ausgelegt werden.

Die Rahmenordnung sieht eine Regelstudiendauer von neun Semestern vor, welche sich in ein Grundstudium von vier Semestern und ein Hauptstudium gliedert. Dabei ist das Grundstudium im Studi-

---

[78] Genaugenommen handelt es sich um die „Rahmenordnung für die Diplomprüfung im Studiengang Wirtschaftspädagogik an Universitäten und gleichgestellten Hochschulen".

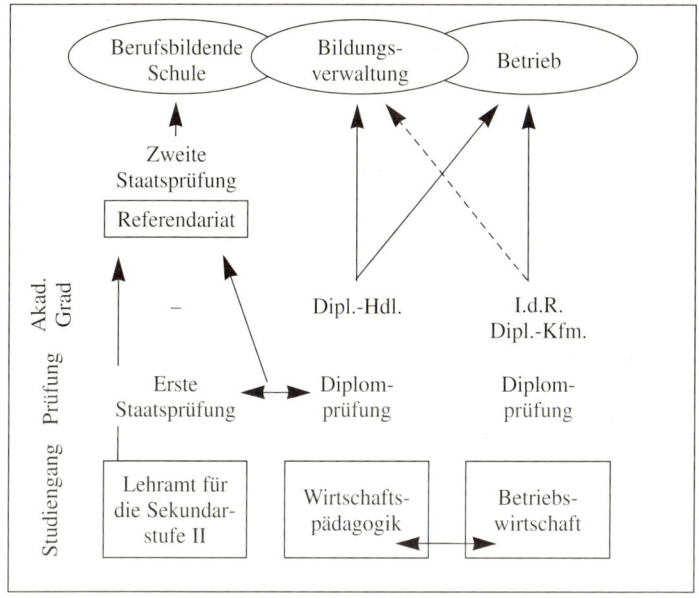

Abbildung A. 15: Der Studiengang im Überblick

engang Wirtschaftspädagogik mit dem Grundstudium der Studiengänge Betriebswirtschaftslehre und Volkswirtschaftslehre nach der Rahmenordnung weitgehend identisch. Aufgrund dieser Regelungen sind Wechsel zwischen diesen drei Studiengängen und auch ein Wechsel des Studienortes während und nach dem Grundstudium möglich. Alle drei Studiengänge schließen mit einer Diplomprüfung im Anschluss an das Hauptstudium ab, wobei unterschiedliche akademische Grade (z. B. Diplom-Handelslehrer oder Diplom-Kaufmann) erworben werden.

Im Studiengang Wirtschaftspädagogik sind nach der Rahmenordnung zwei unterschiedliche Studienrichtungen möglich. Die Studienrichtung I orientiert sich auch im Hauptstudium stärker an den wirtschaftswissenschaftlichen Studiengängen, während die Studienrichtung II das Studium von Fächern integriert, die Sie an sogenannten allgemeinbildenden Schulen bereits kennengelernt haben (unter anderem Sprachen, Mathematik, Religion, Sport).

Die Verantwortung für die Diplom-Studiengänge obliegt den jeweiligen Universitäten. Sie erlassen aufgrund ihres Selbstverwaltungsrechtes Prüfungs- und Studienordnungen, die sich daher von Universität zu Universität erheblich unterscheiden können. Das ‚Studium für das Lehramt an berufsbildenden Schulen' wird hingegen durch die jeweiligen Bundesländer geregelt. Sie sind deshalb landesweit einheitlich, können aber von Bundesland zu Bundesland unterschiedlich sein. Für den Studiengang Wirtschaftspädagogik bedeutet dies eine gewisse Unübersichtlichkeit hinsichtlich des Übergangs in das Referendariat. Die Schwierigkeit liegt darin, ob im jeweiligen Bundesland der Abschluss als Diplom-Handelslehrer automatisch oder unter bestimmten Bedingungen einer ‚Ersten Staatsprüfung' gleichgestellt ist. Im Grunde setzt ein Eintritt in den Staatsdienst für Lehrer (aber auch für Juristen, Ärzte usw.) eine ‚Staatsprüfung' voraus.

Auf den ersten Blick mag einen dieses Durcheinander ärgern. Es spiegelt genau die Orientierungsnotwendigkeit wider, die es im Studium zu bewältigen gilt. Der Ärger ist gewissermaßen der von Ihnen zu entrichtende Preis für drei Dinge: Zum einen können Sie Ihren individuellen Vorstellungen entsprechend aus einem vielfältigen Angebot wählen, beispielsweise indem Sie Universitäten vergleichen, in denen Studienrichtung I und II unterschiedlich intensiv ausgebaut sind. Zum zweiten können Sie sich aufgrund des Studienaufbaus relativ lange vielfältige ‚Beschäftigungsoptionen' erschließen. Und zum dritten – so sehen wir es zumindest – ist uns dieser Ärger lieber als eine stromlinienförmige, zentral gelenkte, uniforme Universitätslandschaft. Man muss sich eben orientieren.

Hilfestellung können Informationsschriften geben, die leider nicht immer leicht lesbar sind, so zum Beispiel Studienordnungen und Studienführer einzelner Universitäten, die Blätter zur Berufskunde der Bundesanstalt für Arbeit („Lehrer/Lehrerin an beruflichen Schulen") oder Informationsschriften der Lehrerverbände. Unserer Erfahrung nach sind aber häufig auch Lehrer an beruflichen Schulen, die man während der Ausbildung oder durch den Bekanntenkreis kennt, eine erste – sprudelnde – Informationsquelle.

A.3.2 Formaler Aufbau von Studiengängen

Jeder Studiengang besteht aus mehreren Studien*fächern*. Traditionell wird an den Universitäten Wirtschaftspädagogik sowohl als Bezeichnung für den Studien*gang* als auch als Bezeichnung für das Studien*fach* verwendet. Im Studien*gang* Wirtschaftspädagogik wird daher unter anderem das Studien*fach* Wirtschaftspädagogik studiert, und zwar als *Pflicht*fach. In anderen Studiengängen kann das Studienfach Wirtschaftspädagogik auch studiert werden, jedoch als *Wahlpflicht-fach*.[79]

In der Studienrichtung I besteht der Studiengang Wirtschaftspädagogik im Grundstudium aus drei Pflichtfächern, und zwar den Studienfächern Wirtschaftspädagogik, Betriebswirtschaftslehre und Volkswirtschaftslehre, einschließlich grundlegender Veranstaltungen in Bezugswissenschaften (u. a. Statistik, Recht, Mathematik, Informatik). Daneben sind zwei Wahlpflichtfächer im Hauptstudium zu studieren. Dies werden i. d. R. Spezielle Betriebswirtschaftslehren (z. B. Bank- oder Industriebetriebswirtschaftslehre) sein. In der Studienrichtung II wird statt *zwei* Wahlpflichtfächern nur *ein* sogenanntes Doppelwahlpflichtfach (u. a. Englisch, Französisch, Spanisch, Sport, Mathematik) belegt. Vom Stundenumfang her entspricht ein ‚Doppelwahlpflichtfach‘ mindestens dem Stundenumfang von ‚zwei Wahlpflichtfächern‘, daher auch die Bezeichnung.

In jedem Studienfach werden Lehrveranstaltungen in verschiedenen Formen angeboten. Auch hier gibt es wieder Pflicht-, Wahlpflicht- und Wahlveranstaltungen. Zu den Veranstaltungen gehören Vorlesungen, Übungen, Seminare, Praktika und Exkursionen. Diese Lehrveranstaltungen werden im Vorlesungsverzeichnis veröffentlicht sowie zusätzlich und i. d. R. mit weiteren Informationen versehen bei den einzelnen Studienfachvertretern am Schwarzen Brett ausgehängt oder immer häufiger auch per Internet bekannt gemacht.

Die *Vorlesungen* sollen durch ihren Vortragsstil eine studienfachspezifische Grundorientierung ermöglichen. Sie dienen der wissenschaftlich-systematischen Darstellung des Themengebietes durch die jeweiligen Professoren und bieten Anregungen, sich mit entsprechenden Forschungsgegenständen auseinanderzusetzen. Die häufig sehr komprimierte Art der Darstellung erfordert dementsprechend das selbständige Erarbeiten und die eigenverantwortliche Entscheidung über die Vor- und Nachbereitung mit Hilfe der in der Vorlesung empfohlenen Literatur sowie die eigenständige, kritische Auseinandersetzung mit der Thematik – allein oder in Arbeitsgruppen.

---

[79] Im Gegensatz zu bundesweit einheitlich festgelegten Pflichtfächern ist der Student bei Wahlpflichtfächern, wie der befremdliche Name es wohl ausdrücken will, zur *Wahl* von Fächern aus einem breiten Angebot *verpflichtet*. In Köln besteht beispielsweise die Möglichkeit, aus ca. 30 Wahlpflichtfächern auszuwählen.

In den *Übungen* erfolgen Vertiefung und Ergänzung der durch die Vorlesung und das eigenständige Literaturstudium erworbenen Kenntnisse. In den Übungen soll das Problemverständnis der Studierenden geweckt, eine Anleitung zur Formulierung wissenschaftlicher Fragestellungen gegeben und darüber hinaus durch Erstellung von Referaten und Hausarbeiten an das selbständige wissenschaftliche Arbeiten herangeführt werden. Erst die aktive Teilnahme der Studenten an den Diskussionen in Übungen hebt das beabsichtigte charakteristische Merkmal dieser Veranstaltungsform hervor.

In einem *Seminar* als „Übung höherer Ebene"[80] werden spezielle Problemfelder eines Themas erörtert. Proseminare dienen der Erarbeitung von Grundlagen zu speziellen Forschungsfragen, um dann in einem Hauptseminar die Lehre unmittelbar mit Fragestellungen aus aktuellen Forschungsgebieten zu verbinden[81]. Dazu gehört unabdingbar die kritische und kommunikative Auseinandersetzung zwischen ‚Lehrenden' und ‚Studierenden'. Hauptseminare sind, idealtypisch gedacht, in diesem Sinne ‚Königsveranstaltungen' des Studiums. Nicht selten werden aktuelle Forschungsvorhaben der jeweiligen Lehrstühle besprochen.

Während die bisher genannten Veranstaltungen der universitären Lehre letztlich versuchen, einzelne Erfahrungen verallgemeinernd zu reflektieren, um sie aus der Distanz analysieren zu können, zielen *Praktika* darauf ab, den Studenten unmittelbare Eindrücke, Belastungen und Erfahrungen zu ermöglichen und situationsangepasste Entscheidungen abzuverlangen. Sogenannte ‚Schulpraktische Studien und institutspädagogische Übungen' sind nach der Rahmenordnung für Wirtschaftspädagogen Pflichtveranstaltung während des Grundstudiums. Sie können in Schulen und Betrieben stattfinden. Unterricht und Unterweisung sollen beobachtet, analysiert und selbst erprobt werden. Sie sind häufig erster Prüfstein für die Berufswahl.

Was im jeweiligen Studienfach Pflicht-, Wahlpflicht- oder Wahlveranstaltung ist, ergibt sich aus den Studienordnungen. Wir werden darauf im nächsten Kapitel noch etwas näher eingehen. Auf die Er-

---

[80] DÖRSCHEL 1975b, S. 166. Der Name „Seminar" (urspr. lat.: Pflanz- oder Baumschule) deutet einen grundlegenden Charakter für wissenschaftliches Arbeiten an.

[81] Die Begriffe „Pro-" und „Hauptseminar" beziehen sich auf den an den Universitäten zu Köln und München üblichen Sprachgebrauch. Je nach Universität und/oder Fakultät sind auch andere Begriffe, etwa „Unter-", „Mittel-" und „Oberseminar" zu finden.

läuterung von anderen Veranstaltungen (Exkursionen, Kolloquien, Tutorien usw.) wird verzichtet.

Der Nachweis von Leistungen wird im wahrsten Sinne des Wortes ‚bescheinigt'. Sogenannte Teilnahmescheine oder auch ‚Sitzscheine' erwirbt man durch regelmäßige Anwesenheit. Inwieweit dies eine Leistung ist, hängt wohl wesentlich von der Uhrzeit der Veranstaltung ab. Je nach Dozent ist es etwas schwieriger, einen Schein durch das Bestehen einer Klausur oder einer mündlichen Prüfung zu erwerben. Sie sind meist mit dem Besuch von Vorlesungen oder Übungen gekoppelt. Die bisher genannten Formen gehen weitgehend mit schulischen Erfahrungen einher – auch dort zählte Anwesenheit und Hilfsmittel durften in Klausuren i. d. R. nicht benutzt werden. Dagegen erfordern die Leistungsnachweise (Hausarbeiten, Referate und Diplomarbeiten), die wissenschaftliches Arbeiten voraussetzen, Eigeninitiative und Zusammenarbeit. Forschungsmethodisches Handwerkszeug (u. a. Datenbankrecherchen, Erhebungstechniken) sowie die Benutzung von Literatur und deren Diskussion mit Kommilitonen gehören dazu. Da selten Meisterwerke vom Himmel fallen, sollte ein Lernfortschritt in den Hausarbeiten von der ersten Übung über das Hauptseminar bis hin zur Diplomarbeit erkennbar und möglich sein.

So wichtig dieses formale Gerüst für die Orientierung über Ihr eigenes, selbstverantwortetes Studium auch ist, so darf es auch nicht überbewertet werden. Ein Fußballspiel besteht ja auch nicht nur aus Regeln und die Kenntnis der Regeln ersetzt nicht den Torschuss. Vielleicht helfen die Regeln aber, Eigentore zu verhindern.

A.3.3 Inhalte des Studiengangs Wirtschaftspädagogik

Im Folgenden versuchen wir, die Frage zu beantworten, was eigentlich inhaltlich hinter den Bezeichnungen der Studienfächer Wirtschaftspädagogik, Betriebswirtschaftslehre und Volkswirtschaftslehre in Form von Veranstaltungen steckt. Dazu reicht es leider nicht, die Titel der Veranstaltungen zu nennen, denn ein Titel „Grundzüge der Betriebswirtschaftslehre" ist hinsichtlich der Inhalte der Betriebswirtschaftslehre wenig aussagekräftig. Als zweiter Lösungsweg könnte nun der unterschiedliche ‚Gegenstand' der Studienfächer beschrieben werden. Dies führt aber zu dem Ergebnis, dass die Unterscheidung von Volks- und Betriebswirtschaftslehre eigentlich nur im deutschsprachigen Raum üblich ist. Sie lässt sich allenfalls mit der Tradition, nicht aber inhaltlich begründen. Häufig vorzufindende Versuche einer inhaltlichen Abgrenzung drehen sich meist im Kreise: Die Volkswirtschaftslehre erfasst das Wirtschaftsgeschehen innerhalb einer Volkswirtschaft, die Betriebswirtschaftslehre das Wirtschaftsgeschehen innerhalb eines Betriebes. Solche Abgrenzungen müssten näher präzisieren, woraus eine Volkswirtschaft besteht (eben u. a. aus Betrieben) und erläutern, dass das betriebliche Wirtschaftsgeschehen nicht innerhalb, sondern weitgehend außerhalb des Betriebes stattfindet (etwa auf Märkten und innerhalb der Rahmenbedingungen des Staates). Von daher wäre die Abgrenzung hinfällig und man könnte von der „Wirtschaftswissenschaft" oder „Ökonomik" reden.[82]

Diesen gemeinsamen Kern könnte man anhand der dargestellten Strukturen des Wirtschaftssystems über die Frage skizzieren, wie Unternehmen ‚ökonomisch' produzieren und Haushalte ‚ökonomisch' konsumieren, was einen Tausch voraussetzt. Wie kommt die Güternachfrage der Haushalte zustande, wie das Güterangebot der Unternehmen und wie geschieht die Steuerung des Tausches auf Märkten? Wie verteilt sich entsprechend das Einkommen bzw. wie werden Einkommensunsicherheiten verringert? Die Erklärungsansätze zu diesen Fragen lassen sich als ‚mikroökonomischer Kern' jeder wirtschaftswissenschaftlichen Problemstellung identifizieren und können sowohl im Studienfach Betriebs- als auch im Fach Volkswirtschaftslehre als Produktions-, Konsum-, Markt- und Preistheorie inhaltlich behandelt werden. Sie sind in der Regel Bestandteil einführender Vorlesungen in die Betriebs- und in die Volkswirtschaftslehre.

Die im deutschsprachigen Raum trotz der erwähnten Gemeinsamkeiten übliche Abgrenzung lässt sich historisch über unterschiedliche Entwicklungslinien nachvollziehen. Die *Betriebswirtschaftslehre* entwickelte sich aus den Handelshochschulen, die eine Unternehmensführungslehre repräsentierten. Damit einher geht die Auffassung, die Betriebswirtschaftlehre müsse umfassendes Managementwissen im Studienprogramm repräsentieren. Entsprechend sind die in einem Unternehmen anfallenden Aufgaben unter dem Blickwinkel der Unternehmensleitung zu thematisieren.

Diese Betrachtung führt zu einer funktionsorientierten Gliederung der Betriebswirtschaftslehre, die einerseits ‚allgemein' in den Einführungen oder Grundzügen der Betriebswirtschaftslehre behandelt

---

[82] Deshalb werden an manchen Universitäten nicht die akademischen Grade „Dipl.-Kaufmann" und „Dipl.-Volkswirt" vergeben, sondern der Grad „Dipl.-Ökonom".

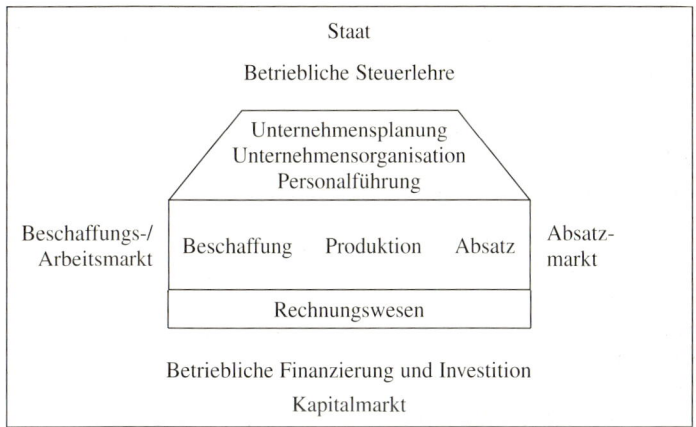

Abbildung A.16: Problemfelder der Betriebswirtschaftslehre

wird, andererseits ‚speziell' in Form von Wahlpflichtfächern vertiefend aufgegriffen werden kann[83].

Für Wirtschaftspädagogen stellt sich dabei insbesondere die Frage, inwieweit die Ausrichtung auf die Führungsaufgaben auch die Ausführung der Aufgaben im Sinne von Sachbearbeitertätigkeiten erschließt, wie sie ja weitgehend in der Berufsausbildung erforderlich ist. Dies kann beispielsweise auch an der Stellung der Veranstaltungen zur ‚Technik des betrieblichen Rechnungswesens' erläutert werden. Dabei handelt es sich im traditionellen Sinne um das Erlernen des Systems der doppelten Buchführung. Diese Veranstaltung findet häufig im Rahmen der ‚propädeutischen Übungen' statt, also gewissermaßen außerhalb des Studiums. Während des Studiums gibt es spezielle Veranstaltungen zu den Themen ‚Bilanz- und Erfolgsrechnung', ‚Kosten- und Leistungsrechnung', ‚Bilanzpolitik', ‚Unternehmensrechnung', die nicht zuletzt die Bedeutung des betrieblichen Rechnungswesens für die (strategische) Unternehmensführung hervorheben. Für die Lehrtätigkeit an berufsbildenden Schulen erscheint auf den ersten Blick der Buchführungsunterricht viel wichtiger. Dieser wird jedoch während des Studiums außer in fachdidaktischen Übungen kaum noch thematisiert.

---

[83] Daneben existieren wie bereits angedeutet als Wahlpflichtfächer institutionelle Gliederungen nach der Branchenzugehörigkeit der Unternehmen: z. B. Banken, Versicherungen, Industrie- und Handelsunternehmen.

Die *Volkswirtschaftslehre* hat sich dagegen von der Nationalöko-
nomie oder den Staatswissenschaften her entwickelt. Hier wird
in der Regel eine Trennung zwischen Volkswirtschaftstheorie und
Volkswirtschaftspolitik vorgenommen. Im Sinne einer Volkswirt-
schaftstheorie versucht die Volkswirtschaftslehre abstrahierend das
Geschehen auf den verschiedenen Märkten (Arbeits-, Güter- und
Kapitalmarkt) und deren Zusammenhang aus ‚übergeordneter'
Perspektive modellhaft zu klären. Im Sinne einer Volkswirtschaftspolitik betrachtet sie die Märkte aus Sicht des Staates, der mehr oder
weniger lenkend in das wirtschaftliche Geschehen ‚eingreifen' kann.
Prinzipiell bezieht die Volkswirtschaftslehre sich dabei auf alle
Wirtschaftssubjekte. Wir stellen typische Problemfelder bezogen
auf das Wirtschaftsubjekt Unternehmen in der folgenden Abbildung
dar.

Für Wirtschaftspädagogen stellt sich hierbei die Frage, ob ‚Theori-
en' und ‚Modelle' nicht gerade von den ‚Menschen' ablenken, um die
es den Pädagogen geht. Sie erscheinen weit entfernt. Andererseits
sind die Adressaten der sich ggf. auf bestimmte Theorien berufenden
Politik des Staates möglicherweise Menschen, die davon durchaus im
pädagogischen Sinne (zum Beispiel als arbeitslose oder überschulde-
te Menschen) betroffen sind.

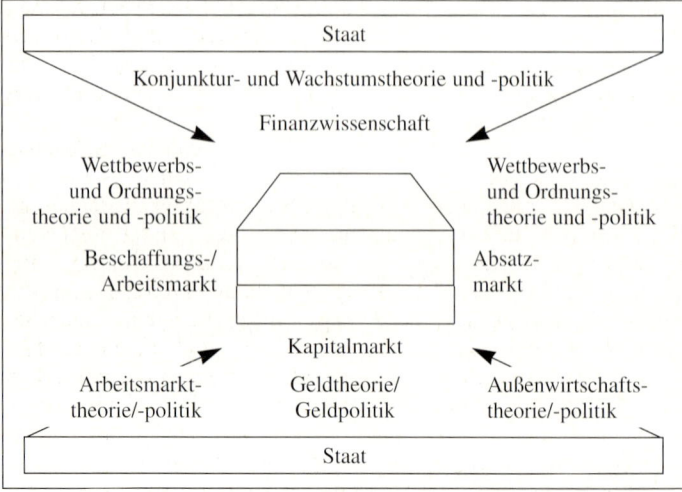

Abbildung A. 17: Problemfelder der Volkswirtschaftslehre

Hervorheben möchten wir mit dieser Art der Darstellung, dass letztlich zwei Seiten einer Medaille mit der Betriebs- und Volkswirtschaftslehre angesprochen werden. Der Technik des betrieblichen Rechnungswesen steht beispielsweise die in der Abbildung nicht genannte volkswirtschaftliche Gesamtrechnung gegenüber. Dieser allgemeine Hinweis ist insbesondere auch für Zwecke der Vermittlung von ‚wirtschaftlichen Inhalten' bedeutsam. Eine Auseinandersetzung auch mit den Grundsatzfragen der Wirtschaftswissenschaft scheint auch für Wirtschaftspädagogen lohnend.

Die bisher skizzierten Inhalte der Studienfächer Betriebs- und Volkswirtschaftslehre gehören größtenteils zum Pflichtprogramm des Grund- und Hauptstudiums. Erwähnt und ergänzt werden müssen noch Veranstaltungen des Rechts (Öffentliches und Privatrecht), der Statistik (Grundlagen und Wirtschaftsstatistik) sowie der Mathematik und der EDV, die zumeist als ‚propädeutische Übung' oder im Rahmen des Grundstudiums absolviert werden müssen. Zu den *relevanten Gebieten des Rechts* gehören aus dem Bereich des Privatrechts das Bürgerliche Vermögensrecht sowie das Handels-, Gesellschafts- und das Wertpapierrecht. Diese Rechtsgebiete des Privatrechts sind insofern von Bedeutung, als dass sie die rechtlichen Beziehungen der einzelnen Personen zueinander nach dem Grundsatz der Gleichordnung regeln und diese Fragen auch für Wirtschaftspädagogen im Hinblick auf spätere Lehrtätigkeiten relevant sind. Auch das öffentliche Recht, das die Beziehungen des Einzelnen zum Staat und den Körperschaften des öffentlichen Rechts sowie der Träger öffentlicher Gewalt zueinander regelt, gehört zu diesen relevanten Rechtsgebieten.

Das Studium unterschiedlicher *statistischer Methoden* (deskriptive und induktive Statistik) sowie der Bevölkerungs- und Wirtschaftsstatistik ist für Wirtschaftspädagogen von Bedeutung, weil statistische Methoden nicht nur für eigene empirische Untersuchungen herangezogen werden können, sondern auch, weil Teilbereiche der Wirtschaftswissenschaften auf statistischen Verfahren basieren (z. B. die Volkswirtschaftliche Gesamtrechnung). Zu den studienrelevanten Gebieten der Methoden der Statistik gehören bezüglich der universellen Anwendbarkeit die Maße zur Charakterisierung von empirischen Häufigkeitsverteilungen (insbesondere der Mittelwerte und Streuungsmaße). Weitere Teilbereiche sind die Wahrscheinlichkeitsrechnung, Schätzfunktionen, Testverfahren, Korrelationsanalysen u. a.

Das *Studienfach Wirtschaftspädagogik* kann in drei Hauptgebiete unterteilt werden, die bildlich in Anlehnung an ein bekanntes Pädagogenwort PESTALOZZIS als Kopf, Herz und Glieder aufgefasst werden können.

Den Kopf bilden systematische Darstellungen des Lehr- und Forschungsgebietes, die meist unter dem Titel „Wirtschafts- und Berufspädagogik" angeboten werden. Dafür bietet sich aus unserer Sicht eine Systematisierung über verschiedene Lebensphasen an, die jeweils die in Kapitel A.1.2 genannten Institutionen und Funktionen des Wirtschafts- und Erziehungssystems berücksichtigt. Sie werden auch in Teil B.1 dieser Einführung beschrieben. Im Mittelpunkt eines solchen Phasenkonzeptes steht die berufliche Erstausbildung, die einen Übergang zwischen dem ‚Schulleben' und dem ‚Erwerbsleben' markiert. Die Lebensphase davor steht von diesem Mittelpunkt aus betrachtet unter dem Gesichtspunkt, welche Faktoren die Berufsfindung und Berufswahl beeinflussen und welche Problemstellungen in Familie, Schule und Freundeskreis von den Jugendlichen bewältigt werden müssen. Die Lebensphasen danach sind einerseits durch die Bedingungen des Erwerbs- und Konsumlebens bestimmt, andererseits durch die Möglichkeiten der Weiterbildung (nicht nur im beruflichen Bereich).

Das Herz ist die Didaktik. Im Sinne der Theorie *und* Praxis des Lehrens *und* Lernens ist damit ein komplexes Gebiet angesprochen. Es geht um das Unterrichten, aber auch um das Beraten. Ein ‚Lernender' (Ratsuchender) und ein ‚Lehrender' (Berater) begegnen sich über ein ‚Thema'. Wird diese ursprüngliche Vorstellung des ‚didaktischen Dreiecks' durch die Betonung des Zusammenhangs der Vorgänge des Lernens und des Lehrens ergänzt, so sind zentrale Bausteine der Inhalte der Veranstaltungen zur Didaktik genannt:

- Zielgruppe: Was kann über Lernende und Lehrende ausgesagt werden? Welche Voraussetzungen können und müssen Lernende und Lehrende einbringen?
- Thematik und Intention: Was soll mit welcher Zielsetzung unterrichtet werden? Wie werden Inhalte ausgewählt und wie können Ziele angemessen formuliert werden?
- Methodik und Lehr-Lernkontrolle: Wie ‚funktioniert' Lernen und wie kann es durch Lehren erfolgreich unterstützt werden? Welche Wege können zum Ziel führen, welche Darstellungsalternativen lassen sich unter bestimmten Umständen realisieren?

Inhaltlich werden wir in diesem Buch nur noch im folgenden Kapitel näher auf dieses Herzstück der Wirtschaftspädagogik eingehen. Eine ausführliche Darstellung würde den Rahmen dieses Buch sprengen. Zudem gibt es bereits eine Fülle aktueller und lesenswerter Lehrbü-

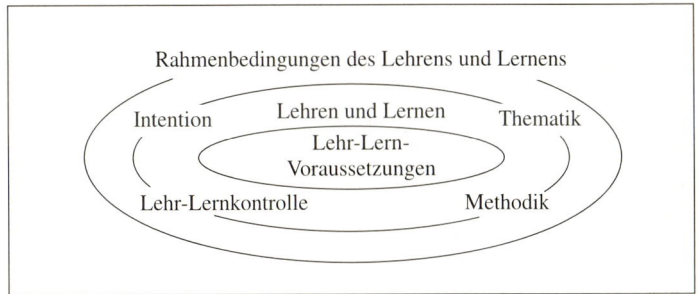

Abbildung A.18: Problemfelder der Didaktik[84]

cher zur Didaktik.[85] Hinzu kommt die Schwierigkeit, didaktische Theorie und Praxis als solche zu thematisieren. Selbst in den Übungen zur Didaktik an der Universität ist es schwierig genug, die Komplexität des didaktischen Handelns im Sinne einer unmittelbaren Erfahrung zu vermitteln und zu reflektieren. Inhaltlich werden Veranstaltungen zur Allgemeinen Didaktik angeboten und Veranstaltungen zur Fachdidaktik, in denen die Besonderheiten einzelner (Schul-)Fächer hervorgehoben werden sollen. In begrenztem Maße ist darin auch der Einsatz von ‚Videotraining' zum Erlernen und zur Reflexion bestimmter Lehrer-Verhaltensmuster vorgesehen.

Neben diesen beiden ‚zentralen' Bereichen sind vielfältige Veranstaltungen zu Einzel- und Spezialgebieten als die ‚Glieder' des Studienfachs zu nennen. Hier werden einerseits Schwerpunkte gesetzt, beispielsweise Wahlpflichtveranstaltungen zur Arbeits- und Betriebspädagogik, Konsumpädagogik oder zu Konzepten pädagogischer Beratung. Andererseits sind auch Vorlesungen und Übungen zur ‚Anthropologie' oder ‚Historischen Wirtschaftspädagogik' zu nennen, die das Spektrum in der Breite erweitern.

Zusammenfassend werden die Inhalte des Studienfaches Wirtschaftspädagogik im Studiengang Wirtschaftspädagogik an den Universitäten Köln und München anhand der Veranstaltungstitel aus den Studienordnungen vorgestellt. Die jeweiligen weiteren speziellen Studienfächer in der Studienrichtung I und das Doppelwahlpflichtfach in der Studienrichtung II (in Köln zur Zeit nicht möglich) wären zu ergänzen.

---

[84] SLOANE 1997a
[85] Vgl. BONZ 1996; KLINGBERG 1995; PÄTZOLD 1996; TWARDY 1983.

Lehrveranstaltungen/ Studiengebiete in Köln	1	2	3
Einführung in die Wirtschaftspädagogik	V	2	P
Übung zur Wirtschaftspädagogik	Ü	2	P
Übung zu wissenschaftstheoretischen Grundlagen wirtschaftspädagogischer Forschung	Ü	2	P
Wirtschafts-, berufs- und sozialpädagogisches Hauptseminar	S	2	P
Gegenstand der Fachprüfung I: Wirtschafts-, Berufs- und Sozialpädagogik und ihre relevanten Bezugswissenschaften			
Wirtschafts-, Berufs- und Sozialpädagogik I (Grundlagen)	V	2	P
Wirtschafts-, Berufs- und Sozialpädagogik II (Jugendbildung)	V	2	P
Wirtschafts-, Berufs- und Sozialpädagogik III (Erwachsenenbildung)	V	2	P
Historische Wirtschaftspädagogik	V	2	WP
Vergleichende Wirtschaftspädagogik	V	2	WP
Wirtschaftspädagogische Anthropologie	V	2	WP
Arbeits- und Betriebspädagogik	V	2	WP
Konzepte pädagogischer Beratung	V	2	WP
Gegenstand der Fachprüfung II: Wirtschafts-, berufs- und sozialpädagogisch relevanten Gebiete der Didaktik			
Allgemeine Didaktik für berufliche Bildungsgänge I (Grundlagen und Modelle)	V	2	P
Institutionspädagogische Übungen und Schulpraktische Studien	Ü	2	P
Allgemeine Didaktik für berufliche Bildungsgänge II (Verfahren und Evaluation)	V	2	P
Übung zur Allgemeinen Didaktik für berufliche Bildungsgänge	Ü	2	P
Übung zur Fachdidaktik Wirtschaftswissenschaft	Ü	2	P
Wahlveranstaltungen:			
Theorie der Organisation des beruflichen Bildungswesens	V	2	W
Übung zu Methoden und Techniken wirtschaftspädagogischer Forschung	Ü	2	W
Übung zur Fachdidaktik Spezielle Wirtschaftslehre	Ü	2	W
Übung zur Fachdidaktik Wirtschaftsinformatik	Ü	2	W
Übung zur Theorie und Praxis pädagogischer Kommunikation und Interaktion	Ü	2	W
Übung zu bezugswissenschaftlichen Themenkreisen	Ü	2	W

Legende:
1 – Veranstaltungsform: V=Vorlesung; Ü=Übung; S=Seminar
2 – Veranstaltungsdauer in Semesterwochenstunden
3 – Art der Veranstaltung: P=Pflichtveranstaltung; WP=Wahlpflichtveranstaltung; W=Wahlveranstaltung

Lehrveranstaltungen/ Studiengebiete in München	1	2	3
Grundstudium:			
Einführung in die Wirtschafts- und Sozialpädagogik (WiPäd I)	V	2	P
Übung zur Wirtschafts- und Sozialpädagogik	Ü	2	P
Literaturkurs zur Wirtschafts- und Sozialpädagogik	Ü	2	W
Einführung in die Didaktik beruflicher Bildung (Didaktik I)	V	2	P
Übung zur Didaktik beruflicher Bildung	Ü	2	P
Literaturkurs zur Didaktik beruflicher Bildung	Ü	2	W
Schulpraktische Übungen	Ü	4-6	P
Hauptstudium			
Wirtschafts- und sozialpädagogisches Hauptseminar	Ü	2	P
Forschungskolloquium	Ü	2	W
Diplomandenkolloquium	Ü	2	W
Schwerpunkt 1: Allgemeine Wirtschaftspädagogik			
Institutionenlehre	V	2	P
Fortgeschrittenenübung zu Konzepten und Theorien der Wirtschaftspädagogik	Ü	4	P
Interkulturelle Wirtschaftspädagogik	Ü/V	2	W
Übungen zu Sonderfragen der Wirtschaftspädagogik	Ü	2	W
Einführung in die Wissenschaftstheorie	V	1	P
Schwerpunkt II: Wirtschaftsdidaktik			
Planung und Durchführung von Unterricht (Didaktik II)	V	2	P
Theorie der Berufsschule und Schulentwicklung (Berufsschulpädagogik)	V	2	P
Übungen zur allgemeinen Didaktik	V	2	W
Übungen zur Fachdidaktik	V	2	W
Übungen zu Spezialfragen der Didaktik	V	2	W
Schwerpunkt III: Betriebliche Bildungsarbeit			
Einführung in die Betriebspädagogik	V	2	P
Bildungsmanagement	V	2	P
Didaktik der betrieblichen Bildung	V	2	P
Übungen zur Betriebspädagogik	Ü	2	W

Legende:
1 – Veranstaltungsform: V=Vorlesung; Ü=Übung
2 – Veranstaltungsdauer in Semesterwochenstunden
3 – Art der Veranstaltung: P=Pflichtveranstaltung/-punkte; W=Wahlveranstaltung/-punkte

Abbildung A. 19: Studium der Wirtschaftspädagogik im Studiengang Wirtschaftpädagogik an den Universitäten zu Köln und München

A.3.4 Bemerkungen von Studenten zum Studium der Wirtschaftspädagogik

Bekanntlich finden die Lehrenden ihre Themen meist interessanter als die Lernenden und was von Lehrenden als ‚grundlegend' empfunden wird, kann Lernende schlicht ‚langweilen'. Um die Perspektive der Lernenden zumindest in Ansätzen aufzunehmen, haben wir eine kleine Zahl von Studenten aus Köln, Bochum und Paderborn zu den Inhalten des Studiums und der Atmosphäre bei den „Wipäd'lern" im Vergleich zu den „reinen Wiwi's" befragt. Wir versuchen in diesem Abschnitt die Vielfalt der Antworten – selbstverständlich nach strenger Zensur – pointiert in vier gepflegten Vorurteilen wiederzugeben. Wir werden die Bemerkungen nicht kommentieren. Allerdings ist beim ersten Lesen durch Studentinnen schon die Frage aufgetaucht, ob in den Stimmungsbildern nicht zu sehr ‚nur schwarz oder weiss' gesehen wird. Aber wir wollten ja nicht kommentieren.

Bemerkung 1: Als Wirtschaftspädagoge lebt man in einer Nische.

Eine Nische hat Vor- und Nachteile. Die Anzahl der Studierenden ist beispielsweise beides zugleich. Zwar lernt man in Vorlesungen und Übungen schnell andere, auch ältere Kommilitonen kennen und wird teilweise von den Dozenten mit Namen angesprochen. Jedoch steht dagegen, dass unter all den Betriebs- und Volkswirtschaftlern sonst kaum jemand diese Minderheit kennt und wenige damit etwas anzufangen wissen. Es herrscht sozusagen ein ständiger Erklärungsbedarf und man wird von anderen als Exot behandelt. Aber Exoten unter sich entwickeln oft ein Zusammengehörigkeitsgefühl und ein angenehmes und hilfsbereites Arbeitsklima. Hausarbeiten und Diplomarbeiten werden vergleichsweise intensiv ‚mit offenen Ohren' betreut.

Bemerkung 2: Wipäd'ler reden zu lange, die Wiwi's rechnen nur noch

Bei den Wipäd'lern wird in den Veranstaltungen viel diskutiert. Die einfachsten Begriffe wie ‚Schule‘, ‚Lehrer‘ oder ‚Motivation‘ werden dreimal auf der Zunge gewendet, auf den Kopf gestellt und hinterfragt. Manchmal solange, bis man glaubt, nichts mehr zu verstehen, schon gar nicht sich selbst. Da sind die Verhältnisse bei den Wiwi's schon klarer. Eine Variable oder eine Differentialgleichung ist allemal präziser als die Begriffsblubberei. Leider geht bei all den Prämissen und Randbedingungen das Bewusstsein für das Ganze verloren. Irgendwie erscheint dies unantastbar. Nachbeten und Repitieren sind die einzige mögliche Gegenwehr. Dagegen kann man sich mit den Wipäd'lern richtig fetzen und wird geradezu zur Kritik herausgefordert. Vielleicht sind Wipäd'ler deshalb so häufig in studentischen Organisationen und Gremien aktiv.

Bemerkung 3: Alles hat mit allem nichts zu tun!

Fein säuberlich wird alles getrennt und isoliert, zwischen Volks- und Betriebswirtschaftslehre, zwischen den harten Wiwi's und den weichen Pädagogen und vor allem zwischen Theorie und Praxis. Manchmal schimmert eine Verbindung auf (z. B. in der Fachdidaktik), aber was will man in zwei Stunden schon groß anrichten? Da redet man in Wipäd stundenlang anhand von Folien über Fallstudien und andere schöne Unterrichtsmethoden, erlebt solche aber nie selbst. Nur Vorträge, genug für das ganze Leben.

Bemerkung 4: Du bist weder Fisch noch Fleisch

Wenn man erst so nach ein oder zwei Semestern Wiwi mit Wipäd anfängt, taucht man in eine andere Welt. Und bei der Vielfalt an Möglichkeiten braucht es Zeit, bis man sich selbst sortiert hat und weiss, wo man eigentlich zu Hause ist. Manche entdecken auch erst ganz zum Schluss, wo ihre eigentlichen Interessen und Neigungen liegen. Irgendwann stabilisiert es sich, aber vorher wird man ganz schön durcheinander gerüttelt.

Zwischenspiel [3]

Über das Studium der Wirtschaftspädagogik zu schreiben, steht vor der Schwierigkeit, über allgemein Bekanntes bzw. mehr oder weniger verklärte Eindrücke erzählter Studiengeschichten ein wenig hinauszugehen, ohne die Studienangebote der einzelnen Universitäten im Detail erwähnen bzw. vorwegnehmen zu können. Dies lässt sich beispielsweise an Vorlesungen und Übungen belegen – denn was hat dagegen gesprochen, die Gliederungen und Inhalte einzelner Veranstaltungen der Autoren zu thematisieren?

Nun, vor allem zwei Gründe: Zum einen sind die Studienangebote der Autoren selbst unterschiedlich, zum anderen geht es in dieser Einführung nicht um einzelne Positionen oder Vorlesungen, sondern um den Überblick, um Gemeinsames und Verbindendes der Wirtschaftspädagogik als Disziplin, die sich zu studieren lohnt.

Dennoch entwickelt sich das Interesse teilweise erst, wenn eine inhaltliche Auseinandersetzung geführt wird und Kontroversen, offene Fragen und Positionen deutlich werden. Dies setzt voraus, dass ein Fundus von Grundbegriffen vorhanden ist, mit dem und teilweise über den die inhaltliche Auseinandersetzung geführt werden kann. Der nächste Abschnitt versucht einen Einstieg in das Handwerkszeug fundierter Diskussion zu leisten. Wir wählen dabei einen eher unüblichen Zugriff, indem zentrale Begriffe wie „Berufsbildung", „Qualifikation" und „Handlungskompetenz" nur indirekt über das Zusammensetzen einzelner Begriffe und Begriffsketten erschlossen werden können. Wir werden dazu vermeindlich bekannte Phänomene wie „Lernen" hinterfragen und relativieren müssen und andere, wie „Profession" eingrenzend einführen.

A.4 Handwerkszeug für Wirtschafts-pädagogen – Zugang durch Begriffe

Jeder weiß, was Lärm ist. Aber versuchen Sie mal, Lärm zu präzisieren. Für die einen ist das Geräusch mit einer in Dezibel bestimmbaren Lautstärke Musik, für die anderen Krach. Und wenn Kinder Krach machen, ist es dann Lärm, wie der Krach des Presslufthammers? Dies umschreibt eine erste – grundsätzliche – Schwierigkeit bei der Darstellung von Begriffen. Eine zweite – eher spezifische – Schwierigkeit liegt darin, dass sehr viele Artikel in Handwörterbüchern der Ökonomik oder Pädagogik, die sich mit „Grundbegriffen" beschäftigen, in der Einleitung darauf hinweisen, dass eine einheitliche Begriffsverwendung leider nicht vorliegt. Dennoch sind Begriffe als Kennzeichen einer spezifischen Sprache aber die einzige Chance, die Wissenschaftler haben, Erkenntnisse zu gewinnen und Zugangsweisen zum Problem zu entfalten. Begriffe sind eine Art Brücke zwischen der Objekt- und der Theorieebene einer Wissenschaft, wie sie in Abbildung A.9 dargestellt wurde.

Und wie ein Tischler weiß, was ein Stecheisen ist, also wie es aussieht, welche Formen es gibt, wozu es benutzt wird und es bei der Montage einer Küche in diesem Sinne auch tut, so muss beispielsweise von einer wissenschaftlich ausgebildeten Lehrerin erwartet werden, dass sie sagt, was sie unter „Motivation" versteht, welche ‚Formen' sie untersucht und wozu sie Motivation ‚benutzt'. In diesem Sinne sind der Begriff des Stecheisens und der Begriff der Motivation beides Werkzeuge. Nur ist Motivation etwas Abstraktes; ein hypothetisches Konstrukt, während ein Stecheisen konkret und unmittelbar die Finger bluten lassen kann. Insofern haben Motivation und Stecheisen eine unterschiedliche Qualität.

In Analogie zu diesen unterschiedlichen Qualitäten versuchen wir, diesen Abschnitt in zwei Kapitel zu gliedern: In dem ersten Kapitel stellen wir Begriffe vor, die im Alltag tagtäglich ausgesprochen werden, die als Vorgänge passieren und erlebt werden. Bei deren Erläuterung kommt es daher vor allem darauf an, den Sprachgebrauch im Alltag zu befragen, ihn zu problematisieren und somit Bedeutungsvarianten aufzuzeigen. Im zweiten Kapitel dieses Abschnitts stehen Begriffe als Konstrukte im Vordergrund, die zwar ebenfalls im Alltag vorkommen, etwa in den abendlichen Nachrichten, aber die in spezifischer Weise für unsere Zwecke konkretisiert und ein-

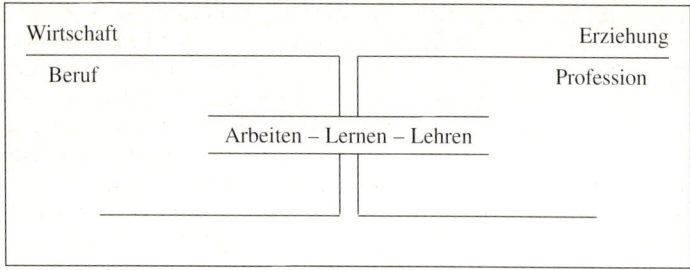

Abbildung A. 20: Orientierung über grundlegende Begriffe

gegrenzt werden. Die Zielrichtung der beiden Kapitel ist insofern gegenläufig.

Gemeinsam ist beiden Kapiteln das Aufbauprinzip. Ausgehend von
einem zentralen Begriff werden weitere Begriffe im Kontext erläutert. Zentrale Begriffe sind „Lernen" (Vorgang), „Beruf" und „Profession" (Konstrukte). Arbeiten und Lehren (Vorgänge) bilden das Umfeld des Lernens, wobei über Arbeiten und in dessen Folge über
Beruf die wirtschaftliche Seite der Wirtschaftspädagogik in Begriffen
erkundet wird[86], über Lehren und in dessen Folge über Profession die
erzieherische Seite.

Durch die in der Abbildung angedeutete Halbierung der Begriffs-
kontexte in linke Hälfte (Wirtschaft) und rechte Hälfte (Erziehung)
sind einige folgenschwere Vorentscheidungen getroffen: Die linke
Hälfte thematisiert stärker die ‚objektiven' gesellschaftlichen Regelungen und Rahmenbedingungen um das Konstrukt „Beruf", mit einer Ausnahme: den Lehrberuf. Dieser wird nämlich auf der rechten
Seite thematisiert, jedoch stärker in den ‚subjektiven' Bedeutungen
für angehende Wirtschaftspädagogen als Lehrerinnen, Aus- oder Weiterbildner.

A.4.1 Umschreibung von Vorgängen

Mit Vorgängen sind erstens Abläufe gemeint, also etwas, was Anfang
und Ende hat. Zur Selbstberuhigung von Studenten während der Prü-

---

[86] Damit konzentrieren wir uns auf Grundbegriffe, die den Mittelpunkt einer
Disziplin „Berufs- und Wirtschaftspädagogik" darstellen könnten. Der Zugriff auf die Wirtschaft erfolgt über die Sichtweise von Produzenten.

fungsvorbereitungen gehört beispielsweise die Frage, 'wie lange man heute gelernt habe'. Die Zeiten zwischen Vorgängen heißen Pausen und stehen einfach dafür, etwas anderes als den Vorgang X zu tun. Der Vorgang selbst wird als eine zeitliche Einheit betrachtet, was sicherlich eine vereinfachende Annahme ist, die sich so nicht mit den alltäglichen Erlebnissen decken muss. Mit einem Vorgang als Ablauf wird dabei zweitens ausgedrückt, dass offensichtlich etwas passiert, also Aktivität oder Wandel vorliegen. Dies sind die gemeinsamen Grundannahmen, die für die folgenden drei Begriffe gelten sollen.

A.4.1.1 Lernen

Es sind vor allem zwei Umschreibungen, mit denen „Lernen" erfasst werden kann[87]. „Lernen" kann als „Veränderung von Verhaltensweisen" oder auch als „Aufbau von Erfahrungsstrukturen" verstanden werden. „Verhalten" und dessen „Änderung" oder „Erfahrung" und deren „Aufbau" sind danach charakteristisch für den Vorgang des Lernens; ersteres fordert eher die Differenz, letzteres eher eine Erweiterung. Dabei orientieren sich „Verhaltensänderungen" an äußeren, i. d. R. beobachtbaren Aktivitäten von Menschen[88], während der Aufbau von Erfahrung als innerer Vorgang gedeutet wird, als ob Menschen in Körper oder Geist Erfahrungen sammeln und speichern können. Insofern kann von einer inneren und einer äußeren Seite des Lernens gesprochen werden.

Zur Erläuterung dient ein vermeintlich einfaches Beispiel: Eine angehende Speditionskauffrau wird von ihrem Chef zu Beginn der Ausbildung durch das Lager geführt. Auf dem Rundgang begegnen sie dem Lagermeister. Der ermahnt die beiden, doch gefälligst Sicherheitsschuhe und Sturzhelm zu tragen: dies sei einerseits Vorschrift, andererseits müsse der Chef mit gutem Beispiel vorangehen. Der Chef antwortet, sie hätten ja nur kurz mal vorbeigeschaut und dafür sei das mit den Schuhen und dem Sturzhelm nun wirklich zu umständlich und außerdem unbequem. Dieser Meinung ist auch die Auszubildende, als sie im Verlauf ihrer Ausbildung einige Male ins La-

---

[87] Vgl. zu dieser Frage WEIDEMANN 1989, S. 996 ff.
[88] Auf die wir uns hier und im folgenden ausschließlich beziehen, selbstverständlich können Tiere auch ihr Verhalten ändern und auch die 'Menschheit' hat im Verlaufe der Evolution offensichtlich genetisch gelernt (= Verhaltensweisen geändert).

ger geschickt wird. Nachdem sie erneut vom Lagermeister ohne Sicherheitsschuhe und Sturzhelm im Hochregallager gesehen wird, spricht er mit ihr ausführlich über Arbeitsschutz, demonstriert ihr typische Gefahren im Lagerbereich und zeigt Bilder von Unfällen. Zum Abschluss des Gesprächs schlägt er ihr eine Wette vor: Seine Mitarbeiter und insbesondere er würden in Zukunft darauf achten, ob sie im Lagerbereich Schuhe und Sicherheitshelm anzöge. Wenn sie innerhalb eines Jahres ‚nie ohne‘ ins Lager käme, würde der Lagermeister eine Flasche Sekt ‚ihrer Wahl‘ – natürlich nur für zu Hause – spendieren. Die Auszubildende hält sich das Jahr lang an diese Abmachung und gewinnt den Sekt. Vielleicht auch nur, weil sie sich zwei Wochen nach dem Gespräch an den Rollen des Schreibtischstuhls ganz fürchterlich die Zehen gestoßen hatte. Sie hatte Sandalen an; das könnte ihr ‚eine Lehre‘ gewesen sein.

Es fällt nicht schwer, die äußere Seite des Lernvorgangs zu bestimmen: Zu Beginn zog die Auszubildende keine Sicherheitsschuhe und keinen Schutzhelm an, gegen Ende aber schon. Dies stellt die einfache Abbildung eines Lernvorgangs i. S. eines Lernpfeils dar.[89]

Hinter diesem einfachen Zusammenhang verbergen sich einige Probleme.

- Der Pfeil als gerade Linie ist sicherlich eine optimistische Variante, die zudem die Vorstellung einer Optimierung und Planbarkeit

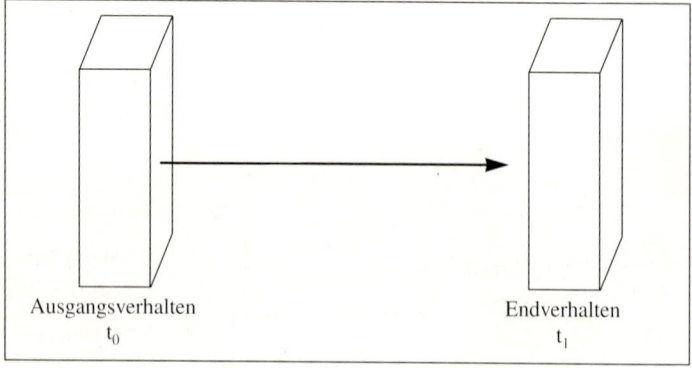

Ausgangsverhalten   Endverhalten
t_0 t_1

Abbildung A. 21: Lernpfeil

---

[89] Die Form der folgenden Darstellung geht zurück auf den Lehr-Lernpfeil, den H.-C. JONGEBLOED für Einführungsveranstaltungen in das Studium der Wirtschaftspädagogik entwickelte.

von Lernprozessen nahelegt. Doch wie gestaltet sich der Lernvorgang tatsächlich?

• Wann kann eigentlich von „Endverhalten zum Zeitpunkt t_1" gesprochen werden? Es ist ja nicht auszuschließen, dass, nachdem der Sekt getrunken ist, Schuhe und Helm wieder vergessen werden. Mit anderen Worten:

• Wie stabil oder dauerhaft muss eine Verhaltensänderung sein, um als Lernvorgang zu gelten und eben ein Endverhalten dauernd zu erzeugen: ein Problem, dass aus der Prüfungsvorbereitung und der sich der Prüfung anschließenden Vergessensrate nur allzu bekannt ist.

• Denkt man einen Schritt weiter, so könnten Arbeitssicherheit oder überhaupt Sicherheit in vielen anderen Situationen relevant werden. Dann müssten die Verhaltensweisen in diesen Situationen auch gezeigt werden, d. h. Sicherheitsverhalten wäre als Verhaltensbereitschaft i. S. eines verfügbaren Verhaltensrepertoires zu deuten.

• Spätestens dann stellt sich auch die Frage, wie einzelne Verhaltensweisen zueinander in Beziehung stehen, ob die Rechtecke in der Abbildung nicht Fransen und Risse haben oder wie Puzzleteile zusammengesetzt erst ein Bild des Verhaltensrepertoires ergeben.

Ein Teil dieser Probleme kann durch eine Veränderung des einfachen Lernpfeils aufgefangen werden.

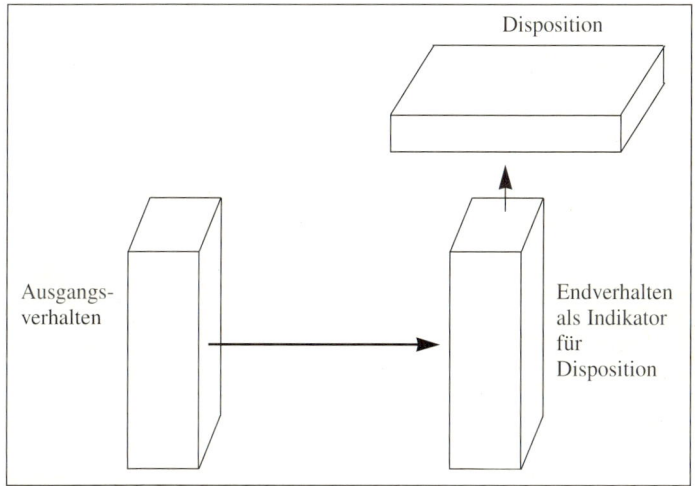

Abbildung A. 22: Lernpfeil und Disposition

Danach sind die beobachtbaren Verhaltensweisen (trägt Schuhe und Helm) Indikatoren für eine Verhaltensdisposition. Indikatoren zeigen an, was nicht direkt zugänglich oder an sich beobachtbar ist. So kann Sicherheitsverhalten als Disposition durch das Tragen von Schuhen und Helm oder anderen geeigneten Indikatoren (z. B. das Tragen von Ohrenschützern) erschlossen werden. Verhaltensdisposition ist als relativ dauerhafte Verhaltensbereitschaft statisch zu deuten und somit ein Gegenstück zum dynamischen Vorgang der Veränderung von Verhalten, genauer: der Veränderung von Verhaltensweisen als Indikatoren von Verhaltensdispositionen.

Doch auch der Bezug auf Verhaltensdispositionen ist ‚problematisch'. Denn auch das Ausgangsverhalten kann ebenfalls als Indikator für eine Disposition gelten. Dann würde Lernen eine Änderung von Verhaltensdispositionen bedeuten, was insofern widersprüchlich ist, als etwas Stabiles dynamisch wird. Diese Widersprüchlichkeit liegt auch in dem als Ziel von Erziehung genannten Begriff „Persönlichkeitsentwicklung" (Persönlichkeit als Stabiles, Wiedererkennbares; Entwicklung als Dynamisches, sich Wandelndes), der gewissermaßen am anderen Randpunkt den Vorgang „Lernen" markiert. Jürgen DIEDERICH bringt diesen Umstand unseres Erachtens sehr treffend auf den Punkt:

> „Erklärt werden muß, wie man einer „Person", die kurzfristig dieses oder jenes Verhalten zeigt, ansehen kann, ob sie etwas, das als mittelfristig (nicht langfristig!) dauerhaft gedacht wird (Dispositionen wie z. B. Kompetenzen etc.) ändert, d. h. „lernt" – wobei sie aber langfristig dieselbe Person bleibt, die sich z. B. an etwas erinnern kann, was sie früher dachte, und sagen kann: „Ich habe mich geirrt". So ist bei der Ausarbeitung des Begriffs „Lernen" mit (mindestens) drei Zeitzonen zu rechnen: der dauernden Aktivität von Lebewesen, die mit dem Begriff „Verhalten" erfaßt wird und sich (u. a. in „Reaktion" auf irgendetwas) dauernd ändert; dem, was trotz aller Änderungen lebenslang aufrecht erhalten wird, hier als „Person" bezeichnet; und dazwischen dem, was sich schlagartig ändern kann (...) oder auch nach und nach (...), aber doch auf „mittlere Sicht" so konstant ist, das man es als „Merkmal der Person", als ihre Dispositionen festhalten und beschreiben kann. Wie dies sich ändert, nämlich weder die Person, noch ihr Verhalten, sondern „etwas dazwischen", das muss unter dem Titel „Lernen" erforscht und beschrieben werden."[90]

Mit dem Konstrukt „Verhaltensdisposition" steht und fällt die Reichweite der Vorstellung von Lernen als Verhaltensänderung. Denn ei-

---

[90] DIEDERICH 1988, S. 41.

nerseits dürfte klar sein, dass sich Verhaltensänderungen als Indikatoren einer Dispositionsänderung keinesfalls ausschließlich auf beobachtbare Verhaltensweisen als Ergebnis von Lernvorgängen beschränken, sondern eine mittelfristig gedachte Veränderung der Person anstreben. Insofern bietet das Konstrukt „Disposition" eine Brücke zu den Ansätzen, die die innere Seite des Lernvorgangs ausleuchten. Wir bezeichnen das Konstrukt „Disposition" im Lichte der inneren Seite des Lernens als „Kompetenz". Aber dazu später mehr (Siehe dazu die ‚graue Zelle' zu Lerntheorien in diesem Kapitel).

Zunächst wollen wir das Beispiel noch einmal aufgreifen, diesmal jedoch stärker über die innere Seite des Lernvorgangs. Dazu folgendes Gedankenexperiment: Stellen Sie sich vor, das Ausgangsverhalten (die Disposition) der Auszubildenden wäre durch drei Merksätze gekennzeichnet: Erstens tue immer das, was man Dir vormacht! Zweitens halte Dich an die Vorschriften! Drittens widersprich nicht! In diesem Falle, so wollen wir zeigen, wäre die gezeigte Verhaltensänderung (Schuhe und Helm tragen) nicht als Lernvorgang aufzufassen, denn die Auszubildende verhält sich genau so, wie sie sich bisher immer verhalten hat, nämlich konform der Norm. Zunächst hält sie sich – mit Blick auf den Chef – an den ersten und dritten Merksatz. Mit Blick auf das Problem, das ihr Chef sich nicht an die zweite Regel hält, reagiert sie wieder mit der dritten Regel[91]. Als sie den Lagermeister als Vorgesetzten, der ihr etwas zu sagen hat, wahrnimmt und er ihr die einschlägigen Gesetze erläutert, tut sie, was er ihr sagt und damit verhält sie sich genauso wie immer, konform der Norm. Sie hätte ihr Verhalten nicht geändert, nicht gelernt. Konsequenz aus diesem Gedankenexperiment kann nur sein, sich genauer mit den Persönlichkeitsmerkmalen, dem Vorwissen, den inneren Bedingungen der Lernenden zu befassen und von daher Lernen als Erweiterung vorhandener innerer Bedingungen zu deuten.

Das Beispiel kann hier erneut aufgegriffen werden und die Verhaltensweise (Schuhe und Helm tragen) als Ausdruck einer geänderten Einstellung und Werthaltung zu Problemen der Arbeitssicherheit ge-

---

[91] Dass ihr Vorgesetzter die Sicherheitsregeln selbst nicht ernst nimmt, ist sicheres Indiz für die Notwendigkeit von Lernprozessen in so einfachen Dingen wie Schuhe und Helm tragen. Wie schwierig das im einzelnen – gerade bei Führungskräften – ist, davon wissen Sicherheitsbeauftragte in den Betrieben eindringlich zu berichten. Dabei spielt das Lernen aus Beobachtung oder das sog. Lernen am Modell eine besondere Rolle. Vgl. dazu die ‚Graue Zelle' zu Lerntheorien.

deutet werden. Damit greifen wir in einem zweiten Gedankenexperiment weit realistischere Annahmen über das Ausgangsverhalten auf. Gerade Jugendliche kennzeichnet, dass sie viele Dinge eben noch nicht *erfahren* haben, insbesondere manche Gefahr gar nicht *wahrnehmen*, nicht *kennen*. Eine gewisse Leichtfertigkeit ist wahrscheinlich. Erst wenn bestimmte Erfahrungen gemacht wurden, kann die Erfahrung aufgebaut werden – deshalb spielt der kleine Unfall, in dem sich die Auszubildende ‚ganz fürchterlich die Zehen wehgetan hat‘ eine große Rolle in dem Beispiel. Möglicherweise ist sie dadurch aufmerksam geworden auf den Umstand, das am Arbeitsplatz – insbesondere im Lager – viele Gegenstände verdeckte Kanten haben oder manchmal auch nur ungeschickt hingestellt werden.

Und im Falle der Gefahr für Leib und Leben kann man sie auch nicht ‚die Erfahrungen einfach selber machen lassen‘, was auf einen korrespondierenden Erziehungs- oder Lehrvorgang hinweist. Insofern muss – zum eigenen Schutz – die Auszubildende ihr *Wissen*[92] über Gefahren im Arbeitsbereich erweitern, mit der Konsequenz, bewusst danach zu handeln, eben Schuhe und Helm aus Überzeugung zu tragen. Wissen i. S. v. Kognitionen erfasst verschiedene Dimensionen, so wird in einigen Ansätzen etwa deklaratives und prozedurales Wissen unterschieden.

> „Das deklaratives Wissen stellt mehr oder minder stark vernetztes, explizites Wissen über Fakten, Ereignisse, zusammenhängende Handlungsabfolgen, zu setzende Maßnahmen etc. dar. Das prozedurale Wissen stellt implizites Wissen darüber dar, wie vorzugehen ist, d. h., unter welchen Bedingungen welche Problemlöseschritte zu setzen sind"[93].

Wissen über und *Wissen wie* sind nach diesem Ansatz zwei unterschiedliche Qualitäten, auf die es beim Lernen jeweils ankommt. Ausdrücklich hinzuweisen ist in bezug auf das Beispiel auch, dass unter Kognitionen in dem genannten Sprachgebrauch auch Werthaltungen oder Emotionen fallen können; denn, so lässt sich vermuten, ging es dem Lagermeister gerade um die Einstellung zu Sicherheits-

---

[92] Mit „Wissen" ist hier in Anlehnung an den in der (kognitiven) Psychologie üblichen Sprachgebrauch eine andere Ausdrucksweise für Kognitionen im weitesten Sinne gemeint. „Damit sind alle Prozesse gemeint, mittels derer ein Mensch Kenntnisse und Erkenntnisse über seine Umwelt gewinnt, also Wahrnehmen, Erinnern, Denken, Urteilen [Werthaltungen, Anm. d. A.] und auch Sprache." (EWERT/THOMAS 1996, S. 101). Damit geht es letztlich um die Verarbeitung von Informationen durch Sinne und Gehirn.

[93] FORTMÜLLER 1996, S. 383.

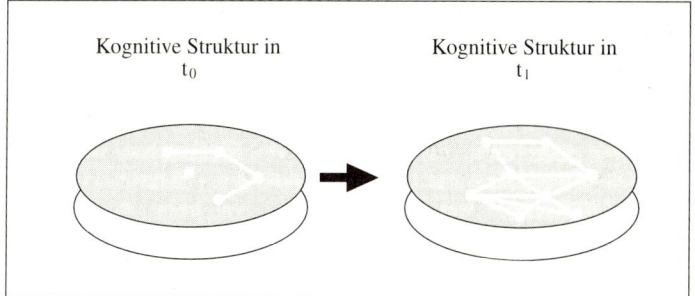

Abbildung A. 23: Veränderung kognitiver Strukturen

fragen, die Aufmerksamkeit für gefährliche Situationen und die Einsicht, ggf. auch für andere, Maßnahmen zur Gefahrenverhütung zu ergreifen.[94]

Zur Veranschaulichung von solchen ‚kognitiven Strukturen‘, die durch die Erfahrung (Wahrnehmung) auf- und ausgebaut werden, werden häufig Darstellungen in Form von Netzwerken[95] gewählt.

Die einzelnen Punkte (Knoten) werden über die Linien (Kanten) in diesem Netzwerk in Beziehung zueinander gesetzt. Im Bereich der kognitiven Struktur zum Zeitpunkt t_0 könnten die Punkte repräsentieren: Unfall, Arbeitsplatz, Straßenverkehr, Gefahr, Schutzmaßnahmen. Die Linien könnten symbolisieren: passiert, besteht, erfordert. In der kognitiven Struktur zum Zeitpunkt t_1 wären zusätzliche Knoten: Lager, Helm und Schuhe; zusätzliche Kanten: ist und tragen. Diese bedeuten somit eine Erweiterungen des Netzes, in welchem außerdem zusätzliche Verknüpfungen erfolgt sind.

---

[94] Hierfür ist die vorgeschlagene Wette ein Indiz: Denn nach der sog. Theorie der kognitiven Dissonanz ändern Menschen nur dann ihre Einstellungen zu Dingen grundlegend, wenn die Belohnung für ein bestimmtes Verhalten nicht so groß ist, dass darüber das Verhalten legitimierbar ist, also man ein Verhalten wegen der Belohnung zeigt. Bei einer kleinen Belohnung wird eine kognitive Dissonanz erzeugt, die dadurch aufgelöst werden kann, dass die Einstellung tatsächlich geändert wird.

[95] Bei WILBERS (1997) findet sich neben einem Überblick der Netzwerktechniken in der Wirtschaftspädagogik eine Rekonstruktion dieser Netzwerkdarstellungen mit den Mitteln der Graphentheorie sowie eine konzeptionelle Kritik aus systemtheoretischer Sicht.

Im Fall der Betrachtung der inneren Seite des Lernvorgangs werden hypothetische Konstrukte wie ‚kognitive Strukturen' bedeutsam. In Hinblick auf die Unterscheidung von deklarativem und prozeduralem Wissen werden auch Handlungspläne – wie: einen Kaufvertrag abschließen – als ‚kognitive Strukturen' gedeutet, die ‚abgespeichert' und ‚aufgerufen' werden können. Ihre Realisierung und deren Kontrolle entsprechen einer Aktualisierung jener ‚kognitiven Strukturen'. Erfahrungen führen so einerseits (im Sinne des Lernens als Vorgang) zum Aufbau ‚kognitiver Strukturen', was meist als ein aktiver Prozess der Auseinandersetzung des Lernenden mit seiner Umwelt verstanden wird. Andererseits sind Abrufen und Modifizieren der gespeicherten Erfahrungen, beispielsweise die Aktualisierung von Handlungsplänen, Ausdruck des Gelernten. Ein Lerner verfügt über (eine) Handlungskompetenz, die in bestimmten Situationen gezeigt wird. Insofern sind unter dem Blickwinkel der inneren Seite des Lernvorgangs die letztlich ausgeführten Handlungen nicht Indikator für eine Disposition, sondern Ausdruck einer Kompetenz.

Damit schließen wir die Überlegungen zu Lernen als zentralem Vorgang nicht ohne jedoch darauf hinzuweisen, dass der heimliche sprachliche Wechsel von Verhalten zu Handlungen, den wir im letzten Absatz vollzogen haben, beabsichtigt ist. Denn die handlungstheoretische Deutung von kognitiven Strukturen kann als eine Ergänzung der inneren Seite des Lernvorgangs gesehen werden.

A.4.1.2 Lernen, Lehren, Bildung

Wie nun der Übergang, symbolisiert durch den Pfeil in Abbildung A.21 und A.22, ‚abläuft' oder gestaltet werden kann, wird in diesem Kapitel thematisiert. Sofern die durch den Pfeil angegebene Richtung bereits zum Zeitpunkt t_0 bekannt ist, kann von zielgerichtetem Lernen gesprochen werden. Ziele können sowohl durch die Lernenden als auch durch die Lehrenden vorgegeben werden.

Der Vorgang des Lehrens kann sich in diesem Sinne nur auf zielgerichtetes Lernen beziehen. So heisst es in einer Formulierung von Otto WILLMANN aus dem 19. Jahrhundert „Lehren heißt Lernenmachen". Somit ist Lehren untrennbar mit der Absicht verbunden, Verhaltensänderungen herbeizuführen oder den Aufbau von Erfahrungen zu ermöglichen. Absichtsvolles Lernenmachen (Lehren) führt jedoch nicht zwangsläufig zu erfolgreichem Lernen im Sinne der gesetzten Ziele. Es kann auch zu Unbeabsichtigten oder gar keinen Lernergebnissen führen. Ebenso setzt der Vorgang des Lernens nicht immer ein ‚Gelehrt werden' voraus.

Lernen von x ist möglich,	Lehren von x ist erfolgt,
• weil x gelehrt wurde. • obwohl y gelehrt wurde. • ohne dass gelehrt wurde.	• wenn x gelernt wurde. • obwohl y gelernt wurde. • ohne dass gelernt wurde.

Abbildung A. 24: Lehren – Lernen

Die Absicht, ohne die Lehren nicht möglich ist, bezieht sich auf das Lernen, die Disposition bzw. die Kompetenz der Lernenden. Diese Formulierung schließt vermutlich eine Reihe von Vorgängen und Absichten aus, die Sie im Schulunterricht oder in Vorlesungen erlebt haben, obwohl diese Formen (Unterricht oder Vorlesungen) ja die typischen Formen der Lehre sind. Aber nicht überall (hoffentlich aber manchmal), wo Lehre draufsteht, ist Lehren drin.

Die hier gewählte Pointierung „Lehren heisst Lernenmachen" ist in vielerlei Hinsicht problematisch. Unstrittig ist für uns, dass letztlich nur der Lernende im eigentlichen Sinne ‚Lernen machen' kann, sofern ‚machen' als eigene Aktivität, und nicht im Sinne einer technokratisch uneingeschränkten Machbarkeit, verstanden wird. Moderatere und modernere Formulierungen würden von „Lernen bewirken", „Lernen anregen", „Lernen ermöglichen" sprechen. Allen Formulierungen gemeinsam ist aber der Aspekt, dass Lehren die Einflussnahme auf den Lernvorgang beabsichtigt. Der Versuch der Einflussnahme legt nahe, nach der Art und dem Zeitpunkt der Einflussnahme zu fragen. Dies führt konsequenterweise zu einer Aufteilung des Lernvorgangs in Phasen oder einzelne Abschnitte, die für ‚erfolgreiches Lernen' eine Bedeutung haben[96].

Die Vielzahl von verschiedenen Phasenmodellen für das Lehren (häufig synomym: für das Unterrichten) erklärt sich aus der Vielzahl der Vorstellungen über das Lernen als Vorgang. Aus Sicht der Position „Lernen als Verhaltensänderung" geht es beim Lehren auch darum, eine an den Lernenden beobachtete Aktivität (als erwünschtes Verhalten) zu fördern, indem „Verstärkungspläne" umgesetzt werden.

---

[96] Ein einfaches von Günter PÄTZOLD (1996, S. 117 ff.) dargestelltes ‚Abschnittsschema' ist beispielsweise durch drei Phasen gekennzeichnet: Phase der Zielorientierung, Phase der Erarbeitung, Phase der Sicherung der Lernresultate. Die Tradition von Phasenschemata des Lernens lässt sich mühelos bis Aristoteles zurückverfolgen.

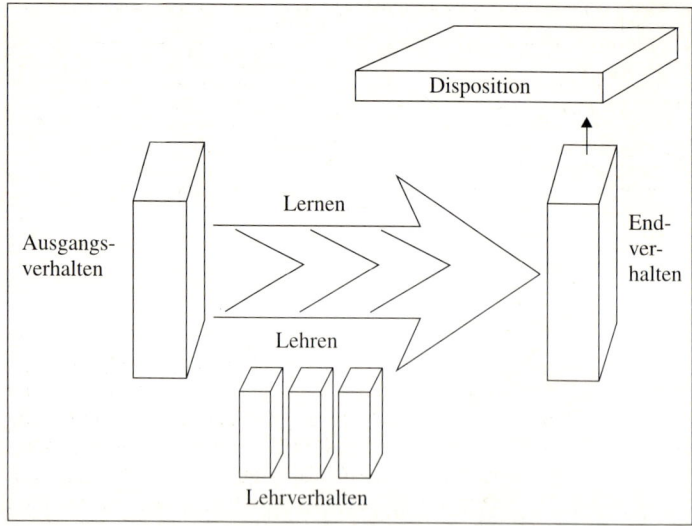

Abbildung A. 25: Lern-/Lehrverhalten

Was als Verstärker dienen kann (z. B. Lob, Zuwendung in Form besonderer Aufmerksamkeit usw.) ist eine Frage, die entsprechende behavioristische Lehr-Lerntheorien beantworten können. Aus Sicht der Position „Lernen als Aufbau von Erfahrung" geht es stärker darum, bei den Lernenden die Wahrnehmung und Verarbeitung von Informationen durch die Gestaltung entsprechender Lernumgebungen zu unterstützten. Dies kann z. B. ermöglicht werden, indem Lehrende zum Beispiel durch Situationsbezüge, Vorstrukturierungen und Veranschaulichungen zur Selbstvergewisserung i. S. einer Reflexion anregen. Aber auch durch die Möglichkeit, Erfahrungen (Fehler, Erkundungen, Projekte) selber zu machen und gemeinsam zu vertiefen (Siehe ‚graue Zelle' zu Lerntheorien).

Der Vorgang des Lernens (der Pfeil als Symbol) wird folglich um den darauf bezogenen Vorgang des Lehrens ergänzt (der Pfeil wird erweitert), wie in Abbildung A.25 dargestellt. Analog kann man sich eine Aufteilung nach anderen Lernverständnissen vorstellen.

Lernvorgänge (Aktivitäten des Lernenden) und Lehrvorgänge (Aktivitäten des Lehrenden) korrespondieren, wie wir in einer Tabelle, ohne den geringsten Anspruch auf Vollständigkeit und Ausschließlichkeit, andeuten:

Lernen	Lehren
Neugierig sein	Neugier wecken
Problem wahrnehmen	Problem aufzeigen
Problem lösen	Lösungshinweise geben
Problemlösung reflektieren	Rückmeldung geben
…	…

Abbildung A. 26: Korrespondierende Lern-/Lehrverhalten

Sie können diese und andere Aktivitäten jeweils oben und unten in den Lehr-Lernpfeil eintragen. Lehrverhalten (als Ergänzung des Vorgangs des Lernens) zeigt sich in der rechten Spalte. Symbolisiert sind sie in der Abbildung A.25 durch die kleinen Kästen. Für sich allein gesehen gilt das Lehrverhalten „ein Problem aufzeigen" wahrscheinlich nicht als besonders anspruchsvolle Tätigkeit; in Verbindung mit der linken Spalte wird es u. E. aber zu einer höchst anspruchsvollen und reizvollen Aufgabe. Nämlich wenn es darum geht, ein Problem so aufzuzeigen, dass der Lernende es auch als solches wahrnimmt, und zwar ohne dass die Problemlösung gleich mitgeliefert wird (obwohl man sie selbst i. d. R. kennt), denn dieser Schritt steht in der linken Spalte. Und wenn ein Lehrender die ihm bekannten Problemlösungen einfach nur vorträgt, befähigt es die Lernenden i. d. R. nicht dazu, das Problem selber zu lösen. Aber darauf kommt es an.

Die hier gewählte Darstellung mutet technologisch an. Nicht nur um diesen Eindruck zu korrigieren, sondern vor allem, weil es in unseren Augen eine der zentralen Fragen der Pädagogik (und weniger der Psychologie) betrifft, heben wir nun den Zusammenhang von Lernen, Lehren und Bildung hervor. „Gebildet sein", „gebildet werden", „sich bilden" sind mögliche Anknüpfungspunkte für den Zusammenhang. „Sich bilden" verweist auf das Subjekt, welches lernt. „Gebildet werden" verweist auf den Vorgang des Lehrens, „Gebildet sein" auf Richtung und Ergebnis u. a. des Lernen und Lehrens. Dies legt drei Fragen nahe:

(1) Ist Bildung subjektgebunden?
(2) Ist Bildung lehrbar?
(3) Ist Bildung bestimmbar?

Mit Blick auf eine so geläufige Einrichtung wie ein „Bildungsministerium" sind die Antworten der Presserefenten scheinbar klar:

(1) Nein, denn sonst hätte jeder Mensch sein Ministerium;
(2) ja, denn wozu sind Schulen sonst da;
(3) ja, denn selbstverständlich ist der Herr Minister gebildet!

Mit Blick auf die Autoren: Uns sind die Antworten keineswegs klar. Insofern greifen wir auf Literatur zurück.

„Bildung" und „Theorien der Bildung" haben im Laufe der Zeit vielschichtige Wandlungen ihrer Deutungen vollzogen.[97] Dennoch lässt sich eine Linie erkennen, die auf der Differenz der objektbezogenen Bestimmung von Bildung (Frage 3) und der subjektbezogenen Bestimmung (Frage 1) beruht. In einer Formulierung von Herwig BLANKERTZ:[98]

> „Materiale Bildungstheorien definieren Bildung inhaltlich und tendieren dazu, einen bestimmten Kanon signifikant auf „Menschenbildung" zu beziehen und so eine humane Qualität vom Besitz ganz bestimmter Gehalte abhängig zu machen. Im denkbar weitesten Sinne müssten alle objektiven Kulturinhalte davon erfasst werden."
>
> „Formale Theorien definieren Bildung vom Subjekt aus, von der Entwicklung und Förderung seiner Möglichkeiten, nicht von den Inhalten und ihrer objektiven Bedeutung her. Selbstverständlich ist damit nicht gemeint, Bildung wäre ohne Inhalte, ohne gegenständlich bestimmte Aufgaben realisierbar. Davon kann keine Rede sein; aber die formale Auffassung zeigt sich uninteressiert an den Inhalten als Inhalte: Sie legt eine pädagogische Bedeutung ausschließlich der Frage bei, ob und inwiefern ihre Assimilation etwas zur Entfaltung der individuellen Kräfte beiträgt".

In dieser Spannung zwischen Enzyklopädie und Individualität lässt sich Frage (2) mit einer sowohl-als-auch Formulierung von Wolfgang KLAFKI beantworten: Bildung i. S. eines didaktischen – sie erinnern sich: das Lehren und Lernen betreffende – Anspruchs meint: „Erschlossensein einer … Wirklichkeit für einen Menschen" und „Erschlossensein dieses Menschen für diese seine Wirklichkeit"[99] KLAFKI nennt diese zwischen Subjekt und Objekt vermittelnde Bildung „Kategoriale Bildung" und machte sie zum Maß des Lehrens und Lernens.

Dadurch sind die Probleme nicht geklärt. Welche der enzyklopädisch möglichen Inhalte gehören nun zum „Gebildet sein": Die Kenntnis griechischer Sagen und Götter, römischer und klassischer

---

[97] Im Überblick vgl. WEHNERS 1991 oder LANGEWAND 1994a.
[98] BLANKERTZ 1986, S. 37 und 39.
[99] zitiert nach BLANKERTZ 1986, S. 45.

Literatur, die Beherrschung verschiedener Sprachen, der Lehrsätze der Naturwissenschaften oder auch das Klavier- oder Flötenspiel, die Fähigkeit, Häuser und Möbel kunstfertig zu entwerfen und zu bauen? Hier schließen sich Debatten um Berufs- und Allgemeinbildung, Differenzierung des Fächerangebots an Schulen, Bildungskatastrophen und Bildungsauftrag usw. an. All dies blenden wir aus und wenden uns unseren Antworten der drei Fragen zu.

(1) Ist Bildung subjektgebunden?

Ja, Bildung ist im Subjekt gebunden als Ausdruck (die Form, ein Bild) des Weltverständnisses. Mit „Weltverständnis" ist das Verständnis der eigenen Weltauffassung gemeint und das Verständnis der eigenen Position in der Gesellschaft. Damit ist nicht immer (in seltenen Fällen) ein Einverständnis mit der eigenen Position in der Gesellschaft einhergehend, woraus sich ein politischer Anspruch auf Kritik und deren Äußerung begründet. Der „mündige Bürger" als „gebildeter Bürger" ist in diesem Sinne selbst- und mitbestimmungsfähig (daher auch solidaritätsfähig) und lebt diese Befähigigung (als Disposition oder Kompetenz) auch aus.

(2) Ist Bildung lehrbar?

Ja, in notwendig begrenztem Maße. „Notwendig" meint, dass damit nicht ein technologischer Mangel gemeint ist, der zur Begrenzung des Lehrens führt, sondern ein Konstruktionsprinzip. Die Behauptung einer vollständigen Lehrbarbeit von Bildung wäre ein Widerspruch in sich, wobei die wahrscheinlich auftretende Differenz zwischen Bildungsabsicht und Bildungserfolg genau die treibende Kraft ist, Bildungsprobleme immer neu festzustellen und Bildungsanstrengungen immer aufs Neue zu unternehmen. Es ist die „Hoffnung", Bildung zu lehren, ohne die Pädagogen nicht auskommen. Und „Hoffnung" drückt auch aus, dass die Lehrbarkeit nicht (vollständig) berechenbar ist: Die Lernenden sind dabei der „Hoffnungsschimmer". Darin liegt die innere Gegensätzlichkeit des Lehrens. Alles zu lehren, genauer: alles erfolgreich gelehrt zu haben, bleibt unbefriedigend vor dem Anspruch von Bildung. Denn das Weltverständnis der Lernenden ist – maßgeblich – ihr *eigenes* Weltverständnis, kann nie ausschließlich ein von anderen gemachtes Weltverständnis sein. Insofern kommt es auf beide der bereits genannten Kategorien an: deklaratives und prozedurales (Welt-) Wissen.

(3) Ist Bildung bestimmbar?

Ja, in der Offenheit von Idealen und ihrer historischen Gebundenheit. Bildung ist im Sinne eines Ideals bestimmbar, also „gebildet" von „ungebildet" prinzipiell unterscheidbar im Kontext der historischen und innerhalb der gesellschaftlichen Bedingtheit. In unserer Zeit, in unserer Gesellschaft würde jemand, der weder rechnen noch schreiben kann, von der Mehrheit als „ungebildet" bezeichnet – gleiches gilt vielleicht in einigen Jahren für jemanden, der keinen Computer bedienen kann. Insofern kann Bildung von Nicht-Bildung abgegrenzt werden.[100] Zugleich sagt diese Negativabgrenzung etwas über „die Mehrheit" aus, als eine (aber nicht die ausschließliche) Form gesellschaftlicher Konsensfindung, wobei die abschließende positive Bestimmung aller Merkmale von Bildung kaum konsensfähig sein dürfte. Sie wandelt sich im Laufe der Zeit und jede Generation muss die Diskussion um die Bestimmung der Bildung führen. Dabei ist der Umstand, dass Lehrende Bildungsauffassungen haben – sich vielleicht selbst als gebildet ansehen – ein tradierendes Element. Diskussionen über Bildung sagen insofern immer viel über die Diskutierenden aus; beispielsweise wenn derzeit Bildung als Standortfaktor gesehen wird. Bildung besitzt eine inhärente normative Komponente. Zweitens kann Bildung als Konsens nicht gleiche Bildung für alle, also gleichmacherische Bildung bedeuten, sofern es von dem Lernen und den Lernenden her gedacht wird. Die Antwort auf die Frage (3) kann auch lauten: Ja, aber notwendigerweise vorläufig.

Graphisch ließe sich Bildung – verkürzend – i. S. der Ziele und Bedingungen des Lernvorgangs deuten, Bildung als Vorstellung vom Menschen zeigt sich in der Disposition oder Kompetenz, zu Beginn und gegen Ende des Lernens. Vielleicht überdeutlich: Bildung markiert Anfang und Ende von Pädagogik zugleich.

A.4.1.3 Lernen, Arbeiten, Qualifizierung

Während sich das Wort „Lernen" etymologisch auf „Lehren" (und das wiederum auf „erfahren haben, erkundet haben") zurückführen lässt, und somit die enge Verwandschaft der Wörter dokumentiert, kann eine solche Verwandschaft von Lernen und Arbeiten zunächst

---

[100] Damit ist zweierlei nicht gesagt: Weder das dem „Ungebildeten" dieser Umstand angelastet wird, noch die Frage, ob dies als Urteil über den Menschen taugt. Weiterhin ist vor dem Umkehrschluss zu warnen: Nicht jeder, der rechnen und schreiben kann, kann als gebildet gelten.

nicht behauptet werden. „Arbeit" bedeutete ursprünglich Pein und Mühsal, die ein verwaistes Kind beim Verrichten von Tätigkeiten erlitt, um von einer Familie materiell versorgt zu werden. Arbeit stand daher bereits im Ursprung für Anstrengung (‚harte Arbeit'), Abhängigkeit (von ‚den Arbeitgebern') und Existenzsicherung (‚Brot verdienen'); ein Grundzug, der sich bis heute, wenn auch stark relativiert, erhalten hat. Arbeit steht so im Gegensatz zu Freizeit, lässt sich von Sport, Spiel oder Hobby abgrenzen, welche nur in seltenen Ausnahmefällen die drei genannten Elemente von „Arbeit" umfassen dürften, z. B. bei Profisportlern.

Insofern könnte vermutet werden, Lernen und Arbeiten haben wenig miteinander zu tun. Dieser Behauptung werden wir in dem nächsten Absatz widersprechen. Im übernächsten Absatz werden wir dann den vorherigen Absatz erneut relativieren: Rede und Gegenrede.

In nur leicht geänderter Redeweise lässt sich Lernen aber wie Arbeit auch als Anstrengung (Lernen als Leistung), Abhängigkeit (von ‚den Lehrenden') und Existenzsicherung (Lernen für eine Ausbildungsstelle) verstehen. In dieser Form wäre Lernen eine spezifische Form der Arbeit, sozusagen Schülerarbeit und wir vermuten, dass Sie einen Teil ihrer Schulzeit in diesem Sinne empfunden haben (Büffeln, Pauker, Zeugnisse). Die Parallelen zwischen Arbeiten und Lernen verstärken sich noch, wenn „Arbeit" i. S. eines Vorgangs als Arbeiten untersucht wird. Arbeit resp. Arbeiten wird häufig als „zielgerichtete, planmäßige und bewusste menschliche Tätigkeit unter Einsatz physischer, psychischer und mentaler (geistiger) Fähigkeiten und Fertigkeiten"[101], aufgefasst. Wer möchte das nicht gerne auch für Lernen in Anspruch nehmen? Und gerade im Bereich der Wirtschaftspädagogik scheint ein Zusammenhang zwischen Arbeiten und Lernen, die verschiedene Fähigkeiten und Fertigkeiten (Dispositionen oder Kompetenzen) bei zielgerichteten Tätigkeiten erfordern und auch fördern, vorstellbar und ggfs. wünschenswert als normative Leitlinie für das Lernen. Eine solche Verbindung zwischen Arbeiten und Lernen wird in der aktuellen wirtschaftspädagogischen Diskussion über den Begriff der „Handlung" konstruiert.[102] Eine „Handlung" als Vorgang kann dabei in die Phasen „Planung", „Ausführung" und „Kontrolle" gegliedert werden. Wenn alle drei Schritte von einem Handlungssubjekt vollzogen sind, wird i. d. R. von einer „voll-

---

[101] ZIMMERMANN 1995, S. 12 ff.; wir fassen mentale Prozesse auch als psychische Prozesse auf – soweit zur Kritik der Formulierung.

[102] Vgl. dazu das Kapitel A.5.

ständigen Handlung" gesprochen.[103] Arbeits-Handeln und Lern-Handeln können daher unter Umständen i. S. der „vollständigen Handlung" als ähnlich strukturiert und idealisiert werden. Der Lehr-Lernpfeil aus Abbildung A.21 bzw. aus Abbildung A.22 könnte daher vor dem Hintergrund eines handlungstheoretischen Lernverständnisses in die Phasen „Planung", „Ausführung" und „Kontrolle" gegliedert werden.

Dennoch hebt diese ähnlich idealisierende Phaseneinteilung einen gewichtigen Unterschied nicht auf. Im Sinne des Lernhandelns können Planung, Ausführung und Kontrolle nur reflexiv auf das Subjekt des Lernens bezogen sein, also dessen Disposition oder Kompetenz. Beim Arbeitshandeln dreht es sich vor allem um das i. d. R. gegenständliche Objekt der Arbeit, das zu erbringen ist: ein Zahnrad zu fräsen, erfordert eben eine Zeichnung (Planen), das Einspannen von Werkzeugen und Einlegen von Material in die Fräsmaschine (Ausführen) und das Nachmessen und Prüfen des erstellten Zahnrades (Kontrolle).[104] Lernsubjekt und Arbeitsobjekt markieren den fundamentalen Unterschied im Handeln. In der bisherigen Sprache ausgedrückt: Bei Lernen geht es um eine Verhaltensdisposition oder die Handlungskompetenz des Lernsubjekts, bei Arbeiten um eine Verhaltensäußerung bezüglich eines Arbeitsobjekts.

Wir bauen diesen Unterschied nun systematisch aus. Denn ein Arbeitsobjekt deutet auf eine Arbeitsaufgabe hin.[105] Und die zielt auf die Arbeitsbedingungen. Beide sind zentrale Begriffe der betriebswirtschaftlichen Organisationslehre, die sich beispielsweise in der Aufbauorganisation, in Stellenbeschreibungen oder der Arbeitsplatzgestaltung widerspiegeln. Faktisch schränken wir unsere Betrachtung des Arbeitens auf Erwerbsarbeit ein, ohne dass wir daran zweifeln, die Überlegungen auch auf andere Formen der Arbeit übertragen zu können. Arbeitsaufgaben und Arbeitsbedingungen ‚definieren' *Anforderungen* des Arbeitens. Diese werden *Qualifikationen* genannt. An wen diese Anforderungen nun gestellt werden – Mensch, Maschine,

---

[103] Vgl. zu den Grundlagen: VOLPERT 1987, S. 14 ff.

[104] Nicht ohne Grund greifen wir hier ein Beispiel aus dem gewerblich-technischen Bereich heraus; dort bleibt die Handlungstheorie meist unmittelbar anschaulich. Bei einer Übertragung in den kaufmännischen Bereich, z. B. dem Erstellen eines Angebots oder einer Rechnungsprüfung, werden die Phasen Planung, Ausführung und Kontrolle schon abstrakter.

[105] Nochmals: Eine Arbeitsaufgabe richtet sich auf die Erledigung der Arbeit (Arbeitsaufgabe=Ziel), eine Lernaufgabe kann ‚nur' Mittel zur Veränderung der Disposition oder Kompetenz (= Ziel des Lernens) des Lernsubjektes sein.

Software – ist damit zunächst nicht gesagt.[106] Sofern es Mitarbeiter sind, wird i. d. R. von Tätigkeits- oder *Qualifikationsanalysen* gesprochen; teilweise höchst differenzierte Klassifikationssysteme sind zur Bestimmung der Anforderungen des Arbeitens im Sinne erforderlicher Fähigkeiten (Dispositionen oder Kompetenzen) der Mitarbeiter entwickelt worden.[107]

Qualifikationen sind in diesem Zusammenhang Bezeichnungen für von Mitarbeitern (aber ggfs. auch von Maschinen oder Software) zu erfüllende Arbeitsaufgaben, werden also als Qualifikations*anforderungen* gedeutet.[108] Qualifikationen erfassen erforderliches Arbeitsverhalten von Mitarbeitern, die sich aus der Arbeitsaufgabe ergeben. Damit legen wir „Qualifikationen" bewusst sehr eng und funktionalistisch aus. Immer dann, wenn vorhandene Dispositionen oder Kompetenzen eines Menschen nicht ausreichen, um die Qualifikationsanforderungen von Arbeitsplätzen zu erfüllen, rückt Qualifizierung als Option in den Mittelpunkt. [109]

Damit wäre ein erster Schritt zum Zusammenhang von Lernen, Arbeiten und Qualifizierung geleistet. Er erläutert das Lernen für das Arbeiten und belegt diesen Vorgang mit dem Wort „Qualifizieren" im aktiven Sinn. Daneben sind drei weitere zu nennen. „Qualifizierung" kann im passiven Sinn das Lernen durch das Arbeiten bezeichnen. Mehr oder weniger bewusst – aber meist eben weniger – verändert das Arbeiten unsere Disposition oder unsere Kompetenz. Qualifikationen passen den Menschen in das Gefüge, die Anforderungen des Arbeitens ein. Qualifizierung bedeutet die Anpassung der Mitarbeiter (Lernen) an das Arbeiten. Arbeiten durch Lernen dagegen betont die vielleicht ‚liebenswertere Variante', dass durch *vorher* erworbene (ge-

---

[106] Unbestritten ist aber der Umstand, dass viele Qualifikationsanforderungen sowohl von Menschen, Maschinen oder Softwaretools erfüllt werden könnten; schließlich „rationalisieren" viele Unternehmen ihre Produktion durch Maschinen und Software, die den Mitarbeiter ersetzen.

[107] Vgl. FAULSTICH 1996, S. 369 ff.

[108] Vgl. zu unterschiedlichen Qualifikationsverständnissen auch BECK 1980, S. 355 ff.

[109] Die durchaus übliche Redewendung von der „Qualifikation eines Menschen" werden wir daher nicht verwenden. Menschen verfügen über Dispositionen oder Kompetenzen. Wir würden umgekehrt auch nicht von der „Disposition eines Arbeitsplatzes" oder der „Kompetenz einer Maschine" sprechen. Im Wort „Qualifizierung" steckt dagegen wieder einer Rückbezug auf den Menschen als „Qualifizierungssubjekt". Vgl. dazu aber auch Kapitel A.5.

lernte) Disposition oder Kompetenz (bei uns nicht: Qualifikation) der Mitarbeiter das Arbeiten anders gestaltet, die Arbeit vielleicht „humaner" werden kann. Auch das Arbeiten für das Lernen – den jobbenden Studenten gewidmet – ist als vierte Variante zu nennen. (Wir hoffen, dass Sie die vier Thesen über den Zusammenhang von Wirtschaft und Erziehung im mikroskopischen Sinne bei Arbeiten und Lernen wiedererkennen – als kleine Übung im Lehr-Lernprozess).

Im Kleinen sind die Dinge allerdings noch viel weniger trennscharf als im Großen. Insofern ist uns die Denkrichtung wichtig. Sie besagt: Aufgrund von möglichen Qualifikationsänderungen ist eine Anpassung der Dispositionen oder Kompetenzen der Mitarbeiter notwendig, also Qualifizierung. Dieser Zusammenhang spielt eine zentrale Rolle für Wirtschaftspädagogen. Daneben steht der andere Zusammenhang, der nicht vergessen werden darf: Sofern die Qualifikation konstant bleibt – was über eine mittlere Zeitdauer für Arbeitsaufgaben zu erwarten, wenn nicht gar für das Arbeiten konstitutiv ist – ist zwar die Disposition oder Kompetenz des Mitarbeiters notwendig, aber kein Lernen. Arbeiten bedeutet eben zu großen Teilen Ausüben einer Handlung, nicht zugleich immer auch Erwerb einer Handlungskompetenz. Wenn Arbeiten kein Lernen mehr erfordert oder ermöglicht, wird es in wirtschaftspädagogischer Perspektive fragwürdig.

Wir werden uns nun dem Begriff „Qualifizierung" zu. „Qualifizierung" rückt ins Blickfeld, wenn Qualifikationsanforderungen aus der Arbeitsaufgabe und verfügbare Dispositionen bzw. Kompetenzen des Mitarbeiters nicht deckungsgleich sind. Im Normalfall wird jedoch davon ausgegangen, dass ein Mitarbeiter die an ihn gestellten Anforderungen erfüllt – deswegen ist er ja Mitarbeiter. Insofern muss eine Besonderheit, etwas Nicht-Normales, eine Qualifizierung auslösen: die Qualifikationsänderung, wobei Qualifikationsänderungen eigentlich regelmäßig erfolgen, die Regel sind, der Normalfall.

FRIELING drückt diesen Umstand wie folgt aus: „Das stabilisierende Moment von Arbeitsorganisationen ist deren permanente Veränderung. Diese Änderungen können sich

a) auf den Einsatz jeweils neuer Techniken beziehen,
b) auf neue Produkte und Materialien [und neue Kunden, Anm. d. A.]
c) auf Veränderung in der Arbeitsorganisation (Arbeitsteilung) und
d) auf Veränderungen politischer Rahmenbedingungen."[110]

---

[110] FRIELING 1995, S. 262 ff.

Wenn aber die Arbeit gewissermaßen jeden Tag neue Herausforderungen stellen kann, dann wird Qualifizierung zum alltäglichen Geschäft. Ob es gelungen ist, zeigt die Erledigung der Arbeitsaufgabe. Mit Qualifizierung kann somit im nachhinein ein Erfolg verbunden werden. Sofern sich jemand nicht täglich erfolgreich an die Bedingungen der Arbeitsaufträge anpasst, also sich qualifiziert, dürfte über kurz oder lang die Arbeit selbst in Frage gestellt werden. Das Individuum ist dann offensichtlich nicht für den Arbeitsplatz geeignet. Insofern kann mit Qualifizierung ein Erfolgs- oder Eignungskriterium gekoppelt werden, welches letztlich über die Möglichkeit zu Arbeiten entscheidet.

Dies grenzt Qualifizieren zum einen von Lehren ab, weil es nicht mit Absicht, sondern mit Erfolg verbunden ist und Qualifizierung nicht unbedingt einen Lehrenden braucht. Viele Anforderungen werden eben aus dem Alltag heraus, wie selbstverständlich durch Ausprobieren, Überlegen, Nachlesen, Anschauen usw. gelöst. Zum zweiten grenzt dies Qualifizierung von Bildung ab, weil es – in unserem Sprachgebrauch – ausschließlich um die Erledigung von Arbeitsaufgaben geht. Jemand kann sich tagtäglich qualifizieren, ohne deswegen gebildet zu sein und zu werden und umgekehrt kann jemand gebildet sein, ohne in Hinblick auf Arbeitsaufgaben qualifiziert zu sein oder zu werden. Diese Differenz ist nicht zu leugnen, auch wenn gehofft werden kann, dass Qualifizierung auch Bildung bedeuten und mit Bildung auch Qualifizierung verbunden sein kann.

Mit Qualifizierung kann eine ‚organisierte' Qualifizierungsmaßnahme (ein Training, ein Kurs, ein Seminar) gemeint sein. Daneben existieren eher informelle gruppen- und individuenorientierte Organisationsformen, die Qualifizierung unterstützen. Solche Formen sind in der folgenden Tabelle genannt, die einem Beitrag von Eckhardt SEVERING mit dem Titel „Lernen am Arbeitsplatz – ein Kernelement beruflicher Bildung?" – entnommen ist und hier durch Weglassen einzelner Formen verkürzt wiedergegeben wird. Wir greifen auf diese Tabelle in zweifacher Absicht zurück. Einmal um Formen des arbeitsplatznahen Lernens als Zusammenhang von Lernen, Arbeiten und Qualifizierung vorzustellen. Zum anderen um daran zu verdeutlichen, warum wir Begriffe als Handwerkszeug sehen. Dies sollte nicht als Kritik an der Zusammenstellug von SEVERING missverstanden werden, denn er hat seinen Beitrag vor einem anderem Hintergrund geschrieben. Insofern reißen wir ein Zitat – offenkundig und schuldbewusst – aus dem Zusammenhang.

Verfahren arbeitsplatznaher betrieblicher Bildung	
Traditionelle Methoden der Arbeitsunterweisung am Arbeitsplatz	• Beistelllehre • Vier-Stufen-Methode, Vormachen/Nachmachen
Gruppenorientierte, dezentrale Bildungskonzepte	• Qualitätszirkel • Job-Rotation
Individuelle arbeitsplatz-integrierte Bildungsmaßnahmen	• … mit konventionellen Methoden: – Einarbeitung – Training am Arbeitsplatz • Selbstqualifikation am Arbeitsplatz mit computer-gestützten Lerntechnologien

Abbildung A. 27: Lernen am Arbeitsplatz[111]

Die Beistelllehre ist eine traditionelle Form des Lernens im Prozess der Arbeit, die immer dann erfolgt, wenn ein „Lehrling" und ein „Geselle" gemeinsam eine Heizung reparieren oder eine „Auszubildende" neben der „Verkäuferin" an der Theke bedient und nach und nach einzelne Aufgaben selbständig übernimmt. Eine strukturierte Form ist dabei sicherlich das bewusste Vormachen und Nachmachen einzelner Handlungen. Das gezielte Vorbereiten einzelner Tätigkeiten sowie die verbalen Erläuterungen erweitern die Vormachen-Nachmachen Technik zur sog. Vier-Stufen-Methode: (1) Vorbereiten von und einstimmen auf das Problem, (2) vormachen und erklären der Handlung (erklären sie mal, wie sie gerade einen Krawattenknoten gebunden haben), (3) nachmachen und erklären, (4) selbständig ausführen.[112]

Qualitätszirkel (quality circles) sind kleine Problemlösungsgruppen, in der vor allem auch Mitarbeiter der „ausführenden Ebene" berücksichtigt werden. Hiermit wird dem Gedanken Rechnung getragen, dass Schwachstellen, die bei der täglichen Arbeitsausführung behindern oder stören, am ehesten von den betroffenen Mitarbeitern selbst erkannt und einer Problemlösung zugeführt werden können.[113] Ziel ist somit die Verbesserung der qualitativen Arbeitsleistung eines Unter-

---

[111] SEVERING 1997, S. 309.
[112] Nach PÄTZOLD 1996, S. 172 ff.; am Alltagsbeispiel „einen Krawattenknoten binden" kann man sich leicht vorstellen, dass die vier Stufen keineswegs trivial sind.
[113] Vgl. GABLER Lexikon 1992, Sp. 2740.

nehmens, die Entwicklung von mehr Selbstwertgefühl und Sozialkompetenz der Mitarbeiter sowie die Verbesserung der gruppendynamischen Prozesse im Unternehmen. Quality Circles sind somit ein längerfristig orientiertes (Personal-) Entwicklungskonzept von Unternehmen, das den Mitarbeiter nicht mehr nur als bloßen Empfänger und Ausführenden von Anweisungen betrachtet, sondern auch als Träger von Ideen und bisher kaum genutzten Fähigkeiten und Erfahrungen.

In diesem Sinne ist auch das nächste Konstrukt zu betrachten. Job-Rotation wird zum einen verstanden als systematischer Arbeitsplatzwechsel zur Entfaltung und Vertiefung der Fachkenntnisse und Erfahrungen geeigneter Mitarbeiter oder zur Vermeidung von Arbeitsmonotonie und einseitiger Belastung. Zum anderen ist es eine Methode zur Förderung des Führungsnachwuchses und zur Weiterbildung betrieblicher Führungskräfte.[114] Ein noch weitergehender Schritt kündigt sich durch die hier darzustellende Selbstqualifizierung an, die den Angestellten nicht nur als Produktionsfaktor an seinem Platz, sondern auch seine persönliche Weiterentwicklung und -bildung zu fördern sucht. Unter die „Selbstqualifikation am Arbeitsplatz mit computergestützten Lernprogrammen" können ganz unterschiedliche Programme von einem Vokabeltraining bis zu einer Simulation eines multimedialen Nachschlagewerks fallen. „Selbstqualifikation" könnten wir dies in unserer Terminologie allerdings nicht nennen, allenfalls Selbstqualifizierung.

Soweit die Erläuterungen der „Verfahren arbeitsplatznaher betrieblicher Bildung" aus der vorhergehenden Grafik. Wieso eigentlich „betriebliche Bildung"? Finden wir dort den mit dem Begriff „Bildung" ausgewiesenen Anspruch nach formaler Bildung, dem Lernsubjekt und den Beitrag zu seinem Lernverständnis?

Darüber wissen wir nichts, da müssten wir schon genauer den Einzelfall prüfen. Wir wissen aber relativ sicher, dass es um die Erfüllung von Arbeitsaufgaben in Betrieben geht. Daher würden wir vorsichtshalber von Verfahren arbeitsplatznaher, betrieblicher Qualifizierung sprechen. Das „betrieblich" ergibt sich dabei in unserer Redeweise von selbst. Qualifizierung ist definitionsgemäß immer auf Qualifikationen bezogen und daher immer auch arbeitsplatzbezogen. Deshalb das „arbeitsplatznah" in der Übersicht zu streichen, wäre aber zu viel. Eine Qualifizierung kann auch „arbeitsplatzfern" erfolgen, z. B. in einem Seminarhotel oder am häuslichen Schreibtisch. Unsere Überschrift würde daher lauten: „Verfahren arbeitsplatznaher Qualifizierung".

---

[114] Vgl. GABLER Lexikon 1992, Sp. 1748.

Die gewählten Kriterien für eine Unterscheidung der Verfahren könnten über die Frage, ob die Qualifizierung durch Lehren erreicht werden soll, geändert werden. In den traditionellen Methoden der ersten Zeile werden Lehrmethoden genannt, die auf eine mehr oder weniger ausgebaute Stufung des Lernvorgangs abzielen, denen aber Absicht unterstellt werden muss. Ob bei der Beistelllehre immer eine „Absicht" unterstellt werden kann, ist allerdings fraglich. Immer mit gutem Beispiel, sogar immer mit absichtsvollem Beispiel voranzugehen, das halten wir für kaum leistbar. Vielmehr wäre zu fragen, ob nicht die Beistelllehre oder das „training on the job" besser neben „Qualitätszirkeln" und „job rotation" als ein Verfahren angesehen wird, in denen Lernen durch soziale Partner- oder Gruppenarbeit ermöglicht werden soll, ohne dass „Lehrende" vorhanden sind und eine vorher bestimmte Absicht und Richtung der Qualifizierung festgelegt ist.

Die Qualifizierung folgt funktional dem Arbeiten, bzw. es kann und soll aktuell nicht gesagt werden, ob die im Qualitätszirkel zugebrachte Zeit nun gerade Lern- oder Arbeitszeit ist. Verstärkt wird dies durch die Möglichkeiten, sich individuell durch Handbücher, Auskünfte, Lernprogramme etc. Informationen einzuholen, um Arbeitsaufträge zu erledigen. Sozusagen selbstgesteuert Lernen durch selbstgesteuertes Arbeiten als die Form des selbstgesteuerten Qualifizierens. Wir würden daher folgenden Vorschlag unterbreiten:

Verfahren arbeitsplatznaher Qualifizierung	
Lehrverfahren	Vormachen/Nachmachen 4-Stufen-Methode Computergestützte Lehrprogramme
Partner- und gruppenorientierte Arbeitsverfahren	Training on the job Qualitätszirkel Job-Rotation
Individuelle Lernverfahren	Handbücher und Hilfen, (Computergestützte) Informationsmedien

Abbildung A. 28: Verfahren arbeitsplatznaher Qualifizierung

Die Abgrenzungen der Zeilen voneinander kann im Sinne der Erläuterungen über Arbeiten, Lernen und Lehren erfolgen, wobei mit Qualifizierung verbunden wird, dass die Verfahren auch erfolgreich sind.

Dies ist sicherlich ein kritisch zu befragender Vorschlag. Er erscheint uns aber hinsichtlich des hier eingeführten begrifflichen Handwerkszeugs konsistent für so selbstverständliche und kaum einer Erläuterung bedürftigen Vorgänge wie Arbeiten, Lernen und Lehren.

Lerntheorien

Für das Verständnis von „Lernen" als Vorgang können verschiedene theoretische Vorstellungen herangezogen werden. Im Text haben wir zwischen äußeren und inneren Vorgängen unterschieden. Die damit verbundenen theoretischen Ansätze lassen sich den sogenannten behavioristischen Lerntheorien bzw. den kognitiven Lerntheorien zuordnen (vgl. EDELMANN 1986) Es sind Grundkategorien, die selbst wieder in verschiedene Theorieansätze gegliedert werden können.

Die behavioristischen Lerntheorien orientieren sich – wie der Name schon sagt – an den gezeigten äußeren Verhaltensweisen. Für sie ist das, was beim Lernen im Inneren eines Menschen passiert, theoretisch irrelevant. Sie sehen den Menschen als black-box und betrachten den Zusammenhang zwischen Stimulus (Reiz) auf die black-box und Response (Reaktion) derselben. Im Rahmen der Theorien des instrumentellen oder operanten Lernens (vor allem THORNDIKE 1932, SKINNER 1938) ist ein differenziertes System von Erkenntnissen entstanden, wie die Wahrscheinlichkeit des Auftretens erwünschter Verhaltensweisen erhöht werden kann. Zentrales Element ist das Lernen am Erfolg.

Dieser ursprüngliche Zweig der modernen Lerntheorien ist hinsichtlich der Forschungsmethoden und Reichweite frühzeitig kritisiert worden. In diesem Sinne markiert die sozial-kognitive Lerntheorie nach Albert BANDURA (1979) einen Wechsel zu kognitiven Ansätzen. Im Mittelpunkt dieses Ansatzes steht das Beobachtungslernen bzw. das Lernen am Modell. Hier werden die Beobachtung der Umwelt durch den Menschen und das Erinnern und Nachahmen des Beobachteten berücksichtigt.

Kognitivisten interessieren sich – im deutlich artikulierten Gegensatz zu Behavioristen – für das Innere der black-box; Kognitivisten streben nach der white-box. Sie versuchen, den Geheimnissen des Gehirns auf die Spur zu kommen. Zentral für die kognitivistische Sichtweise ist die Entwicklung verschiedener Modelle, wie das menschliche Gehirn Informationen aufnimmt, verarbeitet, speichert und erinnert. Wir haben schon darauf hingewiesen, dass unterschiedliche Arten von Informationen (deklaratives und prozedurales Wissen) vermutet werden.

Im Rahmen der berufs- und wirtschaftspädagogischen Diskussion spielen – nun stark vereinfacht ausgedrückt – zwei Varianten des Kognitivismus eine besondere Rolle. Dies sind konstruktivistische und handlungstheoretische Ansätze. Konstruktivistische Ansätze heben die Frage hervor, ob Informationen

i. S. eines Abbildes passiv einfach wahrgenommen werden oder Informationen durch den Wahrnehmenden aktiv erzeugt, von ihnen also konstruiert werden. Danach hängt die subjektive Konstruktion ab von dem Kontext der Situation, in der gelernt wird. Man spricht auch von der Situiertheit des Lernens als wichtigstes Merkmal effektiver Lernumgebungen. Und in diesem Sinne bietet üblicher Schulunterricht wenig effektive Lernumgebung.

Davon abzugrenzen sind unserer Ansicht nach die handlungstheoretischen Ansätze. Charakteristischer Aspekt dieser Theorien ist der Ausgangspunkt, dass Ler-

nende als Handlungssubjekte zielbewußt und reflexiv den Lernvorgang steuern, und zwar über die Handlungen, die sie während des Lernens ausführen. Planende, ausübende und rückmeldende Tätigkeiten sind typisch für Handlungskonzepte. Hervorzuheben sind hier neben den Ansätzen der russischen Tätigkeitspsychologie vor allem das TOTE-Modell (Test-Operate-Test-Exit) von Georg MILLER/Eugene GALANTER/ Karl H. PRIBRAM (1973). Handlungstheorien betonen so die Gegenständlichkeit von Lernprozessen; sie äußern sich in Reflexivität erst ermöglichenden Handlungsergebnissen.

A.4.2 Umschreibung von Konstrukten

Den gemeinsamen Bezugspunkt für die in diesem Kapitel zu erläuternden Begriffe haben wir „Konstrukte" genannt, also gedankliche Hilfskonstruktionen zur Beschreibung von Dingen, die nicht konkret beobachtbar sind. Die gedanklichen Hilfskonstruktionen benötigen wir insbesondere zur Trennung von Dingen, die eigentlich zusammen gehören und sich in unterschiedlichen Perspektiven des Begriffs „Beruf" zusammenführen lassen.[115] Die Trennung soll helfen, auf einzelne Aspekte besonders aufmerksam machen zu können und diese Aspekte sind wiederum durchaus konkret. Wir kommen also in diesem Kapitel ebensowenig ohne handfeste Beispiele aus, wie dies in vorherigen Kapiteln bei der Darstellung alltäglicher Vorgänge ohne die Konstrukte „Disposition" bzw. „Kompetenz" der Fall war.

Wir trennen dabei – gedanklich – in eine äußere und eine innere Seite von Beruf. Die äußere, objektive und hier als Beruf im engen Sinne zu verstehende Seite, orientiert sich an der Verbindung von Erwerbsberufen und Arbeiten. Wirtschaftliche, technische und sozialkul-

---

[115] Wie kaum ein anderer Begriff vermag die Geschichte von „Beruf" die Wirtschafts- und Sozialgeschichte moderner Gesellschaften zu repräsentieren; vgl. zusammenfassend ESSER 1997, S. 75 ff.

turelle Anforderungen prägen diese Seite von Beruf. Die innere, subjektive Seite verweist auf die Kompetenzen der Individuen, sich in daraus ergebenden (aber möglicherweise auch darüberhinausgehenden)
Situationen angemessen zu verhalten. Aus Sicht des Individuums geht
es darum, die Situationen bzw. die in den Situationen anzutreffenden
Anforderungen sachlich und sittlich richtig[116] bewältigen zu können.

Beruf steht damit für einen Lebens- bzw. Wirkungsraum, der durch
typische Situationen bestimmt wird und immer auch von zwei Seiten
zu erschließen ist. Er zeigt sich zum einen in der beruflichen Handlungskompetenz des Individuums, und zwar als Vermögen, wirtschaftliche, technische und sozialkulturelle Probleme oder Herausforderungen bewältigen zu können, zum anderen weist er eine
bestimmte Anzahl von typischen Handlungssituationen auf, die bewältigt werden sollen. Wir wollen hier von einem Subjektbezug (berufliches Handlungsvermögen) und von einem Objektbezug (berufliche Anforderungsstruktur) sprechen, die in einen gemeinsamen
Zusammenhang gesetzt werden können.[117]

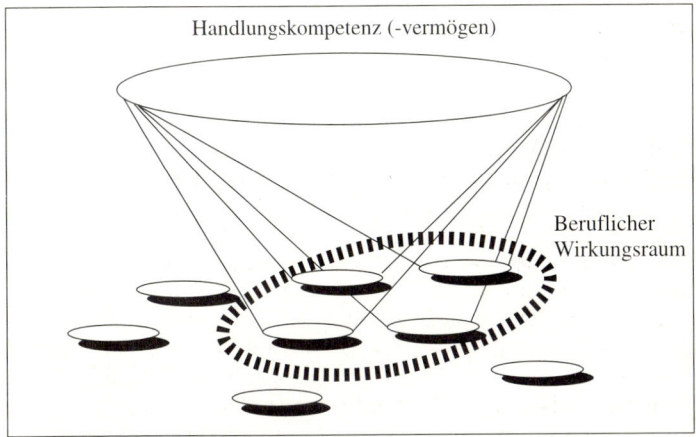

Abbildung A. 29: Subjekt- und Objektbezug des Berufes

---

[116] Wir lehnen uns hier an unseren gemeinsamen Lehrer Martin SCHMIEL an,
der die Handlungsfähigkeit des Subjekts als eine zentrale Leitidee von Bildung herausstellte: „Bildung bekundet sich im Handeln".

[117] Eine möglicherweise mit der beruflichen Handlungskompetenz verbundene
„innere Bindung des Menschen an eine Tätigkeit" (ZABECK 1961, S. 909)
thematisieren wir im Zusammenhang mit dem Konstrukt der Profession.

A.4.2.1 Beruf

Ein Blick in die Stellenanzeigen der Zeitungen gibt einen guten Einblick in das, was als ausgeübte Berufe oder Erwerbsberufe gelten kann.[118]

Bezeichnungen wie „kaufmännischer Mitarbeiter/in", „Vertriebsbeauftragte/r", „Anlagentechniker/in" umschreiben das Profil von Arbeitsplätzen und helfen, schnell einen Abgleich von Qualifikation (des Arbeitsplatzes) und Kompetenz (der möglichen Bewerber) durchführen zu können. Die Bezeichnungen sind insofern erste Such- und Vorsortierungshilfen, die ‚ungefähr‘ beschreiben, was von einem Bewerber erwartet wird und umgekehrt ‚ungefähr‘ ausweisen, um welchen Arbeitsplatz es sich handelt. Mit dem „ungefähr" wird die Grundproblematik angerissen, die zwischen Beruf als Konstrukt und dem Arbeiten als konkretem Vorgang besteht. Nur mit einer äußerst geringen Wahrscheinlichkeit werden sie jemals deckungsgleich sein. Dennoch muss es ein relativ überdauerndes Grundmuster an Tätigkeiten geben, das durch die Bezeichnungen hinreichend genau erfasst

Abbildung A. 30: Sammlung von Stellenanzeigen

---

[118] Die folgenden Angaben beziehen sich auf BENNER 1997, S. 54 ff.

wird. Es existieren über 30.000 solcher Berufsbezeichnungen mit zunehmender Tendenz, und es interessiert wenige, ob sie überschneidungsfrei, zutreffend, eindeutig usw. sind. Hauptsache, sie erfüllen die Aufgabe als Such- und Findeinstrument – deshalb klingen sie häufig auch so vornehm: Aus dem Verkäufer wird ein Repräsentant, ein Kundenberater usw.

In den Zeitungsannoncen finden sich aber auch Bezeichnungen wie „Ingenieur/in (FH)“, „Industriekaufmann/frau“, „Graphiker“. Sie erfüllen zunächst den gleichen Zweck wie die anderen Bezeichnungen. Darüber hinaus kennzeichnen sie erlernbare oder den „erlernten Beruf“. Hinter „erlernten Berufen“ steht in der Regel ein Ausbildungsgang[119] auf einer Schule (z. B. Fremdsprachenassistent/in), Hochschule (z. B. ein Diplomstudiengang) oder in einem der sogenannten *staatlich anerkanntem Ausbildungsberufen* (z. B. als Industriekaufmann/-frau, Graphiker/in). Damit verbunden ist ein ‚Berufsabschluss‘, also ein formaler Nachweis einer absolvierten Ausbildung. Auf solche erlernbaren Berufe konzentrieren wir uns im Folgenden, insbesondere auf die sog. staatlich anerkannten Ausbildungsberufe.

Erlernbare Berufe setzen einen formalen Ausbildungsgang voraus. Es existieren folglich ‚anerkannte Ausbildungspläne‘, die z. B. über Inhalt und Prüfungen Auskunft geben. Wer dabei was anerkennt, ist zunächst beliebig, es können einzelne Institutionen, Verbände, Kammern oder eben staatliche Stellen auf Landes- oder Bundesebene sein. Akzeptanz und Verbreitung von Ausbildungsberufen steigen, je stärker staatliche Stellen daran beteiligt sind. In Deutschland sind derzeit bundeseinheitlich ca. 370 Ausbildungsberufe geregelt, die als staatlich anerkannte Ausbildungsberufe gelten. Darüber gibt es ein „Verzeichnis der anerkannten Ausbildungsberufe“, welches vom Bundesinstitut für Berufsbildung in Berlin veröffentlicht und fortgeschrieben wird. Einen Überblick über diese Berufe haben wir in folgender Abbildung versucht.

Konstitutiv für Ausbildungsberufe ist, dass ihre formale Ausgestaltung unter verschiedenen Gesichtspunkten konzipiert ist und sich in der Gestaltung von Ausbildungsordnungen ausdrückt. Ausbildungsordnungen sind bundeseinheitliche Grundlage für Ausbildungsberufe und sind im Berufsbildungsgesetz (BBiG) von 1969 rechtlich verankert. Sie sind für den betrieblichen Teil einer Berufsausbildung maß-

---

[119] Möglich sind auch Weiterbildungslehrgänge, die wir aber hier ausblenden.

Überblick über anerkannte Ausbildungsberufe			
nach Marktlage:	**nach Sektoren**	**nach Dynamik**	**A-Z**
– am stärksten besetzte Aus-bildungsberufe	– Industrie Kunststoff-schlosser/in Anlagenmecha-niker/in Ver-/Entsorger/in Kupfer-schmied/in Klempner/in	– weggefallene Berufsbe-zeichnungen Drechsler Schirmnäherin Schmuckpräger	Anlagenmecha-niker/in Bäcker/in Chemikant/in Diamant-schleifer/in
männlich: 1. Kfz-Mechani-ker 2. Elektroinstal-lateur 3. Maurer 4. Tischler 5. Gas- und Was-serinstallateur 6. Maler/ Lackierer 7. Kaufmann im Groß- und Außen-Handel	– Öffentlicher Dienst Assistent/in in Bibliotheken Fachangestell-te/r für Büro-kommunikation	– geänderte Berufsbe-zeichnungen alt: Weber neu: Textil-masch.-führer alt: Damen-schneider neu: Beklei-dungs-schneider/in alt: Fischer neu: Fischwirt	Eisenbahner/in Feinoptiker/in Gerber/in Hotelfachmann/ frau Industriekauf-mann/frau Justizangestellte/r Kartograph/in Luftverkehrs-kaufmann/frau Musikalienhänd-ler/in Naturstein-schleiferin Orgel- und Har-moniumbauer/in
weiblich: 1. Arzthelferin 2. Bürokauffau 3. Kauffrau im Einzelhandel 4. Zahnarzt-helferin 5. Friseurin 6. Industriekauf-frau 7. Bankkauffrau	– Freie Berufe Arzthelfer/in Notarfachange-stellter – Landwirt-schaft Landwirt/in Molkereifach-mann/frau – Hauswirt-schaft Hauswirtschaf-ter/in	– neue Berufe: IT-System-Elektroniker/in Isolierfachar-beiter/in Fertigungsme-chaniker/in Spielzeugher-steller/in	Pferdewirt/in Raumausstatter/in Schornstein-feger/in Textillaborant/in Uhrmacher/in Versicherungs-kaufmann/frau Weinküfer/in Zahntechniker/in

Abbildung A. 31: Überblick über anerkannte Ausbildungsberufe

geblich. Ausbildungsordnungen legen den Mindeststandard für eine betriebliche Ausbildung fest, in dem das *Ausbildungsberufsbild* und ein *Ausbildungsrahmenplan* die inhaltlichen Merkmale, die einheitli-che *Bezeichnung des Berufs*, die *Ausbildungsdauer* und die *Prüfungs-*

anforderungen eher formale Rahmenbedingungen beschreiben. Wir werden nun in knapper Form die formalen und etwas ausführlicher die inhaltlichen Elemente von Berufen erläutern und am Beispiel des Berufs „Bürokaufmann/-frau" illustrieren.

Die *Bezeichnung* des Ausbildungsberufs ist wichtig für die Identifikation und Ausrichtung des Berufes als Lebensraum; gerade bei neuen Berufen wird deshalb oft lange um die angemessene Bezeichnung gerungen. Bei der Neuordnung des Berufs „Bürokaufmann/-frau" 1991 wurde sie beibehalten, gleichzeitig wurde aber eine neue Berufsbezeichnung für einem ähnlichen Beruf eingeführt, nämlich „Kaufmann/Kauffrau für Bürokommunikation". Sie weist den Beruf als Querschnittsberuf aus, der anders als die Bezeichnung „Versicherungskaufmann/-frau" nicht branchenbezogen ist, sondern eben ‚quer', in allen Branchen ausgebildet werden kann. Bezugspunkt ist dabei die Bürowirtschaft, insbesondere auch die Auftragsabwicklung. Zudem sind Berufs- und Abschlussbezeichnungen der staatlich anerkannten Berufe von rein schulischen (landesspezifischen) Ausbildungen oder Bildungsgängen der Weiterbildung abzugrenzen. So werden z. B. die Bezeichnung „Techniker/in" oder „Assistent/in" in den staatlich anerkannten Ausbildungsberufen vermieden, da sie für schulische Bildungsgänge nach Landesrecht oder für Fachschulen im Bereich der Weiterbildung typisch sind.[120] Insbesondere von freien Trägern angebotene Qualifizierungsmaßnahmen sind sehr genau auf die Bezeichnungen des zu erwerbenden Abschlusses zu prüfen. In den selteneren Fällen ist es ein bundesweit anerkannter staatlicher Berufsabschluss.

Die *Prüfungsanforderungen* der Ausbildungsordnung beziehen sich auf Zwischen- und Abschlussprüfungen und klären, welche Ausbildungsinhalte in welcher Form (schriftlich, mündlich, praktisch) und wie lange geprüft werden. Die Festlegung konkreter Prüfungsaufgaben und -hilfsmittel obliegt aber Prüfungsausschüssen: ebenfalls ein sehr umstrittenes Feld in der Konstruktion von Berufen. Für den „Bürokaufmann/-frau" sind eine schriftliche und eine praktische Prüfung vorgesehen; die schriftliche bezieht sich auf die Prüfungsfächer „Bürowirtschaft" (60 Min.), „Rechnungswesen" (90 Min.) und „Rechts- und Sozialkunde" (90 Min.). In der praktischen Prüfung (105 Min.) können praxisbezogene Aufgaben (etwa: Erstellen von Personalstatistiken mittels Tabellenkalkulationsprogramm) aus dem Bereich Auftragsabwicklung/ Büroorganisation oder der Informationsverarbeitung gestellt werden.

---

[120] Vgl. BENNER 1997, S. 86.

Die *Dauer* einer Berufsausbildung beträgt mindestens zwei, im Regelfall drei Jahre (so auch beim „Bürokaufmann/Bürokauffrau"). In einigen wenigen Berufen dauert die Ausbildung aber auch dreieinhalb Jahre. Diese Festlegung richtet sich einerseits nach dem Berufsbild, andererseits ist sie normative Vorgabe. Ein Bündel von Anforderungen, welches bereits in einem halben Jahr problemlos zu vermitteln wäre, könnte nicht den Status anerkannter Ausbildungsberuf erhalten. Dies ist eine umstrittene, unseres Erachtens aber angemessene Abgrenzung von Berufen gegenüber Anlerntätigkeiten. Zu den normativen Vorgaben zählt auch der Grundsatz, dass prinzipiell jeder Ausbildungsberuf von allen, die die Vollzeitschulpflicht erfüllt haben, potentiell zu erlernen sein muss. Spezifische Vorkenntnisse oder Schulabschlüsse sollen nicht relevant sein. Diese Idee prägt sicherlich das Berufsbild im Bereich der Grundbildung und damit auch die Dauer von i. d. R. drei Jahren. Sofern aber besondere Voraussetzungen vorliegen, ist eine Verkürzungen der Ausbildungsdauer um ein Jahr teilweise per Verordnung geregelt[121] oder kann einzelfallbezogen vertraglich gestaltet werden.

Das Ausbildungsberufsbild ist gewissermaßen die Substanz des Berufes. Es beschreibt die zentralen Aufgabenfelder eines Berufes, die u. a. aus einem Bündel an Arbeitstätigkeiten herzuleiten, jedoch nicht auf einzelne Arbeitsplatzanforderungen begrenzt sind. Für den Querschnittsberuf „Bürokaufmann/-frau" wären von daher typische ‚Querschnittsarbeiten' zu erwarten. Das Ausbildungsberufsbild hebt sie tatsächlich hervor: Dort wird von „Bürowirtschaft" und „Büroorganisation", „Rechnungswesen", „Personalwesen", „Auftrags- und Rechnungsbearbeitung" und „Lagerhaltung" gesprochen. Zum Vergleich ein Blick in das stärker durch betriebliche Funktionen bestimmte Berufsbild „Industriekaufmann/Industriekauffrau" von 1978: „Materialwirtschaft", „Produktionswirtschaft", „Absatzwirtschaft" sowie „Personalwesen" und „Rechnungswesen". Nach dieser (älteren) Vorstellung sind in Industriebetrieben viel intensiver die Bereiche Ein-, Verkauf und Fertigung zu thematisieren, die so in vielen Betrieben, die zum „Bürokaufmann/-frau" ausbilden, nicht relevant sein dürften. Dahinter steht das Bild von ‚Groß'betrieben (Industrie) und ‚Klein'betrieben (Büro). Deutlich wird in dem Vergleich (etwa an Personal- und Rechnungswesen) wie schwierig teilweise inhaltliche

---

[121] Die gesetzlichen Regelungen betreffen vor allem den Bereich der beruflichen Grundbildung im sog. Berufsgrundschuljahr. Darauf werden wir später kurz eingehen.

Abgrenzungen zwischen den Leitbildern der Berufe sind, so dass bei Veränderungen der Ausbildungsordnungen alte Berufe in neuen aufgehen oder zwei Berufe zusammengeführt werden können. Dies sind Fragen, die bei der Entwicklung und Veränderungen von Ausbildungsordnungen und damit von Berufen als Konstrukten eine Rolle spielen. Verbunden damit ist letztlich die Zahl der Berufe zwischen einigen wenigen ‚Grundberufen‘ und einer Vielzahl von ‚Splitterberufen‘. Nach 420 anerkannten Berufen im Jahr 1986 pendelt sich die Zahl der anerkannten Berufe seit Jahren um ca. 370 ein.

Der *Ausbildungsrahmenplan*, als eine sachliche und zeitliche Gliederung, präzisiert die im *Berufsbild* aufgezählten Anforderungen in Form von Lehr-Lernzielen und schlägt zugleich vor, wann diese in der Ausbildung zu vermitteln sind. Was also eine Bürokauffrau während ihrer Ausbildungszeit im Betrieb mindestens lernen soll, geht aus der Ausbildungsordnung hervor.[122]

Lfd. Nr.	Teil des Ausbildungsberufes	Zu vermittelnde Fähigkeiten und Kenntnisse
3.3	Bürowirtschaftliche Abläufe (§3 Nr. 3.3)	a) Büromaterial verwalten b) Posteingang bearbeiten, Postverteilung durchführen und Postausgang kostenbewusst bearbeiten c) Registraturarbeiten unter Beachtung betrieblicher und gesetzlicher Aufbewahrungsfristen durchführen d) Dateien und Karteien führen und zur Erfüllung kaufmännischer Arbeitsaufgaben einsetzen e) Termine planen und überwachen; bei Terminabweichungen die erforderlichen Maßnahmen einleiten
3.4	Statistik (§3 Nr. 3.4)	a) Anwendungsmöglichkeiten von Statistiken im Ausbildungsbetrieb erläutern b) Daten für die Erstellung von Statistiken beschaffen, aufbereiten und in geeigneter Form darstellen c) Statistiken auswerten und Ergebnisse entscheidungsorientiert bewerten
...	...	...

---

[122] Damit ist eben nicht gesagt, was eine Bürokaufmann/-frau während der Ausbildung im Betrieb tatsächlich lernt und arbeitet.

Lfd. Nr.	Teil des Ausbildungsberufes	Zu vermittelnde Fähigkeiten und Kenntnisse
4.2	Bürokummunikationstechniken (§3 Nr. 4.2)	a) unterschiedliche betriebliche Arbeitsaufgaben mit Hilfe der Bürokommunikation lösen b) Auswirkungen von Bürokommunikationstechniken auf Arbeitsorganisation, Arbeitsbedingungen und Arbeitsforderungen an Beispielen des Ausbildungsbetriebes abschätzen c) Fachliteratur, Dokumentationen und andere Hilfsmittel nutzen d) die Notwendigkeit der gespeicherten Informationen an Beispielen des Ausbildungsbetriebes darstellen e) Daten sichern, Datensicherung begründen, unterschiedliche Verfahren aufzeigen f) Vorschriften und Richtlinien des Datenschutzes im Ausbildungsbetrieb einhalten g) Schutzvorschriften und Betriebsvereinbarungen beachten

Abbildung A. 32: Ausbildungsrahmenplan (Auszug)

Umgekehrt müsste von einer Bürokauffrau, die in einer Zeitungsannonce gesucht wird, erwartet werden, dass sie die dort genannten Anforderungen beherrscht. Der Ausbildungsrahmenplan detailliert daher die allgemeinen Ziele der Berufsausbildung.

Die Ziele und Organisationsprinzipien von Ausbildungsberufen lassen sich in zwei Ideale fassen

- Ideal der qualifizierten beruflichen Tätigkeit;
- Ideal der beruflichen Grundbildung.

Das Ideal der beruflich qualifizierten Tätigkeit geht nach §1 des BBiG von zwei Bezugspunkten aus, nämlich beruflicher Erfahrung und Facharbeitertätigkeiten. Berufliche Erfahrung soll gewährleisten, dass nach einer Ausbildung ohne weitere Einarbeitung eine dem Beruf entsprechende Arbeitsaufgabe auch sicher bewältigt werden kann. Die Facharbeiter- bzw. Fachangestelltentätigkeit orientiert sich an ganzheitlichen Arbeitsaufgaben, die sich von einfachen ‚unqualifizierten Tätigkeiten' deutlich abheben sollen.

Das Ideal der beruflichen Grundbildung i. S. der hier vorgestellten Begriffsauffassung von Beruf lässt sich zeitlich, organisatorisch und inhaltlich deuten.[123] Festgeschrieben ist es ebenfalls in § 1 des BBiG. Dort heisst es: „Die Berufsausbildung hat eine breit angelegte berufliche Grundbildung […] zu vermitteln". Zeitlich betrifft dies das erste Jahr der Ausbildung, organisatorisch bedeutet es die Möglichkeit einer gestuften Differenzierung von Grund- und Fachbildung innerhalb eines ‚Berufs'. Außerdem wird eine nicht nur auf einen spezifischen Beruf bezogene inhaltliche Breite angedeutet und ein Bildungsanspruch ausgedrückt, der über die Qualifizierung hinausgehend vor allem gesellschaftliche, technische und ökologische Aspekte berücksichtigt und so in der Auseinandersetzung auch mit diesen Aspekten ‚bildend' wirken soll.

Die Idee der beruflichen Grundbildung wird bei unterschiedlichen Organisationsmodellen für Ausbildungsberufe deutlich. Unterschieden werden hier das Konzept des Ausbildungsberufes ohne Spezialisierung (Monoberuf), Ausbildungen mit Fachrichtungen und Schwerpunkten und die Stufenausbildung nach § 26 BBiG (vgl. Abbildung A.33). Eine Stufenausbildung gliedert sich in der Regel über drei Phasen und ist vor allem im Bereich der Bauberufe verbreitet. Im ersten Jahr erfolgt eine für alle Bauberufe gleiche Ausbildungsphase, die daran eng geknüpft im zweiten Jahr eine Orientierung in den Bereichen Hochbau, Tiefbau oder Ausbau ermöglicht bzw. erfordert. Beide Phasen (Grundbildung und erste Fachbildung) zusammengefasst gelten als eine Stufe. Sie endet mit einer Abschlussprüfung zum Facharbeiter in den genannten Bereichen, folglich sind es drei Berufe der ersten Stufe. Nach Ende der zweiten Stufe kann eine Prüfung als Spezialbaufacharbeiter abgelegt werden. Im Bereich „Ausbau" darf man sich nun Zimmerer, Stuckateur, Estrichleger usw. nennen. Hier ergeben sich über die drei Bereiche 14 industrielle bzw. 10 handwerkliche Berufe.

Gestuft wird im Modell der Stufenausbildung also auch das Qualifikationsniveau. Dies markiert einen wesentlichen Unterschied zu Ausbildungen mit Fachrichtungen oder Schwerpunkten. Die bilden nämlich einen in sich geschlossenen Ausbildungsgang, basierend auf nur einem Abschlussniveau, wobei eine inhaltliche Ausrichtung festgelegt nach Schwerpunkten oder Fachrichtung variieren kann. Im kaufmännisch-verwaltenden Bereich trifft dies etwa auf „Buchhänd-

---

[123] Zu anderen Auffassungen von beruflicher Grundbildung vgl. z. B. KELL 1995a, S. 161-165.

ler/Buchhändlerin" (Schwerpunkte: Sortiment, Verlag, Antiquariat) oder „Kaufmann/Kauffrau im Groß- und Außenhandel" (Fachrichtungen: Großhandel und Außenhandel) zu. Auch hier setzt die Ausrichtung frühestens nach dem ersten Jahr ein.

An den sogenannten Monoberufen, also Berufen ohne weitere Spezialisierungsmöglichkeit, kann nun ein weiterer Aspekt der beruflichen Grundbildung erörtert werden. Formal gilt auch in Monoberufen das erste Jahr als Grundbildung, die folgenden als Fachbildung. Dies ergibt auf den ersten Blick keinen Sinn, drückt doch die Berufsbezeichnung „Industriekaufmann/Industriekauffrau" gerade eine konsequent ‚fachliche‘ Ausrichtung auf Material-, Produktions- und Absatzwirtschaft aus. Für Monoberufe wird im Bereich der

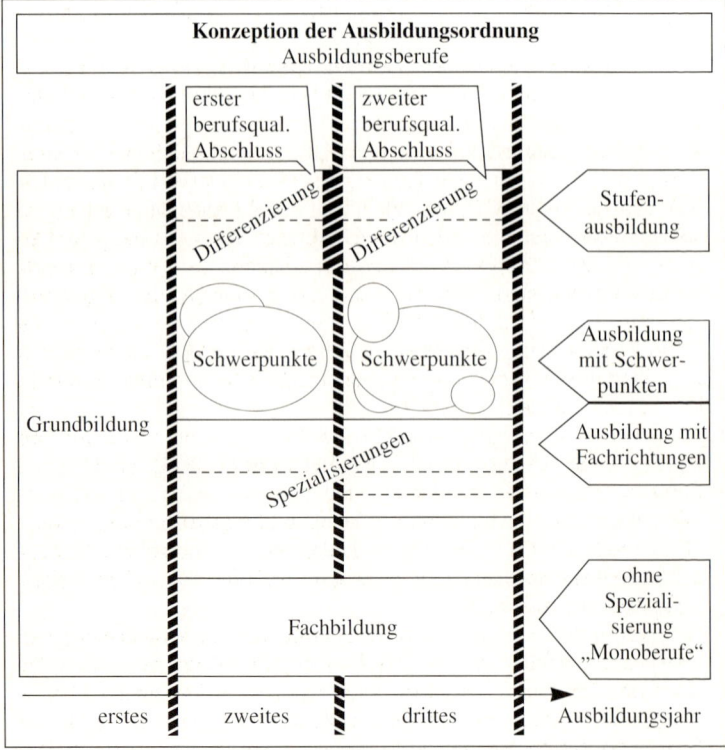

Abbildung A. 33: Ordnungsprinzipien von Berufen

Grundbildung stärker die letzte Silbe der Namensgebung wichtig. Im ersten Jahr der Berufsausbildung geht es um kaufmännische Grundbildung, d. h. es interessiert eine das ‚Kaufmännische' betreffende Bildung. Das ‚Kaufmännische' soll dabei eine Verwandtschaft von Monoberufen ausdrücken, ein sogenanntes *Berufsfeld*.

Ein Berufsfeld ist zentraler Bezugspunkt für die Einrichtung des sogenannten *Berufsgrundbildungsjahres*. Es wurde als Übergangshilfe vom allgemeinbildenden Schulsystem zur Berufsausbildung i. S. eines Einstiegs in das Arbeitsleben eingerichtet. Die Teilnahme an einem Berufsgrundbildungsjahr in einem von insgesamt 13 Berufsfeldern ersetzt, zumindest nach den sogenannten Anrechnungsverordnungen, das erste Jahr der Berufsausbildung. Von daher ergibt sich eine Deutung von beruflicher Grundbildung auch jenseits der Ausbildungsberufe, nämlich im Sinne einer berufsfeldbezogenen Bildung.

Zentrales Anliegen des Grundbildungsideals ist die Schaffung ‚beruflicher Mobilität'. Durch die Ausbildung in einem *erlernbaren* Beruf sollen Möglichkeiten geschaffen werden, die *ausgeübten* Tätigkeiten oder Arbeitsplätze zu wechseln. Berufe sind nicht auf einzelne Arbeitsplätze oder einzelne Tätigkeiten ausgerichtet, sondern auf abstrakte Bündel von Möglichkeiten. Das macht ihre Bestimmung so schwierig und diskussionsnotwendig. Daraus resultiert die Anforderung an Ausbildungsbetriebe, ein berufsbezogenes Tätigkeitsspektrum anzubieten oder im sogenannten Ausbildungsverbund gemeinsam mit anderen Betrieben sicherzustellen, dass *im Sinne* eines Berufes qualifiziert werden kann. Berufe abstrahieren insofern von einzelnen Tätigkeiten an Arbeitsplätzen. Berufe sind eben, selbst in ihrer engen Fassung, Konstrukte.

Daraus resultiert auch die Notwendigkeit, die Konstrukte auf ihre Realitätsnähe hin zu prüfen. Dies führt in gewissen Abständen zur Revision der Konstrukte, den sogenannten Neuordnungen von Ausbildungsordnungen. Ob vorhandene Ausbildungsberufe aufgegeben, ob sie modifiziert bestehen werden oder neue Berufe gebraucht werden, ist dabei nicht zuletzt eine Frage wirtschafts- oder arbeitsmarktpolitischer Interessen.

Einen Beruf zu erlernen markiert damit eine Phase des Übergangs vom Schul-Leben zum Erwerbs-Leben. Ein solcher Wechsel oder Übergang birgt für jeden Einzelnen Risiken und Chancen für die Person als Individuum und dessen Entwicklung, aber auch für die Person als Teilnehmer auf verschiedenen Märkten im Wirtschaftssystem. Deshalb beschäftigen wir uns im nächsten Kapitel mit dem

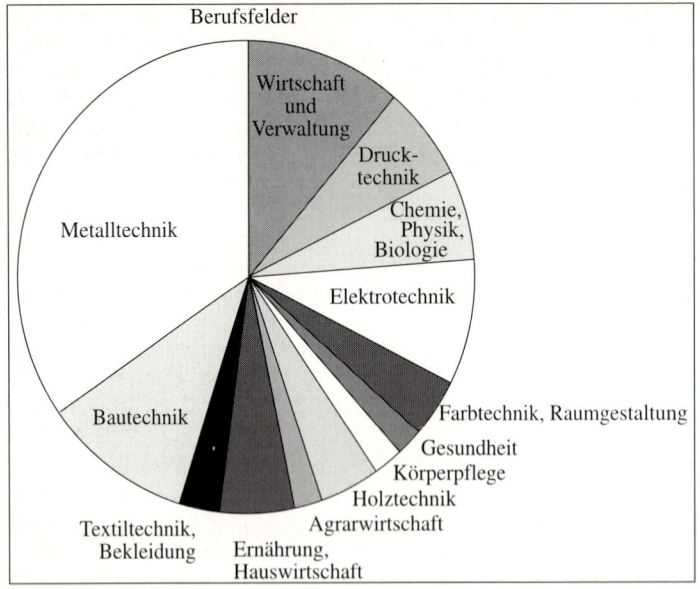

Abbildung A. 34: Berufsfelder beruflicher Grundbildung

Zusammenhang zwischen, Beruf, Arbeitsmarkt und Wirtschaftssystem.

A.4.2.2 Beruf, Arbeitsmarkt und Wirtschaftssystem

Das Wirtschaftssystem in Deutschland basiert auch auf dem Wettbewerbsprinzip, wie in A.1.2 bereits erwähnt. Das Wettbewerbsprinzip
erfordert Märkte, auf denen Entscheidungen von Anbietern und
Nachfragern aufeinander abgestimmt werden. Das beliebte Beispiel
von einem Wochenmarkt lässt über das Ausrufen von Waren und den
Preis-Mengen-Vergleich der Nachfrager die Koordinierung anschaulich werden. Aber was wird eigentlich auf dem Arbeitsmarkt ‚gehandelt' (Arbeitsleistungen, Arbeitskräfte, Arbeitsstellen) und wie wird
koordiniert (individuelles Aushandeln von Vertragsverhältnissen, Ent-
lohnung)?[124] Fragen, die über Arbeitsmarkttheorien der Wirtschafts-

---

[124] So könnte etwa die Arbeitsleistung von zwei Arbeitsstellen auf vier Ar-
     beitskräfte verteilt sein. Bei manchen Arbeitsstellen kann es zeitweise am
     Tag vorkommen, dass eigentlich keine Arbeitsleistung vollbracht werden

wissenschaften unterschiedlich beantwortet werden. Diese sollten in einer Einführung in die Wirtschaftspädagogik nicht ausführlich erläutert werden. Allerdings spielen für das Wirtschaftssystem, im engeren Sinne für das Beschäftigungssystem, Berufe eine zentrale Rolle und sind insofern bedeutsam für Ausbildung als Konstrukt des Übergangs vom Schul-Leben in das Erwerbs-Leben. Damit argumentieren wir nun bildlich gesprochen von außen nach innen. Das Wirtschaftssystem erfordert Arbeitsmärkte, die haben Rückwirkungen auf die Ausbildungsmärkte und insofern auf Berufe. Nicht verhehlen wollen wir, dass dieser Zusammenhang auch von innen nach außen interpretiert werden kann.

Nach den Annahmen klassischer Arbeitsmarkttheorien werden auf dem Arbeitsmarkt letztlich einzelne Arbeitsleistungen getauscht, wobei die Lohnhöhe der einzige Maßstab ist, der über Beschäftigung oder Beschäftigungslosigkeit entscheidet. Arbeitslosigkeit dürfte es nach dem klassischen Ansatz bei freier Gestaltung der Lohnhöhe dauerhaft eigentlich nicht geben. Beschäftigungskrisen und bestimmte „Arbeitsmarktproblemgruppen"[125] einerseits, beklagter Facharbeitermangel und nicht besetzbare Stellen andererseits, lassen sich mit dem klassischen arbeitsmarkttheoretischen Ansatz nicht erklären.

Die genannten Phänomene der Über- und Unterversorgung lassen sich eher über den Ansatz der Arbeitsmarktsegmente oder Teilarbeitsmarkttheorien interpretieren. Demnach kann – bezogen auf Deutschland – nicht von einem Arbeitsmarkt ausgegangen werden, sondern von drei Arbeitsmarktsegmenten: ein unstrukturierter Teilarbeitsmarkt, auch Jedermanns-Markt genannt, ein berufsfachlich strukturierter und ein betriebszentriertes Arbeitsmarktsegment. Wichtig für die Theorie der Arbeitsmarktsegmente ist die Vorstellung, dass Qualifikation und Kompetenz abgeglichen werden, was nicht einzelne Ar-

---

muss, dennoch eine Arbeitskraft Zeit absitzt. Der Arbeitsvertrag wäre in diesem Sinne ein Arbeitszeitvertrag, das Entgelt nicht für die Arbeit, sondern für die Zeit zu entrichten.

[125] Solche Gruppen werden über Merkmale und deren Kombination beschrieben: Nicht ausgebildet, nicht Deutscher Staatsbürger und obendrein weiblich zu sein, ist bereits eine schwerwiegende Problemgruppenmerkmalskombination, die aber zum Beispiel auf sehr viele weibliche Mitglieder von Aussiedlerfamilien passt. Dabei ist es offensichtlich problematisch, von Problemgruppen zu sprechen – statistisch ist aber klar erkennbar, dass diese und andere genannten Merkmale mit erhöhter Arbeitslosigkeit einhergehen.

beitsleistungen, sondern Arbeitsstellen und Arbeitskräfte als Tausch-objekte hervorhebt.[126]

Wie der Name schon andeutet, ist der unstrukturierte Teilarbeits-markt kaum reglementiert. Es werden unspezifische Qualifikationen angeboten und eben „Jedermann-Kompetenzen" gesucht. Die Ar-beitskräfte sind sofort einsatzfähig und produktiv einsetzbar, wie es für einfache Anlerntätigkeiten typisch ist. Ein Arbeitsplatzwechsel ist ohne Verlust von z. B. betriebsspezifisch erworbenen Kompetenzen und meist ohne Lohneinbußen möglich. Eine geringe Betriebsbin-dung und häufiger Arbeitsplatzwechsel sind für den unstrukturierten, offenen Teilarbeitsmarkt typisch.

Am anderen Ende des Segmentationsspektrums stehen betriebsin-terne Arbeitsmärkte. Die betriebszentrierte Arbeitsmarktsegmentati-on basiert auf der Bindung von Arbeitskräften an den Betrieb, auf be-triebsinternen Stellenbesetzungen und Qualifizierungen. Flexible und aufstiegsorientierte Mitarbeiter stehen als Anbieter, Großunterneh-men als Nachfrager zur Verfügung. Betriebszugehörigkeit wird zur Eintrittskarte für dieses Segment. Ein zwischenbetrieblicher Arbeits-platzwechsel wird durch die betriebsspezifischen Qualifizierungen und auch durch sonstige betriebliche Gratifikationen erschwert. Die Bindung erhöht sich mit der Dauer der Betriebszugehörigkeit.

Berufsfachliche[127] Teilarbeitsmärkte heben sich einerseits durch ei-nige Zutrittsbedingungen von dem unstrukturierten Teilarbeitsmarkt ab, andererseits unterscheiden sie sich durch eine höhere Wahrschein-lichkeit des Betriebswechsels von den betriebsinternen Arbeitsmärk-ten. Als Zutrittsbedingung für berufsfachliche Teilarbeitsmärkte gilt ein Kompetenznachweis in Form eines Facharbeiter- (Industrie), Ge-sellen- (Handwerk) oder Gehilfenbriefs (Kaufleute) oder eines Dip-loms. Die Qualifikationsanforderungen der Arbeitsplätze decken sich in großen Teilen mit den Ausbildungsvorgaben. So können berufs- und branchenspezifische Qualifikationen und Kompetenzen vermit-telt werden, betriebsspezifische sind jedoch nicht sehr bedeutsam.

---

[126] Sowohl Qualifikation (als Qualifikationsanforderung des Arbeitsplatzes) als auch Kompetenz (i. S. der Fähigkeit der Person) werden häufig unter „Qualifi-kation" gefasst. In diesem Sinne kann Walter GEORG und Ulrike SATTLER zu-gestimmt werden: „Als zentrales Kriterium für die Herausbildung von Ar-beitsmarktsegmentation gilt die Qualifikation, die sowohl die Struktur der Arbeitsplätze wie auch die der Arbeitskräfte bestimmt" (GEORG/SATTLER 1995, S. 124). An diesem Beitrag orientiert sich auch folgende Darstellung.

[127] „Berufsfachlich" hebt zweierlei hervor: Die Bedeutung der Berufsausbil-dung und die Position als Facharbeiter.

„Aufgrund der Standardisierung sowohl der Fachqualifikation auf der Arbeitsangebotsseite als auch der Anforderungen auf der Arbeitsplatzseite gibt es keine Hindernisse wie Qualitätsverlust oder aufwendige Einarbeitungszeiten, so dass die zwischenbetriebliche, horizontale Mobilität innerhalb der Branche bei gleichbleibender beruflicher Tätigkeit relativ hoch ist. Beruflicher Aufstieg (vertikale Mobilität) durch Qualifizierung sowie Eintritt in den betriebsinternen Teilarbeitsmarkt (besonders durch Übernahme im Anschluss an innerbetriebliche Ausbildung) sind möglich, aber nicht garantiert. Das Beschäftigungsniveau auf dem fachlichen Teilarbeitsmarkt erweist sich somit als stabil, die Beschäftigungsverhältnisse sind eher instabil; denn die Einstufung, z. B. als Facharbeiter, gewährleistet eine bestimmte tarifliche abgesicherte Lohnhöhe, die nicht unter-, wohl aber überschritten werden kann. Die Fluktuation der Arbeitskräfte ist daher relativ hoch ..."[128]

Insbesondere auf diesem Segment werden also standardisierte Muster von Kompetenzen (Ausbildungsberuf) und standardisierte Muster von Arbeitsanforderungen (Qualifikationen) eingesetzt. Dies setzt auf mittlere Sicht eine Kontinuität der Berufsperspektive voraus: Ein Mensch kann in seinem Erwerbsleben im Verlaufe des Berufslebens in verschiedenen Betrieben arbeiten. Berufe ermöglichen eine relativ leichte Orientierung über zu erwartende Handlungsmöglichkeiten von Arbeitskräften und Handlungsmöglichkeiten an Arbeitsplätzen und verringern daher Informations- und Suchkosten auf dem Arbeitsmarktsegment. Sie tragen zu Transparenz und Vergleichbarkeit bei. Aufgrund der Standardisierung von Anforderungen und Fähigkeiten sind sie auch der Ansatzpunkt für tarifvertragliche Standardisierungen im Lohn- und Gehaltsgefüge, wie sie beispielsweise unabdingbar für Flächentarife sind. Damit rücken zwei wesentlich an diesem Teilarbeitsmarkt beteiligte Institutionen in den Vordergrund, nämlich die Gewerkschaften und Arbeitgeberverbände als Tarifvertragsparteien. Dieser Hinweis ist in unserem Zusammenhang von zentraler Bedeutung, denn er begründet und legitimiert, warum Arbeitgeber- und Arbeitnehmervertretungen einen großen Einfluss auf die Gestaltung von Ausbildungsberufen haben und beispielsweise bei der Entwicklung von Berufen neben den staatlichen Organen *die* zentrale Rolle spielen. Doch bevor wir vom berufsfachlich strukturierten Teilarbeitsmarkt auf eine Darstellung des Ausbildungsmarktes übergehen, sind noch einige Anmerkungen zu möglichen Entwicklungstendenzen auf dem berufsfachlich strukturierten Teilarbeitsmarkt notwendig.

---

[128] GEORG/SATTLER 1995, S. 130.

Im Kontext der dauernden Veränderungen von Arbeitsplatzstrukturen und Qualifikationen durch den Rationalisierungsdruck stellt sich immer wieder die Frage nach dem zukünftigen Stellenwert der Facharbeit. Sofern sich die Tätigkeiten des Facharbeiters verändern, Facharbeiterpositionen gar aufgelöst würden oder es nur noch betriebsspezifische und nicht mehr berufliche ‚Facharbeit' geben würde, würden auch die berufsfachlichen Teilarbeitsmärkte ihre Bedeutung verlieren. Damit würde jedoch auch das auf Berufen basierende Ausbildungssystem, der Stellenwert einer Ausbildung, verändert. Für eine Entwicklung in nur zwei Arbeitsmarktsegmente[129] sprechen einige Indizien. Auf der einen Seite würden auf den unstrukturierten Teilarbeitsmarkt ausgebildete Facharbeiter drängen, wobei eine Ausbildung letztlich einen entwerteten Zusatz bedeuten würden, der keine gesicherten Erwerbsperspektiven mehr aufzeigen könnte. Auf der anderen Seite könnte eine Ausbildung (in Verbindung mit anderen Kompetenznachweisen wie Abitur oder Diplomen) nur die Grundlage für eine weitere betriebsspezifische Qualifizierung sein, um auf dem betriebszentrierten Segment als Anbieter auftreten zu können. Damit wäre (Berufs-)Ausbildung nur ein erster Einstieg, nicht eine dauerhafte Perspektive. Dies hätte Konsequenzen hinsichtlich der Ausbildungsziele und Dauer, die geringeren berufsfachlichen Ansprüchen genügen könnten. Mit der Entwertung der beruflich strukturierten Facharbeit auf dem Arbeitsmarkt ginge eine Entberuflichung der Ausbildung einher. Das Berufskonzept als Organisationsprinzip steht zur Diskussion.

Nicht zuletzt aus diesen grundsätzlichen Zweifeln am Sinn des derzeit praktizierten Ausbildungssystems gewinnt die Diskussion um die quantitative Leistungsfähigkeit des Ausbildungssystems an Bedeutung. Denn eins lässt sich an den Überlegungen deutlich herausstellen: Die Ausbildung, das Erlernen eines Berufs ist (noch) das zentrale Kriterium für einen Einstieg in das Erwerbs-Leben und den stufenweisen Aufbau einer Lebensperspektive. Wenn es nicht gelingt, Jugendlichen eine Ausbildung – verbunden mit einer Option auf eine Facharbeitertätigkeit – zu ermöglichen, so bedeutet dies eine erhebliche Einschränkung der individuellen Lebensperspektive. Insofern spricht man von zwei Schwellen, die es im Übergang vom Schul-Leben zum Erwerbs-Leben zu überwinden gilt. Die erste Schwelle besteht darin, eine (nicht: irgendeine) Ausbildungstelle zu finden, die zweite darin, eine angemessenen Arbeitstätigkeit ausüben zu können.

---

[129] Häufig auch unter dem Stichwort ‚dual market theory' diskutiert.

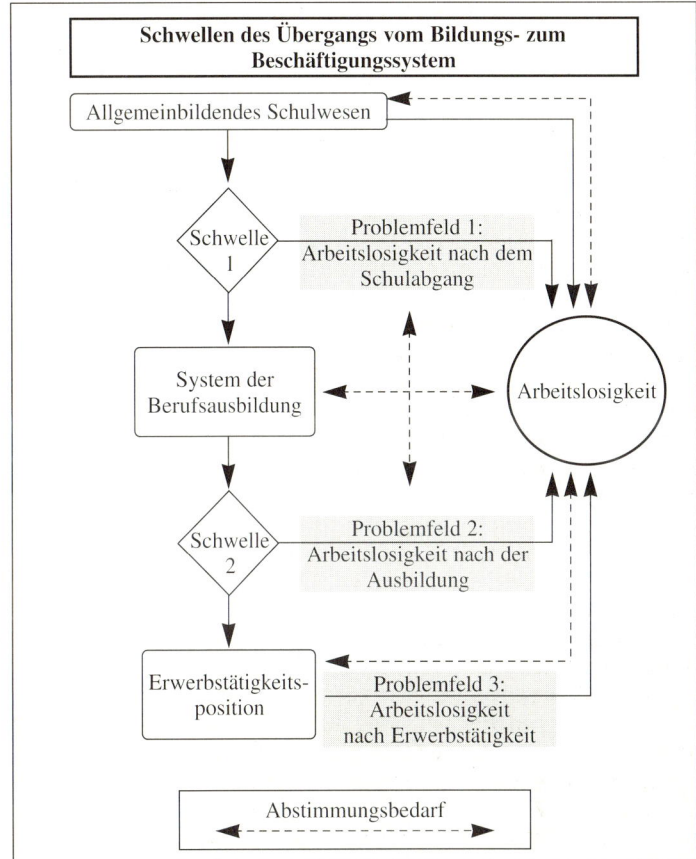

Abbildung A. 35: Übergang Bildungs-/Beschäftigungssystem[130]

Zur Bewältigung der ersten Schwelle steht ein differenziertes, wenngleich von vielen als nicht ausreichend bewertetes, Angebot an Maßnahmen zur Verfügung. Die Maßnahmen werden meist von der Bundesanstalt für Arbeit unterstützt und beziehen sich auf die Berufswahl (Vorbereitung und Beratung), Schaffung von überbetrieblichen Ausbildungsplatzangeboten bei freien Trägern, ausbildungsbegleitenden

---

[130] BUTTLER 1995, S. 497.

Hilfen bei Schwierigkeiten während der Ausbildung und anderes mehr. Schwerpunkte bei den letztgenannten Maßnahmen sind die angesprochenen ‚Problemgruppen' oder ‚benachteiligte Jugendliche'. Diese Maßnahmen können aber das zentrale Problem dieser ersten Schwelle kaum beeinflussen, nämlich die Zahl der angebotenen betrieblichen Ausbildungsplätze.

Die Ausbildungsbereitschaft der Betriebe hängt von vielen Faktoren ab; neben der Abwägung von Kosten und Nutzen, Pflichten und Anreizen von Ausbildung interessiert vor allem die Einschätzung des Nachwuchskräfte-Bedarfs. Und der wird – unter anderem – darüber bestimmt, inwieweit das Ausbildungsprofil (Berufsbild und Ausbildungsrahmenplan) derzeitige und künftige Arbeitstätigkeiten widerspiegelt. Damit ist zugleich ein Problem der zweiten Schwelle angesprochen, die ‚Betriebstauglichkeit' des Berufs. Die Klage über veraltete und überfrachtete Ausbildungsordnungen ist dabei ein häufiges Argument, mit der eine fehlende Ausbildungsbereitschaft durch Betriebe begründet wird.

Um die Aktualität von Ausbildungsordnungen hinsichtlich betrieblicher Arbeitstätigkeiten und Arbeitsorganisation herzustellen, muss eine betriebsunabhängige Institution ständig ‚einen Blick in die Praxis' und zukünftige Praxis werfen. Diese Aufgabe übernimmt in Deutschland vor allem das Bundesinstitut für Berufsbildung (BiBB), welches eine koordinierende Funktion bei der Anpassung bzw. Neugestaltung vorhandener Ausbildungsordnungen und der Entwicklung neuer Ausbildungsordnungen (neue Berufe) übernimmt (Vgl. B.2.1.2).

A.4.2.3 Profession

Wie durch die Überlegungen gegen Ende des vorherigen Kapitels verdeutlicht, können aus bestimmten Tätigkeitsfeldern Berufe werden. Diese Entwicklung von Arbeitstätigkeiten zu Berufen wird häufig „Verberuflichung" genannt. Nach vorwiegend berufssoziologischen Auffassungen können ganz ähnlich aus Berufen auch Professionen werden; der Prozess wird Professionalisierung genannt. Profession wäre in diesem Sinne eine Steigerungsform von Beruf, als typisches Beispiel kann der Beruf „Arzt/Ärztin" gelten. Daran lassen sich zunächst im berufssoziologischen Sinne zwei traditionelle Kriterien für Professionen benennen: Wissenschaftliches Wissen wird für die unmittelbare Arbeit *an* und *mit* Menschen benötigt. Und es wird in besonderem Maße etwas *für* andere Menschen geleistet, eine soziale

Dienstleistung, die sogar im Sinne des hypokratischen Eids festgehalten wird. Meist werden als weitere berufssoziologische Kriterien die relativ große Eigenverantwortung bei der Berufsausübung, verbunden mit dem Vorhandensein eigener Standesorganisationen (etwa die Ärztekammern), genannt. Zudem wird mit der Ausübung ‚professionalisierter Berufe‘ ein hohes gesellschaftliches Ansehen angenommen.

Doch die soziologische Sicht von Beruf und Profession allein interessiert hier nicht so sehr. Vielmehr steht die Erörterung von Profession für die subjektive Seite von Beruf in jenem weiten Sinne, der die innere Bindung des Menschen an Bündel von Tätigkeiten hervorhebt und normativ auch anstrebt. Es geht also um das Selbstverständnis von Menschen, welches sich auch (aber nicht nur) durch die Ausübung von Tätigkeiten bestimmt, möglicherweise auch beruflichen Tätigkeiten. Um dies betonen zu können, deuten wir die soziologischen Merkmale „Verwissenschaftlichung“, „Berufs- oder Standesorganisation“ und „gesellschaftlicher Status“ um in Merkmale, die wir dem Selbstverständnis einer Person zuordnen können. Demnach kann das Selbstverständnis dadurch geprägt werden, sich als ‚Experte‘ in einem spezialisierten Wissensgebiet zu empfinden. In jenem Bereich verfügt der Mensch über ‚Handlungsautonomie‘ und muss (will) selbstverantwortlich entscheiden und neue Problemlösungen entwickeln. Dabei orientiert er sich an ethischen Standards i. S. einer sozialen Dienstgesinnung oder an dem Wir-Gefühl einer bestimmten Gruppe von Gleichgesinnten. Die ‚Kollektivitätsorientierung‘ prägt das Selbstverständnis und es äußert sich in der mehr oder weniger aktiven Zugehörigkeit zu solchen Gruppen von Gleichgesinnten.

Diese Deutung lässt es zu, über eine Profession als Ausdruck des eigenen Selbstverständnisses auch jenseits von Erwerbstätigkeit oder beruflicher Tätigkeit zu verfügen. Damit können Freizeitsportler als Amateure ebenso wie gut bezahlte Sportler in unserem Sinne ‚Professionelle‘ sein, wenn sie Expertentum, Leidenschaft/Kreativität und Engagement mitbringen. Die Abgrenzungen, ob jemand Experte oder Laie in einem Fachgebiet ist, autonom und eigenverantwortlich oder weisungsgebunden handelt sowie aktives oder passives Mitglied eines Vereins ist, sind dabei graduell verschieden. Grundsätzlich können Heimwerker und Handwerker eine Profession entwickeln (oder auch nicht), Laienprediger und Priester ebenso. Bei Handwerksmeistern und Priestern steht aber zumindest die formalisierte Ausbildung fest, mithin liegt Expertentum in einem Fachgebiet nahe. Da beide im Rahmen ihrer Erwerbstätigkeit mit vielfältigen und auch ‚neuartigen‘ Problemen konfrontiert werden, kann wahrscheinlich von selbstverantworteter ‚Handlungsautonomie' gesprochen werden. Handwerksmeister sind zudem nicht selten in der jeweiligen Handwerksinnung[131] aktiv, bei Priestern dürfte sich die Aktivität in ihrer Mitgliedervereinigung meist von selbst ergeben. Insofern zeigt sich eine enge Verbindung von Beruf und Profession, ist nach unserer Auffassung aber nicht notwendigerweise gegeben.

Wenn nun viele Berufe (eigentlich auch: viele Tätigkeiten) anhand der drei genannten Kriterien individuell zur Profession erhoben werden können, offenbart sich ein darstellungstechnisches Problem. Welche Profession soll unter der Vielzahl der Möglichkeiten näher erläutert werden? Mit Blick auf die linke und rechte Hälfte des begrifflichen Grundgerüsts können wir unsere Wahl leicht begründen. Da wir uns in der rechten Hälfte befinden, wollen wir die Profession des Erziehens näher betrachten. Das ist falsch ausgedrückt. Es kann ja nur die Profession von Erziehern gemeint sein, das Selbstverständnis von Erziehungspersonen, die häufig Pädagogen (eigentlich nur: wissenschaftlich ausgebildete Erzieher) oder auch ‚Bildner' (eigentlich vorwiegend: Ausbilder als Lehrende usw.) genannt werden.

Dabei lässt sich schlecht von der Profession von Erziehern sprechen. Zu unterschiedlich sind die Ausprägungen der Kriterien hinsichtlich einzelner Gruppen von Erziehern. Insofern ist eine weitere Eingrenzung notwendig. Sie erfolgt vor dem Hintergrund des Konstruktes „Beruf". Wir konzentrieren uns auf die Profession von Berufserziehern, dies sind (betriebliche) Ausbilder, Weiterbildner (in Qualifizierungsmaßnahmen), Lehrer (an berufsbildenden Schulen)[132].

---

[131] Handwerksinnungen sind gewerkspezifische (fachliche), regional aktive Handwerksorganisationen zur Förderung gemeinschaftlicher Interessen. Die Mitgliedschaft ist freiwillig.

[132] Anzumerken bleibt: „Ausbilder" meint die offiziellen Ausbilder/Ausbildungsverantwortlichen, nicht die heimlichen Ausbilder, die Kollegen am Arbeitsplatz. Die sogenannten nebenberuflichen Ausbilder arbeiten mit den Auszubildenden zusammen und leiten diese, meist durch Formen des Lehrens der arbeitsplatznahen Qualifizierung, an. „Weiterbildner" gibt die Vielzahl von Bezeichnungen („Erwachsenenbildner", „Dozent", „Trainer", „Coach", „Supervisor", „Teamer") nur sehr spröde wieder. Darunter sind viele ‚nebenamtlich' tätige Lehrer. „Lehrer" meint die Lehrer für das Höhere Lehramt an beruflichen Schulen. Damit ist eine Vielzahl neben- oder hauptamtlich tätiger Menschen an Schulen nicht erfasst, zum Beispiel die sog. Lehrer für die Fachpraxis. In kaufmännischen Schulen sind dies beispielsweise Mediziner, die im Beruf „Arzthelfer/Arzthelferin" unterrichten oder Lehrer für Textverarbeitung. Wir wenden uns also nur der formal offensichtlichen Oberfläche zu.

Gerechtfertigt erscheint dies über den Hinweis, dass damit ein Personenkreis thematisiert wird, mit dem Wirtschaftspädagogen im künftigen Erwerbsleben wahrscheinlich zusammenarbeiten werden. In einer engeren Auslegung könnten wir sagen: Es geht damit u. a. um das künftige Selbstverständnis der jetzigen Leserinnen und Leser.

Der Aufbau der folgenden Überlegungen gliedert sich daher über drei Fragen:

(1) Worin und inwieweit sind Berufserzieher *Experten*?
(2) Worin und inwieweit handeln Berufserzieher *autonom*?
(3) Woran und inwieweit orientieren sich Berufserzieher *kollektiv*?

Zunächst werden bei den jeweiligen Erläuterungen Gemeinsamkeiten von Berufserziehern in Form von Spannungsfeldern erörtert, dann wird näher auf Ausbilder, Lehrer und Weiterbildner und die Unterschiede zwischen ihnen eingegangen.

(1) Kennzeichnend für Berufserzieher als Experten dürfte das Spannungsfeld zwischen mindestens zwei Fächern sein. Fach A wird häufig als das „eigentlich berufsfachliche" bezeichnet, Fach B als der „auch noch pädagogische Bereich". Im didaktischen Kontext könnte dies verkürzt als das Was (Fach A) und das Wie (Fach B) der Lehrtätigkeit wiedergegeben werden. Bei mindestens zwei Fächern, in denen man Experte sein müsste oder möchte, ergeben sich dazwischen viele Positionierungsmöglichkeiten. Die Gewichtung der Fächer ist dabei nicht nur individuell für das eigene Selbstverständnis mitentscheidend, sondern wird übergreifend beim Aufbau von Ausbildungs- und Studiengängen kontrovers diskutiert. Wird Fach B beispielsweise eher als Anhängsel betrachtet, so kann das Selbstverständnis leicht durch einen heimlichen Makel geprägt werden. Herr X war ‚als Fachmann nicht gut genug für die Praxis' oder Frau Dr. Y ist ‚im Grunde verhinderte Wissenschaftlerin'. Wird Fach B dagegen als zentral angesehen, so können ‚eigentlich alle und kann alles unterrichtet werden', da der ‚Mensch ja im Mittelpunkt steht'.

Für Lehrer ist die Gewichtung zunächst eine Frage der ‚fachwissenschaftlichen' und der ‚erziehungswissenschaftlichen' Anteile des Studiums und darauf folgend einer Gewichtung von erster Phase (Studium) und zweiter Phase (Referendariat). Während des Studiums geht es dabei vor allem um Reflexion beider Anteile, während des Referendariats um das Ausüben. Beides zusammen führt zum Verständnis einer Profession. Dies formuliert Jürgen DIEDERICH so:[133]

---

[133] DIEDERICH 1994, S. 248 f.

„Die naive Erwartung an diese Ausbildung [der ersten Phase, Anm. d. A.]
ist, aus ihr würden berufstüchtige Lehrer hervorgehen, Ballkünstler sozusagen. Eine selbstkritische, d. h. ihrer Möglichkeiten und Grenzen bewußte Wissenschaft ist dieser Erwartung gegenüber skeptisch; sie sieht das
Studium als Vorbereitung auf den Vorbereitungsdienst (Referendariat).
Dort sollen Lehramtsanwärter zwar auch unterrichten, vor allem aber Unterricht planen und analysieren (das heißt meist, begründete Vermutungen
darüber zu äußern, warum der Unterricht nicht planmäßig verlief), um aus
Fehlern zu lernen, also Erfahrungen sammeln zu können. Wie beim Ten-
nisprofi bedeutet ‚Professionalisierung' somit: Können allein reicht nicht
aus, man muß auch über das Können reflektieren und sprechen können."

Im Abschnitt A.3 haben wir die Felder, in denen Diplom-Handelslehrer
Experten sein sollen (bzw. möchten, wie wir hoffen) bereits skizziert.
Reinhard CZYCHOLL hebt u. E. zurecht den hohen Professionalisierungsgrad dieses Studiengangs mit seiner wirtschaftswissenschaftlichen wie erziehungswissenschaftlichen Verankerung hervor.[134]

Dagegen wird für Ausbilder eine stärkere Professionalisierung im
Hinblick auf das Fach B gefordert.[135] Die rechtlich nach dem BBiG
und der AEVO (Ausbildereignungsverordnung) definierten Anforderungen scheinen nicht auszureichen. Diese werden im Rahmen der
Weiterbildungsprogramme der zuständigen Stellen durch sogenannte
AdA-Lehrgänge (Ausbildung der Ausbilder) vermittelt und durch eine Prüfung nachgewiesen. Sie sind obligatorischer Bestandteil von
Meisterprüfungen. Die dabei nachzuweisenden ‚berufs- und arbeitspädagogischen Kenntnisse' beziehen sich auf vier Prüfungsgebiete.
Sie werden hier als Bereiche genannt, auf die sich Expertentum möglicherweise gründen könnte:

- Grundfragen der Berufsausbildung
  (Zum Beispiel: Aufgaben, Ziele, Institutionen der Berufsbildung im
  Bildungssystem …)
- Planung und Durchführung der Ausbildung
  (Zum Beispiel: Bestandteile von Ausbildungsordnungen, Festle-
  gung von Zielen, Inhalten, Methoden und Kontrollen von Unter-
  weisungen, Beurteilung, Zusammenarbeit mit Berufsschule und
  Berufsberatung…)

---

[134] Vgl. CZYCHOLL 1997, S. 365. Durchaus umstritten ist dabei, inwieweit sich
die so ausgebildeten Lehrer tatsächlich in ihrem unterrichtlichen Handeln
von Laien (also: nicht so ausgebildeten Personen) unterscheiden. Doch dies
ist wieder ein eigener Diskussionspunkt; vgl. dazu BALS 1994, S. 108 ff.
[135] So die abschließenden Bemerkung bei PÄTZOLD 1997b, S. 266.

- Der Jugendliche in der Ausbildung
  (Typische Entwicklungserscheinungen und Verhaltensweisen im Jugendalter, Erziehungsschwierigkeiten, soziales Umfeld der Ausbildung…)
- Rechtsgrundlagen der Ausbildung
  (Zum Beispiel: Bestimmungen des BBiG, Arbeits- und Sozialrecht, Jugendschutzgesetz …).

Nicht nur die Betonung von rechtlichen und organisatorischen Sachverhalten innerhalb der ‚berufs- und arbeitspädagogischen Kenntnisse', sondern auch die möglichen Ausnahmeregelungen zur Befreiung von dem Nachweis selbst dieser Kenntnisse, verdeutlichen den relativ geringen Stellenwert des Faches B für betriebliche Ausbilder. Vor dem Hintergrund der permanenten Qualifizierung in Betrieben (vgl. A.4.1.3) scheint eine Orientierung am Fach A aber fragwürdig; gerade für Ausbilder – so die Schlussfolgerung von Pätzold – scheint daher ein verändertes Selbstverständnis von Lernen und Lehren notwendiger (wünschenswerter) Bestandteil einer Professionalisierung. Aus dem meisterlichen Unterweiser wird der Lernberater, der das Prinzip der strikten Fachlichkeit überschreitet, der Lernhelfer.[136]

Für die bunte Gruppe der Weiterbildner lassen sich die Gebiete möglicher Expertenschaft kaum eingrenzen, da von der Abfallentsorgung bis zur Zollabwicklung ein buntes Programm von Qualifizierungsmaßnahmen angeboten wird. Hier muss im Grunde die Vorstellung eines Faches A und eines Faches B aufgegeben werden, denn es handelt sich um punktuelle und meist unsystematisch erworbene Kenntnisse. Diese müssen aber situationsspezifisch ‚erfolgreich' sein, also zur Bewältigung der organisierenden, unterrichtenden und beratenden Tätigkeiten geeignet sein bzw. von den – meist ‚fachfremden' – Auftraggebern und Teilnehmern als geeignet angesehen werden. Vom Erfolg – gemessen an weiteren Aufträgen – her bestimmt sich daher auch das Selbstverständnis vieler Weiterbildner. Dennoch abgrenzbare Teilbereiche, etwa Kommunikations- und Führungskräftetrainings, sind zudem geprägt durch im wissenschaftlichen Sinn interdisziplinär angelegte Komponenten von Managementwissen mit ökonomischen, psychologischen, sozialpsychologischen und pädagogischen Elementen. Nicht zuletzt darauf beruhen Konzepte, die als

---

[136] Vgl. Pätzold 1997b, S. 256 und 262 ff.; Ein ähnlicher Wandel des Selbstverständnisses wird auch für Lehrer gefordert.

Studienschwerpunkt oder Zusatzstudium mit Zertifikat die ‚Ausbildung zum Weiterbildner' anbieten.[137]

Zusammenfassend kann also hinsichtlich des Kriteriums „Expertenwissen" i. S. eines reglementierten pädagogischen Wissens ein abnehmender Professionsgrad zwischen Lehrern, Ausbildern und Weiterbildnern vermutet werden. Hinsichtlich eines situationsspezifischen Wissens sind sicherlich auch Weiterbildner als Experten einzuschätzen, sonst könnten sie sich nicht am Markt behaupten. Dabei ist individuell eine Positionierung zwischen ‚Fachexperte' und ‚Pädagoge' erforderlich, die im Sinne einer Profession die innere Verbundenheit mit einer Position ausdrückt, die notwendigerweise beide Aspekte berücksichtigt.[138]

(2) Die Frage nach der Handlungsautonomie von Berufserziehern wird in dem Spannungsfeld zwischen ‚pädagogischer Freiheit' und ‚bürokratischem Zwang' diskutiert. Auch hier gilt es sich im individuellen Selbstverständnis zu positionieren. Sieht man sich etwa als Erfüllungsgehilfe von Vorgaben und Restriktionen oder als Innovator, der Grenzen auslotet und Reformen und Visionen verwirklicht? Ein und dieselbe Situation lässt sich je nach Sichtweise entsprechend unterschiedlich deuten. Die Sichtweisen werden insbesondere durch das Verständnis und die innere Akzeptanz der jeweiligen Organisationsform beeinflusst. Die Möglichkeiten und Notwendigkeiten, die Tätigkeit des Organisierens auszuüben, werden so ins Verhältnis zu den anderen Tätigkeiten des Unterrichtens und Beratens gesetzt. Gemeinsam ist daher allen drei Berufsgruppen, dass sie intensiv mit Formen der Organisationsentwicklung konfrontiert werden und sie an einer Entwicklung ihrer Organisation aktiv mitwirken.

Für Lehrer gilt es, eine eigene Position hinsichtlich der organisatorischen Rahmenbedingungen einer Schule zu finden. Einen Dienstherrn und einen Dienstweg vor sich zu haben, ein Treueverhältnis zum Staat zu pflegen, meist verbeamtet zu sein, sich mit den Feinheiten des Schulrechts auszukennen usw. sind Eigenheiten, die die Organisationsform mit sich bringt. Andererseits werden die sich hinter der geschlossenen Tür des Klassenzimmers ergebenden Freiräume mit ‚Einzelkämpfertum' verbunden. Dieses ‚Einzelkämpfertum' wird durch das spezifische Anstaltsrecht gegen Einsprüche von Eltern und Schülern auch geschützt. Jedoch kann man den Klassenraum selbst

---

[137] Übersicht bei GIESEKE 1994, S. 308 ff.
[138] Vgl. BROMME 1992, insbesondere S. 96 ff.

und seine Ausstattung bereits wieder als faktische Einschränkung des pädagogischen Freiraums verstehen.[139] Aktuell werden zunehmend Konzepte diskutiert, den einzelnen Schulen (und damit einzelnen Lehrern) mehr Autonomie zu gewähren. Jedoch erfordert dies auch Aufgabe individueller Autonomie. „Das Einzelkämpfertum im Unterricht wird durch das Teamwork im Schulhaus ergänzt".[140] Eine differenzierte und individuelle Auseinandersetzung mit den organisatorischen Rahmenbedingungen als Beitrag zur Profession von Lehrern scheint geboten.[141]

Ausbilder hingegen sehen sich als Angestellte von privatwirtschaftlich organisierten Betrieben mit drei Regulationsmechanismen. Erstens wird in Abschlussprüfungen und in der Qualität der Abschlussprüfungsergebnisse ein Bewertungsmaßstab für den eigenen Erfolg gesehen, der zudem innerbetrieblich wie in der Öffentlichkeit wirksam ist. Zweitens ist eine betriebsspezifische Ausrichtung der Ausbildung zu entwickeln, was teilweise einer beruflichen und/oder prüfungsorientierten Ausbildung entgegensteht. Dabei sind auch betriebsspezifische Wertvorstellungen zu vermitteln, die nicht immer die eigenen sein müssen. Drittens haben sich Ausbilder mehr oder weniger explizit für die Kosten der Ausbildung zu rechtfertigen. Die Ausbildung gehört in vielen Bereichen zu den sogenannten unproduktiven Bereichen, die angeblich keinen Beitrag zur Wertschöpfung leisten und im Zuge kurzfristigen Rationalisierungsdenkens wegrationalisiert werden könnten. Neben diesen Restriktionen steht der Anspruch, den Auszubildenden gerade im Hinblick auf seinen Charakter und damit seine Persönlichkeit zu formen, ‚ihnen etwas mitzugeben'.[142]

Die Handlungsautonomie von Weiterbildnern wird wesentlich von der Stellung zum auftraggebenden Unternehmen (bei selbständigen Trainern oder Weiterbildungsgesellschaften) bzw. der Stellung im Unternehmen geprägt. Hier schränkt einerseits die Bedarfs- oder Kundenorientierung die Handlungsautonomie ein, andererseits bieten Konzipierung und Gestaltung von Qualifizierungsmaßnahmen einen großen Freiraum.

---

[139] Vgl. BALS 1994, S. 168 ff.

[140] DUBS 1997, S. 116.

[141] Diese Form der Reflexion wird nach Meinung einiger Autoren in der Lehrerausbildung zu wenig eingeübt (BALS 1994, S. 177 ff., auch DUBS 1997, S. 116 f.)

[142] Vgl. PÄTZOLD 1997b, S. 262 f.

Zusammenfassend offenbart die Frage nach der Handlungsautonomie von Berufserziehern vor allem die innere Widersprüchlichkeit von Erziehung in Organisationen: Die Autonomie der Erzieher wird durch die Organisation eingeschränkt, aber auch überhaupt erst gewährleistet. Zur Profession gehört es wohl, die Widersprüche und Unvereinbarkeiten auszuhalten, sie situativ und individuell zu lösen, ohne zu resignieren.

(3) Die kollektive Orientierung ist eng verknüpft mit der Frage der Handlungsautonomie: wird durch das Kollektiv, die Gemeinschaft Gleichgesinnter oder die Gesellschaft auch soziale Kontrolle ausgeübt? Zu diesem Merkmal von Profession gehört für Berufserzieher eine Fürsorge für den zu Erziehenden. Die Dienstleistung am Menschen ist es, die eine besondere Verantwortung und eine besondere Wertschätzung erfordert und zugleich den zu Erziehenden vor der Autonomie des Erziehenden schützen soll. Diese Orientierung würde insofern vor allzu gewagten – eben nicht vor dem zu Erziehenden verantwortbaren – pädagogischen Experimenten schützen. Jedoch wird vielfach bezweifelt, dass die Betonung einer schülerbezogenen und angeblich am Gemeinwohl orientierten Denkweise nur Alibi für die eigentlich beabsichtige Aufwertung des eigenen gesellschaftlichen Status und damit verbundener Privilegien ist, die dann von entsprechenden Standesorganisationen vertreten und propagiert werden. Insofern öffnet sich ein Spannungsfeld zwischen sozialer Verantwortung und gesellschaftlichem Status.[143]
Für die Gruppe der Lehrer ist eine Orientierung am Gemeinwohl aufgrund der staatlichen Lenkung zunächst offensichtlich. Auch sich als Anwalt der Schüler zu verstehen, dürfte nicht selten das Selbstverständnis prägen.[144] Aber schon ein aufmerksamer Blick in den Mikrokosmos eines Schulkollegiums oder die informellen Regularien einer Lehrerkonferenz eröffnen gelegentlich die verdeckten Dimensionen des allergemeinsten Gemeinwohls: Ein kollegiales Wohlver-

---

[143] Diese ‚klientenbezogene Denkweise' im doppelten Sinne kann wiederum am Beispiel des Arztberufes als Profession leicht veranschaulicht werden. Geht es doch ‚in der Praxis' nicht immer nur um den Patienten, sondern auch um das Standesdenken beispielsweise der sogenannten Allgemeinen Ärzte und Fachärzte. Vgl. auch BALS 1994, S. 88 ff.

[144] Das Berufsethos von Lehrern lässt sich beispielsweise mit den Begriffen „Fürsorge", „Gerechtigkeit" und „Wahrhaftigkeit" umschreiben. Vgl. REICHENBACH 1994, S. 138 ff.

halten lässt eine vielleicht aus Verantwortung für die Schüler notwendige pädagogische Kritik an Kollegen kaum aufkommen. Man geht vor allem behutsam mit Kollegen um und erwartet Behutsamkeit von Kollegen, denn schließlich muss man mit denen in der Regel noch lange zusammenarbeiten. Konflikte werden dadurch nicht ausgeräumt, sondern verlagert. Die Zusammenarbeit am Arbeitsplatz Schule ist sicherlich auch deshalb ein kritischer Punkt im Aufbau eines Selbstverständnisses, weil in der didaktischen Theorie üblicherweise die Beziehung eines Lehrenden zu einem oder zu mehreren Lernenden im Mittelpunkt steht, wie z. B. in einer typischen Unterrichtssituation. Im Kontext verschiedener Unterrichtssituationen baut ein Lernender aber mit einer Gruppe von Lehrenden soziale Beziehung(en) auf; ein Lehrender unterrichtet insofern selten allein. Die Vorstellung der Lehrtätigkeit als autonomer Tätigkeit ist jedoch, wie oben gesagt, weit verbreitet und auch in gewissem Maße gerechtfertigt.[145]

Die Formulierung gemeinsamer Interessen und die Pflege des Gedankenaustausches haben sich verschiedene Lehrerverbände zur Aufgabe gemacht. Die Gewerkschaft Erziehung und Wissenschaft (GEW) ist eine der fünfzehn Gewerkschaften, die im Deutschen Gewerkschaftsbund zusammengeschlossen sind; der Deutsche Beamtenbund (DBB) vereinigt 37 Fachgewerkschaften. Spezifische Verbände für den Bereich der berufsbildenden Schulen sind der Verband der Lehrer an Wirtschaftsschulen e.V. (VLW, vormals: Verband Deutscher Diplom-Handelslehrer e.V.). Er versteht sich als spezielle Interessenvertretung der Lehrerinnen und Lehrer an kaufmännischen Schulen und artikuliert diese in der Zeitschrift „Wirtschaft und Erziehung". Der VLW kooperiert eng mit dem ,gewerblichen Zweig', dem Bundesverband der Lehrerinnen und Lehrer an berufsbildenden Schulen (Zeitschrift: „Die berufsbildende Schule"). In Bayern sind Kaufleute und Gewerbler in einem gemeinsamen Verband organisiert (vlbs).

Der Umstand, nie alleine zu erziehen, gilt nicht nur für Lehrer, sondern auch für Ausbilder. Für Ausbilder dürfte dabei weniger die Zusammenarbeit mit anderen Ausbildern ein Rolle spielen als vielmehr die Zusammenarbeit mit den Mitarbeitern, die am Arbeitsplatz unmittelbar Auszubildende betreuen, und mit deren Vorgesetzten. Bei Wünschen nach Unterstützung der Ausbildung bleibt aufgrund der hierarchischen Ungebundenheit meist nur eine Strategie: Überzeugen! Zudem sind die wenigsten Ausbilder bzw. Ausbildungsverantwortliche nur Ausbilder. Häufig haben sie überwiegend andere Auf-

---

[145] Vgl. ausführlicher die Darstellung bei Buschfeld 1994, S. 72 ff.

gaben im täglichen Betriebsablauf zu bewältigen und in diesem Zusammenhang mit den Mitarbeitern und deren Chefs zusammenzuarbeiten. Dies erfordert Kompromisse und Abstriche an den Ausbildungsmöglichkeiten und Strategien der Durchsetzung ausbildungsspezifischer Interessen. Sie dürften leichter fallen, wenn die Unternehmensleitung Ausbildung auch als gesellschaftliche Aufgabe sieht und von daher einen höheren, eben nicht nur betrieblichen Stellenwert einräumt. In Zeiten der Ausbildungsplatzknappheit setzen die öffentliche Appelle genau an diesem Punkt des Gemeinwohls und der gesellschaftlichen Verantwortung von Unternehmen an.

Zur Formulierung gemeinsamer Interessen und zur Pflege des Gedankenaustausches sind verschiedene ‚eingetragene Vereine‘ gegründet worden. So werden allgemein in der „Deutsche Gesellschaft für Personalführung" Fragen der Personalarbeit aufgegriffen. Als spezieller Ausbilderverband tritt der „Bundesverband Deutscher Berufsausbilder" (BDBA) auf. Im Kontext kaufmännischer Ausbildung ist zudem auf die beim „Kuratorium der deutschen Wirtschaft für Berufsbildung" angesiedelte Arbeitsgemeinschaft kaufmännischer Ausbildungsleiter hinzuweisen.

Für berufliche Weiterbildner kann nur seltener von einer Orientierung am Gemeinwohl gesprochen werden. Eine Kunden- oder Teilnehmerorientierung ist dagegen existentiell. Aufgrund der vorliegenden Marktstrukturen sind für Weiterbildner die Kollegen möglicherweise potentielle Konkurrenten. Aber ähnlich wie im Sport bedeutet dies nicht, dass keine kollektive Orientierung möglich ist. Schwarze Schafe müssen ausgegrenzt werden, Tips und Empfehlungen werden im ‚inner circle‘ ausgesprochen und man trifft sich auf Tagungen und Messen.[146]

Gegen Ende dieses Kapitels kommen wir nochmal auf den Ausgangspunkt zurück. Es ging um das Selbstverständnis von Lehrern, Ausbildern und Weiterbildnern als ‚Berufsgruppen‘ und die innere Verbundenheit zu den jeweiligen ‚Berufen‘. Innere Verbundenheit haben wir als eine Positionierung in Spannungsfeldern aufgebaut. Bezugspunkte waren die Fächer, die Institutionen und die Kollegen, mit denen es sich auseinanderzusetzen gilt. Erst durch eine solche Auseinandersetzung kann in unseren Augen individuelle ‚Profession‘ anhand der Merkmale „Expertentum", „Handlungsautonomie" und

---

[146] Einen Überblick über die Fachorganisationen der Personalarbeit, in dem insbesondere auch personalwirtschaftliche Weiterbildungsinstitute aufgegriffen werden, bietet der Artikel von WIRTH 1992.

„Kollektivorientierung" unterschiedlich für jede Berufsgruppe entstehen. Im Grunde kann und soll eine Profession in jedem Beruf aufgebaut werden, was aufgrund der normativen Qualität weiter zu begründen wäre. Mag dies bei den ersten beiden Kriterien noch einsichtig sein; aber haben Bäcker oder Speditionskaufleute ein Berufsethos? Wir behaupten: Ja! Denken Sie nur an die Verwendung von Zusatzstoffen in Nahrungsmitteln oder die immense kollektive Verantwortung bei Gefahrguttransporten. Insofern steht Profession i. S. der drei Kriterien für die subjektive Seite von Berufen.

A.4.2.4 Profession, Bildungsmarkt und Erziehungssystem

Der Zusammenhang von Profession und Erziehungssystem kann in einem ersten Zugriff darüber hergestellt werden, dass Professionen zur Person gehören und damit auch Ziel der Persönlichkeitsentwicklung, also Bildungsziel sein können. Auch lassen sich die Kriterien wie „Expertenstatus", „Handlungsautonomie" und „Kollektivorientierung" in Analogie zu den Funktionen „Bilden", „Differenzieren" und „Integrieren" des Erziehungssystems interpretieren. In gewissem Sinne ist die Profession der Mitglieder von öffentlichen oder freien Trägern Voraussetzung dafür, dass die Institutionen auf dem Bildungsmarkt als Anbieter fungieren können; so dürfen Betriebe i. d. R. nur ausbilden, wenn zumindest ein Mitarbeiter die Ausbildereignung – Sie erinnern sich: die sogenannte AEVO-Prüfung – nachweisen kann.[147]

Ähnlich dem Vorgehen in Kapitel A.4.2.2 werden wir nun innerhalb der rechten Hälfte des begrifflichen Grundgerüstes von außen nach innen argumentieren. Das Erziehungssystem selbst wurde in den Grundlagen bereits in A.1.2 skizziert. Hier wird also der Schwerpunkt auf den Bildungsmarkt gelegt. Wobei wir uns die Bezeichnung „Bildungsmarkt" lange überlegt haben. Häufiger würden die folgen-

---

[147] Wir sind uns klar darüber, dass mit dem Nachweis einer Prüfung keinesfalls eine Profession verbunden ist. Dennoch können erworbene Zertifikate und abgelegte Prüfungen als äußere Kennzeichen ein erster Hinweis auf die innere Einstellung sein. Weiterhin wird dadurch ein Zusammenhang zwischen individueller Profession und Berechtigungswesen im soziologischen Sinne angedeutet, der im folgenden aufgegriffen wird. Zudem lässt sich dieser Zusammenhang auch umgekehrt lesen. Um als Lehrer in einer öffentlichen Schule tätig werden zu können, ist eben i. d. R. eine „Staatsprüfung" oder eine entsprechende Anerkennung einer „gleichwertigen Leistung" notwendig.

den Darstellungen unter die Überschrift „Bildungssystem" oder „Bildungswesen" fallen. Warum wir dennoch an der Bezeichnung „Bildungsmarkt" festgehalten haben, hat vor allem zwei Gründe: Zum einen geht es um ein systematisches Pendant zum Arbeitsmarkt auf der linken Seite der Grundbegriffe. Verbunden damit sind Überlegungen, wer eigentlich Anbieter und Nachfrager sind und welche Leistung eigentlich ‚getauscht' wird (a). Zum anderen wird gerade in den traditionellen Kernbereichen der Wirtschaftspädagogik nicht vom „-wesen", sondern vom „-markt" gesprochen. So ist mit einer gewissen Berechtigung überwiegend vom „Aus- und Weiterbildungsmarkt" die Rede, weil in unseren Augen für die Mehrzahl von Nachfragern differenzierte und vielfältige Wahlmöglichkeiten des Angebots bestehen. Dennoch sind Bildungsmärkte in weiten Teilen staatlich reguliert.[148]

Die staatliche Einflussnahme auf den Bildungsmarkt ist im Bereich des öffentlichen Schulwesens (hier eben nur sehr bedingt Schulmarkt) besonders groß. Dies betrifft i. d. R. die ersten dreizehn „Bildungsjahre" der folgenden Abbildung (rechte Leiste). Bildungsjahre sind nicht zu verwechseln mit Lebensjahren, was in unserem Zusammenhang auch die Abgrenzung zwischen Bildungsmarkt und Erziehungssystem zu verdeutlichen hilft. Denn zweifellos findet in den ersten fünf Lebensjahren Erziehung statt, die auch bildet, aber vorwiegend im privaten Kreise der Familie.[149]

Zweitens fällt in der Abbildung auf, dass sie bestimmte Stufen ‚segmentiert'. Im Kontext von Darstellungen des Bildungswesens heißt es, es sei „horizontal gegliedert". Primarbereich, Sekundarbereich I und II sowie Tertiärer Bereich. Drittes wesentliches Kennzeichen der Abbildung sind unterschiedliche Alternativen innerhalb der Bereiche. Sie deuten eine vertikale Gliederung der Bildungsmarktsegmente an. Horizontale und vertikale Gliederung des Bildungsmarktes legen zwei Fragen nahe. (b) Wie gestalten sich die Übergänge von einem Segment in das andere (Durchlässigkeit und Gleichwertigkeit)? (c) Worin ähneln und unterscheiden sich die vertikalen Segmente (Differenzierung)?

---

[148] Wie wir in A.4.2.2 gesehen haben, werden aber auch Arbeitsmärkte in weiten Teilen staatlich oder tarifvertraglich reguliert.

[149] Werden Kindergärten oder andere vorschulische Einrichtungen mitbetrachtet, so erweist sich die Tradition aber bereits als fragwürdig, Bildungsjahre erst ab der Grundschule zu zählen.

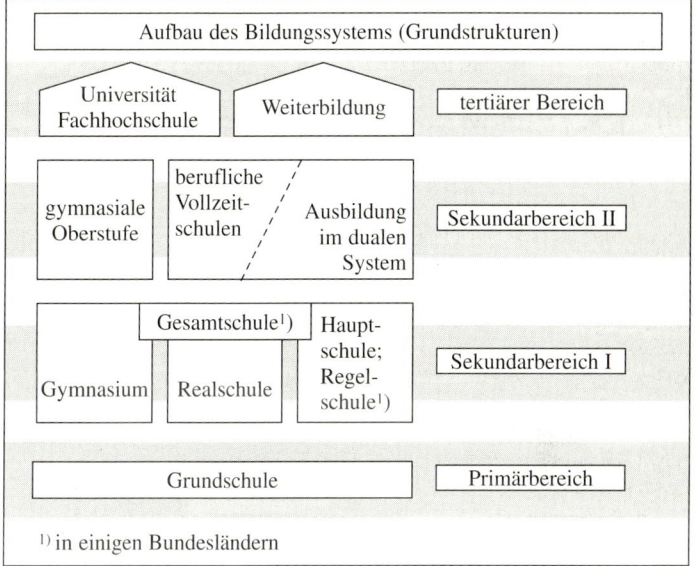

Abbildung A. 36: Grundstrukturen des Bildungssystems

(a) Auf den ersten Blick liegt es nahe, Schüler als ‚Nachfrager' von Bildungsangeboten zu sehen. Dies trifft für die ersten Bildungsjahre jedoch kaum zu. Dort sind es viel eher Eltern, die bestimmte Schulen nachfragen, gekoppelt mit der Vorstellung, dass bestimmte Schulformen auch Lebensperspektiven für ihre Kinder bedeuten. „Schließlich soll aus dem Kind doch mal was werden". Diese Aussage ist typisch für eine solche Einstellung. Gemeint ist damit i. d. R. eine bestimmte Position im Arbeitsleben, seltener eine bestimmte Auffassung über die erzieherische Arbeitsweise innerhalb der Schule. Konkret wird dieser Elternwille mehr oder weniger in bildungspolitischen Programmen politischer Parteien oder bei lokalen Entscheidungen für oder gegen die Einrichtungen neuer oder die Abschaffung alter Schulformen. Aufgrund der Zuständigkeit der Bundesländer für die Bildungsmärkte und aufgrund der verschiedenen Kombinationen der dort herrschenden politischen Koalitionen wird so die Vielfalt innerhalb der Schullandschaft leicht verständlich. In diesem Sinne ist als Lehre aus dem Nationalsozialismus der Gedanke des Grundgesetzes wohl aufgegangen, die Verantwortung für den Kultusbereich den

Ländern gemäß des föderalen Prinzips zu übertragen. Nicht zuletzt durch die engagierte Beteiligung von Eltern werden immer auch sich als Alternativen zu den staatlichen Regelangeboten verstehende Schulformen gebildet, im tertiären Bereich verstärkt auch durch betriebliche Initiativen, etwa im Form von speziellen Förderprogrammen für Abiturienten als Alternative zum Studium.

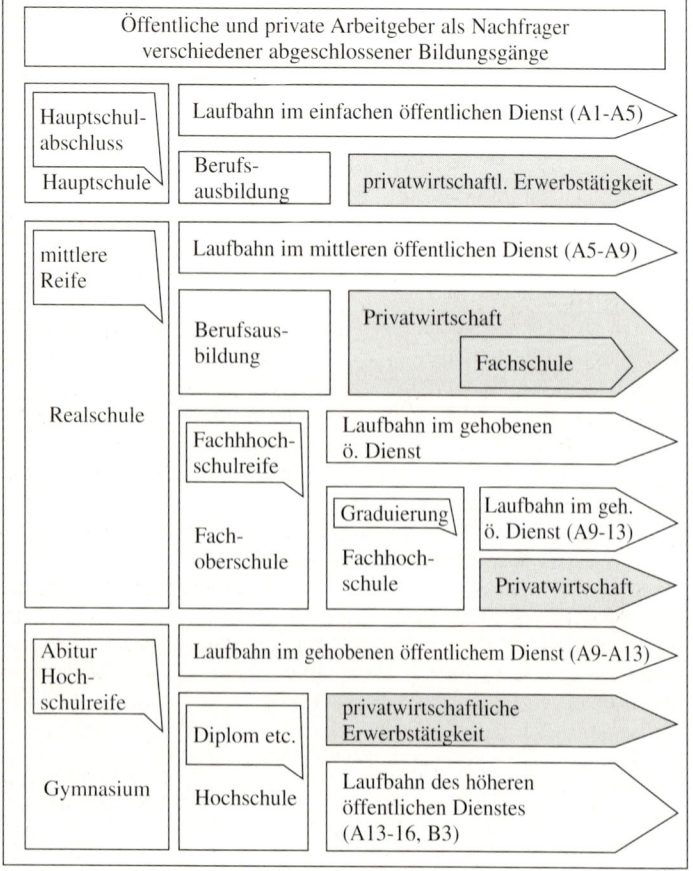

Abbildung A. 37: Wege zu Erwerbspositionen[150]

---

[150] In Anlehnung an KELL 1995b.

Schulen als Institutionen der Bildung (als positiv klingende Umschreibung für eine „Bildungsmaßnahme") werden so vorwiegend instrumental gedacht. Damit bestimmen aber auch die Abnehmer institutionalisierter Bildung indirekt oder direkt einen Bedarf an Schulen und Bildungsmaßnahmen – dafür sind Forderungen der Wirtschaftsverbände nach einer Stärkung der Hauptschule ein Beleg. ‚Abnehmer' von Schülern können privatwirtschaftliche oder öffentliche Arbeitgeber oder nachfolgende Schulen sein – so beklagen die Rektoren der Hochschulkonferenz des öfteren die Qualität des Abiturs und die „Studierfähigkeit" vieler Abiturienten. Dabei haben die Eintrittsvoraussetzungen für den Einstieg in den öffentlichen Dienst lange Zeit die vertikale Differenzierung mitbegründet. Die nachfolgende Abbildung verdeutlicht diesen Umstand durch Hervorhebung typischer Wege zu späteren Erwerbspositionen.

So sind Hauptschul- und Realschulabschluss, Abitur oder Fachhochschulreife, der Gesellen- und Meisterbrief usw. typische im Bildungsmarkt erwerbbare Abschlüsse, die zur weiteren Teilnahme an anderen öffentlichen Bildungsangeboten berechtigen oder aber den Einstieg in das Berufsleben, genauer, den Einstieg in relativ bestimmte Laufbahnen oder Arbeitspositionen, erleichtern. Insofern werden auf dem Bildungsmarkt bestimmte Zeugnisse und Berechtigungen ‚gehandelt'. Deren Erwerb ist aber – formal gesprochen – an die Aneignung bestimmter Verhaltensdispositionen oder Kompetenzen gebunden, die in Abschlussprüfungen beurteilt werden; insofern wird auf dem Bildungsmarkt nicht „getauscht", sondern Individuen werden in sozialen Beziehungen gebildet, differenziert und integriert. Ein Bildungsabschluss läßt sich eben nicht kaufen![151]

Der Erwerb von Abschlüssen kann dabei im tertiären Bereich, speziell dem der beruflichen Weiterbildung, häufig unmittelbar mit dem Gegenwert möglicher künftiger Arbeitseinkommen und Arbeitspositionen in Zusammenhang gebracht werden, so zum Beispiel im Handwerk. Dort ist derzeit der Meisterbrief die Voraussetzung, um

---

[151] Dabei spielt aber die Frage, wieviel die Vorbereitung auf eine Prüfung kostet und wer zusätzlich finanzielle Unterstützung hat oder benötigt, eine Rolle. Faktisch ist nicht zu leugnen: Abschlüsse lassen sich doch kaufen – zumindest die bessere Vorbereitung darauf. Fakt ist zudem, dass Abschlüsse und Teilnahme an Bildungsmaßnahmen abhängig von individuellen Merkmalen (Geschlecht, Vorbildung u. a.) und soziologischen Merkmalen (familiäre Bedingungen, Einkommen u. a.) sind. Insofern ist der Zugang zum Bildungsmarkt in Teilen durchaus restriktiv.

einen eigenen Betrieb in einem Handwerksgewerbe zu gründen. Wirtschafts- und Erziehungssystem stehen an solchen Punkten in enger Wechselwirkung.

(b) Unter dem Gesichtspunkt der Abschlüsse und Zertifikate sind vor allem die Eintrittsbarrieren in Bildungsmärkte wichtig, also die Übergänge in horizontal gegliederte Bildungsmarktsegmente. Für Studierende der Wirtschaftpädagogik sind dabei vor allem die Übergänge von der Sekundarstufe I zur Sekundarstufe II und von dort in den tertiären Sektor interessant. Wir schauen daher erneut, diesmal wie durch eine Lupe, auf die Abbildung (Gesamtsystem).

Deutlich wird eine begrenzte Zahl an Möglichkeiten, den Hauptschulabschluss ,nachzuholen‘, und zwar durch den Besuch des Berufsvorbereitungsjahres, des Berufsgrundschuljahres oder einer Berufsausbildung. Über die Anerkennungsmöglichkeiten als „gleichwertig" entscheiden differenzierte landesspezifische Regelungen. Ebenfalls ebnet der Besuch einer Berufsfachschule (z. B. Handelsschule, Höhere Handelsschule) in Verbindung mit einem Praktikum oder einer Berufsausbildung und/oder einer Fachoberschule Hauptschulabsolventen in einigen Ländern den Weg zum Studium an einer Fachhochschule. Kernpunkt der verschiedenen „Wege zum Studium" nach der Hauptschule, die wir hier detailliert nicht weiter ausführen wollen, ist die Anerkennung der Gleichwertigkeit mit einem mittleren Bildungsabschluss und darauf basierender Berechtigung zum Besuch des elften und zwölften Bildungsjahres einer rein gymnasialen Schullaufbahn. Eine Alternative zu diesem Bildungsweg ist ein Verbleib im jeweiligen Feld der Berufsausbildung. Im Anschluss an die Berufsausbildung bieten sich häufig aufstiegsorientierte Formen der Weiterbildung an. Darunter fallen teilweise bereits während der Ausbildung angebotene Zusatzqualifizierungen (z. B. der Betriebsassistent im Handwerk), eine gesonderte Zertifizierung von in der Berufsschule erworbenen Kompetenzen (z. B. in Form von IHK-Fremdsprachenzertifikaten) oder inhaltlich klar zur Weiterbildung zu zählende Angebote der Fachschulen[152] (z. B. Technikerschulen oder die Fachschule für Wirtschaft). Damit deuten wir nur einen kleinen Teil der Übergangsformen von dem Sekundärbereich II in den tertiären Bereich an.

---

[152] Schulrechtlich fallen Fachschulen jedoch noch unter die Sekundarstufe II, ein bildungspolitisch durchaus brisanter Umstand.

Übersicht über verschiedene Bildungsabschlüsse

Sekundarbereich I	**Sekundarbereich II**
• Abschluss Berufsschule • Berufsvorbereitungsjahr • Berufsgrundbildungsjahr • Abschluss 9./10. Klasse Hauptschule/Gesamtschule	• Abschluss Fachschule • Abschluss Berufsaufbauschule

Hauptschulabschluss (Sekundarbereich I)

mittlerer Bildungsabschluss = berufsqualifizierender Abschluss (Sekundarbereich II)

• Abschluss 10. Klasse Realschule • Klasse 10B der Haupschule	• Berufsfachschule • Fachoberschule

Realschulabschluss (ugs.)
Fachhochschulreife
Fachoberschulreife

Fachhochschulreife

• Studium an Universität • Studium an Fachhochschule • Studium an Gesamthochschule	• Gymnasium • berufliches Gymnasium • Fachgymnasium • 13. Klasse Gesamtschule • Kolleg/Abendgymnasium

berufsqualifizierender Studienabschluss (Diplom, Graduierung, ...)

allgemeine Hochschulreife

• Meisterschule • Fachschule • Technikerschule	• Volkshochschule • Bildungsgänge von branchenspezifischen Fachverbänden und Organisationen • zahlreiche weitere freie Bildungsträger ...

Meister, Techniker

Zertifikate über die spezielle Weiterbildungsleistung

tertiärer Bereich　　　　**„freie" Weiterbildung**

Abbildung A. 38: Abschlüsse und Zertifikate

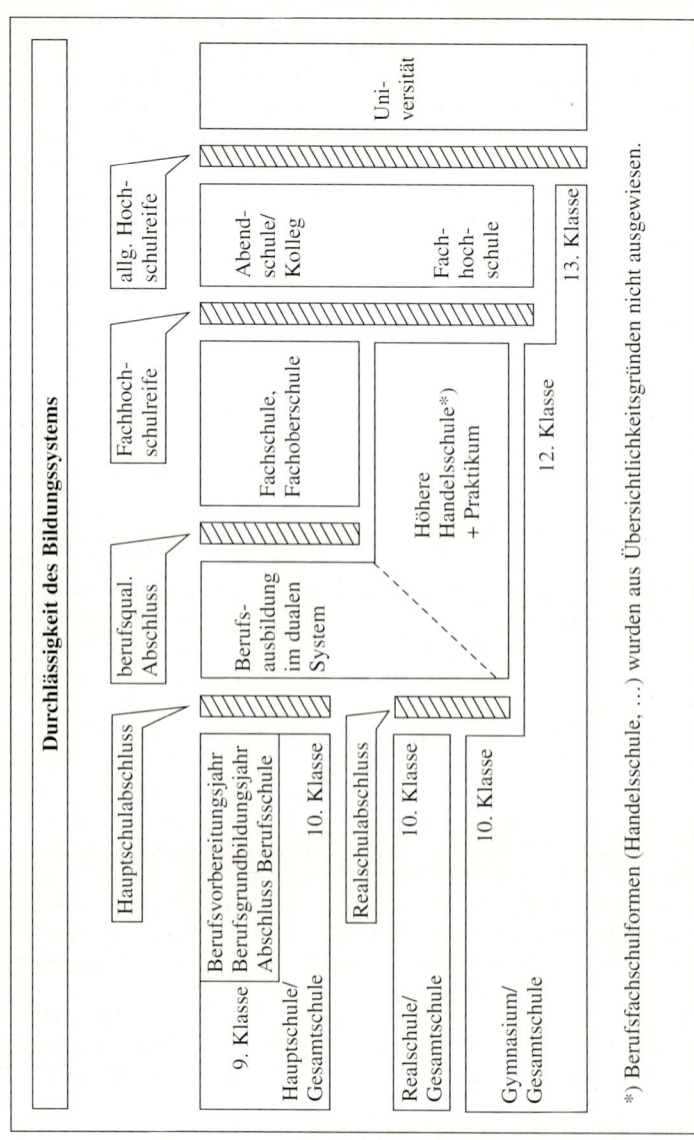

Abbildung A. 39: Durchlässigkeit des Bildungssystems

Insofern lässt sich rund um die Berufsausbildung in Betrieb und Schule ein sehr breites Bildungsangebot festhalten. Die Vielfalt des Angebotes sichert in gewissem Maße Korrekturmöglichkeiten und Alternativen für individuelle Bildungswege. Dabei kann es zwar zu zeitlichen Verzögerungen und auch Doppelbeschulungen kommen – etwa wenn eine Schülerin auf der Berufsfachschule im Rechnungswesen schon erfahren hat, was im Lehrplan der Berufsschule ebenfalls vorgesehen ist. Hinsichtlich der Frage, wohin korrigiert werden kann, sind wohl Abitur und Studium an einer Universität implizite Vergleichsmaßstäbe. Damit sind wir bei der letzten der eingangs gestellten Frage angelangt: Der Gleichsetzung von Abitur und Studium mit Allgemeinbildung und von Ausbildung und (eben nicht allgemeine, begrenzte, nicht universale) Fachlichkeit mit Berufsbildung.

(c) Die implizite Vergleichsnorm „Gymnasium" und „Universität" für alle beruflich strukturierten Bildungsangebote ist sicherlich ein Relikt der Tradition. Erinnern wir uns: Letztendlich erst in den zwanziger Jahren des 20. Jahrhunderts wurde die These salonfähig, dass der Beruf ‚auch' bildet. Und in dem ‚auch' steckt folglich eine gewisse Nachrangigkeit, die häufig genug zu einer Vernachlässigung beruflich strukturierter Bildung führt. In diesem Kontext sind die unterschiedlichsten Bemühungen zu sehen, den beruflichen Bereich entweder aufzuwerten oder dem Gymnasium und Studium analoge Bildungsgänge in Verbindung mit dem Beruf zu schaffen. Nicht umsonst hatten sich die Kollegschulen in NRW, die eine Doppelqualifizierung Berufsausbildung und Abitur anboten, die Formel „Bildung im Medium des Berufs" auf die Fahnen geschrieben.

Trotz aller begrifflichen Unstimmigkeiten, Abgrenzungs- und Gleichwertigkeitsanalysen zwischen Formen allgemeiner und beruflicher Bildung bestehen diese Formulierung und gedankliche Unterscheidung beharrlich. So wird auch im Bereich der Weiterbildung zwischen beruflicher und freier (allgemeiner und politischer = nichtberuflicher) Weiterbildung unterschieden[153], so dass sich im tertiären Bereich folgende Segmente bei unscharfen Rändern ausmachen lassen.

Bei dieser Einteilung wird mehr oder weniger inhaltlich unterschieden nach dem Kritierium der potentiellen beruflichen Verwertbarkeit. Diese Unterscheidung lässt sich aber nicht auf einzelne

---

[153] Dieser große Bereich wird häufig auch als Erwachsenenbildung i. e. S. bezeichnet.

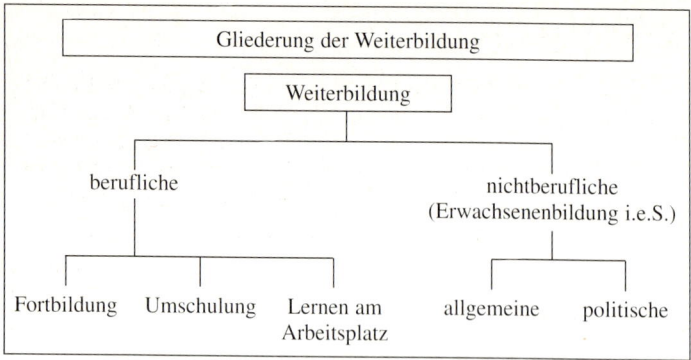

Abbildung A. 40: Gliederung der Weiterbildung

Anbieter übertragen; die vermeintlich rein berufsbezogenen Weiterbildungsangebote größerer Unternehmen für ihre Mitarbeiter beziehen sich durchaus auch auf solche inhaltlichen Elemente (Fremdsprachen, EDV), die bei anderen Anbietern (etwa den Volkshochschulen) unter allgemeiner Weiterbildung firmieren.

Die Unterscheidung zwischen allgemeiner und beruflicher Bildung hat in unseren Augen daher nur heuristischen Charakter, d. h. sie erleichtert „ungefähre Einteilungen" und „erste Abgrenzungen". Sie halten i. d. R. einer analytisch genauen Betrachtung jedoch nicht stand.

Soweit zu den drei Fragen. In einer abschließenden Rückschau auf dieses Kapitel wird nochmals auf den Zusammenhang von Profession, Bildungsmarkt und Erziehungssystem eingegangen. Zur Herausbildung von Profession bedarf es eines konsistenten Angebots, welches die fachliche Orientierung verdeutlicht. Insofern sind aufeinander aufbauende Angebote für beispielsweise Techniker oder Kaufleute vorhanden. Bezogen auf die Biographie der Individuen ergibt sich so die Abfolge von Maßnahmen als Lebensperspektiven. Andererseits sind bestimmte Bildungsentscheidungen nicht stets konsistent: Wenn jeder Mensch immer schon sicher sagen könnte, ob die oder jene Tätigkeit seine Profession sei, dann wäre die anvisierte Bildungsmaßnahme wohl überflüssig. Insofern ist ein differenziertes Bildungsangebot zur Findung einer individuellen Profession ebenso notwendig wie zur Erfüllung der gesellschaftlichen Erziehungsfunktionen: Bilden, Differenzieren und Integrieren.

Zwischenspiel [4]

Erinnern Sie sich an die Zeichnung, die wir zu Beginn des Kapitels A.4 vorgelegt haben? Der Begriff „Lernen" stand im Mittelpunkt. Um ihn herum wurden in der linken Hälfte weitere Begriffe mit wirtschaftlichem Bezug und in der rechten Hälfte Begriffe mit Bezug zur Erziehung gruppiert. Diese Abbildung können wir nun ergänzen.

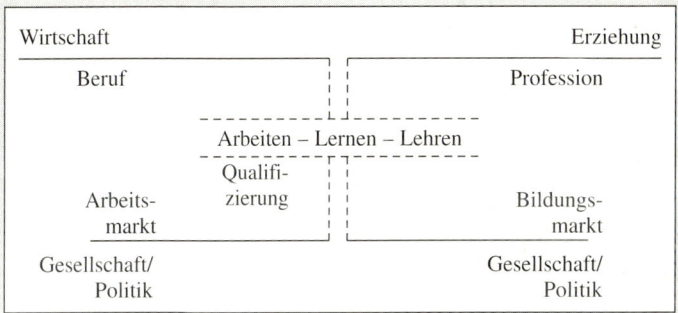

Abbildung A. 41: Raster wirtschaftspädagogischer Grundbegriffe

In der bei uns üblichen Form von links nach rechts gelesen, können wir die Begriffe wie folgt pointieren:

Wirtschaft: Beschreibbar über die Institutionen „Haushalt", „Unternehmen", „Staat" mit den Funktionen „Konsumieren", „Produzieren" und „Verwalten/ Gestalten". Das Grundraster bezieht sich auf die Funktion „Produzieren".

Arbeitsmarkt: Aus dem Wirtschafts-/Gesellschaftssystem abgeleiteter Mechanismus zum Abgleich von Arbeitsstellen und Arbeitskräften. Beschreibbar über drei Arbeitsmarktsegmente, den unstrukturierten, den berufsfachlich strukturierten und den betriebsintern strukturierten Arbeitsmarkt.

Beruf: Beschreibbar über auf dem Arbeitsmarkt verwendete Bezeichnungen für Erwerbstätigkeiten (Erwerbsberuf) oder über Ausbildungsordnungen (staatlich anerkannte Ausbildungsberufe) , die in einem bestimmten Wirkungsraum den Einsatz und die Ausformung von Kompetenzen fordern.

Arbeiten: Dem Menschen als Subjekt zugesprochene Fähigkeit und Notwendigkeit der produktiven Tätigkeit; beschreibbar über die Grundkategorien Erwerbsarbeit und Nichterwerbsarbeit.

Qualifizierung: An die Definition von Arbeitsaufgaben und Arbeitsbedingungen gebundener Lernprozess und Zustand.

Lernen: Dem Menschen als Subjekt zugesprochene Fähigkeit und Notwendigkeit der Anpassung an wandelnde Umweltbedingungen (eben auch Arbeitsbedingungen), beschreibbar über die Veränderung von Verhaltensdispositionen bzw. den Aufbau von Kompetenz.

Lehren: Dem Menschen als Subjekt zugesprochene Fähigkeit und Notwendigkeit der Einflussnahme durch soziale Interaktion, beschreibbar über beabsichtigte Lernergebnisse und Beeinflussung von Lernprozessen.

Bildung: An die Definition von idealisierten Persönlichkeitsmerkmalen (materialer und formaler Art) gebundener Lernprozess und Zustand.

Profession: Beschreibbar als zum „Selbstverständnis der Person" gehörende Identitätsbestimmung, ausgedrückt über den Grad, mit dem drei Merkmale „Expertenstatus", „Handlungsautonomie" und „Kollektiv- oder Standesorientierung" erfaßt werden können.

Bildungsmarkt: Aus dem Erziehungs- und Gesellschaftssystem abgeleiteter Mechanismus zur Steuerung von Bildungschancen und Zugangsberechtigungen, beschreibbar über (Markt-)Strukturen im primaren, sekundären und tertiären Bereich.

Erziehung: Beschreibbar über die Institutionen „Familie", „Öffentliche Träger", „Freie Träger" mit den Funktionen „Bilden", „Differenzieren" und „Integrieren".

Wir haben in der Abbildung die strikte Trennung der Bereiche aufgeweicht und durch gestrichelte Linien eine durchlässige Grenze markiert. Sie wird auch die Überlegungen in Kapitel A. 5.1 leiten. Und wir haben ganz unten die Gesellschaft/Politik als eine Größe eingeführt, in deren Kontext erst Wirtschaft und Erziehung als Teilbereiche verstanden werden können, wobei wir dabei nicht nur die nationale Gesellschaft und Politik meinen, sondern zum Beispiel auch die europäische Gesellschaft und Politik. Dies wird im Kapitel A.5.2 unterstrichen.

Dieses Raster stellt einen Versuch dar. Versucht wird eine synchron aufgebaute Darstellung der Bezugspunkte Wirtschaft und Erziehung in ihrer Bedeutung für das Individuum. Das fehlt zwar in der Abbildung, aber ist eigentlicher Mittelpunkt. Um diesen unsichtbaren Mittelpunkt können wir gedanklich zwei Rechtecke bilden. Das eine umschließt die subjektgebunden Vorgänge Qualifizierung – Arbeiten -Lernen – Lehren – Bildung. Dies wären Punkte, die wir mit (beruflicher) Handlungskompetenz verbinden. Die Ecken des zweiten Rechtecks werden durch die Punkte Beruf-Arbeitsmarkt-Bildungsmarkt-Profession markiert. Sie verbinden wir zu dem zentralen Konstrukt der Berufsbildung, welches im Mittelpunkt des Teils B steht.

A.5 Moderne Berufsbildung – Bewährtes im Wandel?

Mit einer bestimmten Betonung ausgesprochen ist das Gegenteil von „modern" wohl „altmodisch", d. h. nicht zeitgemäß[154]. Allerdings ist der Umstand, neumodisch zu sein oder dem Zeitgeist zu entsprechen, an sich kein Qualitätsmaßstab. Modernität verbindet sich mit Innovation und Dynamik, Aktualität und Trend, Reform und Wandel. Da scheint es uns angebracht, ein Fragezeichen zu setzen. Denn manches wird unter dem Motto „alter Wein in neuen Schläuchen" propagiert bzw. es sollen Absichtserklärungen davon ablenken, dass letztlich alles beim Gegebenen bleiben kann – dies gilt zum Beispiel für den sogenannten traditionellen Unterricht.[155] Dafür mag es unter Umständen sogar gute Gründe geben; Modernität heißt dann eher, die Wurzeln des Bewährten zu vergessen.

Dieses Kapitel ist Ergebnis der Überlegung, dass es nicht zeitgemäß wäre, eine „Einführung in die Wirtschaftspädagogik" zu schreiben, ohne explizit die Forderung nach „handlungsorientiertem Lernen" oder „lebenslangem Lernen" zu thematisieren. An diesen beiden Schlagworten lassen sich zwei Bemerkungen belegen: Aktualität in der Berufsbildung hat immer eine Tradition; so sind die Ursprünge der beiden Schlagworte, die in den neunziger Jahren sicher zentral waren, viel früher zu suchen. Zweitens kann die Charakterisierung eines Phänomens als modern, zeitgemäß, aktuell in der Berufsbildung durchaus einen Zeitraum von zehn oder zwanzig Jahren erfassen. Teilweise sind Pendelschläge der Trends möglich. Ältere Kenner können schon mal berechtigt sagen: ‚Das hatten wir schon einmal'.

Bezugspunkte für die Auswahl von als modern geltenden Tendenzen und Trends ist einerseits der vorhergehende Abschnitt. Es geht um Tendenzen im Umfeld des Lernens und Lehrens sowie um solche

---

[154] Die weitere Möglichkeit, modern auf der ersten Silbe zu betonen und damit einen Vorgang des Zerfalls von Substanz zu erfassen, meinen wir ausdrücklich nicht – obwohl einige Skeptiker den Zustand der Berufsbildung mit „modernd" treffend umschrieben finden.

[155] So fasst Wolfgang SEYD in einer These zusammen: „Die Häufigkeit des Redens über ‚Handlungsorientierung' (auf der Meta-Ebene I) findet in der tatsächlichen Gestaltung von Lernsituationen (auf der Objektebene) – bislang? – keine Entsprechung." SEYD 1997, S. 164

im Umfeld von Beruf und Profession. Letzteres hat auch starken Einfluss auf die Darstellung im folgenden Teil B. Kapitel A.5.2 kann so als eine Schnittstelle bezeichnet werden, welche Teil A und B verbindet.

A.5.1 Handlungsorientierung als Tendenz im Umfeld des Lernens und Lehrens

Für die Herausgeber des 1995 erschienenen „Handbuchs der Berufsbildung" ist „didaktisches Handeln" der „Leitbegriff einer handlungsorientierten Berufsbildung".[156] Reinhard CZYCHOLL und Hermann EBNER formulieren in ihrem Beitrag zu diesem Handbuch „Handlungsorientierung in der Berufsbildung":

> „‚Handlungsorientierung' zählt insbesondere seit den 80er Jahren in der Literatur zur Didaktik beruflicher Bildung sowohl in wissenschaftlichen als auch in auf Praxisberatung ausgerichteten Texten zu den herausragenden Begriffen. Ein Ausbildungskonzept, für das beansprucht wird, sich auf der Höhe der Zeit zu befinden, muß als ‚handlungsorientiert' ausgewiesen werden. Wenn ‚Handlung' und die jeweiligen Komposita als Symbole eines in der Berufs- und Wirtschaftspädagogik relativ dauerhaft etablierten ‚Mainstreams' anzusehen sind, dann scheint es dabei um mehr als nur ein modisches Intermezzo zu gehen".[157]

Im Kontext des didaktischen Handelns bietet sich eine Betrachtung auf verschiedenen Ebenen an: (a) Handeln als Ziel (Handlungskompetenz), (b) Handeln als Methode (Lehr-Lernmethoden), (c) Handeln als Bedingung (Lernsubjekt).

(a) „Schlüsselqualifikationen" markieren einen Ausgangspunkt der Entwicklung, die heute Handlungskompetenz als Ziel beruflicher Bildung so hervortreten läßt.[158] Ursprünglich ging es aus arbeitsmarkt- und qualifikationsbezogener Sicht darum, auf den Umstand einer veränderten Ausrichtung von Qualifizierungsmaßnahmen aufmerksam zu machen. Aufgrund des Wandels der Arbeits- und Produktionsbe-

---

[156] ARNOLD/LIPSMEIER 1995, S. 25.

[157] CZYCHOLL/EBNER 1995, S. 39. In dem Beitrag von CZYCHOLL/EBNER werden die Ursprünge der Diskussion (besser: eines einzelnen Aspektes der Diskussion) bis auf das Jahr 3000 v.Chr. zurückgeführt. Die Frage, ob es um einen dauerhaften ‚Mainstream' oder um einen Pendelschlag geht, kann erst die Zukunft belegen.

[158] Vgl. die zusammenfassende Darstellung von DÖRING 1994.

dingungen sei die Bewältigung des Wandels selbst eine Qualifikation, ein Schlüssel für die Zukunft. Damit sollten „die Eignung für eine große Zahl von Positionen und Funktionen als alternative Optionen zum gleichen Zeitpunkt, und die Eignung für die Bewältigung einer Sequenz von (meist unvorhersehbaren) Änderungen von Anforderungen im Laufe des Lebens"[159] gegeben sein. Wie solche Schlüsselqualifikationen inhaltlich bestimmbar und klassifizierbar wären, darüber wurde insbesondere unter Rückgriff auf in der betrieblichen Praxis verwendete Modelle und Sprachregelungen diskutiert. Eine der häufigeren Sprachregelungen war, die Schlüsselqualifikationen als Fach-, Sozial- und Methodenkompetenzen zu erfassen. Dieser Wechsel von Qualifikationen zu Kompetenzen spiegelt den Wechsel von Anforderungen der Arbeitsplätze zu Befähigung von Personen wider. Mit der Realisierung der Vermittlung von Schlüsselqualifikationen durch ‚handlungsorientierte Methoden' wuchs auch die Notwendigkeit der Präzisierung der Ziele in ‚Kompetenzbereichen'.

Insbesondere im Zuge der Neuordnung der quantitativ wichtigen Ausbildungsordnungen der Metall- und Elektroberufe und der Büroberufe kam es Ende der achtziger Jahre zu einer ersten Normierung ‚beruflicher Handlungskompetenz'. So heißt es in der „Verordnung über die Berufsausbildung zum Bürokaufmann/zur Bürokauffrau" vom 13. Februar 1991:

> „Die in dieser Rechtsverordnung genannten Fertigkeiten und Kenntnisse sollen so vermittelt werden, daß der Auszubildende zur Ausübung einer qualifizierten beruflichen Tätigkeit im Sinne des § 1 Abs. 2 des Berufsbildungsgesetzes befähigt wird, die insbesondere selbständiges Planen, Durchführen und Kontrollieren einschließt. Diese Befähigung ist auch in den Prüfungen nachzuweisen."

Mit der Formulierung „Selbständiges Planen, Durchführen und Kontrollieren" ist dabei insbesondere für die Fachkompetenz eine Orientierung auf auftragsorientierte Arbeitsformen ausgedrückt, die ‚ganzheitliches' und ‚komplexes' Arbeitshandeln und -situationen mitbringt. Daraufhin waren auch Sozial- und Methodenkompetenzen ausgelegt, die einerseits auf die Arbeitsprozesse in Gruppen und andererseits auf allgemeine Problemlösungs- und Präsentationstechniken für die Arbeit in Gruppen oder Teams abzielten. Die auf betriebliche Anwendungssituationen hin ausgelegte Interpretation von Kompetenzbereichen ist daraus klar zu erkennen.

---

[159] MERTENS 1974, S. 40

Diese Auffassung von drei zentralen Kompetenzbereichen wurde im Hinblick auf die Ziele der Berufsschulen ergänzt und erweitert bzw. reformuliert. In den Richtlinien und Lehrplänen Bürokaufmann/ Bürokauffrau NRW für die Berufsschule vom 15. April 1994 heißt es:[160]

> „Handlungskompetenz ist das Ziel beruflicher Bildung.
> Berufliche Handlungskompetenz ist zu verstehen als die Fähigkeit und Bereitschaft des Menschen, in beruflichen Situationen sach- und fachgerecht, persönlich durchdacht und in gesellschaftlicher Verantwortung zu handeln, d. h. anstehende Probleme zielorientiert auf der Basis angeeigneter Handlungsschemata selbständig zu lösen, die gefundenen Lösungen zu bewerten und das Repertoire seiner Handlungsschemata weiterzuentwickeln.
> Handlungskompetenz erschließt sich im wesentlichen in folgenden Dimensionen:
> Fachkompetenz ist die Fähigkeit und Bereitschaft, Aufgabenstellungen selbständig, fachlich richtig methodengeleitet zu bearbeiten und das Ergebnis zu beurteilen.
> Humankompetenz ist die Fähigkeit und Bereitschaft, als Individuum die Entwicklungschancen und Einschränkungen in Beruf, Familie und öffentlichem Leben zu durchdenken und zu beurteilen, eigene Begabungen zu entfalten sowie Lebenspläne zu fassen und fortzuentwickeln.
> Hierzu gehören insbesondere auch die Entwicklung eigener Wertvorstellungen und auch die selbstbestimmte Bindung an Werte.
> Sozialkompetenz ist die Fähigkeit und Bereitschaft, soziale Beziehungen und Interessenlagen, Zuwendungen und Spannungen zu erfassen und zu verstehen sowie sich mit anderen rational und verantwortungsbewußt auseinanderzusetzen und zu verständigen. Hierzu gehören insbesondere auch soziale Verantwortung und Solidarität, die Bereitschaft zur Mitwirkung und Mitbestimmung sowie die Befähigung zur Mitgestaltung von Technik, Arbeitswelt und Gesellschaft."

Weiter werden Methoden-, Lern- und Sprachkompetenzen genannt und umschrieben, die als integraler Bestandteil der genannten drei Dimensionen von Handlungskompetenz, nämlich Fach-, Human- und Sozialkompetenzen zu verstehen seien. Im Kontext vor allem berufsschulischer Beiträge finden sich weitere Kompetenzbereiche, etwa die Umwelt-, Medien- oder Europakompetenz. Gemeinsamer Punkt für alle diese Bereiche von Handlungskompetenz ist das Verständnis einer Handlung als „eine zielgerichtete, bewußte, zwischen

---

[160] KM-NRW 1994, S. 11

Alternativen entscheidende und adäquate Mittel auswählende, verantwortbare Tätigkeit"[161]. Dadurch wird ein durchgängiger Bezug zu in komplexeren Situationen auszuführenden Planungs-, Ausführungs- und Kontroll- bzw. selbstreflexiv angelegten Bewertungsprozessen hergestellt.

(b) Auf solche Prozesse und auf die Komplexität von Situationen bauen im Kern auch die diskutierten handlungsorientierten Lehr-Lernmethoden. Deutlich tritt eine Analogie in der Argumentation hervor: Weil Arbeitsprozesse in solchen komplexen Situationen nach einem gewissen Phasenablauf erfolgen, sind auch die Lernprozesse so zu arrangieren, dass Komplexität gegeben und Handlungen ausgeführt werden müssen. Dies ist etwa eine zentrale Begründung für die im genannten DFG-Projekt „Lernen, Denken und Handeln in komplexen Situationen" verfolgte Strategie, im Unterricht durch ein Unterrichtsplanspiel einer Jeans-Fabrik einen komplexen und ganzheitlichen Einstieg in die Betriebswirtschaftslehre zu geben.[162]

Im Kontext handlungsorientierter Lehr-Lernmethoden hat sich dabei übergreifend eine Denkfigur für das Verhältnis zwischen Lehrenden und Lernenden eingebürgert. Danach sind Lehrende in erster Linie Lernberater, Moderatoren von Gruppen- und Lernprozessen. Sie geben weniger Informationen vor, vielmehr weisen sie auf Informationsquellen hin. Sie lassen Fehler und ungewöhnliche Lösungswege zu und unterstützen Schüler dadurch, dass diese ihre Lösungen artikulieren und ausprobieren müssen.

Zudem gilt ein ‚Set' von teilweise schon länger bekannten und erprobten Lehr-Lernmethoden als typische handlungsorientierte Methoden. Für den kaufmännischen Bereich sind neben anderen zu nennen:[163]

• Arbeitsanaloge Lernaufgabe
  Die Schülerinnen und Schüler lernen in strukturierter Form, indem sie Aufgaben bearbeiten und lösen, die der betrieblichen Praxis weitgehend entsprechen, ohne dass der betriebliche Ernstfall und echte Folgen eintreten können.

---

[161] PÄTZOLD 1996, S. 24
[162] Vgl. ACHTENHAGEN 1996, S. 34 ff.
[163] Vgl. ACHTENHAGEN 1997, S. 623 ff.; KAISER/KAMINSKI 1994; AFF/WAGNER 1997.

- Fallstudie
  Fallstudien sind Unterrichtsmaterialien, in denen reale oder der Realität entsprechende Ereignisse des sozialen, insbesondere wirtschaftlichen Lebens zu einem Fall aufbereitet sind und die darüber hinaus Lehr- und Lernhilfen zur Lösung des Falls enthalten. Dabei werden verschiedene Varianten von Fallkonstruktionen und Fallstudienarbeit unterschieden.

- Lernbüro/Übungsfirma/Juniorenfirma
  In verschiedenen Formen erlauben komplexe, verrichtungsintegrierende Unternehmenssimulationen ein Lernen mit unmittelbarem Bezug zu realen Vorgängen. Teilweise handelt es sich um am Wirtschaftsleben aktiv teilnehmende Unternehmungen, die mit konkreten Produkten am Markt konkurrieren, teilweise auch um fiktive Geschäftsfälle.

- Plan- und Simulationsspiel
  Planspiele sind in der Regel als computergestütztes dynamisches Mehrperioden-Modell konzipiert, bei dem sich Eingriffe in der einen Periode auf die nachfolgende auswirken. Sie sind als Spiel mit festen Regeln aufzufassen, in dessen Verlauf die Lerner nach einer Einführung über mehrere Perioden hinweg eine Rolle übernehmen, Entscheidungen treffen und dadurch in das Spiel eingreifen können.

- Lernstatt/Zukunftswerkstatt/Lernwerkstatt
  Bearbeitung von Themen oder Problemen, bei denen jedes Gruppenmitglied seine spezifischen Fähigkeiten und Fertigkeiten unter lernpsychologischen Gesichtspunkten einbringen, schulen und entwickeln kann. Bei der Zukunftswerkstatt stellt die ‚Zukunft‘ das Thema dar. Es geht darum, wünschenswerte Zukünfte zu entwerfen und deren Durchsetzungsmöglichkeiten zu überprüfen mit dem Ziel der Demokratisierung aller gesellschaftlichen Lebensbereiche.

- Rollenspiel
  Durch die Übernahme von Rollen und die dynamische Interaktion werden wirklichkeitsnahe soziale Situationen risikofrei simuliert. Diese komplexe Methode bietet die Möglichkeit, soziale Verhaltensweisen zu erfahren, Interessenskonflikte und Entscheidungssituationen zu definieren, zu durchleben, zu analysieren, zu gestalten und möglicherweise sachliche Lösungsstrategien zu kreieren.

- Projektunterricht/Projektmethode/Projektwoche
  Das Wort Projekt wird im Sinne von „planen, entwerfen" verwendet. Unter der Projektmethode als „„offene Lernform" wird von einem gleichberechtigten Rollenverständnis von Lehrenden und Lernenden ausgegangen, bei der die Projektgruppe hinsichtlich einer gemeinsamen Zielsetzung ihre Lern- und Arbeitsschritte gemeinsam plant, durchführt und reflektiert.

(c) Die Aktivität der Lernenden ist wichtiger Baustein und erwünschter Effekt handlungsorientierter Methoden. Die Tätigkeit der Lernenden im Lernprozess rückt in den Mittelpunkt, sie vermittelt zwischen Objekt (Lerngegenstand, Umwelt) und Subjekt (Person). Reinhard CZYCHOLL beschreibt die damit verbundene Konsequenz so:[164]

> „Tätigkeit bezieht sich immer auf Gegenstände, die materieller oder idealler Art sein können. Genetisch betrachtet, stellt die sinnlich-praktische, auf einen materiellen Gegenstand bezogene Tätigkeit die Ausgangsform dar. [...] Die Beziehung ‚Subjekt-Tätigkeit-Objekt‘ läßt sich als Ringstruktur darstellen [sh. folgende Abbildung A. d. Verfasser]. Mit dieser Darstellung wird deutlich, daß im Tätigkeitsvollzug verschiedene Transformationsprozesse ablaufen, die subjektseitig und objektseitig zu einem Produkt führen. Der Mensch wirkt auf seine Umwelt ein und verändert diese (zum Beispiel durch Arbeit), indem er dies tut, wirken er und die Umwelt auf ihn ein, er verändert sich, das heißt, seine psychischen Bilder bzw. Modelle von der Umwelt (Weltbild) und von sich selbst (Selbstbild) werden von ihm erweitert, umgebaut, korrigiert, bestätigt, usw. Diese erfahrungsbedingten psychischen Prozesse sind das, was wir mit ‚Lernen‘ bezeichnen. Die Verarbeitung der erfahrenen Umweltinteraktionen führt zu neuen Dispositionen und Potentialen der Person.“

Der Lerner als reflexives Subjekt wird hierdurch hervorgehoben. Zugleich liegen darin die Bemühungen begründet, in den Lehr-Lernprozessen Tätigkeiten auch auszuüben und so Lern-bzw. Arbeitsprodukte herzustellen. Pointiert: Nicht nur die Vor- und Nachteile bestimmter Formen der Lagerbestandsführung werden erörtert, sondern es werden im Lehr-Lernprozess eigene Lagerkarteien geführt.

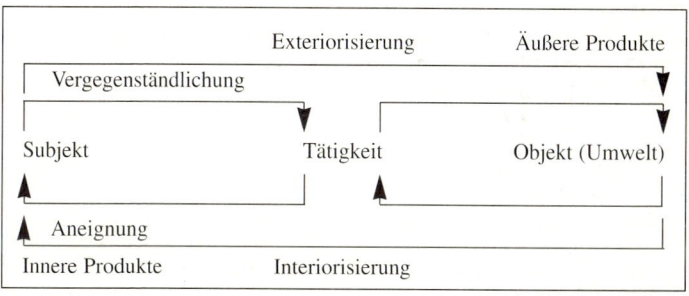

Abbildung A. 42: Die Beziehung „Subjekt-Tätigkeit-Umwelt“ als Ringstruktur[165]

---

[164] CZYCHOLL 1996, S. 121 f.
[165] CZYCHOLL 1996, S. 121.

A.5.2 Lebenslanges Lernen als Tendenz im Umfeld von Beruf und Profession

Auch dieses Schlagwort läßt sich auf einen mit Schlüsselqualifikationen verbundenen Gedankengang zurückführen. Die Beherrschung von Wandel erfordert Lernen; je schneller sich Wandel vollzieht, desto wahrscheinlicher ist im Leben eines Menschen die Notwendigkeit gegeben, dazuzulernen und umzulernen. Allerdings wird „lebenslanges Lernen" (zum Beispiel als life-long-learning oder éducation permanente) im Gegensatz zu Schlüsselqualifikationen seit den sechziger Jahren viel stärker auf internationaler bzw. auf europäischer Ebene diskutiert. Vielleicht ist dieser Aspekt der Europäisierung auch ein Grund dafür, dass sich die ursprüngliche Idee einer allgemeinen und politischen Bildung für Erwachsene (also genau i. S. der Erwachsenenbildung) zunehmend in eine Idee arbeitsmarktpolitischer Notwendigkeit gewandelt hat. Denn letztgenannte Idee ist zentraler Ansatzpunkt für das „Weißbuch zur allgemeinen und beruflichen Bildung"[166], in dessen Folge das Jahr 1996 als das „Europäische Jahr für lebenslanges Lernen" deklariert wurde.

Aus der ursprünglichen Freiheit zum „lebenslangem Lernen", der Idee der Selbstverwirklichung folgend, wird so ein proklamierter zunehmender Zwang zum „lebenslangen Lernen", der Idee der Selbsterhaltung folgend. Nur wer bereit ist, im Erwachsenenalter weiter zu lernen, wird den Wandel der Arbeitswelt als Beteiligter erleben – so die einfache Aufforderung. Dennis KALLEN, ein Insider der Diskussion um „lebenslanges Lernen", resümiert 1996 in einer Retrospektive:

> „Das politische und das wirtschaftliche Klima der 90er Jahre unterscheidet sich markant von dem der 60er Jahre. Dem gewissermaßen utopischen, idealistischen Geist der früheren Modelle des lebenslangen Lernens kommt dies kaum entgegen. Es begünstigt vielmehr rein arbeitsplatz- und beschäftigungsbezogene Programme der ‚lebenslangen Berufsbildung', die nach Möglichkeit privat und ohne Beanspruchung öffentlicher Gelder zu organisieren und zu finanzieren sind. Der betriebliche Weiterbildungssektor gewinnt zunehmend an Boden."[167]

Insofern rückt mit „lebenslangem Lernen" unmittelbar die Stellung der Weiterbildung im Bildungsmarkt in den Vordergrund. Dabei werden wir zwei Tendenzen aufgreifen. (a) Die Individualisierung der

---

[166] EUROPÄISCHE KOMMISSION 1995
[167] KALLEN 1996, S. 24.

beruflichen Lernwege. (b) Die Bedeutung der Lern-Zeit in der Arbeits-Zeit und der Frei-Zeit.

(a) Individualisierung der beruflichen Lernwege setzt an bei der stärkeren Gewichtung des Weiterbildungssektors. Eine Verlagerung der Relationen zwischen Erstausbildung und Weiterbildung ist eine mögliche Folge. Dies bezieht sich einerseits auf die Dauer der individuell mit einer Ausbildung verbundenen Lebensperspektive, die sehr viel stärker zu einer Lebensabschnittsperspektive wird. Andererseits zieht die veränderte Bedeutung künftigen Lernens (der Weiterbildung) tendenziell eine inhaltliche und organisatorische Revision zeitlich vorgelagerter Ausbildungskonzepte nach sich. So sind eine Begrenzung der Ausbildung auf überdauernde ‚Grundlagen' zunächst ebenso eine plausible Konsequenz wie die Überlegung, die Weiterbildungsbereitschaft in der Ausbildung zu fördern. Ein wichtiges Element könnte dabei die Fähigkeit sein, die Individualisierung des Lernens einzuüben. Darunter fallen sowohl Formen des sogenannten selbstgesteuerten Lernens als auch ggf. wahrzunehmende Differenzierungsangebote in einem Bildungsgang. Denn diese sind eben eine der Bedingungen, um im Weiterbildungsmarkt individuell zeit- und betriebsnah agieren zu können.

In diesem Sinne greift das Konzept des lebenslangen Lernens auf alle Bereiche des Bildungswesens zurück, speziell aber auch auf die Ausbildung.[168] Den Folgen dieser Verlagerungen muss der Weiterbildungsmarkt künftig verstärkt mit eigenen Organisationsstrukturen begegnen. Drei Problembereiche sind zu nennen.

- Die Transparenz des Marktes hinsichtlich Angebot und Nachfrage muss gestärkt werden, sonst werden Angebote nicht erkannt oder erst gar nicht entwickelt. Dabei sind Angebots- und Nachfragestrukturen nicht mehr nur regional zu denken, sondern national bzw. international. Der Bedarf an einer effektiven Weiterbildungsberatung wird entsprechend wachsen, gekoppelt mit der Schaffung von Qualitätsmaßstäben und Zertifizierungsmöglichkeiten für die Teilnehmer.[169]
- Regional gebundene Anbieter von Weiterbildungsmaßnahmen stehen immer vor einem grundlegenden Optimierungsproblem. Je ak-

---

[168] Konsequenterweise sind auch Überlegungen anzustellen, wie im Rahmen universitärer ‚Erstausbildung' der Gedanke des weiterführenden künftigen Lernens zu verankern ist. Vgl. dazu EBERLE 1997.

[169] Vgl. zu dieser Problematik JONGEBLOED 1997.

tueller und betriebsnäher (oder berufs- bzw. qualifikationsspezifi-
scher) eine Maßnahme konzipiert wird, desto geringer wird die
Zahl der potentiellen Nachfrager in der Region sein, die dabei körperlich anwesend sein können. Ein bekanntes Problem ist die regional unterschiedliche Weiterbildungsintensität zwischen dicht und
weniger dicht besiedelten Gebieten. Insofern ist es naheliegend, das
Anwesenheitsproblem durch Formen telekommunikativen Lernens
abzuschwächen bzw. aufzuheben. Fernlehrgänge und kombinierte
Angebote aus Präsenzphasen und Phasen des Lernens am häuslichen (oder betrieblichen) Arbeitsplatz werden zunehmen.

• Das Problem der Differenzierung stellt sich nicht nur hinsichtlich der
thematischen Angebote, sondern auch hinsichtlich der tendenziell
zunehmenden Heterogenität der Lernvoraussetzungen der jeweiligen
Teilnehmergruppe. Denn der Idee des lebenslangen Lernens inhärent
ist die Individualisierung von Lernbiographien. Die Zusammenset-
zung wird also nur eher zufällig homogen sein; was eine doch recht
einschneidende Umkehrung einer mehr oder weniger stillschwei-
gend angenommenen Grundannahme institutionalisierter Bildung ist,
nämlich ähnliche Ausgangsbedingungen für das Lernen zu organisieren.[170] Für die Teilnehmer wird die Differenzierungsfähigkeit einer Maßnahme zum Qualitätsmaßstab; sie erfordert aber auch die
Fähigkeit und Bereitschaft der Teilnehmer, teilweise selbstgesteuerte
Lernphasen zu nutzen. In diesem Kontext spielt das ‚lokal‘ oder in
Kombination mit Präsenzformen anwendbare Computer-Based-Training eine Rolle, gerade auch im Zeitalter der ‚kognitiven‘ Gesellschaft bzw. der Informationsgesellschaft. Neuere multimediale Lehr-
Lernformen versuchen dabei, diesen Differenzierungsaspekt des
Umgangs mit Wissen auch mit einer Differenzierung der Wissens-
formen und der Wissensrepräsentation inhaltlich umzusetzen.[171]

(b) Lern-Zeit in der Arbeits-Zeit und Frei-Zeit – mit dieser Umschreibung versuchen wir den Blick auf ein gesellschaftliches Phänomen zu

---

170 Die sich daraus ergebenden Problemstellungen lassen sich heute schon im
Bereich der Berufsschule finden, da auch dort in den Fachklassen des dua-
len Systems teilweise ganz unterschiedliche Lernvoraussetzungen der
Schülerinnen und Schüler zu finden sind.

171 Vgl. zur Auseinandersetzung mit dem Computer-Based-Training zum Beispiel TWARDY 1985, TWARDY/WILBERS 1996. Als hervorzuhebenden Ansatz
der Differenzierung der Wissensformen wird hier auf das Projekt NAVIGA-
TOR verwiesen (vgl. WITT 1996).

lenken. Aus Sicht der Lernbiographien sind die Lernzeiten nämlich keineswegs nur auf die Arbeitszeit oder in der Arbeitszeit zu verorten, sondern auf die Freizeit hin ausgerichtet und werden als Freizeit interpretiert. Das Stichwort von der Erlebnisgesellschaft mag die Tendenz andeuten. Das Motiv der Individuen ist somit keinesfalls ausschließlich darin zu suchen, individuelle Qualifikations-Defizite zu beseitigen oder individuelle Karriere-Chancen vorzubereiten, sondern einen individuellen und teilweise privaten Möglichkeitsraum zu erschließen. In einer Studie von Jochen KADE und Wolfgang SEITER wird in Bezug auf Teilnehmer an Funk-Kollegs dazu festgehalten:

> „Unserer Fallanalysen zeigen, daß die Abarbeitung an erfahrenen Defiziten zwar auch im Verlauf lebenslangen Lernens stattfindet, daß jedoch – gerade auch im Kontext langjähriger Funkkollegteilnahme – ein anderer Typ von Lernen dominiert. Dieser Lerntypus ist nicht defizitbezogen organisiert, sondern […] differenzbezogen strukturiert. Das lebenslange Lernen ist aus dieser Sicht ein unmarkierter Raum, eine soziale Struktur, die auf der subjektiven Ebene ihrer ‚Teilnehmer‘ Möglichkeitsüberschüsse, damit biographische Differenzen zwischen möglicher und wirklicher Lebenspraxis erzeugt und ihnen eine prozessurale, eine temporale Verlaufsform gibt, die keine bestimmte Richtung vorschreibt und prinzipiell endlos ist, auch wenn sie im individuellen Fall empirisch zu einem (konsequenten) Ende kommen mag."[172]

Diese immanente Entwicklungsperspektive des lebenslangen Lernens kann unserer Einschätzung nach durchaus dazu führen, dass nach der programmatischen Forderung nach lebenslangen Lernen auch ganz pragmatisch die Möglichkeit dazu eingefordert wird, was erwünschte Kontinuitäten im Arbeitsprozessen in Frage stellen kann. Pointiert formuliert: „Sich bilden wird zur Profession".

Dies wirft Fragen nach der Organisation und der Finanzierung lebenslangen Lernens auf. Auf europäischer Ebene sind dabei unterschiedliche Organisations- und Finanzierungsmodelle, beispielsweise für die Formen des Bildungsurlaubs, entwickelt worden. Sie stehen einerseits im Kontext von Vereinbarungen der Sozialpartner, andererseits im Kontext der Diskussion von staatlicher oder privater Einflussnahme. Hinsichtlich der staatlichen Einflussnahme ist mit zunehmenden institutionellen Regulierungsinteressen zu rechnen, auch als eine Fortschreibung einer dauernden Schwerpunktverlagerung der bildungspolitischen Diskussion auf jeweils spätere Schul- bzw. Ausbildungsphasen.[173] Be-

---

[172] KADE/SEITER 1996, S. 251 f.
[173] Vgl. LIPSMEIER 1991, S. 26 f.

zogen auf die private Einflussnahme sind Weiterbildungsphasen systematisch als Option mit in die Lebensabschnittsplanung aufzunehmen. Und genauso wie Bausparverträge darin unterstützen sollen, Hauseigentum erwerben zu können, könnten entsprechende Modelle für Weiterbildungsformen entwickelt und ggf. auch staatlich subventioniert werden, um Phasen der Weiterbildung zu ermöglichen.[174]

Zwischenspiel [5]

Eine Problematik eines Kapitels „moderne Berufsbildung" in einem Lehrbuch ist dessen Vergänglichkeit. Solche Kapitel sind stets mit einem Blick auf das Erscheinungsjahr des Buches bzw. der Auflage zu lesen. Sofern es sich bei den beschriebenen Aspekten um Moden handelt, sind laufende Überarbeitungen notwendig. Wir können für in A.5 beschriebenen Tendenzen aber eine gewisse Langlebigkeit unterstellen. Dennoch sind Anzeichen wahrzunehmen, dass die Epoche der „Handlungsorientierung" derzeit eher ihren Ausklang findet, während das Schlagwort des „lebenslangen Lernens" zumindest in der Perspektive von Möglichkeitsräumen erst noch in den Blickpunkt gestellt wird.

Wichtig ist in diesem Kontext, nochmal auf den Unterschied zwischen gestellten Ansprüchen bzw. den Protagonisten und der Einlösung bzw. den Ausführenden hinzuweisen. Beides zu tun, ist wichtig. Letztlich ist aber die Dauerhaftigkeit eine Frage der Einlösung bzw. Umsetzung. Im Fall der Handlungsorientierung kann am Umgang mit Prüfungen die Dauerhaftigkeit eingeschätzt werden. Einerseits sind vielfältige theoretisch wie praktisch angelegte Bemühungen zu beobachten, Handlungs(bereichs)kompetenzen zu bestimmen und zu messen, um darüber den Erfolg von Lehr-Lernvorgängen zu beurteilen. Sie führen im Vergleich mit herkömmlicher Prüfungspraxis zu organisatorisch aufwendigen, komplexeren und kostenintensiveren Prüfungsverfahren, welche von den beteiligten Personen (Prüfern) und vor allem den Institutionen (Kam-

---

[174] Diese Idee entnehmen wir einer Diplomarbeit von Andreas Beckmann 1996: Versicherungsmodelle zur individuellen Finanzierung von Weiterbildungsmaßnahmen. Hervorzuheben ist dabei, dass konsequent vor dem Hintergrund einer wirtschaftspädagogischen Begründung argumentiert wird.

mern) Lernprozesse erfordern würden.[175] Auf solche handlungsorientierten Prüfungsformen zu verzichten, gefährdet aber die Umsetzung der Ansprüche nachhaltig.Ein einfaches Prüfkriterium für die
Glaubwürdigkeit moderner Berufsbildung liegt in zwei schlichten
Fragen: Sind die Anspruchsteller in der Lage, die Kosten zu tragen
bzw. wollen sie die Kosten (mit)tragen? Sind die Anspruchsteller
in der Lage, die organisatorischen Bedingungen zu schaffen bzw.
wollen sie dieses organisieren? Im Bereich der Prüfungen sieht es
derzeit nicht danach aus.

Insofern rücken am Ende von Teil A die verantwortlichen Institutionen und in ihnen handelnden Personen in den Blick. Der Anfang
von Teil B ist gemacht.

---

[175] Sie sehen: Auch beim lebenslangen Lernen ist zu prüfen, ob Protagonisten
des lebenslangen Lernens selbst dazu bereit und in der Lage sind.

B Praxis der Berufsbildung

B.1 Stationen im Lebenslauf

Wir wechseln die Perspektive. Bisher haben wir die Wirtschaftspädagogik aus dem Blick von Wirtschaftspädagogen betrachtet. Nunmehr
wollen wir versuchen, die Situation der Lernenden zu thematisieren.
Man spricht hier auch von der Zielgruppe oder – in einer traditionellen Sprache – vom Erziehungssubjekt bzw. vom Educanden. Es geht
um diejenigen, die von Ausbildern, Lehrern, Dozenten u. a. ausgebildet, trainiert, beraten werden und für die Erziehung (unter anderem)
organisiert wird. Im Teil A haben wir hierzu unter den leitenden
Grundbegriffen (Erziehung, Beruf, Lernen, Arbeiten …) eine Vielzahl von eher allgemeinen Hinweisen gegeben. Wenn man sich nun
der konkreten beruflichen Bildungsarbeit zuwendet, so muss deutlich
werden, dass es dabei immer um einzelne Personen geht; im Mittelpunkt steht der Mensch als Individuum.

Nur konsequent erscheint es uns daher, bei der Darstellung der Praxis der Berufsbildung auf individuelle Lebens- und Berufsbiographien
zurückzugreifen. Sie werden zunächst beschrieben. Auf diesen Szenarien aufbauend wird dann in Kapitel B.1.2 versucht, erste Zusammenhänge der beruflichen Bildungspraxis in typischen Phasen zu skizzieren, die dann im weiteren Verlauf der Ausführungen hinsichtlich der
in den Phasen wirkenden Organisationen präzisiert werden sollen.

B.1.1 Berufliche Lebenswege

B.1.1.1 Schulische Ausbildung und Berufswechsel

Im Gegensatz zu vielen ihrer Mitschülerinnen und Mitschülern hatte
Britta W. nach dem Realschulabschluss noch Lust, weiter auf die
Schule zu gehen. Die anderen suchten sich überwiegend Ausbil-
dungsstellen in Betrieben; Britta W. machte eine Ausbildung in der
Schule. Sie hatte sich, weil ihr Sprachen eigentlich ganz gut lagen,
bei einer kaufmännischen Berufsschule für die Ausbildung zur
Fremdsprachenassistentin beworben und auch eine Aufnahmeprüfung
für die erste Fremdsprache bestanden. Der Lehrplan dieser dreijähri-
gen Berufsfachschule sah folgende Fächer vor:

Stundentafel **der dreijährigen höheren Berufsfachschule** **für Wirtschaft und Verwaltung** Bildungsgang: Kaufmännische Assistentin Fremdsprachen/ Kaufmännischer Assistent Fremdsprachen		
	Wochenstunden	
Fächer	Unter- stufe	Mittel- stufe	Ober- stufe

Fächer	Unterstufe	Mittelstufe	Oberstufe
Deutsch	2	2	2
Mathematik	2	2	2
Politik/Geschichte	2	2	2
Religionslehre	2	2	2
Sport	2	2	2
Naturwissenschaften	1	1	–
Betriebswirtschaftslehre mit Rechnungswesen	4	4	4
Volkswirtschaftlehre	2	1	1
Englisch	5	5	5
Französisch oder Spanisch	5	5	5
Textverarbeitung/Textautomation	2	2	2
Wirtschaftsinformatik/Organisationslehre	2	2	2
Bürowirtschaft	2	3	3
Fremdsprachliche Kurzschrift und/oder Wirtschaftsgeographie und/oder 3. Fremdsprache und/oder Spezielle Betriebswirtschaftslehre und/oder Zusatzkurse Fremdsprachen *)	3	3	4
	36	36	36

Fächer, die einstündig ausgewiesen sind, können auch mit zwei Wochenstunden nur in einem Schuljahr angeboten werden.
*) Wahlfächer werden mindestens zweistündig angeboten.

Abbildung B. 1: Stundentafel Fremdsprachenassistent[1]

Zwar machte sie noch die Abschlussprüfung, aber immer mehr war ihr in dem letztem Ausbildungsjahr klar geworden, dass ihr die Arbeit in einem Betrieb nicht liegen würde. Sie wollte sich weder einen

[1] Bereinigte Amtliche Sammlung der Schulvorschriften, NRW, S. 519, Anlage 13

passenden Job suchen noch nutzte ihr die auf der Schule erworbene Fachhochschulreife etwas. Vielmehr wollte sie stärker mit Menschen zu tun haben und körperlich aktiv sein.

Durch Gespräche mit der besten Freundin ihrer Mutter kam ihr der Gedanke, Krankengymnastin zu werden. Denn diese war selbst Krankengymnastin. Und sie trug wesentlich dazu bei, dass Britta W. ihre Eltern überreden konnte, noch eine Ausbildung mitzutragen. Allein hätte Britta W. es wohl nicht geschafft, ihren Vater davon zu überzeugen, dass ihre erste Berufswahlentscheidung eine Fehlentscheidung war.

Außerdem vermittelte die Freundin auch die Adresse von einigen staatlichen und privaten Schulen für Krankengymnastik. Nach zahlreichen Bewerbungen, drei Auswahltests und Vorstellungsgesprächen wurde sie in einer staatlichen Berufsfachschule angenommen. Zwei Jahre lang sah ihr Tag ungefähr so aus: Morgens hatte sie zwei Stunden Unterricht, dann hospitierte und arbeitete sie im nahegelegenen Krankenhaus. Nach der Mittagspause ging es dann weiter mit Unterricht. Die Fächer waren u. a. Anatomie, Physiologie, Orthopädie. In den Fächern wurden jeweils medizinische Grundlagen über Ursachen von Krankheitsbildern vermittelt und entsprechende therapeutische Wege zur Heilbehandlung. Nach zwei Jahren beendete eine umfangreiche schriftliche, mündliche und praktische Abschlussprüfung die schulische Ausbildung; es folgte ein praktisches Anerkennungsjahr in drei verschiedenen Krankenhäusern und unterschiedlichen Fachabteilungen.

Danach, Britta W. war mittlerweile zweiundzwanzig, verdiente sie erstmals eigenes Geld. Sie arbeitete zunächst als angestellte Krankengymnastin in einer mittelgroßen Praxis, später als freie Mitarbeiterin für mehrere Praxen. Ihr machte die Arbeit zwar großen Spaß, aber sie suchte nach drei Jahren doch einen neuen Wirkungskreis mit neuen Perspektiven und Herausforderungen. Sie knüpfte Kontakte zu einem Berufsförderungswerk, welches im Anschluss an Rehabilitationsmaßnahmen auch eine krankengymnastische Betreuung von ‚Umschülern' anbot. Britta W. bekam eine freie Stelle.

Die krankengymnastische Arbeit im Berufsförderungswerk erforderte sehr viel mehr Einfühlungsvermögen und psychologisches Geschick, als sie es ursprünglich erwartet hatte. Denn für die meisten ihrer Patienten – etwa querschnittsgelähmten Unfallopfern – ging es weniger um ein ‚Gesundwerden' als vielmehr um ein ‚Einrichten' im Leben als Behinderte. Das betraf vor allem auch den Aufbau von neuen Erwerbsperspektiven nach einer Umschulung. Viele konnten sich mit dem Beruf, auf den sie umgeschult wurden, noch nicht recht anfreunden. Dennoch: Den Lebensmut und die ungeheure Lebensfreude mancher Patienten bekam Britta W. unmittelbar zu spüren und sie bewunderte diese Patienten sehr. Und immer, wenn Britta W. das Gefühl hatte, durch ihre Arbeit bei ihnen ein klein wenig zu Lebensmut und Lebensfreude beigetragen zu haben, fühlte sie, dass sie damals richtig entschieden hatte.

B.1.1.2 Mit Zusatzqualifikationen in die Selbständigkeit

Martin B. ist in Montabaur aufgewachsen und zur Schule gegangen. Nach dem Abitur wollte er ein Studium beginnen, doch er war unschlüssig, ob sich dies für ihn lohnen würde, zumal er keine genaue Vorstellung davon hatte, welche Fachrichtung für ihn geeignet sei. Schon zu Ende der Schulzeit hatte er öfter in einem Handwerksbetrieb nebenher ausgeholfen und mit der Zeit das Gefühl gewonnen, eine praktische handwerkliche Tätigkeit würde ihn eher befriedigen als ein theoretisches Studium. Auf einer Informationsveranstaltung der Handwerkskammer Koblenz erfuhr er von der Möglichkeit, gleichzeitig mit der Ausbildung in einem anerkannten Ausbildungsberuf eine Zusatzqualifikation als Betriebsassistent im Handwerk zu machen. Darin wird eine Ausbildung in einem Handwerksberuf kombiniert und ergänzt mit typischen Elementen der Weiterbildung, was ihm sehr reizvoll erschien. Denn neben einer grundständigen handwerklichen Qualifizierung würde er auch noch für den beruflichen Aufstieg wichtige technische und betriebswirtschaftliche Kenntnisse vermittelt bekommen.

Sein Ausbildungsalltag gestaltete sich sehr anstrengend. An vier Tagen in der Woche war er in einem Schreinerbetrieb beschäftigt. An einem Tag hatte er Berufsschulunterricht, der um einige Zusatzstunden ergänzt wurde. Diese Zusatzstunden waren Bestandteil der Zusatzqualifikation zum Betriebsassistenten. Außerdem ging er samstags von 8.00 Uhr bis 13.00 Uhr in die Handwerkskammer, um dort ebenfalls an einer Zusatzqualifizierung teilzunehmen. Insgesamt umfasste diese Bildungsmaßnahme 1.160 Stunden, die auf die Fächer Wirtschaftslehre (einschließlich Datenverarbeitung), Fachtheorie und Fachpraxis entfielen. Nach dreieinhalb Jahren legte er die Gesellenprüfung im Schreinerhandwerk ab, sechs Monate später absolvierte er die Betriebsassistentenprüfung.

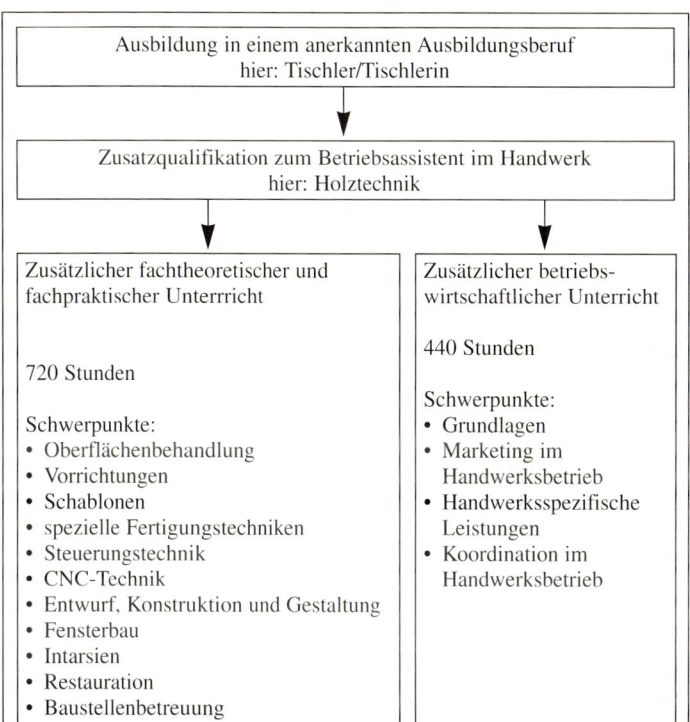

Abbildung B. 2: Aufbau des Bildungsganges Betriebsassistent im Handwerk

Die Ausbildung im Schreinerbetrieb war von vielen Zufällen abhängig. In den ersten zwei Lehrjahren teilte ihn der Meister je nach Auftragslage den Gesellen zu, so gewann er eine Vielzahl von Erfahrungen. Er hatte zuweilen aber auch den Eindruck, dass ihn die Gesellen an die wirklich interessanten Aufgaben nicht heranließen. Im dritten Lehrjahr übernahm er dann schrittweise eigene Aufgaben. So nahm ihn der Meister zu Kundengesprächen mit und ließ ihn kleinere Aufträge selbständig durchführen. Dies war insofern befriedigend, als er allmählich die Aufgaben eines vollwertigen Gesellen übernahm.

Nach der Ausbildung war er drei Jahre als Stellvertreter des Unternehmers in seinem Ausbildungsbetrieb tätig. Danach beschloss er, sich selbständig zu machen. Um die Meisterprüfung zügig ablegen zu

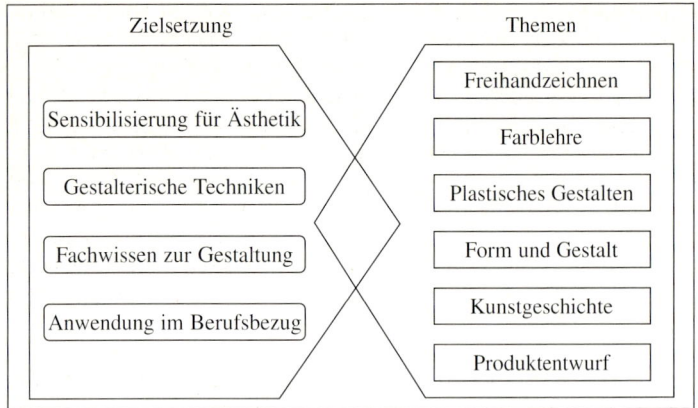

Abbildung B. 3: Weiterbildung „Gestaltung im Handwerk"

können, suchte er eine Meisterschule, die einen Vollzeitlehrgang anbietet. In seiner Heimatregion gab es keine freien Plätze. Nach einge-
hender Suche fand er einen Platz in einer Meisterschule in Süd-
deutschland. Diese Schule hat ihn insofern geprägt, als dort seine
Interessen für Kunstgeschichte und Stilkunde, insbesondere für Möbelrestauration geweckt wurden.

Nach der Meisterprüfung wollte er sich auf Möbelrestauration und
Stilmöbel spezialisieren. Er besuchte daher die Kasseler Werkakade-
mie für Gestaltung, dort belegte er den Kurs „Gestaltung im Handwerk". Mittlerweile hat Martin B. einen kleinen Spezialbetrieb für
die Bearbeitung alter Furnierholzmöbel aufgebaut.

B.1.1.3 Über Umwege zum späteren Erwerbsberuf

Verena K. besuchte die Hauptschule. Für sie stand fest, dass sie Verkäuferin werden wollte. Deshalb war sie sehr froh, dass sie eine Stelle als Bäckereifachverkäuferin in ihrem Heimatort erhielt. Zuerst
musste sie sich an frühe Anfangszeiten gewöhnen. Der Laden öffnete
wochentags bereits um 6.00 Uhr morgens, samstags begann der Verkauf um 7.30 Uhr. Üblicherweise hatte sie alle zwei Wochen samstags frei. Die Eigentümer, ein Bäckermeister und dessen Frau, die
den Verkauf leitete, bestanden darauf, dass sie 30 Minuten vor Ver-
kaufsbeginn im Laden war, wie alle anderen Mitarbeiter auch.

An Verena, dem Lehrmädchen, wie es im Geschäft hieß, stellten sie
auch die Erwartung, dass sie an den Tagen, an denen sie Berufsschul-

unterricht hat, vor dem Unterricht noch schnell im Laden vorbeischaue. Dies belastete sie körperlich, zusehends aber auch emotional, weil ihre Klassenkameradinnen in der Berufsschule ihr deutlich vor Augen führten, dass sie dies weder nötig habe, noch dass dies i. S. des Jugendarbeitsschutzgesetzes erlaubt sei. Ihre vorsichtigen Versuche, dies im Geschäft zu sagen und einen gewissen Freiraum zu bekommen, schlugen fehl. „Lehrjahre seien keine Herrenjahre", hieß es dort und: „alle müssen in einem so kleinen Laden mithelfen": eine Meinung, der sich im übrigen zum Teil auch Verenas Eltern anschlossen.

In Folge der Belastung waren die Schulleistungen von Verena sehr schlecht. Ihre Berufsschullehrerin vermittelte daher ein Gespräch mit einem Ausbildungsberater von der Handwerkskammer. Dieser versuchte, nachdem er mehr über die Arbeits- bzw. Ausbildungssituation von Verena herausgefunden hatte, ein vermittelndes Gespräch mit dem Ausbildungsbetrieb und Verena herbeizuführen.

Trotz dieser Bemühungen ergab sich keine Verbesserung für Verena. In der Folge kam es zu einer Auflösung des Ausbildungsverhältnisses. Glücklicherweise konnte der Ausbildungsberater in Zusammenarbeit mit dem Arbeitsamt Verena bei der Suche nach einem neuen Ausbildungsberuf helfen, denn sie hatte genug von ihrer Tätigkeit im Verkauf. Sie wurde von nun an in einem mittelständischen Unternehmen zur Kauffrau für Bürokommunikation ausgebildet. Am Anfang fiel ihr die viele Theorie schwer, aber mit Hilfe einer speziellen Nachhilfe, den vom Arbeitsamt geförderten ,ausbildungsbegleitenden Hilfen', schaffte sie die schwierigen Anfangshürden und schloss die Prüfung direkt beim ersten Versuch erfolgreich ab.

Sie arbeitete einige Zeit in ihrem Ausbildungsbetrieb und wechselte dann, vorrangig aus finanziellen Gründen, in ein Ingenieurbüro. Dort musste sie sich fast ausschließlich um Terminplanung und Abrechnungen kümmern, was ihr weniger Spaß bereitete. Drei Jahre später heiratete sie, zog in eine andere Stadt nach Norddeutschland und bekam ihr erstes Kind. Nach der Mutterschaftspause suchte sie einen Neueinstieg. Da sie sich für eine Sekretariatsstelle interessierte, begann sie auf Anraten des Arbeitsamtes eine Fortbildung zur Sekretariatsfachkraft. Hierbei handelt es sich um einen sogenannten Fortbildungsberuf, der auf eine Erstausbildung aufsattelt und auf gehobene Tätigkeiten im Sekretariatsbereich vorbereitet. Entsprechend anspruchsvoll war der einjährige Kurs, der mit einem staatlich anerkannten Abschluß beendet wird, vergleichbar einer Fachwirtefortbildung. Verena schaffte diese Prüfung im zweiten Anlauf und ist heute Gruppenleiterin in einer Stabsstelle Sekretariat.

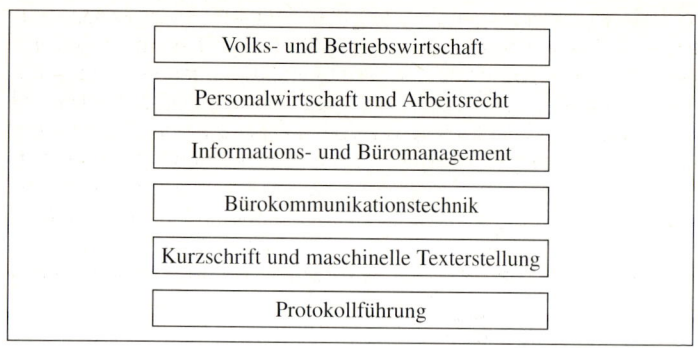

Abbildung B. 4: Lehrgang „Weiterbildung zur Sekretariatsfachkraft"

B.1.1.4 Ausbildung bei einem Freiberufler

Als Henrik G. 1985 die Realschule in Rheinland-Pfalz abschloss, hatte er keine Lust mehr auf Schule – er wollte viel lieber nach Australien und deshalb direkt Geld verdienen. Seine Eltern aber drängten ihn darauf, zumindest eine Ausbildung zu machen. Ein reiner Bürojob erschien Henrik G. zu fade und auch bei einem rein handwerklichen Beruf hatte er Bedenken. Geprägt durch das Bauingenieur-Büro seines Vaters kam er auf den Gedanken, den Beruf des Vermessungstechnikers zu ergreifen. Dies wurde vor allem als gute Grundlage für ein späteres Studium zum Bauingenieur angesehen. Hierzu muss angemerkt werden, dass die ganze Familie seit Generationen aus Bauingenieuren besteht.

Daher bewarb sich Henrik G. beim Katasteramt seiner Heimatstadt und in der Nachbarstadt im angrenzenden Hessen sowie beim Amt für Landwirtschaft und Landentwicklung. Außerdem sandte er einige Bewerbungen an private Vermessungsbüros. Eine Zeitlang sah es so aus, als ob niemand ihn nehmen würde. Für diesen Fall hatte er sich schon überlegt, die gymnasiale Oberstufe in Hessen zu besuchen, wie dies 40 % seiner Mitschüler vorhatten.

Schließlich erhielt er ein Angebot von einem privaten Vermessungsbüro in Hessen. Hierbei handelte es sich um einen „Öffentlich Bestellten Vermessungsingenieur" (ÖBV I), von denen es zu der Zeit ca. siebzig in Hessen gab. Für Henrik G. bedeutete dies eine Fahrt zur Berufsschule in die ca. 60 km entfernte Landeshauptstadt Wiesbaden. Außerdem stellte sich heraus, dass, obzwar die betriebliche Berufsbildung prinzipiell bundeseinheitlich geregelt ist, es im Bereich der

Vermessungstechnik durchaus fachlich bedingte Länderbesonderheiten gibt, da das Vermessungswesen selbst in der Hoheit des jeweiligen Bundeslandes liegt. In der Berufsschulklasse waren sie 16 Schüler und Schülerinnen. Sie kamen zum Teil von den Behörden, bei denen sich Henrik G. auch beworben hatte (Katasteramt, Landesamt), daneben von verschiedenen Stadtvermessungsämtern. Nicht alle waren dabei Mitarbeiter bei hessischen Ämtern, einige kamen aus Mainz und waren von daher bei rheinland-pfälzischen Behörden beschäftigt. Hier machten sich dann im Unterricht die länderspezifischen Besonderheiten bemerkbar. Einige Auszubildende kamen schließlich von privaten Vermessungsbüros, von denen nicht alle – wie in seinem Fall – öffentlich bestellt waren.

Henrik G. empfand seine Ausbildungszeit als „Einzelkämpfer-Dasein". Während in den Behörden Ausbildungsleiter für die ‚Azubis' zuständig waren, war er ziemlich auf sich allein gestellt, denn als erster Auszubildender in einem noch kleinen und jungen Betrieb ohne Erfahrungen mit dualer Ausbildung musste er sich um alles selbst kümmern. Während der gesamten Ausbildungszeit gab es keinen Kontakt zur Zuständigen Stelle, dem hessischen Ministerium für Wirtschaft und Technik[2], insgesamt war die Ausbildung eher auf die Tätigkeit im öffentlichen Dienst als auf eine bei einem freien Ingenieurbüro ausgerichtet. Und mit dem öffentlichen Dienst wollte er eigentlich nichts zu tun haben. Dennoch war die sicherlich teilweise belastende Situation lehrreich; von dem etwas verträumten Schüler wandelte sich Henrik G. in einen immer noch träumenden, aber zielstrebigen jungen Vermessungstechniker, der bald viele Aufträge für das Büro seines Vaters übernahm. Daneben besserte er zunächst in der Volkshochschule und später auch in einer speziellen Sprachenschule seine Englisch-Kenntnisse auf. Und nach drei Jahren war es dann soweit: Henrik G. erfüllte sich seinen Traum und ging mit seiner Freundin nach Australien; dort ist er nun Mitgesellschafter einer kleinen Baufirma.

B.1.1.5 Über die Ausbildung zum Handelslehramt

Petra L. absolvierte die Realschule in einer Kleinstadt in Oberbayern. Ihre Hobbies waren damals Musik. Ihr Freund Mark spielte in einer Band und nach Möglichkeit besuchte sie die Konzerte dieser Gruppe, die in Jugendclubs u. ä. stattfanden. Ansonsten war sie an Lesen inte-

---

[2] Die Zuständigkeit dieses Ministeriums – und nicht die der IHK – ergibt sich aus der Anlehnung dieses Ausbildungsganges an den Öffentlichen Dienst.

ressiert. Einen großen Teil der Freizeit verbrachte sie schließlich noch mit Freunden und Freundinnen. Sie waren eine lustige Clique von im Durchschnitt acht Jugendlichen. Petra organisierte recht viel in dieser Gruppe und hatte immer Ideen, was man unternehmen könnte. Mit sechzehn schloss sie die Realschule ab. Eine genaue Vorstellung von ihrem zukünftigen Beruf hatte sie nicht. Sie wusste nur, dass sie nicht weiter zur Schule gehen wollte, obgleich ihre Lehrer ihr aufgrund der Schulleistungen empfohlen hatten, in die Oberstufe des Gymnasiums zu wechseln. Am liebsten wäre sie mit ihrem Freund und der Band herumgereist und hätte sich um das Marketing der ersten CD und die Organisation der Konzerte gekümmert. Ihre Eltern waren natürlich gar nicht von der Idee begeistert. Ihnen war es daher ganz lieb, als Mark ihr den Laufpass gab. In dieser persönlich für Petra schwierigen Zeit war ihre Familie eine wichtige Stütze, insbesondere bei der Frage, wie es denn nun weitergehen soll. Ihre Eltern forderten sie immer wieder auf, sich mit dem Berufsberater des Arbeitsamtes zusammenzusetzen.

In den Gesprächen mit dem Berufsberater und Bekannten der Eltern schien es bald das richtige zu sein, ihr Organisationstalent in eine kaufmännischen Lehre einzubringen. Sie suchte daher eine Ausbildungsstelle als Industriekauffrau. Nach einigen Bewerbungen klappte es: sie wurde zu einem Vorstellungsgespräch eingeladen. In diesem Gespräch wurde sie nach der Schule und nach ihren Interessen gefragt, außerdem wurde ein Test durchgeführt, in dem sie Fragen aus der Geschichte und Politik beantworten musste. Schließlich musste sie ein Diktat schreiben und diesen Text dann mit eigenen Worten zusammenfassen. Sie bekam die Stelle und begann eine Ausbildung zur Industriekauffrau.

Sie erhielt am Anfang der Ausbildung eine Übersicht über den Ausbildungsverlauf, der auch weitgehend eingehalten wurde. Die Ausbildung begann mit einer siebenwöchigen Einführungsphase. In der ersten Woche wurden sie dabei von Mentoren, das waren Auszubildende des dritten Ausbildungsjahres, betreut. Über diese Auszubildenden erhielten die Neulinge direkt einen guten Einstieg in das Unternehmen. In den folgenden zwei Wochen mussten sie Erkundungsaufträge durchführen. Auf diese Weise lernten sie die Abteilungen und die dortigen Kollegen kennen. Zum Abschluß dieser Phase absolvierten sie einen Lehrgang in der Lehrwerkstatt des Unternehmens. Sie lernten dabei nicht nur die gewerblich-technischen Auszubildenden näher kennen, sondern sie bekamen auch eine Einführung in die Technologie des Unternehmens. Nach dieser Einführung ging es in die Abteilungen; Petra durchlief alle fünf Funktionsbereiche: den Absatz, die

Produktion, die Materialwirtschaft, das Rechnungswesen sowie die Personalabteilung. Die Ausbildung in den Funktionsbereichen war in drei Phasen aufgegliedert: In einer ca. dreiwöchigen Orientierungsphase musste sie die Aufgaben der Abteilungen erarbeiten. Anschließend war sie ca. 20 bis 22 Wochen in den Abteilungen beschäftigt. Dort arbeitete sie i. d. R. mit einem Sachbearbeiter zusammen. Im Anschluß daran wurden Projektgruppen von fünf Auszubildenden gebildet, die in einem Zeitraum von ca. 3 Wochen ein Projekt selbständig bearbeiten mußten. Bei diesen Projekten handelte es sich fast immer um kleinere Aufgaben aus dem Betriebsablauf. So mußte Petras Arbeitsgruppe nach der Arbeit im Einkauf die Neuausstattung für ein Büro beschaffen. Zu diesem Auftrag gehörten u. a. die Analyse des Bedarfs, das Zusammenstellen der erwünschten Büroausstattung, das Einholen und Vergleichen von Angeboten usw.

Die Arbeit machte ihr von Anfang an Freude. Sie fand schnell Kontakt zu den anderen Auszubildenden und den Kolleginnen und Kollegen im Büro. Im ersten Ausbildungsjahr war sie alternierend einmal vier Tage und einmal drei Tage im Betrieb und entsprechend dann in einer Woche einen Tag und in der folgenden Woche zwei Tage in der Berufsschule. Im zweiten Ausbildungsjahr war sie jede Woche an zwei Tagen in der Schule; im dritten Ausbildungsjahr gab es wiederum die alternierende Regelung, die auch im ersten Ausbildungsjahr vorgenommen worden war.

In der Berufsschule waren Auszubildende aus völlig anderen Betrieben. Sie fand es ganz interessant, wenn die anderen von der Arbeit in ihren Betrieben berichteten. So merkte Petra L. sehr schnell, dass die Zusammenarbeit zwischen diesen Betrieben und der Schule höchst unterschiedlich war. Während ihr Ausbilder sich regelmäßig mit dem Berufsschullehrer traf, erwähnten Klassenkameraden, dass ihre Chefs kein Interesse an solchen Treffen hätten. So kam es dann auch oft dazu, dass der Lehrer sogenannte Erkundungsaufträge für die betriebliche Ausbildungsphase vergab, die nur von einigen Schülern und Schülerinnen wahrgenommen werden konnten. Bei solchen Erkundungsaufträgen ging es darum, den theoretischen Unterrichtsstoff im Betrieb zu überprüfen. So lernen die Schüler z. B. im Schwerpunkt Beschaffung verschiedene Formen kennen, wie man Informationen im Beschaffungsmarkt gewinnen kann. Ihre Aufgabe war es dann, in den eigenen Betrieben festzustellen, welche Formen dort Anwendung fanden oder ob es ganz andere Wege gäbe, die noch zu berücksichtigen wären. Für Petra war diese Aufgabe sehr einfach zu bewältigen, weil sie ein entsprechendes Projekt in ihrem Ausbil-

Einführung in die Ausbildung			
	Einführung mit Mentoren (Auszubildende des 3. Lehrjahrs)		*1 Woche*
	Betriebserkundungen		*2 Wochen*
	Einführungskurs in der Werkstatt		*4 Wochen*

Ausbildung in den Funktionsbereichen des Betreibes		Orientierung	Arbeit in der Abteilung	Projektarbeit der Auzubildenden
	Absatz	*3 Wochen*	*20 Wochen*	*3 Wochen*
	Produktion	*3 Wochen*	*20 Wochen*	*3 Wochen*
	Material-wirtschaft	*3 Wochen*	*20 Wochen*	*3 Wochen*
	Rechnungs-wesen	*3 Wochen*	*20 Wochen*	*3 Wochen*
	Personal	*3 Wochen*	*20 Wochen*	*3 Wochen*
		15 Wochen	*100 Wochen*	*15 Wochen*

Abschluss	
	Prüfungsvorbereitung
	Prüfung

Abbildung B. 5: Betrieblicher Ausbildungsplan

dungsbetrieb durchlaufen hatte. In vielen Ausbildungsbetrieben, so stellte sie fest, wurden solche Projekte aber gar nicht gemacht.

Der Unterricht in der Schule war ähnlich dem der Realschule in Fächer gegliedert:

Fächer	1. Lehrjahr	2. Lehrjahr	3. Lehrjahr
Allgemeinbildender Unterricht			
Religionslehre	1	1	1
Sozialkunde	1	1	1
Deutsch	1	1	1
Fachlicher Unterricht			
Englisch	1	1	1
Allgemeine Wirtschaftslehre	2	1	1
Grundlagen der Buchführung und des Wirtschaftsrechnens	2	–	–
Berufsbezogene Projektarbeit	1	–	–
Industriebetriebslehre	–	7	4
Finanz- und Rechnungswesen	–	2	3
Unterrichtsstunden pro Woche	9	14	12

Abbildung B. 6: Stundentafel für die Berufsschule

In Hinblick auf die Abschlussprüfung fanden im Betrieb und in der Schule systematische Vorarbeiten statt. Die Prüfung enttäuschte Petra L. Sie musste sogenannte multiple choice Fragen beantworten. Diese hatte sie in den Wochen vor der Prüfung geübt. Sie hatten jedoch in keiner Weise etwas mit den anspruchsvollen Themen und Arbeiten zu tun, mit der sie während der Ausbildung im Betrieb und in der Schule konfrontiert worden war. Und es ärgerte sie schon, dass sie gerade wegen dieser verqueren Fragen nicht so gut abschloss, wie sie das erwartet hatte. Genaugenommen verletzte es sie auch, dass einige von den Klassenkameraden ebenfalls ganz gut abschlossen, die aus den Betrieben kamen, die sich kaum oder gar nicht aktiv in die Ausbildung einschalteten und die in der Schule ganz gerne darauf verwiesen hatten, dass man ‚all dieses Zeug, was man in der Schule lerne, wohl doch nicht braucht‘.

Nach der Ausbildung wurde sie vom Betrieb übernommen. Sie übernahm die Sachbearbeiterstelle im Einkauf. Zwar freute sie sich über die Stelle und die Möglichkeit, finanziell nun ganz auf eigenen Füßen zu stehen, doch spürte sie auch, dass dies noch nicht alles gewesen sein konnte. Sie entschied sich relativ bald dafür, noch etwas anderes zu lernen. Ihr hatte in der Berufsschule eine Lehrerin besonders imponiert. Daher überlegte sie nach Möglichkeiten, Diplom-Handelslehrerin zu werden. Dies erschien ihr schon ein schwieriges Unterfangen, weil ihr für ein Studium die Hochschulreife fehlte. Ein Gespräch mit ihrer ehemaligen Berufsschullehrerin zeigte ihr einen möglichen Weg auf. Diese empfahl ihr den Besuch der Berufsober-schule, die Absolventen des dualen Systems die Möglichkeit bietet, die Hochschulreife zu erwerben.

Während ihres Studiums der Wirtschaftspädagogik an der Univer-sität München jobte sie in den Semesterferien bei ihrem Ausbildungs-betrieb, wenn ‚Personalnotstand' war, auch während des Semesters. Dadurch war ihre finanzielle Situation während des Studiums stabil und zudem konnte sie viele Elemente des Studiums praktisch umset-zen. Vor allem machte ihr die Mitarbeit in einem Reorganisationspro-jekt viel Spaß. Darüber schrieb sie ihre Diplomarbeit und auch nach dem Examen arbeitete sie weiter in diesem Projekt mit. Nach zwei Jahren praktischer Tätigkeit entschloss Petra L. sich aber doch, in das Referendariat zu gehen, weil zu der Zeit Berufsschullehrer Mangel-ware waren und die Aussicht auf eine Übernahme groß war. Heute unterrichtet sie an der Berufsschule in ihrem Heimatort und ärgert sich über so manchen Ausbildungsbetrieb und über so manche Ab-schlussprüfung.

B.1.2 Phasen der Berufsbildung

Den fünf Lebensläufen liegen trotz aller Unterschiede einige Ge-meinsamkeiten zugrunde. Gemeinsam ist eine biographische Grund-struktur, die durch die Phasen *Berufswahl und -einstieg*, *Berufsaus-bildung* und *berufliche Weiterbildung* gekennzeichnet ist. Wir könnten dieses Modell noch um die Phase der Wirtschafts- und Be-rufsorientierung in der Sekundarstufe I und den Berufsausstieg bzw. den Ausstieg aus dem Erwerbsleben erweitern. Aus Darstellungs-gründen haben wir hierauf verzichtet, um die Szenarien nicht noch umfangreicher zu gestalten. Festzuhalten bleibt, dass die möglichen berufs- und wirtschaftspädagogischen Maßnahmen nicht mit der Wei-terbildung beendet sind. Gerade die Bedeutung, die das Berufliche bzw. die Arbeitstätigkeit für viele Menschen haben, lässt es als be-sonders wichtig erscheinen, eine systematische pädagogische Vorbe-reitung auf den Ausstieg aus dieser Lebensphase vorzunehmen.

Faßt man die Beispiele zusammen, so läßt sich eine idealtypische be-rufliche Laufbahn lokalisieren, die durch die Phasen (1) Berufsauswahl

(2) Berufsausbildung, (3) Vertiefung und Erfahrungserwerb in der Betriebspraxis und (4) Weiterbildung resp. Fortbildung gekennzeichnet ist. Innerhalb dieser Berufsbiographie kommt es zu Spezialisierungen, zu Neu- und Umorientierung und zu subjektiv erlebtem beruflichen Aufstieg. Diese ‚Richtungen‘ der Berufskarriere werden insbesondere durch Bildungsmaßnahmen unterstützt. Auf diese Weise erlangt der einzelne Mensch berufliche Positionen, d. h. er erwirbt soziales Ansehen und stabilisiert seine Erwerbsmöglichkeiten. Dieser Vorgang ist daneben aber auch mit einer inneren Entwicklung des einzelnen Menschen verbunden. Es kommt zur Herausbildung einer beruflichen Profession. Man kann diesen Prozess folgendermaßen visualisieren:

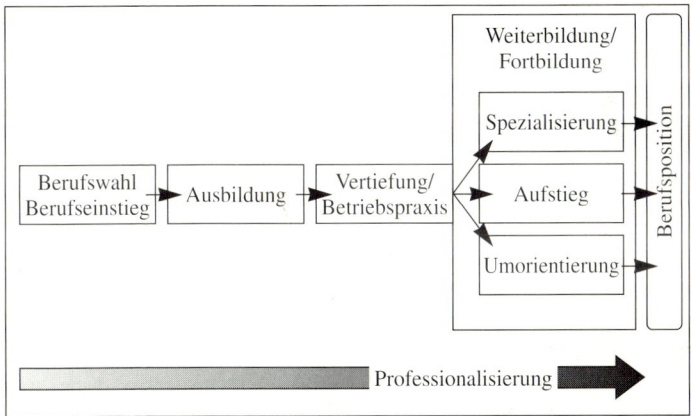

Abbildung B. 7: Berufliche Laufbahnen

Neben der Anzahl der Phasen kann auch diskutiert werden, welche genauen Grenzen zwischen Arbeit auf der einen Seite und Freizeit auf der anderen Seite gezogen werden müssen. So wäre zu fragen, ob man wirklich immer genau festlegen kann, ob eine bestimmte Maßnahme einem beruflichen oder einem Freizeitinteresse dient. Ein gängiges Beispiel wäre der Besuch eines Sprachkurses (Henrik G., B.1.1.4), der sowohl beruflich als auch freizeitbezogen von Interesse für den Teilnehmer sein kann. Außerdem muss der Entwicklung Rechnung getragen werden, dass der Freizeitbereich sehr expandiert, was sich u. a. auch in einem Bildungsbedarf, z. B. nach Anleitung für do-it-yourself-Aktivitäten, neuen Sportaktivitäten, aber auch kulturellen Aktivitäten usw. niederschlägt. Diese Grenzbereiche werden von uns im Folgenden genauso herausgenommen wie sozialpädagogische

Maßnahmen, die sich in der Berufseingliederung von Lernschwachen niederschlagen bzw. in solchen Maßnahmen, die dazu beitragen, dass diese Zielgruppe eine Ausbildung überhaupt erfolgreich absolvieren kann. (z. B. die ausbildungsbegleitenden Hilfen in Kapitel B.)

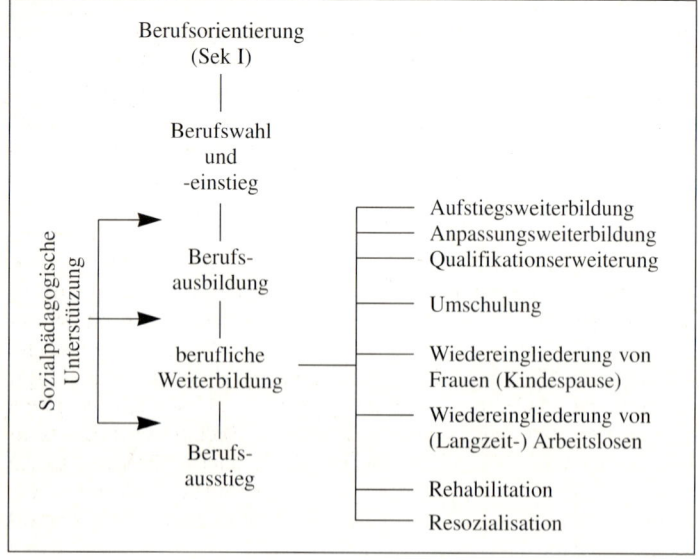

Abbildung B. 8: Berufsbildungsmaßnahmen im biographischen Zusammenhang

In der Phase der Berufswahl spielen nicht nur die individuellen Interessen, Wünsche und Begabungen eine Rolle, sondern auch der Einfluss vieler Institutionen, wie etwa dem Elternhaus oder der Berufsberatung durch das Arbeitsamt. So besteht eine der Hauptaufgaben von Berufsberatern u. a. darin, über eine Vielzahl der Berufe und Berufsfelder zu informieren, Zukunftsaussichten am Arbeitsmarkt zu erläutern, Tips für Bewerbungen und Bewerbungstests zu geben. Im Rahmen der Einzelfallberatung sind Berufsfindung und Berufseignungstests ebenso bedeutsam wie die Konkretisierung und Diskussion verschiedener individueller Berufsalternativen. Dabei kann die Entscheidung für oder gegen bestimmte Berufe als eine der frühen ‚gravierenden' selbstverantworteten Entscheidungen von Jugendlichen angesehen werden, die einen nicht unerheblichen Beitrag zur Selbstfindung und damit zur Persönlichkeitsentwicklung leisten.

In der Phase der Berufsausbildung findet in Deutschland eine erste längerfristige Begegnung mit der Arbeitswelt statt, weil eine i. d. R. dreijährige Dauer der Ausbildung in den Ausbildungsordnungen festgelegt ist. Nur unter bestimmten Umständen und im festgelegten Rahmen kann die Ausbildungsdauer verkürzt werden. Grundlage der dualen Ausbildung ist ein Ausbildungsvertrag, der zwischen dem ausbildenden Betrieb (Ausbildendem) und dem Auszubildenden geschlossen wird. Auszubildende sind dadurch immer auch Arbeitnehmer, denen allerdings spezifische Rechte und Pflichten zugesprochen werden, beispielsweise der Besuch der Berufsschule. Hiermit sind solche Besonderheiten angesprochen, auf die wir noch im nachfolgendem Kapitel eingehen werden.

Daneben gibt es noch die sogenannten schulischen Ausbildungsgänge (Britta W., B.1.1.1). Sie spielen in Deutschland quantitativ betrachtet eine untergeordnete Rolle.[3] Es sind verschiedene Ausbildungsgänge zu unterscheiden. So ist etwa die Ausbildung zur „Kaufmännischen Assistentin Fremdsprachen" nach Landesrecht, während für die Ausbildung zur Krankengymnastin (neuerdings: Physiotherapeut) bundeseinheitlich geregelt ist[4]. Das die im Vergleich zur dualen Ausbildung geringe quantitative Bedeutung in Deutschland letztlich vor allem historische Gründe haben dürfte, zeigt ein Blick nach Österreich. Dort gibt es auch eine duale Ausbildung; die quantitative Bedeutung vollschulischer Ausbildungen ist aber dort ungleich höher.[5]

Neben diesem Teil vollschulischer Ausbildung gibt es aber innerhalb der Berufsbildung noch Vollzeitschulen (vgl. auch B.2.2.1). Antonius LIPSMEIER[6] differenziert berufliche Vollzeitschulen danach, ob sie (1) eine schullaufbahnrechtliche Funktion haben oder ob sie (2) berufliche Qualifikationen vermitteln:

(1) Vermittlung von Schullaufbahnberechtigungen. – Hierzu gehören alle Schulen, die einen schulischen bzw. allgemeinbildenden Abschluss über berufliche Fächer vermitteln, z. B. die Höhere Handels-

---

[3] Angela HAHN 1997, S. 32 ff. zeigt auf, dass 1992 von 100 Ausbildungsverhältnissen 94 in dualer und 6 in schulischer Form durchgeführt wurden. Es handelt sich also bisher um einen relativ geringen Anteil am Gesamtausbildungsvolumen.

[4] Vgl. FELLER/ZÖLLER 1995, S. 22.

[5] Vgl. SCHNEIDER 1997.

[6] Vgl. LIPSMEIER 1984, S. 76 f.

schule, das Wirtschaftsgymnasium, die Fachoberschule, die Berufsaufbauschule.

(2) Vermittlung von beruflichen Qualifikationen. – Im Rahmen der
beruflichen Erstausbildung kann die schulische Berufsausbildung eine ergänzende oder eine substituierende Funktion haben. Im ersten
Fall vermittelt die Schule berufliche Teilqualifikationen. Zu nennen
wären u. a.: das schulische Berufsgrundschuljahr oder die Berufsfachschule. Im zweiten Fall wird in vollschulischer Form eine berufliche Erstausbildung vermittelt[7].

Im Wechselspiel mit strukturell und konjunkturell bedingten Entwicklungen im Lehrstellenangebot des dualen Systems gewinnt die
vollschulische Ausbildung zusehends an Bedeutung. Momentan kann
eher von einer Pufferfunktion dieser Ausbildungsform gesprochen
werden. Die vollschulische Ausbildung wird dabei als eine Möglichkeit angesehen, in wirtschaftlich schwierigen Zeiten ein ausreichen-
des Angebot an Ausbildungsplätzen zu garantieren.[8]
   Berufliche Weiterbildung kann definiert werden als eine nach der
Erstausbildung einsetzende berufliche Bildungs- und/oder Qualifizierungsmaßnahme. Die strikte und im Grunde auch formale Trennung
in Aus- und Weiterbildung wird heute allerdings durchlässiger. So
findet sich in den Lebensläufen (B.1.1.2) der Hinweis auf Zusatzqualifikationen. Hierbei handelt es sich im Grunde um Elemente einer
vorgezogenen und mit der Ausbildung verknüpften Weiterbildung.
Das Bemühen um Individualisierung, Differenzierung und Flexibilisierung der Ausbildung (und des Bildungsmarktes) führt heute dazu,
dass Bildungsmaßnahmen entwickelt werden, die bereits während der
Erstausbildung einsetzen. Dies geschieht einerseits unter dem Anspruch der Differenzierung, womit gemeint ist, dass über die zusätzli-
chen Maßnahmen eine individuelle Förderung besser möglich sei.
Andererseits geht es um Flexibilisierung der standardisierten Berufs-
bildungsangebote, was u. a. darauf abzielt, eine flexible und zeitge-
mäße Anpassung der beruflichen Qualifikationen an den technischen,
ökonomischen und kulturellen Veränderungen zu gewährleisten.[9]

---

[7] Vgl. zu diesem Abschnitt insbesondere HAHN 1997, S. 32 ff.; sh. auch
     B.2.2.1
[8] Vgl. HAHN 1997, 34 ff.
[9] Vgl. SLOANE 1997d; BRAUKMANN / SLOANE 1994; BRAUKMANN 1997.

Schließlich ermöglichen solche Maßnahmen individualisierte Berufs-biographien.

Wir differenzieren berufliche Weiterbildung hier in Anlehnung an und in Ergänzung der im BBiG genannten Formen[10]:

1. Anpassungsweiterbildung, die durch geänderte betriebliche Qua-lifikationsanforderungen auf eine Erhaltung der beruflichen Kom-petenz abzielen muss (so beispielsweise bei Britta W., wenn sie zusätzliche Fähigkeiten für die Arbeit mit querschnittgelähmten Menschen erwerben müsste);
2. Aufstiegsweiterbildung, die auf eine verbesserte berufliche Posi-tion zielt (z. B. die Qualifizierung zum Handwerksmeister (B.1.1.2))
3. Ergänzungsweiterbildung, die gleichsam eine Ausdehnung der Kompetenzen auf andere Qualifikationsprofile anstrebt;
4. Umschulung, die auf das Erlernen eines neuen Berufes ausgerich-tet ist (B.1.1.3);
5. Rehabilitation, die auf die berufliche Eingliederung von aus dem Erwerbs- und Berufsleben aus gesundheitlichen Gründen zeitwei-se Ausgeschiedenen zielt (B.1.1.1);
6. Maßnahmen der Wiedereingliederung bestimmter Gruppen, bei-spielsweise von Frauen, die wegen einer Kinderpause zeitweise aus dem Erwerbs- und Berufsleben ausgeschieden sind oder Ar-beitslose, die aufgrund längerer Arbeitslosigkeit an die aktuellen Qualifikationsstandards heranzuführen sind (B.1.1.3)
7. Resozialisation, die auf die Wiedereingliederung von Straffälligen zielt.

Diese Unterscheidung ist nicht in allen Fällen trennscharf. Mit diesen Formen der beruflichen Weiterbildung ist sehr häufig ein ganzes Bün-del von aufeinander abzustimmenden Teilmaßnahmen verbunden.

Schließlich haben auch sozialpädagogische Stützmaßnahmen für bestimmte Zielgruppen in der Berufsbildung große Bedeutung, wie sie etwa in der Biographie von Verena K. (B.1.1.3) angedeutet wird. Dies ist von originärem Interesse, weil die Berufsbildung als ein zent-rales Instrument zur gesellschaftlichen Eingliederung von benachtei-ligten Gruppen anzusehen ist. Dies liegt u. a. daran, dass der Beruf

---

[10] Vgl. § 1 BBiG; wir folgen damit der Gliederung von Schmiel 1977; vgl. auch Münch 1971, S. 26 ff.; zur Problematik der Differenzierungsformen vgl. Münch 1993.

Mittel zur Partizipation am Gesellschaftsleben ist. Außerdem muss genau hier die persönlichkeitsfördernde und -stabilisierende Funktion beruflicher Bildung gesehen werden.[11]

Zusammenfassend kann gesagt werden, dass die Praxis der Berufsbildung eine sehr große Bandbreite aufweist und sich in ganz unterschiedlichen Facetten in den Biographien in sehr individueller Weise widerspiegelt. Die Berufsbiographien der Menschen in unserer Gesellschaft sind sehr heterogen, was u. a. in der Literatur auch als Kennzeichen einer ‚postmodernen Gesellschaft' beschrieben wird (siehe die ‚graue Zelle': Postmoderne Gesellschaft und Berufsbildung). Mit anderen Worten: Verbindliche soziale Muster diffundieren zusehends. In der heutigen Zeit ist es immer weniger der Fall, dass die Menschen ähnliche oder nahezu identische Lebenswege beschreiten. Dies war früher anders; damals konnte man von dem idealtypischen Lebensweg eines Schreiners, eines Industriekaufmanns usw. sprechen. Heute sind Berufswege sehr individualisiert. Genaugenommen kann man eigentlich gar nicht von einem Berufsweg sprechen. So führt auch der Münchner Soziologe Ulrich Beck u. E. zu Recht aus, dass die Sinngebung des Beruflichen zu relativieren ist. Die Menschen in unserer Gesellschaft begreifen bzw. identifizieren sich weitgehend nicht mehr nur über ihren Beruf. Gleichzeitig können wir auch nicht mehr von einem Lebensberuf sprechen. In der heutigen Gesellschaft zeigt sich der Trend zur Individualisierung, womit vor allem gemeint ist, dass Lebenswege nicht weiter einem Standardmuster (einem idealtypischen Berufsverlauf) folgen, sondern dass sie durch Brüche, Um- und Neuorientierung usw. gekennzeichnet sind. Begleitet wird diese gesellschaftliche Veränderung von einer Neuorientierung bezüglich der Bewertung von Arbeit. So zeigt sich z. B. eine Zunahme an Freizeit-Arbeit, womit Erwerbsarbeit in der Freizeit (Schwarzarbeit) sowie erwerbsähnliche Tätigkeiten gemeint sind, die zu ökonomischen Nutzen führen (‚Amateur'-Künstler, -Sportler, Nachbarschaftshilfe). Hier hat sich einerseits ein Markt entwickelt, andererseits ist hier ein Raum entstanden, in dem individuelle Energien ‚investiert' und Leistungspotentiale entfaltet werden, die dem Lebensraum Betrieb direkt und indirekt entzogen wurden und werden.[12]

---

[11] Vgl. Enggruber 1994, sowie die Veröffentlichungen des Modellversuchs zur Ausbildung Jugendlicher ohne Hauptschulabschluss (vor allem Enggruber/Hahn 1992 sowie Reiser/Twardy 1994); vgl. auch Twardy 1997, S. 131 ff.

[12] Vgl. dazu auch das Kapitel A.5.2.

Für die wirtschaftspädagogische Betrachtung bleibt die Phase der Berufsausbildung – trotz und gerade wegen der Relativierung – zentrales Strukturierungselement, prägt sie doch die Phase der Berufswahl und der beruflichen Weiterbildung mit. Insofern stellen wir im folgenden Kapitel die Organisation der Berufsausbildung in den Mittelpunkt.

Postmoderne Gesellschaft und Berufsbildung

Heute wird vielfach davon gesprochen, dass wir in einer postmodernen Gesellschaft leben bzw. den Wandel zu einer solchen Gesellschaft vollziehen. Was ist hiermit gemeint?

Um den Begriff der Postmoderne richtig einordnen zu können, ist es erforderlich, den der Moderne zu klären. Hiermit ist die Epoche seit der Aufklärung gemeint. Grundgedanke ist hierbei, dass in dieser Epoche die Vernunft zum leitenden Prinzip des menschlichen Miteinanders geworden ist, womit vor allem zum Ausdruck gebracht wird, dass unser soziales Leben und unsere gesellschaftlichen Errungenschaften dem Prinzip der Rationalität folgen. Die Errungenschaften dieser Vernunftgesellschaft sind die rationalen Wissenschaften, vor allem die Naturwissenschaft, aber auch die Wirtschafts- und Sozialwissenschaften. Sie wurden gewissermaßen zur herrschenden Meinung, zum Inbegriff dessen, was vernünftig ist. Weitere Errungenschaften sind die ökonomischen und technischen Gegebenheiten, die unsere moderne Industriegesellschaft kennzeichnen. Berufs- und

Wirtschaftspädagogisch sehr bedeutsam sind dabei die Formen der Organisation und Gestaltung von Arbeit und Erwerbstätigkeit, die sich ergeben haben und hierbei nicht zuletzt die Art und Weise wie sich durch Aus- und Weiterbildung eine Vorbereitung auf diese Arbeitstätigkeit herausgebildet hat.

Sicherlich konnte diese Vorstellung von Vernunft nicht ohne Kritik und Widerspruch bleiben. So hat es dann auch zu allen Zeiten Kritik an den ‚Auswüchsen‘ und den ‚Folgewirkungen‘ dieser rationalen Gesellschaft gegeben, auf die hier nicht differenziert eingegangen werden kann. Es soll lediglich hervorgehoben werden, dass ein zentraler Kritikpunkt darin bestand und besteht, dass diese Form der Vernunft sehr instrumentell ist und alles Handeln darauf ausrichtet, ob es in der Erreichung von Zielen erfolgreich ist. Man spricht dabei auch von einer Ziel-Mittel-Rationalität.

Vernünftiges Handeln zeigt sich darin, dass man die Mittel optimiert, um bestimmte Ziele zu erreichen. Dabei wird dann aber ausgeblendet, ob die Ziele selbst vernünftig seien.

Hinter der Moderne steckt der unbedingte Glaube an Fortschritt und Machbarkeit bzw. die prinzipielle Gestaltbarkeit der Welt durch

Wissenschaft, Technik und Ökonomie, aber auch die Idee, man könne die Welt als Ganzes vollständig erfassen und beschreiben. Solche Vorstellungen geraten zusehends ins Wanken, so dass mit LYOTARD – einem postmodernen Vordenker – heute vielfach davon gesprochen wird, dass es sich bei den Konzepten der Moderne (wissenschaftliche Modelle wie der Rationalismus, gesellschaftliche Modelle wie der Kapitalismus usw.) letztlich um Meta-Erzählungen handelt, die nicht als gültig angesehen werden können.

Damit stellt die Philosophie der Postmoderne schließlich die homogenen und auf Einheitlichkeit zielenden Konzepte der Moderne in Zweifel. Statt dessen wird gefordert, von einer unbeschränkten „Beachtung der Autonomie, Heterogenität und Irreduzibilität [i. S. einer Nicht-Reduzierbarkeit, die Verf.] der Lebensformen auszugehen" (WELSCH 1991, S. 176). Hieraus ergibt sich wiederum, dass im Mittelpunkt der Überlegung nicht ein einheitliches Konzept stehen kann, sondern dass von einem Pluralismus der Konzepte ausgegangen werden muss. Dies gilt auf der Ebene der gesellschaftlichen Lebensformen und betrifft dort u. a. die Formen des Zusammenlebens, der Organisation von Arbeit, Freizeit etc. sowie auf der Ebene der Entwicklung von Modellen zur Veränderung der Gesellschaft. Für die Berufs- und Wirtschaftspädagogik bedeutet dies, dass sie zusehends von einer pluralistischen Berufsbildungspraxis ausgehen und dass sie hierauf mit heterogenen Konzepten eingehen muss.

Diese Pluralisierung der Gesellschaft wird von Soziologen auch als Individualisierungsprozess begriffen, der sich aufgrund der immer höheren Komplexität der Gesellschaft ergibt (vgl. AG Bielefelder Jugendforschung 1990, S. 13). Gegenüber früheren Gesellschaften ist die heutige durch einen höheren Lebensstandard, der verbunden ist mit neuen zeitlichen und materiellen Möglichkeiten, durch eine höhere Mobilität und durch ein differenzierteres und qualitativ höherwertiges Bildungsangebote gekennzeichnet (vgl. BECK 1986) Dies wiederum führt dazu (vgl. AG Bielefelder Jugendforschung 1990, S. 15 ff.),

- dass die Menschen sich von historisch vorgegebenen (d. h. traditionellen) Sozialformen und -bindungen lösen (Entbindung),
- dass durch diese Entbindung wiederum ein Verlust an Sicherheit entsteht (Destabilisierung) und
- dass wiederum neue Formen von sozialer Bindung und Kontrolle entstehen müssen (Integration).

Für die Berufs- und Wirtschaftspädagogik stellt sich die Frage, wie ein modernes Berufsbildungssystem auf diese Entwicklung reagieren sollte. Günter KUTSCHA (vgl. 1993; 1995) führt, auf diese Individualisierungsthese zurückgreifend aus, dass es in Zukunft erforderlich sein wird, dass differenzierte Bildungswege entwickelt werden, die es dem einzelnen Lerner ermöglichen, seine Berufs- und Lernbiographie individuell zu planen.

Damit stellt sich dann auch grundlegend die Frage nach einer

Organisation von beruflicher Aus- und Weiterbildung. Das heutige Modell, insbesondere der (deutschen) Berufsausbildung, geht von einem einheitlichen Berufsbild als allgemeinverbindliche Richtschnur für alle Auszubildenden aus, wobei dann an festgelegten Lernorten das Berufswissen vermittelt wird.

Eine Individualisierung dieses Einheitsmodells würde darauf zielen, individuelle Optionen zu ermöglichen, und zwar sowohl hinsichtlich neuer Lernorte als auch bezüglich unterschiedlicher Schwerpunktsetzungen innerhalb einer Aus- und Weiterbildung ohne die genannte Persönlichkeitsförderung durch Berufsbildung zu gefährden. Erste Ansätze hierzu zeigen sich in Form sogenannter Zusatzqualifikationen, die als Teilmaßnahmen modular aufgebaut sind und ergänzend zur regulären Ausbildung angeboten werden. Ziel ist es hierbei, eine stärkere Flexibilisierung, Differenzierung und Individualisierung beruflicher Bildung zu leisten. Hiermit ist vor allem gemeint, dass eine stärkere Berücksichtigung der Lernvoraussetzungen (Differenzierung), der Verwertung des Gelernten (Flexibilisierung) und eine individualisierte Berufsbiographie ermöglicht wird (vgl. SLOANE 1997d; BRAUKMANN /SLOANE 1994).

B.1.3 Organisation der dualen Berufsausbildung

Berufsausbildung wird von verschiedenen Trägern durchgeführt. Die einleitenden Beispiele verweisen hier auf Betriebe, Stellen im öffentlichen Dienst, Schulen, Akademien usw. als Anbieter von Bildungsmaßnahmen. Der Anteil von 60 – 70 % einer Generation, die in Deutschland die Form einer dualen beruflichen Erstausbildung durchläuft, verweist auf die große Bedeutung der Berufsausbildung im Bildungssystem. Duale Ausbildung bedeutet stark vereinfacht zunächst, dass Betriebe und Schulen als Lernorte gelten, in denen ausgebildet wird. Hiermit sind einerseits bildungspolitische Überlegungen verbunden, bei denen es u. a. um die Zuständigkeit für die Bildung sowie um die Regulierung der jeweiligen Maßnahmen geht. Andererseits ist mit der Verteilung der Lehr- und Lernaktivitäten auch eine Abstimmungsnotwendigkeit zwischen den Lernorten gegeben. Aus den beschriebenen Berufsbiographien wird dabei bereits die Vielschichtigkeit innerhalb dieses Bereichs deutlich (B.1.1.4 und B.1.1.5).

Schule und Betrieb unterscheiden sich durch die jeweiligen Trägerschaften, die einmal öffentlichen und einmal privaten Status haben. Die öffentliche Trägerschaft der Schule führt in Verbindung mit der im Grundgesetz verankerten Kulturhoheit der Länder dazu, dass der Berufsschulunterricht nach Ländergesetzen und -verordnungen reguliert wird. Der betriebliche Anteil der Ausbildung liegt auf den ersten Blick gesehen in der direkten Verantwortung der Ausbildungsbetriebe. Sie sind Vertragspartner der Auszubildenden. Der Vertrag selbst ist eine privatrechtliche Vereinbarung. Das öffentliche Interesse und auch ein damit verbundener Regulierungsbedarf seitens des Staates drücken sich zum einen darin aus, dass gesetzlich normiert wird, wer ausbilden darf bzw. welche Voraussetzungen gegeben sein müssen, damit ein Betrieb ausbildungsberechtigt ist. Zum anderen überwacht der Staat die ordnungsgemäße Ausbildung, wobei er dies an die sogenannte Zuständige Stelle delegiert. Hierbei sind die Regelungen für den betrieblichen Teil der Ausbildung bundeseinheitlich geregelt.

Die folgende Abbildung systematisiert diesen Organisationsaufbau. Die Abbildung trennt eine linke und eine rechte Seite. Die linke Seite betrifft die betrieblichen, bundesweiten und der Intention nach bundeseinheitlichen Aspekte dualer Ausbildung, die rechte Seite die

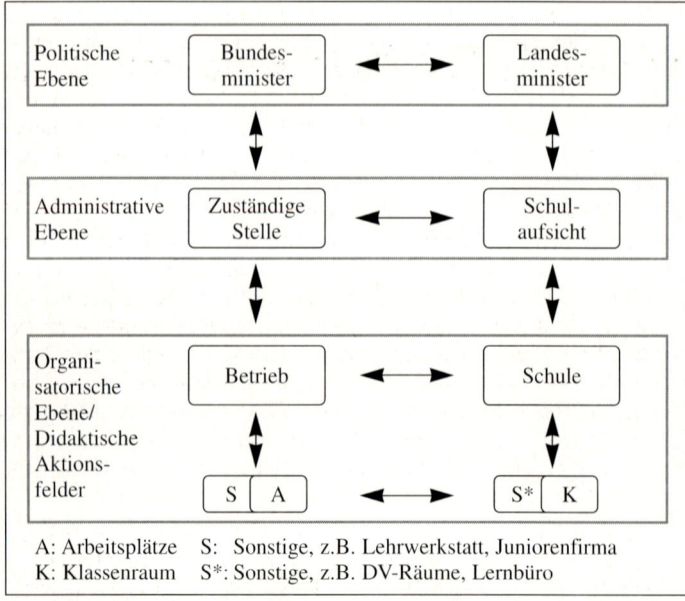

A: Arbeitsplätze   S: Sonstige, z.B. Lehrwerkstatt, Juniorenfirma
K: Klassenraum   S*: Sonstige, z.B. DV-Räume, Lernbüro

Abbildung B. 9: Ebenenmodell berufs- und wirtschaftspädagogischer Praxis I

schulischen, landesweiten und der Intention nach auch länderspezifischen Aspekte.

Die Abbildung weist auf der ‚unteren' – aber der eigentlich entscheidenden – Ebene den Unterricht bzw. das Klassenzimmer und die
sogenannte Unterweisung bzw. den Arbeitsplatz als Orte bzw. Aktionsfelder aus, an denen gelehrt und gelernt wird. Dabei hat sich eine Vielzahl sonstiger Aktionsfelder etabliert. Innerbetrieblicher Unterricht,
Lehrgänge, Werkstätten, Labore, Lerninseln, Prüfungsvorbereitungs-
kurse usw. sind teilweise systematischer Bestandteil der betrieblichen
Ausbildung. Neben dem Klassenraum werden Werkstätten, speziell
eingerichtete Fachräume, Übungsfirmen usw. als Aktionsfelder schulischer Berufsausbildung genannt. Von erheblicher Bedeutung sind im
Bereich der handwerklichen Ausbildung auch eigens eingerichtete
überbetriebliche Ausbildungsstätten, die die betriebliche Ausbildung
ergänzen (sh. B.2.2.3). Grundlage der didaktischen Arbeit vor Ort sind
die bereits in den Biographien erwähnten betrieblichen Ausbildungspläne und die meist schulspezifische Interpretation der Richtlinien in
Form von Fach- oder verstärkt Bildungsgangplänen. Die Bildungs-
gangpläne versuchen, den Unterricht in Fächern aufeinander abzustim-
men. Die Fächer der Berufsschule sind nach einem beruflichen, berufsübergreifenden Bereich und ggf. noch einem Wahlbereich gegliedert
(sh. auch die in B.1.1.5). Für kaufmännische Berufe sind berufliche
Fächer i. d. R. eine Spezielle Wirtschaftslehre (z. B. Handelsbetriebs-
lehre), eine allgemeine Wirtschafts- und Soziallehre (zum Teil mit
volkswirtschaftlichen Aspekten) und Rechnungswesen. Organisationslehre, Wirtschaftsinformatik, Textverarbeitung u. a. sind ebenfalls aufgeführt. In den sogenannten berufsübergreifenden Bereich fallen
Deutsch, Sport, Religion und Politik. Der Wahlbereich kann einzelne
Angebote vertiefen oder zusätzliche anbieten (z. B. Fremdsprachen).[13]

Die Aktionsfelder sind in unterschiedliche Organisationen eingebunden. Diese Organisationen prägen durch ihren Aufbau und ihren
innerorganisatorischen Ablauf die jeweiligen Möglichkeiten des Lehrens und Lernens. So findet sich in der Fachliteratur sehr häufig die
Feststellung, dass die Schule der Ort systematischer Wissensvermitt-
lung sei, während im Betrieb kasuistisches Lehren und Lernen im

---

[13] Derzeit wird auf der politischen Ebene durch die Kultusministerkonferenz
(vgl. B.2.1.2) diskutiert, ob oder in welcher Form die Fächerstruktur der
Berufsschule aufrechterhalten werden kann und soll. Wir gehen auf diese
Diskussion hier nicht näher ein; ebenso nicht auf die Diskussion um die berufsübergreifenden Fächer.

Mittelpunkt stünde; der Pädagogisierung der Schule als besondere Möglichkeit ‚behüteten' Lehrens und Lernens stünde im Betrieb die Chance des Ernstfalles und des Lernens an und in sozialer, technischer und ökonomischer Realität gegenüber. [14]

Wie bereits ausgeführt, obliegt die Frage, was und wie ausgebildet wird, aber nicht allein den Organisationen Schule und Betrieb und den dort Verantwortlichen. Vielmehr zeigt sich die öffentliche Verantwortung in der erwähnten Regulierung beruflicher Bildungsarbeit durch staatliche Vorgaben. Auf schulischer Seite äußert sich dies neben den Vorgaben zur Lehrerausbildung in der Zuständigkeit der Kultusminister der Länder sowie der Delegation der Überwachung an die Schulaufsicht. Auf betrieblicher Seite obliegt die Berufsbildung dem Fachminister des Bundes, häufig dem Bundesminsiterium für Wirtschaft. Die Überwachung ist an die Zuständige Stelle delegiert.

Zuständige Stellen sind die Industrie- und Handelskammer, die Handwerkskammer, die Landwirtschaftskammer usw. Gleichzeitig sind diese Stellen Körperschaften des öffentlichen Rechts, die als Selbstverwaltungsorganisationen über die Willensbildung ihrer Mitglieder, die in entsprechenden Gremien und Ausschüssen repräsentiert sind, gestaltet werden. Die beamtenvorbereitende Ausbildung des öffentlichen Dienstes ist gemäß § 83 BBiG hiervon ausgenommen. Dort bestimmen die obersten Bundesbehörden die Zuständige Stelle, analog wird bei den Körperschaften des öffentlichen Rechts verfahren. Zu den Aufgaben der Zuständigen Stelle gehören[15]:

1. Eintragung der Berufsausbildungsverhältnisse (§§ 32 und 33 BBiG)
2. Durchführung von Abschlussprüfungen (§§ 34ff BBiG)
3. Feststellen der Eignung von Betrieben, Ausbildenden und Ausbildern für die Berufsausbildung (§ 23 BBiG, z. T. in Verbindung mit § 3 AEVO)
4. Förderung und Überwachung der Berufsausbildung (§§ 44 und 45 BBiG) durch Ausbildungsberater
5. Einrichten und Führung eines Verzeichnisses der Ausbildungsverhältnisse

Die Schulaufsicht ist in den Bundesländern – es sollte ja auch nicht anders sein – unterschiedlich organisiert. Für den Bereich der berufli-

---

[14] Vgl. hierzu exemplarisch SCHMIEL 1976a, S. 138f; MÜNCH /KATH 1973, S. 22; BUNK 1982, S. 96. Insofern werden wir „Schule" und „Betrieb" im nächsten Kapitel als „Lernorte" näher beschreiben.

[15] Vgl. hierzu u. a. HEEG /MÜNCH 1993, S. 170.

chen Schulen ist sie bei den ‚Flächenstaaten' meist bei den sogenannten Bezirksregierungen angesiedelt, man spricht auch von den Schuldezernaten. Ihnen obliegt generell die Aufgabe der Überwachung der Schulen bzw. der in den Aktionsfeldern tätigen Lehrerinnen und Lehrer in fachlicher, rechtlicher und dienstlicher Hinsicht. Das Wort ‚Überwachung' darf dabei nicht im strengen Sinne ausgedeutet werden, denn viele Umstände schränken den Zugriff der Schulaufsichtsbehörde auf den Alltag der Aktionsfelder ein. Wichtiges Bindeglied zwischen Schulaufsicht und den Lehrerinnen und Lehrern sind in der Regel die Schulleiterinnen und Schulleiter.

Von besonderer Bedeutung für die Berufsausbildung im dualen System sind (1) die Beziehungen zwischen den in der Abbildung B.9 genannten Ebenen und (2) die horizontalen Beziehungen auf den Ebenen.

(1) Vertikale Zusammenarbeit. – Bei der vertikalen Zusammenarbeit handelt es sich um die Durchführungs- und Überwachungsfunktionen, die aber häufig i. S. einer Beratung erfolgen. So führen Betriebe und Schulen Berufsausbildung auf der Grundlage von Gesetzen und Verordnungen durch. Solche Vorgaben sind hierbei neben dem Grundgesetz (a) für den schulischen Bereich insbesondere die Landesschulgesetze (Schulverwaltungsgesetz, Schulmitwirkungsgesetz) sowie die Rahmenlehrpläne und (b) für den betrieblichen Bereich vor allem das Berufsbildungsgesetz (BBiG), die Handwerksordnung (HwO), die Ausbildungsordnung usw. Während Gesetze auf dem Gesetzgebungsweg von den Parlamenten verabschiedet werden müssen, werden Rechtsverordnungen von den zuständigen Fachministern erlassen. Dies gilt beispielsweise für die Ausbildungsordnung, wobei der Bundesminister für Forschung, Wissenschaft und Technologie zustimmen muss. Gerade weil die zentrale Ausbildungsgrundlage, die Ausbildungsordnung, keiner parlamentarischen Kontrolle unterliegt, ist ihr Zustandekommen besonders interessant und wird im folgenden Kapitel B.2 aufgegriffen.

Überwachung und Förderung der betrieblichen Berufsausbildung erfolgen wesentlich durch die bei den Zuständigen Stellen tätigen Ausbildungsberater. Die Frage der Eignung von Ausbildungsbetrieben steht dabei offensichtlich in dem Spannungsfeld zwischen dem quantitativen Ausbildungsplatzangebot und den qualitativen Ausbildungsplatzanforderungen. In Zeiten knapper Ausbildungsplätze dürfte im Hinblick auf die anzunehmende Ausbildungsqualität eher mal ein Auge zugedrückt werden als in Zeiten von nicht nachgefragten Ausbildungsplatzangeboten.

(2) Horizontale Zusammenarbeit. – Die Zusammenarbeit der Beteiligten auf einer Ebene dient der Abstimmung und Koordinierung. So ist es sinnvoll, dass die Lernorte ihre inhaltliche Vorgehensweise abstimmen. Von besonderem Interesse ist hierbei die Kooperation zwischen Lehrern und Ausbildern mit dem Ziel, bezogen auf die Auszubildenden gemeinsam auszubilden. Untersuchungen zur Kooperation zwischen Ausbildern und Berufsschullehrern verweisen jedoch darauf, dass eine solche Abstimmung selten erfolgt und meist erst durch gravierende Störungen eines sonst reibungsfreien Nebeneinanders der Beteiligten ausgelöst wird.[16] Eine Intensivierung der Abstimmungsaktivitäten scheint im dualen System zwar angelegte, aber noch nicht hinreichend genutzte Potentiale aktivieren zu können. Im informellen Sinne ist die Abstimmung im Bereich der Vorbereitung und Durchführung der Zwischen- und Abschlussprüfungen stärker ausgeprägt, bei denen die Zuständigen Stellen in der Organisation häufig tatkräftig von schulischer Seite unterstützt werden. Auch darauf wird im Abschnitt B.2.1.2 noch eingegangen.

Daneben muss eine Abstimmung auch auf den übergeordneten Ebenen stattfinden. So leuchtet es unmittelbar ein, dass die Ausbildungsordnung für den betrieblichen Teil und die Rahmenlehrpläne für den schulischen Teil der Ausbildung bereits während ihrer Entwicklung aufeinander bezogen werden müssen. Dafür hat sich im Anschluss an das „gemeinsame Ergebnisprotokoll" zwischen Bund und Ländern ein differenziertes Verfahren eingespielt, welches eine koordinierte Entwicklung von Ausbildungsordnung und Rahmenlehrplänen gewähren soll, wobei vor allem eine weitgehende zeitliche Parallelität in der Vermittlung von Themen in Betrieb und Schule den Kompetenzaufbau fördern soll.[17]

Sowohl die Formen der vertikalen als auch die der horizontalen Zusammenarbeit verdeutlichen, dass hinter der an sich eingängigen Forderung einer Abstimmung zwischen den schulischen und betrieblichen Anteilen der Berufsausbildung ein letztlich komplexes Gefüge von Ansprüchen, Interessen und Möglichkeiten steckt.

---

[16] Vgl. PÄTZOLD 1997a, S. 131 ff.

[17] Gemeinsames Ergebnisprotokoll betr. das Verfahren bei der Abstimmung von Ausbildungsordnungen und Rahmenlehrplänen im Bereich der beruflichen Bildung zwischen der Bundesregierung und den Kultusministern (-senatoren) der Länder vom 30. 5. 1972. Einen detaillierteren Einblick bietet NIKOLAY 1993, S. 150 ff.

Ökologie der Berufsbildung

In den vorangehenden Ausführungen wurden verschiedenen Organisationen dargestellt, die jeweils spezifische Bedeutung und spezifischen Einfluss auf die Berufsausbildung haben. Wir sprechen von einem Ebenenmodell, weil die dargestellten Organisationen in gewisser Weise in einem hierarchischen Verhältnis zueinander stehen.

Es gibt aber auch andere Aspekte, die man in diesem Zusammenhang beachten kann. So wäre es z. B. möglich, vom Lernenden auszugehen und zu fragen, welche Bedeutung die einzelnen Organisationen für sein individuelles Lernen haben. In diesem Fall würde man von der Perspektive des Lernsubjekts ausgehen. Oben ist im Grunde von der Perspektive der Organisation ausgegangen und untersucht worden, wie Bildung organisiert wird.

Nimmt man nun diese Lernerperspektive ein, so sind die Organisationen, die in direkter und indirekter Weise Einfluss nehmen auf die Berufsbildung des Individuums, gewissermaßen die Umwelt des Lernenden. Daher kann man auch von einer Ökologie der beruflichen Bildung sprechen.

In einem solchen Zusammenhang geht der Berufspädagoge Adolf KELL davon aus, dass die Organisation der Berufsbildung in

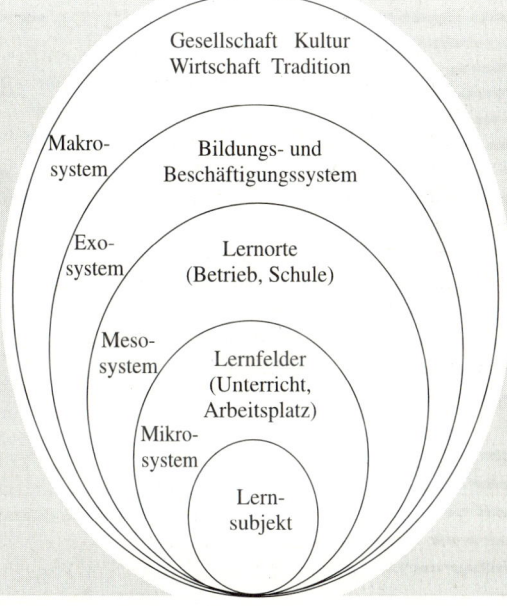

Gesellschaft Kultur Wirtschaft Tradition

Makrosystem

Bildungs- und Beschäftigungssystem

Exosystem

Lernorte (Betrieb, Schule)

Mesosystem

Lernfelder (Unterricht, Arbeitsplatz)

Mikrosystem

Lernsubjekt

soziologisch-systemtheoretischer Perspektive als System dargestellt werden kann. In Anlehnung an BRONFENBRENNER nimmt er (vgl. hierzu KELL 1995, S. 375 ff.) an, dass Menschen in ihrer individuellen Entwicklung in ein ökologisches System eingebunden sind, welches wie ein topologisches Gefüge den Menschen umgibt. Die Ontogenese [=individuelle Entwicklung] vollzieht sich dann in der Interaktion der Person mit dieser Umwelt.

Gemäß dieser Vorstellung muss vom Individuum als Bildungs- resp. Erziehungssubjekt ausgegangen werden. Begreift man Bildung/Erziehung als gewollte Veränderung der Persönlichkeit, die immer mit Lernprozessen verbunden ist, so ergeben sich Lernsysteme als kleinste soziale Einheiten, die als Mikrosysteme bezeichnet werden. Solche Mikrosysteme sind der Lernplatz in der Schule, in Akademien oder überbetrieblichen Ausbildungsstätten, aber auch der Arbeitsplatz im Betrieb. Diese

Mikrosysteme sind eingebunden in komplexere soziale Systeme wie Betriebe, Schulen, Akademien, überbetriebliche Ausbildungsstätten, Vereine usw. Diese werden als Mesosysteme bezeichnet.

In solchen Mesosystemen gelten wiederum organisatorische Regeln: so die Schulordnung am Lernort Schule oder die betrieblichen Vorschriften wie Arbeitsplatzbeschreibung, Betriebsordnung usw. am Lernort Betrieb.

Die Mesosysteme gehören zu Exosystemen. So ist der Betrieb hauptrangig Bestandteil des Exosystems Beschäftigungssystem, während die Schule dem Bildungssystem zugerechnet wird. Solche Exosysteme wiederum gehören zum Makrosystem der Gesellschaft, welches sich auf die Strukturen der Gesellschaft bezieht, der Politik und Kultur, einschließlich der Weltanschauung, der Normen, der Menschen- und Weltbilder sowie der Tradition der Gesellschaft und deren technologisch-wissenschaftliche Standards.

Zwischenspiel [6]

Berufliche Bildungsmaßnahmen unterstützen Menschen, sich eine berufliche und somit auch eine soziale Position zu erarbeiten. Dieser äußere ‚Erfolg‘ einer Berufslaufbahn zeigt sich gleichsam nach innen in der Ausgestaltung einer Berufsprofession. Zugebenermaßen wird dies in der heutigen Zeit schwieriger. Wir haben dazu mit den ‚grauen Zellen‘ einige kritische Anmerkungen gemacht. Diese sollen vor allem einer möglichen zu großen Selbstsicherheit und einem zu großen Selbstbewußtsein entgegenwirken.

Dieses Selbstbewußtsein resultiert aus einer u. E. sehr deutschen Betrachtung der Berufsausbildung. Es ist in der Tat so, dass die duale Berufsausbildung eine deutsche Besonderheit ist. Wir, die wir in Deutschland leben, sind allzuoft der Meinung, es sei eine ‚natürliche' und ‚richtige' Form beruflicher Ausbildung. Schon der Blick ins europäische Ausland zeigt aber, dass ganz andere Konzepte realisierbar und somit zumindestens denkbar sind. Wir haben darauf verzichtet, andere Modelle in diesem Buch zu thematisieren. Dies ist verkürzend, zumal in Zeiten der europäischen Intergration eine Annäherung der Berufsbildungssysteme notwendig und unumgänglich ist.

Hier beschränken wir uns auf Deutschland. Der Leser ist aber aufgefordert, das Dargestellte kritisch zu hinterfragen. Berufsbildung in Deutschland – so sind auch unsere Fallbeispiele gestaltet worden – bewegt sich zwischen wirtschaftlich-technischer Qualifizierung und individueller Professionalisierung. Dies wurde auch in Teil A thematisiert. In den Lebensläufen findet sich dies wieder. Die dargestellten Menschen entwickeln sich beruflich und dies ist dual zu verstehen. Sie finden Lebenspositionen, müssen sich neu orientieren, um damit wieder in stabile(re) Lebenspositionen hineinzufinden. Diese Stabilität hat immer eine äußere auf Lebensicherung zielende Perspektive und eine innere, die auf Zufriedenheit und berufliche Profession ausgerichtet ist. In einer Zeit des stetigen Wandels ist berufliches Lernen somit eine Voraussetzung für soziale Sicherheit und soziale Stabilität einerseits und individuelle Lebensgestaltung andererseits. Vielleicht ist es in diesem Sinn auch ein Lernzwang, der sich hier offenbart, nämlich die unbedingte Erfordernis, sich immer wieder neu orientieren zu müssen, aber gerade darüber Identität zu gewinnen.

Die Beispiele zeigen auch, dass dieser lebenslange Prozess des beruflichen Lernens nicht isoliert abläuft, sondern eingebunden ist in soziale Regelmechanismen. Diese sind uns, die wir in diesem System ausgebildet und sozialisiert wurden, z. T. so selbstverständlich, dass wir sie gar nicht als Regeln erkennen. Die Regulierung ist aber vorhanden und wird wiederum gerade dann deutlich, wenn von außen, z. B. aus einer europäischen Perspektive gefragt wird, warum eine Berufskarriere bzw. eine Berufsbiographie in Deutschland mit einer bestimmten ‚Logik' verläuft. Dies verweist auf die Institutionen, die unser soziales Leben und somit auch unsere beruflichen Entwicklungen determinieren. Hierauf soll als nächstes eingegangen werden.

B.2 Ordnung durch Institutionen

Die Berufsbildung wird durch Institutionen geregelt. Unter „Institutionen" verstehen wir zum einen die Einrichtungen und Träger, die Bildungsmaßnahmen durchführen (z. B. Schulen, Betriebe, Akademien, überbetriebliche Ausbildungsstätten usw.) sowie die Instanzen, die diese Einrichtungen überwachen (Schulaufsichtsbehörden, Zuständige Stellen u. a.). Zum anderen sind mit Institutionen auch die komplexen Abstimmungs- und Regelungsmechanismen innerhalb und zwischen diesen Einrichtungen und Instanzen gemeint sowie die Gesetze und Vorschriften, die hierfür erlassen werden.

Der Institutionenbegriff ist innerhalb der wirtschaftswissenschaftlichen Theorie von großer Bedeutung. So verweist der Nationalökonom und Nobelpreisträger Friedrich August von HAYEK darauf, dass Institutionen vom Menschen bewusst geschaffene und spontane Regulative menschlichen Handelns sind. „Sie haben erwartungsbildende und konfliktmindernden Charakter, erfüllen häufig Informations- und Überwachungsfunktionen und wirken insgesamt organisations- und koordinationskostensenkend."[18]

Für die ökonomische als auch für die wirtschaftspädagogische Praxis ergibt sich durch Institutionen ein Ordnungsgefüge, in welchem das konkrete wirtschaftliche und auch erzieherische Handeln eingebunden ist. Das Handeln von Lehrern, Beratern, Ausbildern, Ausbildungsleitern sowie von Lernern, Schülern, Auszubildenden usw. wird durch gesellschaftliche Institutionen geregelt. Diese sind zum einen Grundlage für das Handeln, zum anderen sind Institutionen – auch hierauf hat schon Friedrich August von HAYEK hingewiesen – das Ergebnis menschlichen Handelns.

Die Vielzahl der an der Berufsbildung beteiligten Organisationen sowie deren Einbindung in das gesellschaftliche Umfeld und deren Regulierung durch Gesetze, Vorschriften, Verordnungen u. a. rechtfertigen, von einer institutionalisierten Berufsbildungspraxis zu sprechen. In Form der kodifizierten Rahmenbedingungen normieren und prägen sie diese Praxis. In Form der organisatorischen Gestaltungsspielräume für das Lehren und Lernen sind sie Ausdruck der Vielfalt dieser Praxis. Entsprechend gliedert sich dieses Kapitel. In B.2.1 erörtern wir die gesellschaftliche Einbindung über die politischen Grundprinzipien als Rahmenbedingungen. In B.2.2 wenden wir uns

---

[18] PICOT 1991, S. 144.

unter organisationstheoretischer Perspektive den ‚Bildungsträgern'
zu. Wir sprechen dabei in Anlehnung an gängige Bezeichnungen in
der Literatur von Lernorten.

B.2.1 Rahmenbedingungen der Berufsbildung

Bereits im Kapitel A.1.2 haben wir aus gesellschaftlicher Perspektive
die Funktionen von Erziehung kurz erläutert. Für die Gesellschaft
geht es darum, durch Bildung, Differenzierung und Integration eine
Einpassung der nachwachsenden Generation und den Fortbestand der
gesellschaftlichen Lebensform zu sichern. Über diese Funktionen bestimmt sich insofern auch die Institutionalisierung der Berufsbildung.
Die Institutionalisierung ist hierbei kein Selbstzweck. Vielmehr geht
es darum, bestimmte Ziele zu erreichen. Bildungseinrichtungen sind
daher immer auch Institutionalisierungen, die jene drei gesellschaftlichen Zielsetzungen realisieren sollen.

Die drei Funktionen sind ausdrücklich als gesellschaftliche ausgewiesen. Sie betonen gleichsam den Anspruch des Gemeinwesens an
(Berufs-)Bildung, wobei wir von strukturellen Ansprüchen der Gesellschaft an jede Art von institutionalisierter Bildung sprechen. Wir
reden von ‚strukturell', weil die Besonderheit auch darin besteht, dass
eigentlich in jedem Gesellschaftssystem solche Funktionen von Bildung ausgemacht werden können. Die Implikation sollte Anlass für
Bedenken geben: Auch in Gesellschaften, die wir weltanschaulich
ablehnen, könnte die Forderung bestehen, dass das jeweilige Bildungssystem bilden, differenzieren und integrieren soll. Entscheidend
ist dann, welche Werte, Normen und Interpretationsmuster in der jeweiligen Gesellschaft als wichtig angesehen werden.

Für ein (Berufs-)Bildungssystem ist es daher nicht ausreichend,
festzustellen, welche strukturellen Funktionen von Bildung es gibt.
Dies führt allenthalben zur Feststellung der diskutierten Funktionen.
Vielmehr kommt es immer auch darauf an, sich substantiell mit den
Werten und Normen auseinanderzusetzen, die gleichsam die Basis
dessen sind, was durch Bildung, Differenzierung und Integration geleistet werden soll. Insofern sind die folgenden Überlegungen auch
ein politisches Thema.

An dieser Stelle soll daher eine pädagogische Positionsbestimmung
vorgenommen werden, was die Ziele beruflicher Bildung anbelangt.
Entsprechend der pädagogischen Tradition sollen Bildungsmaßnahmen immer der Persönlichkeitsentwicklung dienen. Die Besonderheit

beruflicher Bildung besteht dabei darin, dass sie den einzelnen Menschen auf eine Tätigkeit im Beschäftigungssystem vorbereitet und dass diese Tätigkeit wiederum zwei Gesichtspunkte aufweist: Sie ist einerseits Erwerbsquelle und schafft von daher die materielle Grundlage für das Leben in dieser Gesellschaft. Andererseits ist sie Bestandteil der individuellen Lebensführung und somit auch eine Quelle für Lebenszufriedenheit und (immaterielles) Lebensglück. Es ist eine Besonderheit der deutschen Berufspädagogik und Berufsbildungspraxis, diese beiden Seiten beruflicher Tätigkeit berücksichtigen zu wollen. Es ist dabei nicht weiterführend, wenn man diese beiden Gesichtspunkte als Pole thematisiert, die in einem Widerspruchs- oder Spannungsverhältnis zueinander stehen. Berufliche Tätigkeit ist zugleich und gleichermaßen eine Frage der Sicherung der materiellen Basis (Erwerbsfunktion) als auch eine Frage der individuellen Lebensführung (Identitätsfunktion). Die Erwerbsfunktion zu betonen und dabei die Gesichtspunkte der individuellen Lebensführung zu negieren, würde bedeuten, dass man einen Lebensraum ‚Betriebsarbeit' in einer Art und Weise ökonomisiert, dass darin kein Raum mehr für Fragen der individuellen Zufriedenheit wäre. Es sollte aber nicht verkannt werden, dass erwerbstätige Menschen in bestimmten Lebensabschnitten einen großen Teil ihrer Lebenszeit in Arbeitszusammenhängen verbringen. Diese Zeit nur unter dem Gesichtspunkt reiner Erwerbstätigkeit zu sehen, nach dem Motto: ‚Wir leben, um zu arbeiten!' bedeutet u. E. eine prinzipielle Verarmung sozialen Lebens zu betreiben. Umgekehrt ist es nicht dienlich, die Frage der Arbeits- und Lebenszufriedenheit zu dogmatisieren und die Erwerbsaspekte beruflicher Tätigkeit gleichsam beschämt aus dem berufspädagogischen Blick zu nehmen und das Motto ‚Wir arbeiten, um zu leben!' pädagogisch-naiv wieder hoffähig zu machen. Nach unserem Dafürhalten darf es hier nicht um idealisierende (Wir arbeiten, um zu leben!) oder ökonomisierende Vereinfachungen (Wir leben, um zu arbeiten!) gehen.

Hiermit ist vor allem gemeint, dass die berufliche Tätigkeit eine spezifische Sicht auf Erwerbsarbeit impliziert, nämlich sie als bivalente Tätigkeit zu erfassen, die sowohl als Erwerbsquelle als auch der individuellen Lebensführung dient. Daher haben alle Institutionen alle drei gesellschaftliche Funktionen zu berücksichtigen.

Jürgen ZABECK hat unter ähnlichen Gesichtspunkten schon sehr frühzeitig einen pädagogischen Berufsbegriff für die Berufspädagogik gefordert,[19] bei dem es darum ging, neben den äußeren Leis-

---

[19] Vgl. ZABECK 1961, u.a. S. 909.

tungsmerkmalen des Beruflichen gleichsam einen inneren Berufsbegriff zu etablieren. Dieser drückt sich in der inneren Bindung des Berufstätigen an seine berufliche Tätigkeit aus, was vor allem wohl so gedeutet werden kann, dass die Berufsausübung als Bestandteil individueller Lebensführung angesehen werden kann; diese haben wir als Profession aufgefasst. ZABECK hat diese Position u. a. in Abgrenzung zur frühen, von Friedrich SCHLIEPER geprägten, Kölner Wirtschafts- und Sozialpädagogik formuliert. Diese ging – so ZABECK – von einem appellativen und wirklichkeitsfremden Begriff des Beruflichen aus, welcher dazu führte, dass Berufstätigkeit weitgehend als Teilnahme an Kultur und Erwerb von Kultur begriffen wurde, ohne die ökonomischen und sozialen Implikationen einzubeziehen, die sich wiederum auf die Frage der Erwerbsfunktion des Berufes beziehen.

ZABECKS[20] damalige Betonung individueller Zufriedenheit ist aber in gewissem Umfang auch, insbesondere im Licht der heutigen Erwerbsstrukturen, selbst wiederum appellhaft und geht u. E. auch an der heutigen Wirklichkeit von Erwerbstätigkeit vorbei. So ist schon der Begriff des Berufs heute sehr schwierig und verweist in keinem Fall auf ein geschlossenes Konzept beruflicher Fähigkeiten und Kenntnisse.

Martin SCHMIEL[21] hat den für uns programmatischen Satz geprägt, Bildung bekunde sich im Handeln! Damit steht letztlich das Tätige, aktive Tun als Ausdrucksform von Bildung gleichwertig neben dem Denken.[22] Hiermit wird eine Position vorbereitet, die sich gegen eine „distanzierende ‚Bildung'" wendet und stattdessen fordert, dass „der Mensch sich vor den Anforderungen der Wirklichkeit bewährt".[23] Es geht somit um die Bewährung von Bildung in beruflichen und darüber hinaus allgemein in gesellschaftlichen Lebensräumen. Für die Wirtschaftspädagogik stellt sich die Frage nach dem hierfür notwendigem Können.

Dieses Können zeigt sich als sachlich und sittlich richtiges Handeln[24], wobei in dem Begriffspaar sachlich richtig und sittlich richtig genau auch das der Wirtschaftspädagogik eigentümliche Spannungsverhältnis von Berufsfertigkeiten und Berufsmoral immanent ist. Für den einzelnen Menschen zeigt sich dies einerseits in fachpraktisch

---

[20] Vgl. ZABECK 1968.
[21] Vgl. SCHMIEL 1967.
[22] Vgl. SLOANE 1993, S. 394.
[23] SCHMIEL 1976a, S. 84.
[24] Vgl. SCHMIEL 1967.

und fachtheoretisch einwandfreien Tätigkeiten und andererseits im Vermögen der moralischen Beurteilung dessen, was man im Berufsalltag tut. Begreift man Berufsbildung daher als Voraussetzung für die selbständige, sachlich und sittlich richtige Berufstätigkeit, die – was gleichsam als weitere Bedingung gelten soll – sowohl Erwerbs- als auch Selbstverwirklichungsmöglichkeiten eröffnet, werden berufliche Tüchtigkeit und berufliche Mündigkeit zur Leitidee beruflicher Bildung[25].

Berufliche Tüchtigkeit und Mündigkeit wiederum sind Maßstäbe für das Handeln in beruflichen Lebenssituationen und sind Ausdruck einer individuellen beruflichen Handlungskompetenz, und zwar als Ausdruck der Fähigkeiten, Kenntnisse und Einstellungen, die notwendig sind, um sowohl berufliche Arbeitsaufgaben in Betrieben sachlich richtig wahrzunehmen und zu bewältigen, als auch um den eigenen Willen zu artikulieren und ggf. innerbetrieblich und weiterführend gesellschaftlich aktiv zu werden, um so eigene Interessen vertreten zu können. Berufsbildung hat somit immer auch eine politische Dimension.[26] Berufliche Tüchtigkeit und Mündigkeit bedingen sich u. E. Für das moralische Urteil bedarf es des Sachverstandes; der Sachverstand allein, ohne moralische Urteilsfähigkeit, begrenzt berufliche Fähigkeiten auf ausführende Fertigkeiten.

B.2.1.1 Ordnungspolitische Grundlagen

Die Institutionalisierung basiert zentral auf den gesellschaftlich legitimierten Zielen und den entsprechenden rechtlichen Regelungen. Nach dem Grundprinzip der Gewaltenteilung formulieren und verabschieden die legislative Stellen diese Regelungen, deren Umsetzung betreiben exekutive Stellen und deren Einhaltung überwachen davon unabhängige judikative Stellen. Dies gilt auch für die Berufsbildung. Die Berufsbildung als öffentliches Interesse und Aufgabe unterliegt diesen Gewalten und wird durch sie geprägt und gesteuert. Für die Praxis der Berufsbildung ist dann relevant, wie und in welcher Form sich diese Gewalten in sozialen Einrichtungen, die wiederum von Menschen gesteuert werden, manifestieren.

Es ist schon deutlich geworden, dass die Berufsbildungspraxis ein komplexes soziales Gefüge darstellt, an der ganz unterschiedliche gesellschaftliche Gruppen partizipieren. Hierbei muss herausgestellt

---

[25] Vgl. LIPSMEIER 1995, S. 233; SLOANE 1997a.
[26] Vgl. TWARDY 1993.

werden, dass die Teilnahme ganz verschiedener sozialer Gruppierungen gewollt ist. Die Berufsbildung folgt einer Politik des angestrebten Konsenses zwischen den gesellschaftlichen Kräften. Im Mittelpunkt steht dabei der Ausgleich zwischen den Sozialpartnern, also zwischen Arbeitgebern und Arbeitnehmern. Der Ausgleich erfolgt in entsprechenden Gremien; die Gremienarbeit ist maßgebend für die Gestaltung der Berufsbildung. Dies hat für angehende Wirtschaftspädagogen zwei Aspekte: zum einen prägt dieses politische Netz ihre alltägliche Arbeit, zum anderen ist es auch Chance der Partizipation. Dabei ist dies nicht nur eine Frage der Betroffenheit von Lehrern, Beratern und Ausbildern gleichsam also eine Bedingung des beruflichen Lehrens und Lernens. Es ist zugleich auch ein impliziter Auftrag, bedeutet doch dieses Partizipationsgefüge, dass den Lernenden Möglichkeiten zur Mitgestaltung aufgezeigt werden können. Auf einen solchen Zusammenhang hat schon frühzeitig Herwig BLANKERTZ[27] verwiesen. Demnach ist es auch Aufgabe des Lehrenden in der beruflichen Bildung, den Lernenden auf seine Rolle im Beschäftigungssystem vorzubereiten, was u. a. einschließt, dass er in der Ausbildung, als einem gleichsam pädagogisierten Subsystem, Möglichkeiten und Wege findet, seine Interessen zu vertreten. – Vor diesem Hintergrund ist die ordnungspolitische Struktur immer auch als eine zu gestaltende Größe und nicht nur als ein Bedingungsfeld zu sehen.

Das Berufsbildungssystem ist dabei durch vier Gestaltungsideen gekennzeichnet[28]: (1) die Berufs- und Berufsbildungsidee, (2) der Föderalismus, (3) die Verschränkung von Staats- und Marktsteuerung und (4) der Korporatismus.

(1) Berufs- und Berufsbildungsidee

Auf die Bedeutung des Berufs sowie auf den Berufsbegriff innerhalb der Berufs- und Wirtschaftspädagogik wurde bereits eingegangen. Hier soll der Berufsgedanke noch einmal unter ordnungspolitischer Perspektive untersucht werden. Die mit dem Konstrukt des Berufs verbundene Annahme von Kompetenzen, die betrieblich qualifizieren, aber zugleich nicht nur für einen Betrieb und nicht ‚nur' qualifizieren, ermöglicht eine Identifikation des Lernsubjekts mit dem Beruf. So

---

[27] Vgl. hierzu den von Herwig BLANKERTZ herausgegebenen Sammelband zur Curriculumforschung, dort vor allem den Beitrag von Adolf KELL 1974, S. 41.

[28] Vgl. hierzu SLOANE 1997a, S. 148f sowie weiterführend GREINERT 1995.

lernt man einen Beruf und wird somit zu einem Berufsmitglied, gemäß den Worten: Ich lerne Industriekaufmann und dann bin ich Industriekaufmann. Auf die Brüchigkeit dieser Formel in der heutigen Zeit wurde hingewiesen.

Diese Vorstellung des Berufs als Ordnungsrahmen ist in Deutschland sehr verwurzelt. In anderen Ländern liegt ein solches Berufsverständnis nicht vor. So wird im angelsächsischen Bereich davon ausgegangen, dass Arbeitsfähigkeiten Ausdruck individueller Kompetenzen sind, die nicht durch den Bezug auf ein überindividuelles Konstrukt wie den Beruf ausgedrückt werden. Der Gegensatz würde sehr markant an einer Gegenüberstellung einer deutschen und einer amerikanischen Bewerbung deutlich: Während die deutsche Kandidatin auf ihren Beruf verweist und ggf. Erfahrungen herausstellt, nach dem Prinzip *Ich bin gelernte Industriekauffrau und habe drei Jahre in der Einkaufsabteilung gearbeitet*, würde die amerikanische Bewerberin herausstellen, welche konkreten Tätigkeiten sie ausgeführt hat, etwa in der Form *Ich habe folgende Aufgaben wahrgenommen ...; ich kann folgende Arbeiten ausführen*.

Erst durch diese Idee des Berufs wird die grundlegende Trennung von vorberuflicher Bildung, beruflicher Ausbildung und beruflicher Weiterbildung möglich. Gemäß § 1 BBiG wird zwischen Berufsausbildung, beruflicher Fortbildung und Umschulung unterschieden. Ordnungspolitisch bedeutsam ist dabei die Festlegung, dass die Berufsbildung „in Betrieben der Wirtschaft, in vergleichbaren Einrichtungen außerhalb der Wirtschaft [...] sowie in berufsbildenden Schulen und sonstigen Berufsbildungseinrichtungen außerhalb der schulischen und betrieblichen Berufsbildung" (§ 1, Abs. 5 BBiG) stattfindet. Dadurch wird die Zuständigkeit für die Berufsbildung zentral in die Hände der Wirtschaft gelegt. Dies wird durch das Grundgesetz entsprechend vorbereitet. Zwar geht Art. 7 des GG von der Aufsicht des Staats über das Schulwesen aus und ordnet durch Art. 30 GG diese wiederum den Ländern zu. Gleichzeitig wird dort aber auch festgelegt, dass Ausnahmen hiervon möglich sind. Hierzu gehört gemäß Art. 74, Nr. 11 GG vor allem das „Recht der Wirtschaft". Dies wiederum etabliert die Zuständigkeit für alle Maßnahmen, die nicht rein schulischen Charakter haben, was in den vielen Fällen kombinierter schulisch-betrieblicher Bildungsmaßnahmen zumindest für Mitsprache sorgt.

Zugleich relativiert die Idee des Berufs aber auch das ‚Recht der Betriebe'; denn erstens geht es keinesfalls um je einen Betrieb der Wirtschaft, und zweitens stehen Betrieb und Wirtschaft nicht nur für

Arbeitgeber, sondern und vor allem auch für Arbeitnehmer. Dieser Umstand begründet den Einfluss von Gewerkschaften als Interessenvertretung von Arbeitnehmern und den Einfluss von (branchenbezogenen) Verbänden und anderen Interessenvertretungen der Arbeitgeber.

Damit wird deutlich, wie stark die Idee des Berufs auch die Idee des Subsidiaritätsprinzips prägt, welches die Nachrangigkeit staatlicher Interventionen im Bereich der Berufsbildung betont (3), und das Konsensprinzip, welches mit dem Prinzip des Korporatismus' (4) verbunden ist. Das Prinzip des Föderalismus' (2) sorgt für eine weitere Perspektive im Rahmen der berufsbildungspolitischen Abstimmungsprozesse.

(2) Föderalismus

Die Aufteilung in Bundes- und Landeskompetenz i. S. einer Zuständigkeit des Bundes für die betriebliche und einer Zuständigkeit der jeweiligen Länder für den schulischen Anteil der Berufsausbildung ist unmittelbarer Ausdruck der föderalen Struktur in Deutschland. Hierdurch sollen regionale, wirtschaftliche, finanzielle und bildungspolitische Gegebenheiten und Interessen berücksichtigt werden, die bezogen auf alle drei genannten Phasen der Berufsbildung – großteils wiederum in Verbindung mit Organisationen der Wirtschaft – unterschiedliche Schwerpunkte, Bildungsangebote und Organisationsformen hervorrufen.

Beispielsweise ist für den tertiären Bereich die Einrichtung von Berufsakademien zu nennen. Häufig absolvieren Abiturienten vor einem Studium noch eine Ausbildung. Um für diesen zeitlich langen Bildungsweg eine Alternative zu bieten, sind in einigen Bundesländern, insbesondere in Baden-Württemberg, Berufsakademien eingerichtet worden, in denen über drei Jahre (= sechs Semester) Studienphasen und Phasen der Arbeits- bzw. Ausbildungtätigkeit in Unternehmen kombiniert werden.

Für die dualen Formen der beruflichen Ausbildung spiegelt sich der Föderalismus z. B. in unterschiedlichen Organisationsformen des Berufsschulunterrichts hinsichtlich der zeitlichen Lage. So rückte in den letzten Jahren das sog. ‚Niedersachsenmodell' von neunstündigen Berufsschultagen in die Diskussion. Es sieht vor, im ersten Jahr der Ausbildung die Auszubildenden an zwei Berufsschultagen à neun Stunden zu unterrichten, um dann im zweiten und dritten Lehrjahr nur noch einen Tag in der Berufsschule à neun Stunden zu verbringen. Dies erhöht die Anwesenheitszeit der Auszubildenden im Betrieb, was sich – so die Vermutung – auf die Ausbildungsbereitschaft von Betrieben positiv auswirkt.

Offensichtliches Problem oder Folgeerscheinung einer Gewaltenteilung im Föderalismus ist die dadurch entstehende Heterogenität der Bildungsgänge, was tendenziell dem Gedanken beruflicher Mobilität entgegensteht. Die Heterogenität der Bildungsgänge und -abschlüsse nicht zu groß werden zu lassen bzw. sie zumindest im Bereich von Mindeststandards einheitlich zu gestalten, ist die Hauptaufgabe der „Ständigen Konferenz der Kultusminister der Länder in der Bundesrepublik Deutschland", kurz Kultusministerkonferenz (KMK) genannt. Als Beispiel für ein die Ausbildung betreffendes zentrales Dokument der KMK wird hier die sogenannte „Rahmenvereinbarung über die Berufsschule" vom 15.März 1991 genannt, welche u. a. Aufgaben, Ziele, Unterrichtsumfang und Lehrplanorganisation der Berufsschule nennt. Dort heißt es in Abschnitt 6.1: „Der Unterricht der Berufsschule umfasst mindestens 12 Wochenstunden". In Verbindung mit dem o.g. Niedersachsenmodell kann daran die Funktion der KMK verdeutlicht werden: Sie normiert – etwa warfen andere Bundesländer Niedersachsen vor, gegen die Rahmenvereinbarung zu verstoßen – ohne allerdings verbindlich vorschreiben zu können, denn das würde dem Föderalismusprinzip widersprechen.

Ähnlich ist die Situation bei den von der KMK vereinbarten Rahmenlehrplänen als Pendant der bundesweit geltenden Ausbildungsordnungen. Die Vereinbarung muss prinzipiell einstimmig gefasst werden. In den einzelnen Bundesländern werden diese Empfehlungen dann von Lehrplankommissionen in landesweite und landesverbindliche Richtlinien übersetzt. Bei diesem Verfahren geht es darum, einerseits Einheitlichkeit zu wahren, andererseits aber – ganz i. S. des föderalen Gedankens – die wirtschaftlichen Besonderheiten der Region zu berücksichtigen.

(3) Verschränkung von Staats- und Marktsteuerung

Die grundlegenden Vorstellungen der Regulierung von Berufsbildung lassen sich anhand verschiedener Regulierungsmodelle darstellen, wobei für das hiesige System eine Verschränkung der beiden Pole „Markt" und „Staat" charakteristisch ist.

Bei Marktsteuerung wird davon ausgegangen, dass Angebot und Nachfrage betrieblicher Qualifikationen die Berufsbildung regulieren. Ein Bedarf an speziellen Arbeitskräften würde demnach dazu führen, dass bestimmte Qualifizierungsangebote von freien Trägern (damit sind entsprechend den Überlegungen in A. 1.2.2 auch Betriebe gemeint) entwickelt werden. Prinzipiell zielt ein solches Modell stärker auf eine Individualisierung von Berufswissen und steht tendenziell gegen den Berufsbegriff, wie er sich in Deutschland etabliert hat. Es betont die Qualifikationsseite und negiert bzw. benötigt z. B. nicht eine (pädagogische) Vorstellung von Profession. Eine Marktsteuerung ist typisch für die englischsprachigen Länder.

Die Staatssteuerung findet sich u. a. im romanischen Bereich. Sie führt zu einer bürokratischen und sehr stark regulierten Berufsbildungspraxis, die überwiegend in schulischer Form umgesetzt wird. Obwohl Staats- und Marktsteuerung ordnungspolitische Gegensätze sind, betont das bürokratische Modell nicht eine Professionalisierung des Beruflichen, gleichsam im Abgleich zum Marktmodell, welches die Qualifikationsseite betont. Vielmehr führt das Staatsmodell häufig zu einer Loslösung beruflicher Bildungsgänge von den technischen und wirtschaftlichen Erfordernissen des Beschäftigungssystems.

Bei der Charakterisierung des deutschen Grundsatzes einer Verschränkung von marktlichen und staatlichen Einflüssen ist zwischen Aus- und Weiterbildung zu unterscheiden, denn im Bereich der Ausbildung gilt (noch) ein stärkerer staatlicher Einfluss, während im Bereich der Weiterbildung (noch) von den Einflüssen des Marktes gesprochen wird.

Im Bereich der Ausbildung geht man von einer Verschränkung von Markt- und Staatssteuerung aus, welche sich darin ausdrückt, dass die Ausbildungsbetriebe (Ausbildende) prinzipiell frei entscheiden können, wen sie und ob sie ausbilden wollen. Diese grundsätzliche Kontrahierungsfreiheit auf dem Markt wird begrenzt durch staatliche Regelungen, in denen sich das öffentliche Interesse an und sich die letztlich gegebene öffentliche Verantwortung für die Berufsausbildung ausdrückt. Dies verdeutlicht die öffentliche Diskussion um die Ausbildungsbereitschaft der Betriebe. So wird aus Sicht des Verfassungsgerichts die prinzipielle Kontrahierungsfreiheit der Betriebe dadurch begrenzt, dass der Wirtschaft als Ganzes auferlegt ist, für genügende Ausbildungsplätze zu sorgen. Zum anderen zeigt sich das öffentliche Interesse in den Ordnungsunterlagen sowie im Aufbau der Berufsbildungsorganisation, wobei auch hier das Prinzip verfolgt wird, die Durchführung der Berufsbildung und die Aufsicht darüber an die Sozialpartner zu delegieren und ihnen soziale Strukturen (Gremien, Ausschüsse usw.) vorzugeben, mit deren Hilfe sie die entsprechende Abstimmung (vertikale und horizontale Zusammenarbeit) vornehmen können. I. d. S. zeigt sich Staatssteuerung darin, dass den gesellschaftlichen Kräften Verfahrensweisen vorgegeben werden. Solange diese funktionieren, greift der Staat nicht ein; versagt jedoch das Verfahren, so entsteht ein Regulierungsbedarf.[29] Hierauf wird noch bei der Betrachtung des Korporatismus' einzugehen sein.

Im Bereich der Weiterbildung ist die Staatssteuerung geringer. Hier überwiegt die Regulierung über den Markt, zumindest auf den ersten Blick. Hintergründig besteht aber auch hier staatlicher Einfluss, der sich einerseits in länderspezifischen Weiterbildungsgesetzen niederschlägt, zum anderen in Fördervorschriften für die berufliche Weiterbildung. So kann dann in Bezug auf die Weiterbildung häufig nicht von einem echten Markt gesprochen werden.[30]

(4) Korporatismus

Unter Korporatismus versteht man die Einflussnahme von Interessenvertretungen auf die Politik. Dies kann man negativ als Lobbyismus interpretieren, man kann es aber auch positiv als eine Form der Partizipation auffassen. Positiv ausgedrückt ist ihr zentrales Anliegen, sich um Konsens zu bemühen, was eben teilweise in halbherzigen Kompromissen endet. Nicht zuletzt trifft auf die Berufsbildung deshalb das Phänomen zu, welches im Ausland teilweise als ‚german disease' bezeichnet wird. Andererseits gibt es im Bereich der Berufsbildung auch dann noch eine konstruktive Zusammenarbeit von Arbeitgeber- und Arbeitnehmervertretern, von Politikern quer über die Parteien, wenn sich diese in anderen Themen gerade heftig streiten.

Soll über den Korporatismus tatsächlich eine Partizipationsmöglichkeit von Bürgern ermöglicht werden, so sind die besonderen Bedingungen und Möglichkeiten unserer hochdifferenzierten, funktionsgeteilten Gesellschaft zu berücksichtigen. Die Mitwirkung des einzelnen an gesellschaftlichen Abläufen erzwingt gleichsam sein Engagement in Verbänden, Interessenvertretungen usw. In der modernen Gesellschaft ist es letztlich unumgänglich, dass die Bürger über Organisationen ihren politischen Willen bekunden.

Es wurde schon mehrfach gesagt, dass die Kooperation zwischen den Sozialpartnern ein zentrales Merkmal der Gestaltung und Steue-

---

[29] Darin liegt der Kern der aktuellen Diskussion um die ‚Umlagenfinanzierung der Ausbildung'.

[30] Vgl. SLOANE 1997c, S. 48.

rung der beruflichen Bildungspraxis sei. Man kann dies an dieser
Stelle auch als die zentrale Kooperationsfigur innerhalb der korporativen Struktur des beruflich strukturierten Beschäftigungssystems ansehen, was aber nicht die Teilnahme anderer Gruppierungen aus-
schließt. Generell geht es um die Bekundung des Willens von
Mitgliedern. Aus Sicht des Staates stellt sich dabei die Aufgabe, die
Kooperation, aber auch den Wettbewerb zwischen den Verbänden, zu
organisieren. Dabei kann es durchaus als gefährlich eingeschätzt werden, wenn staatliche Entscheidungsträger dazu übergehen, Präferenzen für bestimmte Verbände zu entwickeln. Zu fordern wäre daher eine weitgehende Nichteinmischung des Staates, wobei es dessen
Aufgabe sein muss, entsprechende Rahmenbedingungen für die Zusammenarbeit zu schaffen. Ein so verstandener Korporatismus ermöglicht es den Gesellschaftsmitgliedern, sich politisch zu artikulieren und von politischen Instanzen zur Kenntnis genommen zu
werden. Auf diese Weise werden Mehrheitsverhältnisse innerhalb des
Staates sichtbar, und es ist möglich, dass Politik mehrheitsfähig bleibt
bzw. der politische Wille der Bevölkerung sichtbar wird. Problematisch dabei ist immer der Umgang mit Minderheiten, insbesondere
der – gerade in einem föderalen System besonders geschätzte – Aspekt regionaler, aber auch sozialer Unterschiede. Hier ergibt sich
durchaus ein Spannungsverhältnis zwischen artikulierten Mehrheits-
und artikulierten Minderheitspositionen, ungeachtet der weiteren
Problematik des Falles, dass bestimmte Positionen – weil es für sie
keine Verbandsvertretung gibt – nicht artikuliert werden.

Gleichwohl die korporative Vorgehensweise prinzipiell so angelegt
ist, dass es zu konsensuellen Entscheidungen kommt, mithin also bildungspolitische Vorgaben auf einer sehr breiten gesellschaftlichen
Basis getroffen werden, was wiederum zu einer Mitverantwortung
der relevanten gesellschaftlichen Kräfte führt, gibt es doch auch
Probleme und Kritik. So führt der deutsche Korporatismus letztlich
zu einer Veto-Politik. Die implizite Suche nach konsensuellen Lösungen im System führt dazu, dass Innovationen schwierig werden.
Stattdessen werden Entscheidungen präferiert, die in letzter Konsequenz keiner Gruppe ‚weh tun'. Grundsätzlich ist korporativ gestützte
Politik so angelegt, dass jede Gruppe immer auch ihre Gruppeninte-
ressen wahrt. Tiefgreifende Reformen werden so vom Grunde her
nicht möglich, wenn damit verbunden ist, dass einzelne gesellschaftliche Gruppen eigene Ziele und Ansprüche zurücknehmen müssen.
So führt letztlich der gewollte Gruppenegoismus zur Stabilisierung
der gegebenen Verhältnisse.

Mit Korporatismus ist immer auch Bürokratie verbunden. Begreift man korporative Abstimmungsprozesse als eine neben den Wahlen zweite und ergänzende Form der politischen Willensbildung, so ist der deutsche Korporatismus im Grunde eine verdeckte bürokratische Steuerung. Dies wird insbesondere deutlich, wenn man sich vergegenwärtigt, wie der Korporatismus installiert ist. Dies wird im folgenden Kapitel erarbeitet, bei dem darüber hinaus darum geht, die genannten ordnungspolitischen Prinzipien für die zwei zentralen Institutionen auf politischer und administrativer Ebene nachzuzeichnen.

B.2.1.2 Institutionen der politischen und administrativen Ebene

Das Bundesinstitut für Berufsbildung (BiBB) wird als zentrale Instanz für die föderale und korporative Steuerung auf politischer Ebene angesehen. Es wurde 1970 auf der Grundlage des Berufsbildungsgesetzes gegründet; seine heutige Rechtsgrundlage ist das Berufsbildungsförderungsgesetz (BerBiFG) von 1981. Das BiBB erfüllt nach Weisung des zuständigen Bundesministers folgende Aufgaben laut § 6 BerBiFG

- die Vorbereitung der Ausbildungsordnungen,
- die Vorbereitung von Berufsbildungsberichten,
- die Durchführung von Berufsbildungsstatistiken,
- die Förderung von Modellversuchen,
- die Unterstützung von Berufsbildungsstätten,
- die Beratung der Bundesregierung,
- die Durchführung von Berufsbildungsforschung,
- das Führen des Verzeichnisses der anerkannten Ausbildungsberufe,
- das Prüfen und Anerkennen von Fernlehrgängen.

Die im Rahmen einer Einführung in die Wirtschaftspädagogik ausführlicher darzustellende Aufgabe ist die der Erarbeitung der Ausbildungsordnungen, weil sie

- zentral mit dem Berufsprinzip verknüpft ist (A.4.2),
- im Rahmen der aktuellen Diskussion eine besondere Rolle im Hinblick auf das Angebot an Ausbildungsplätzen spielt (B.2.2.3) und zudem
- das Prinzip des Föderalismus' und des Korporatismus' widerspiegelt.

Die Entwicklung von Ausbildungsordnungen erfolgt i. d. R. über vier Phasen.

- In der Forschungs- und Entwicklungsphase werden, teilweise auf Anregung von Vertretern der Arbeitgeberverbände oder Gewerkschaften, Entscheidungsvorschläge für eine Neuordnung erarbeitet. Hier wird i. d. R. über Betriebsbegehungen, repräsentative Tätigkeitsanalysen, Fallstudien und Expertenbefragungen ein Blick in die Praxis geworfen.

- In der Phase des Vorverfahrens versammelt der zuständige Fachminister – also meist der Bundesminister für Wirtschaft – Vertreter der an der weiteren Entwicklung beteiligten Institutionen an einem Tisch. Gemeinsam werden die Eckdaten (Bezeichnung, Dauer der Ausbildung usw.) festgelegt. Beteiligte sind: Beauftragte verschiedener Bundesministerien, Vertreter des BiBB, die Spitzen- und Fachorganisationen der Arbeitgeber und Gewerkschaften sowie Vertreter der Ständigen Konferenz der Kultusminister der Länder.

- In der Erarbeitungs- oder Abstimmungsphase werden erlassfähige Ausbildungsordnungen für die betriebliche Ausbildung durch das BiBB (unter Beteiligung der Arbeitgeber- und Arbeitnehmervertreter) und Rahmenlehrpläne für die schulische Ausbildung durch die KMK erstellt. Dabei wird in gemeinsamen Sitzungen eine inhaltliche und zeitliche Abstimmung der beiden Planungsgrundlagen versucht.

- Die abschließende Erlassphase bildet den förmlichen Schlusspunkt. Ausbildungsordnungen werden durch das zuständige Bundesministerium (meist Bundesministerium für Wirtschaft) erlassen, d. h. es gibt keine Erörterung im Parlament oder ähnliches. Die Kultusministerkonferenz verabschiedet den Rahmenlehrplan. Er dient einzelnen Bundesländern als weitgehende Orientierung bei der Erarbeitung landesspezifischer Richtlinien für den Berufsschulunterricht.

Aus der Darstellung wird ersichtlich, dass es ein langwieriger Vorgang werden kann, eine Ausbildungsordnung zu ändern. Typischerweise wird mit mindestens zwei Jahren gerechnet, wie aus der folgenden Abbildung von Hermann Benner hervorgeht.

Das BiBB hat zwei Organe: den Generalsekretär und den Hauptausschuss. Der Generalsekretär „vertritt das Bundesinstitut für Berufsbildung gerichtlich und außergerichtlich" (§ 10, Abs. 1 BerBiFG). Der Hauptausschuss hingegen „beschließt über die Angelegenheiten des Bundesinstituts" und „berät die Bundesregierung" (§ 8, Abs. 1 und 2 BerBiFG). Die Rechtsaufsicht über das

Verfahren zur Erarbeitung und Abstimmung von Ausbildungsordnungen	
Antragsgespräch: – Festlegung bildungspolitischer Eckdaten – Vorbereitung eines Projektantrages – Projektbeschluss im Koordinatenausschuss – Anhörung der Spitzenorganisationen	Vorverfahren sechs Monate
Sitzungen der Sachverständigen des **Bundes** Ziel: Entwicklung eines Ausbildungs-verordnungsentwurfes Sitzungen der Sachverständigen der **Länder** Ziel: Entwicklung eines Rahmenlehrplanentwurfes regelmäßige gegenseitige Information und Abstimmung der Entwürfe in gemeinsamer Sitzung, Anhörung der Spitzenorganisatoren	Erarbeitung/ Abstimmung 16 Monate
– Beschluss im Länderausschuss – Beschluss im ständigem Ausschuss – Beschluss im Koordinierungsausschuss – Erlass und Veröffentlichung	Erlass zwei Monate

Abbildung B. 10: Änderungsverfahren bei Ausbildungsordnungen und Rahmenlehrplänen[31]

BiBB liegt beim Bundesminister für Bildung, Wissenschaft, Forschung und Technologie (BMBF).

Die nachstehende Übersicht B.11 verdeutlicht den Aufbau und die korporative Einbindung des Bundesinstituts:

Dem Hauptausschuss gehören gemäß § 8, Abs. 3 BerBiFG an: der Generalsekretär, sechzehn Beauftragte der Arbeitgeberverbände (Dachverbände, Handwerkskammern, Industrie- und Handelskammern usw.), sechzehn Beauftragte der Arbeitnehmerverbände (Gewerkschaften), sechzehn Beauftragte der Länder und fünf Beauftragte des Bundes; letztere haben aber auch sechzehn Stimmen.

---

[31] BENNER 1995, S. 77.

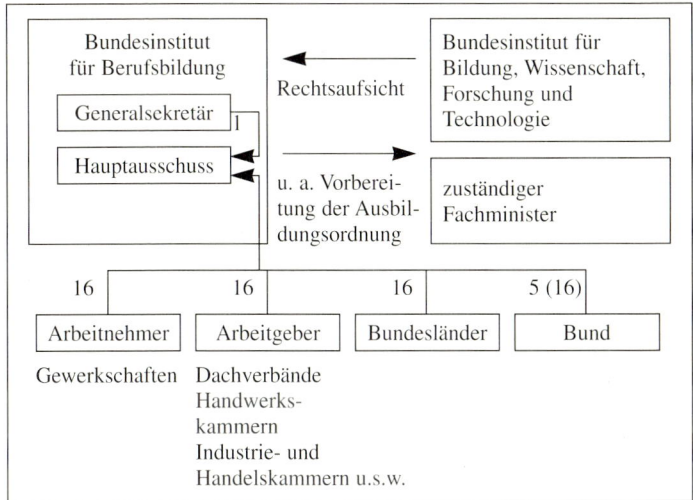

Abbildung B. 11: Aufbau und korporative Einbindung des Bundesinstituts für Berufsbildung

Es zeigt sich gerade im Hauptausschuss, wie die Einbindung der Sozialpartner erreicht wird. Zieht man die oben genannte Aufgabenstellung des Instituts hinzu, so wird nachhaltig deutlich, wie in einer korporativen Struktur die Abstimmung zwischen Verbänden und politischen Instanzen organisiert ist. Beratende und politische Entscheidungen vorbereitende Funktionen sind explizit vorgesehen, gleichwohl ein Weisungsrecht der Politik ausdrücklich erwähnt wird.

Auf administrativer Ebene ist die Zuständige Stelle mit den bereits genannten Aufgaben von zentraler Bedeutung. Insbesondere für die Überwachung und Förderung der Berufsausbildung muss die Zuständige Stelle Ausbildungsberater bestellen. Daneben kommt ihr die Aufgabe zu, Prüfungsausschüsse und den Berufsbildungsausschuss einzurichten, und zwar nicht nur für die Ausbildung, sondern auch für den Bereich der Weiterbildung, etwa im Bereich der Meisterprüfungen.

Prüfungsausschüsse werden gemäß §§ 36 und 37 BBiG eingerichtet, um Abschlussprüfungen abzunehmen. Diese Ausschüsse bestehen aus zumindest drei Mitgliedern, die für das Gebiet der Prüfung sachkundig sein müssen. Die Mitglieder müssen den Gruppen der Arbeitgeber, der Arbeitnehmer und der Lehrer angehören, wobei Vertreter der Arbeitgeber und Arbeitnehmer in gleicher Zahl, also paritätisch,

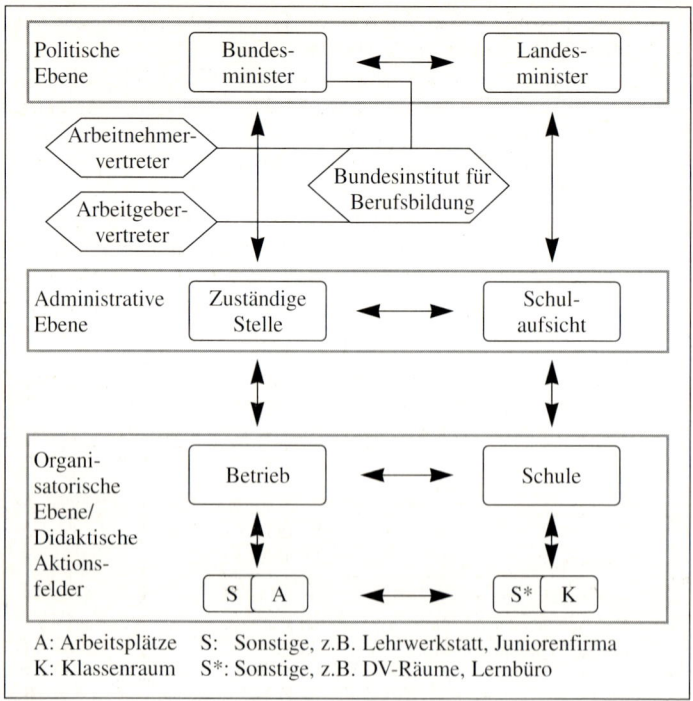

Abbildung B. 12: Ebenenmodell berufs- und wirtschaftspädagogischer Praxis II

vertreten sein müssen, während von Lehrerseite mindestens ein Lehrer Mitglied des Ausschusses sein muss.

Dem Berufsbildungsausschuss gehören gemäß § 56, Abs. 1 BBiG
jeweils sechs Beauftragte der Arbeitnehmer, sechs Beauftragte der
Arbeitgeber und sechs Lehrer an berufsbildenden Schulen an. Die
Lehrer sind mit beratender Stimme vertreten. Die Arbeitgebervertre-
ter werden auf Vorschlag der Zuständigen Stelle, die Arbeitnehmervertreter auf Vorschlag der im Bezirk ansässigen Gewerkschaften und
die Lehrer auf Vorschlag der nach dem Landesrecht zuständigen Behörden für längstens vier Jahre berufen (vgl. § 56 BBiG, Abs. 2).
Entsprechend § 58, Abs. 1 BBiG ist der Berufsbildungsausschuss in
„allen wichtigen Angelegenheiten der beruflichen Bildung zu unterrichten und zu hören". Außerdem beschließt dieses Gremium gemäß
§ 58, Abs. 2 alle Rechtsvorschriften zur Durchführung beruflicher

Bildung im jeweiligen Kammerbereich. Lehrer haben in diesem Ausschuss lediglich eine beratende Stimme.

Hier deutet sich an, dass ein wesentlicher Teil der bildungspolitischen Arbeit in der Berufsbildung über Ausschuss- bzw. Gremienarbeit abläuft. So ist es auch typisch, dass eine paritätische Verteilung der Sitze im Berufsbildungsausschuss auf Arbeitgeber und Arbeitnehmer vorgesehen ist und dass die Lehrer eine beratende, keinesfalls aber eine beschließende Stimme haben. Hier drückt sich unmittelbar ein bildungspolitisches Programm aus, welches von der Verantwortung und der Entscheidungsbefugnis der Sozialpartner für Fragen der beruflichen Bildung ausgeht, was sich in folgender Erweiterung der Organisation der dualen Berufsausbildung niederschlägt:

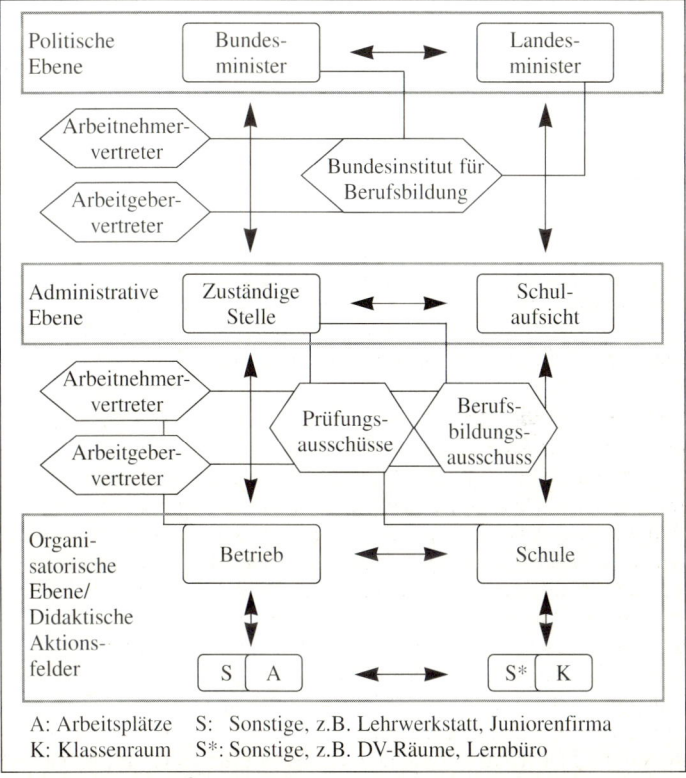

A: Arbeitsplätze   S: Sonstige, z.B. Lehrwerkstatt, Juniorenfirma
K: Klassenraum   S*: Sonstige, z.B. DV-Räume, Lernbüro

Abbildung B. 13: Ebenenmodell berufs- und wirtschaftspädagogischer Praxis III

Berufs- und Wirtschaftspädagogik, Berufsbildungspolitik und Berufsbildungsöffentlichkeit

Die Wirtschafts- bzw. Berufs- und Wirtschaftspädagogik thematisiert auch Ansprüche an Berufsbildung. Dies ist insbesondere dann der Fall, wenn man diese Wissenschaft als eine normative begreift, also der Meinung ist, dass es nicht nur darum geht, die Berufsbildungspraxis zu beschreiben, sondern auch Anliegen sein soll, Ziele und Normen, also Maßstäbe für die Bildungsarbeit vor Ort zu formulieren.

Eine solche Vorgehensweise entspricht einer alten pädagogischen Tradition. Es wurde in Teil A auch dargelegt, dass die Berufs- und Wirtschaftspädagogik sich mit den Zielen beruflicher Bildung auseinandersetzt, und zwar vorrangig auch in einer Bearbeitung des Verhältnisses von Erziehung und Wirtschaften. Und auch die Überlegung, dass der Beruf eine innere und äußere Funktion habe, nämlich zum einen auf Erwerbstätigkeit und zum anderen auf Berufs- und Lebenszufriedenheit ziele oder die Vorstellung, dass man zwischen Profession und Qualifikation unterscheiden könne, verweisen immer wieder darauf, dass berufs- und wirtschafts*pädagogische* Zusammenhänge hergestellt werden. Im Kontext des vorliegenden Teils B stellt sich zwangsläufig die Frage, wie solche von der Berufs- und Wirtschaftspädagogik betriebenen Positionsbestimmungen in Bezug gesetzt werden können zur Berufsbildungspraxis.

Als erstes kann hier festgestellt werden, dass diese Vorstellungen Maßstäbe für die Bewertung von Berufsbildungspraxis beinhalten. Es wäre aber u. E. eine vollkommen überholte und antiquierte Vorstellung von Pädagogik, wenn man der Meinung ist, diese Maßstäbe hätten eine höhere und bessere Qualität als diejenigen, die von anderen gesellschaftlichen Gruppen formuliert werden.

Neben der Frage konkreter bzw. substantieller Ziele der Berufsbildung geht es auch darum, wie in der Gesellschaft über Ziele und Inhalte, aber auch über die konkrete Umsetzung beruflicher Bildung öffentlich diskutiert wird.

Man muss sich aber auch vergegenwärtigen, dass in einer pluralistischen Gesellschaft von verschiedenen Gruppen ganz unterschiedliche Positionen vertreten werden können. Somit wird es wichtig festzustellen, wie bei möglicherweise konkurrierenden Vorstellungen über die Ziele beruflicher Bildung eine Vereinbarung getroffen werden kann, bzw. welche Ziele sich auf welche Art und Weise herausbilden. Mithin geht es um die Verfahren und Grundsätze einer Zielbestimmung innerhalb der Berufsbildungspraxis.

Wissenschaftlich gesehen handelt es sich bei der Zielbestimmung um eine Frage der Normenbegründung. Nur wenn man der Meinung ist, dass es universelle und überzeitliche Normen gibt, kann man von obersten Prinzipien ausgehen, an Hand derer man Bildungsziele oder -normen begründet. So ging man in alten normativen Erziehungskonzepten davon aus, dass es übergeordnete Prinzipien wie die Gerechtigkeit, das Gute usw. gäbe. Unterstellt man die ‚ewige‘ Gültigkeit solcher Prinzipien, so konnten daraus – so die Annahme – die Ziele beruflicher Bildung abgeleitet werden.

In der Tat ist es aber so, dass diese Prinzipien von Menschen gesetzt sind und ihre prinzipielle Gültigkeit nur behauptet wird. Außerdem bedarf es wiederum Argumente dafür, welche Teilziele sich aus solchen übergeordneten Prinzipien – wenn man schon von ihrer Existenz ausgeht – ableiten lassen. Zusammenfassend kann daher gesagt werden, dass oberste Prinzipien von Menschen bzw. sozialen Gruppen gesetzt werden und man sich über Verfahren einigen muss, wie diese Prinzipien begründet und wie Teilziele bestimmt werden können.

Gerade in der philosophischen Diskussion hat sich daher der sogenannte Diskurs als Verfahren der Verständigung über Normen herauskristallisiert. Diskursive Ethiken beschäftigen sich nicht mit konkreten Werten wie Selbständigkeit, berufliche Mündigkeit etc., sondern mit der Frage wie Werte bestimmt und begründet werden können. Für die wirtschafts- und sozialwissenschaftliche sowie gleichermaßen für die erziehungswissenschaftliche Diskussion von Bedeutung sind hierbei die Arbeiten von Jürgen HABERMAS.

Von ihm stammen wesentliche Anregungen für die Diskurstheorie. Er ging dabei von dem Ideal eines herrschaftsfreien Diskurses aus, der als vorbildliche Vorlage für die Verständigung über Normen gelten kann. In der Praxis der (Berufs-) Bildung scheint jedoch eine solche Vorstellung nicht realistisch. Maßgebend ist aber, dass eine Form der Verständigung stattfinden muss und dass eine Transparenz über dieses Vorgehen und über die dabei erreichten Ergebnisse geschaffen wird. Die Öffentlichkeit stellt ein wichtiges Korrektiv dar: Nur wenn die Normenfindung und die Normenentscheidung öffentlich gemacht werden, kann es öffentliche Kontrolle über das Konstrukt der öffentlichen Meinung geben. Dies ist ein Gedanke, der sich letztlich schon bei Imanuel KANT und dessen Orientierung an der Öffentlichkeit findet (vgl. dazu auch C.2).

Zusammenfassend kann festgehalten werden, dass es bei der Formulierung der Ziele und letztlich auch substantiellen Aufgaben der beruflichen Bildung darum geht, den Diskurs um die leitenden Normen, ihre Begründung und Präzisierung, öffentlich transparent zu machen. Dies verweist auf einen bildungspolitischen Diskussionsraum. Nach unserem Dafürhalten ist auch unsere eigene Positionsbestimmung, die sich in den obigen Überlegungen zu den Zielen beruflicher Bildung niederschlägt, in einen solchen politischen Kontext einzubinden, da sonst von Seiten der Wissenschaft genau der Dogmatismus betrieben würde, gegen den sie sich im politischen Raum ausspricht.

Von einer anderen Warte her kann gesagt werden, dass innerhalb der Berufsbildungspraxis gesellschaftliche Gruppen ihre Vorstellungen über die Ziele und über die Aufgaben von beruflicher Bildung artikulieren. Die Berücksichtigung der Diskurstheorie besagt nunmehr, dass Verfahren und Ergebnis der Verständigung öffentlich gemacht werden müssen und dass es einer Kontrolle durch eine öffentliche Meinung bedarf. Angemerkt werden muss dabei in der Tat, dass genau die Unabhängigkeit dieser öffentlichen Meinung, die gefordert werden müsste, weil sie als Korrektiv fungieren soll, sich als problematisch darstellt.

Dies berücksichtigt im übrigen eine alte erziehungswissenschaftliche Idee, die bereits von Erich Weniger formuliert wurde. Nach dieser Vorstellung wird die Auseinandersetzung um die Themen der Bildung durch geistige Mächte ge-

führt,die wiederum versuchen, ihre Interessen durchzusetzen (vgl. Weniger 1963, u. a. S. 35 f.)

Konsequenzen der bisherigen Überlegungen sind: Die Berufs- und Wirtschaftspädagogik als Wissenschaft kann nicht die Ziele und Aufgaben der Berufsbildung bestimmen. Sie kann sich an dem Diskurs der verschiedenen gesellschaftlichen Gruppen beteiligen, muss dabei aber zur Kenntnis nehmen, dass sie allenfalls eine ‚Meinung‘ bzw. eine ‚Ansicht‘ vertreten kann, die bestenfalls diskutiert wird.

Die Berufs- und Wirtschaftspädagogik als Wissenschaft hat somit zumindest die Aufgabe, den Diskurs zu beschreiben, der in der Berufsbildungspraxis und -politik sich vollzieht. Sie kann dabei einen Beitrag dazu leisten, dass dieser Diskurs transparenter und somit auch der öffentlichen Meinungsbildung zugänglicher wird. (Vgl. als einen Beitrag dazu Dauenhauer, 1996)

B.2.2 Organisationen für berufliches Lehren und Lernen

Wir wenden uns nun der organisatorischen Ebene beruflicher Bildung zu. Nicht unumstritten, aber als Sammelbezeichnung durchaus etabliert hat sich für die dort anzusiedelnden Institutionen die Kennzeichnung „Lernort". Im Wortsinne kann dabei jeder Ort Lernort sein: Klaus Beck führt hierzu aus: „Lernen kann sich immer und überall vollziehen. Der einzige ‚Ort‘ an den Lernen gebunden ist, ist der menschliche Körper".[32] Wenn wir dennoch von Lernorten sprechen, so betonen wir damit denjenigen Ausschnitt der institutionellen Gegebenheiten, die Lernen organisieren will. Passender wäre folglich die Bezeichnung ‚institutionalisierter Lehrort‘; sie ist aber weniger üblich.

---

[32] Beck 1984, S. 257.

Unter organisationstheoretischen Gesichtspunkten kann man Lernorte allgemeiner differenzieren gemäß ihrer Aufgabenstellung und -bewältigung auf der einen Seite und ihrer Institutionalisierung auf der anderen Seite[33]:

Mit dieser Lernortdifferenzierung sind zwei Bezugspunkte gegeben. Zum einen kann von der Aufgabenstellung und -bewältigung ausgegangen werden, womit das Lehren und Lernen sowie die dafür zu gestaltenden Rahmenbedingungen gemeint sind. Hier kann auch von mikro- und makrodidaktischen Aufgaben gesprochen werden. Die Mikrodidaktik bezieht sich auf die Gestaltung von Lehr-/Lernprozessen, während die Makrodidaktik die Frage der organisatorischen, insbesondere die raum-zeitlichen und personalen Voraussetzungen für das Lehren und Lernen thematisiert. Zum anderen kann vom Lernort als gesellschaftlicher Einrichtung ausgegangen werden. Unterschieden wird zwischen den materiellen Rahmenbedingungen, wozu die Ausstattung und die Ressourcen zählen, und den eher formalen Aspekten wie dem Selbstverständnis, der Tradition, den geltenden Regeln usw. Dabei stellen materielle Rahmenbedingungen und die makrodidaktische Frage zwei Seiten einer Medaille dar: Einerseits als Grenze der Organisation, andererseits als Chance der organisatorischen Gestaltung.

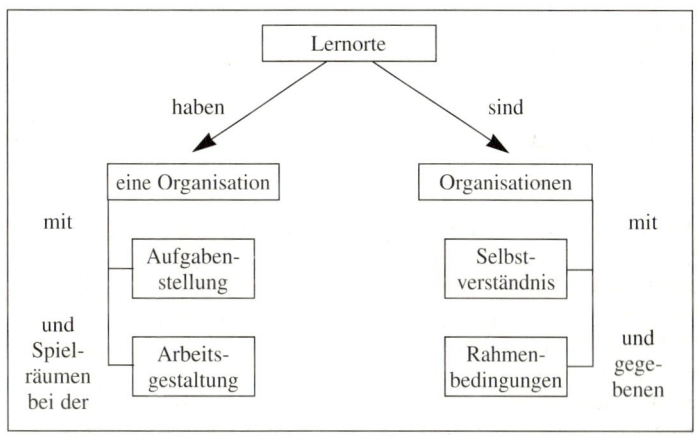

Abbildung B. 14: Organisationstheoretische Sichtweisen auf Lernorte

---

[33] Vgl. hierzu BUSCHFELD/SLOANE 1994, 6 f.

Im Folgenden sollen drei Bereiche betrachtet werden. Bezugspunkt sind zunächst die auf der organisatorischen Ebene dualer Berufsausbildung genannten Institutionen Schule und Betrieb. Diese Institutionen kann sich die Leserschaft als örtliche Einrichtungen selbst vor Augen führen, ein Vorzug, der mit dem Wort Lern*ort* zusammenhängt. In dieser Betrachtung einer örtlichen Gegebenheit wird deutlich, dass im Grunde organisatorische Einheiten als Lernorte in einem Gebäude zu finden sind. So sind in dem Gebäude und somit auch den Klassenräumen einer ‚Berufsschule' eben mehrere, ganz unterschiedliche Schulformen versammelt; an dem Türschild steht deshalb häufig auch „Berufsbildende Schulen der Stadt…" oder ähnliches. „Berufsbildend" bezieht sich nicht nur auf Ausbildung, sondern auch auf Weiterbildung. Insofern findet sich diese Unterscheidung mehr oder weniger explizit auch innerhalb der örtlichen Gegebenheiten. Anschaulich wird dies etwa, wenn in einem Betrieb ‚die Ausbildung' und ‚die Weiterbildung' in zwei getrennten Abteilungen organisiert sind.

Teilweise greifen Betriebe auch auf externe Anbieter beruflicher Bildung zurück, die hier als „sonstige Träger" bezeichnet werden. Bei diesem dritten Bereich handelt es sich weder im quantitativen noch im qualitativen Sinne um eine Restgröße. Die Bezeichnung „sonstige Träger" deutet vielmehr die Vielfalt dieses Bereichs an.

Die folgenden Kapitel sind ähnlich aufgebaut. Neben einer typisierenden Darstellung der Organisationsstrukturen und Gestaltungsalternativen werden jeweils Bereiche der Ausbildung und der Weiterbildung thematisiert. Aufgrund der unterschiedlichen Gewichtungen liegt der Schwerpunkt bei den berufsbildenden Schulen allerdings auf der Ausbildung, bei den sonstigen Trägern auf der Weiterbildung. In der Darstellung der Betriebe als Lernorte fassen wir beide Bereiche gemeinsam unter dem Stichwort „betriebliche Bildungsarbeit". Die innere Gliederung bildet folgende Darstellung ab.

Lernorte (Organisationsstrukturen und Gestaltungsalternativen)			
	Schule	Betrieb	sonstige Träger
Aus-bildung	↓	↑	↑
Weiter-bildung	↓	↓	

Abbildung B. 15: Zusammenhang der Kapitel B.2.2.1-3

B.2.2.1 Die berufsbildenden Schulen

Die berufsbildenden Schulen gehören zum Sekundarbereich II. Der Name ist eine Sammelbezeichnung für eine Vielzahl unterschiedlicher Schulformen (-gattungen), die in Vollzeit- und Teilzeitform geführt werden.[34]

Es lassen sich grob folgende Schulformen unterscheiden: (1) Berufsschule, (2) Berufsfachschulen, (3) Berufsaufbauschule (4) Fachoberschule und (5) Fachschule, die für die verschiedenen Berufsfelder angeboten werden (u. a. kaufmännisch-verwaltender Bereich, gewerblich-technischer Bereich, hauswirtschaftlich-pflegerischer Bereich). Die Kombination von Schulformen und -zweig führt dann zu konkreten Schultypen, wie sie örtlich vorzufinden sind.

Die einzelnen Schulformen sind aus unterschiedlichen Interessen heraus eingerichtet worden. Sie haben mal eine berufsvorbereitende, berufsausbildungsbegleitende und -ergänzende Funktion, mal vergeben sie spezifische Berechtigungen zum weiteren Schulbesuch etc.[35]

Die nachfolgend Übersicht gibt einen ersten Einblick:

(1) Berufsschulen. – In der Berufsschule werden drei Zielgruppen betreut: Fachklassen für Absolventen einer dualen Berufsausbildung, Klassen für Schüler ohne Berufsausbildungsverhältnis und das Berufsgrundbildungsjahr, welches in Vollzeitform durchgeführt wird und als erstes Jahr einer Berufsausbildung gilt. Für den Bereich der Berufsschule wurde ein typischer Lehrplan in B.1.1.5 dargestellt.

(2) Berufsfachschulen – Diese Schulen werden in Vollzeitform mit mindestens einjähriger Dauer angeboten. Sie können nach Abschluss der allgemeinbildenden Schulphase, ohne vorherige berufliche Ausbildung, besucht werden. Ihr Ziel ist die Vermittlung beruflicher und allgemeinbildender Kompetenzen. Es sind i. d. R.

---

[34] Empfehlenswert ist es, einen Blick in die jeweiligen Gesetz- und Verordnungsblätter der einzelnen Bundesländer zu werfen; daran wird der Überblickscharakter der folgenden Darstellung sofort deutlich. Etwa lautet die künftige Bezeichnung der Berufsbildenden Schulen in NRW „Berufskolleg", was nicht recht in das gewählte Schema passt. Wir beziehen uns im Kern der Darstellung auf den Beschluß der KMK-Konferenz vom 8.12.1975 über die „Bezeichnungen zur Gliederung des beruflichen Schulwesens".

[35] Vgl. BUNK 1982, S. 120ff.

Schulformen, die als Teil des berufsbildenden Schulwesens gelten oder im Zusammenhang mit der Berufsausbildung stehen		
Schulen, die i. d. R. vor der dualen Berufsausbildung besucht werden	Schulen als Teil der dualen Berufsausbildung	Schulen, die i. d. R. nach der dualen Berufsausbildung besucht werden
Berufsgrund-bildungsjahr (Berufsgrundschuljahr)	Berufsschule	Fachschule
Berufsfachschule (z.B. Handelschule) Höhere Berufs-fachschule (Höhere Handels-schule)		Berufsoberschule/ Technische Oberschule/ Wirtschaftsober-schule

Schulen, die z.T. während, z.T. nach der dualen Berufsausbildung besucht werden	Schulen, die statt einer dualen Berufsausbildung besucht werden
Berufsaufbauschule Fachoberschulen	Berufsaufbauschule Bildungsgänge für Assistenten

Abbildung B. 16: Schulformen des berufsbildenden Schulwesens[36]

drei Formen der Berufsfachschule zu unterscheiden: Während die Berufsfachschule (im kaufmännsichen Bereich: die Handelsschule) auf den Hauptschulabschluss aufsetzt und zu einem mittleren Bildungsabschluss führen soll, setzt die Höhere Berufsfachschule (Höhere Handelsschule) einen mittleren Bildungsabschluss[37] vor-

---

[36] In Anlehnung an eine Darstellung bei ANGER u. a. 1996, S. 405

[37] Hiermit ist im Grunde ein Realschulabschluss sowie ein ihm gleichgestell-ter Abschluss gemeint. Wenn im Folgenden nur von Realschulabschluss oder mittlerer Bildungsabschluss gesprochen wird, so muss es eigentlich immer genauer lauten: Realschulabschluss oder ein ihm gleichgestellter. Aus sprachlichen Gründen wird dies aber nicht so umfassend formuliert.

aus und orientiert sich hin auf die Fachhochschulzugangsberechtigung (oder auch in bestimmten Fällen auf die allgemeine Hochschulreife). Die jeweiligen Abschlüsse können auf eine spätere Berufsausbildung angerechnet werden und so zu einer Ausbildungszeitverkürzung führen. Zwei- bzw. dreijährige Berufsfachschulen können zudem einen rein schulischen Berufsausbildungsabschluss vermitteln, wie in B.1.1.1 für die sogenannten Assistentenberufe angedeutet wurde. Der dort abgebildete Lehrplan veranschaulicht, wie berufliche und allgemeinbildende Kompetenzen in Fächern interpretiert werden.

Durch die zwei Schulformen der Berufsschule und der Berufsfachschulen wird i. d. R. etwa dreiviertel der Schülerinnen und Schüler von kaufmännischen Schulen erfasst. Dies unterstreicht die quantitative Bedeutung dieser Schulformen.

(3) Berufsaufbauschule. – Diese Schulform kann neben und nach einer Berufsausbildung besucht werden, entsprechend wird sie in Teilzeitform (dreijährig) und Vollzeitform (einjährig) angeboten. Voraussetzung für den Besuch ist ein Hauptschulabschluss. Ziel ist neben einer fachtheoretischen Vertiefung die Vermittlung eines Realschulabschlusses (mittlerer Bildungsabschluss).

(4) Fachoberschule. – Fachoberschulen können nach Abschluss der Realschule besucht werden. Sie vermitteln allgemeine und berufsfachliche Lerninhalte und sollen den Schüler zur Fachhochschulreife führen. Als zweijähriger Bildungsgang umfasst sie im ersten Jahr (Klasse 11) fachtheoretische und fachpraktische Anteile, während im zweiten Jahr (Klasse 12) ein vollzeitschulischer Unterricht stattfindet. Eine abgeschlossene Berufsausbildung befreit vom Besuch der Klasse 11.

(5) Fachschulen. – Der Besuch einer Fachschule setzt i. d. R. eine Berufsausbildung und eine praktische Tätigkeit im Beschäftigungssystem voraus. Fachschulen bieten ihren Unterricht in Teilzeit- und in Vollzeitform an. Es handelt sich somit um eine Weiterbildungsform, die im Hause einer berufsbildenden Schule – häufig auch im Abendunterricht – durchgeführt wird. Solche Fachschulen vermitteln berufsvertiefende Qualifikationen und die ‚Schüler‘ bringen als Erwachsene vielfach Erfahrungen aus

der praktischen Tätigkeit mit ein. Auch werden teilweise Fach-
kräfte aus der Praxis für den Unterricht eingesetzt, so dass die
unterrichtenden Lehrer hier gemeinsam mit Partnern aus der Praxis tätig sind. Nach erfolgreichem Abschluss dieser Schulform
wird die Berufsbezeichnung „Staatlich geprüfte Technikerin"
oder „Staatlich geprüfter Betriebswirt" verliehen.

Zu den genannten Schulen kommen noch eine Reihe länderspezifi-
scher Schulformen

- Berufsoberschulen sollen z. B. in Bayern den Teilnehmern über die
  Vermittlung fachlicher und allgemeinbildender Inhalte zur fachge-
  bundenen Hochschulreife führen. Voraussetzung für den Besuch ist
  neben einer abgeschlossenen Berufsausbildung ein Realschulabschluss.
- Berufsakademien zählen als Institution zu dem tertiären Bereich;
  sie vermitteln eine wissenschaftsbezogene und zugleich praxisori-
  entierte berufliche Bildung. Eine erfolgreiche abgeschlossene Ausbildung steht berufsbefähigenden Abschlüssen an staatlichen Hochschulen gleich; dies wird beispielsweise ausgedrückt durch die
  Berufsbezeichung „Betriebswirt (BA)".[38]
- Berufliche Gymnasien zielen auf die Vermittlung der allgemeinen
  Hochschulreife. Ihre Ausgestaltung ist in den verschiedenen Bundesländern sehr unterschiedlich. In Nordrhein-Westfalen gibt es
  u. a. einen sogenannten gymnasialen Zweig der Höheren Handelsschule. In Thüringen wurde ein Wirtschaftsgymnasium als dreijährige gymnasiale Oberstufe an den berufsbildenden Schulen eingerichtet. Bayern hat einen wirtschaftswissenschaftlichen Zweig in
  den regulären Gymnasien etabliert.[39]

Vor der erzwungenermaßen umfangreichen Darstellung der Schulformen haben wir angedeutet, dass eine berufsbildende Schule immer
ein spezieller Schultyp ist, der sich als Verbindung von Schulform
und Schulbereich ergibt. Daran können wir in folgender Abbildung
nun anknüpfen:

---

[38] Vgl. zur ausführlichen Darstellung ZABECK/ZIMMERMANN 1995.
[39] Für den Bereich der Sekundarstufe I gibt es in Bayern sogenannte Wirtschaftsschulen, die neben den Realschulen einen mittleren Bildungsabschluss vermitteln.

		Schulbereich		
		kaufmännisch-verwaltend	gewerblich-technisch	andere z.B. gesund-heitsberuflich/pflegerisch ...
Schulform	Berufsschule • Fachklassen • Ungelernten-klassen • Berufsgrund-schuljahr	(a)	(c)	
	Berufsauf-bauschule			
	Berufsfach-schule/ Höhere Berufsfach-schule			
	Fachober-schule			
	Fachschule			
	Berufs-gymnasium	(b)		

Abbildung B. 17: Mögliche Schultypen im berufsbildenden Bereich

Einzelne berufsbildende Schulen können ganz unterschiedlich groß bzw. ausdifferenziert sein, was ihr jeweiliges Bildungsangebot anbelangt. Hierbei haben wir drei Idealtypen gekennzeichnet, die jeweils spezifisch für unterschiedliche regionale Bedingungen sind. Der Typ (a) – visualisiert durch einen Kreis – kennzeichnet einen Schultyp, der lediglich in Ballungsgebieten vorkommt und auf bestimmte Berufe hin ausgerichtet ist. Dieser Schultyp wird auch Branchenberufsschule genannt, ein Beispiel ist die Städtische Berufsschule für Industrie- und Informatikberufe in München-Pasing. Der Typ (b) – gekennzeichnet durch ein Rechteck – bietet für einen ganzen Bereich eines Schulzweiges die Schulformen an. Dies ist zweifellos quantitativ häufigste Typ, erwähnt seien deshalb die Kaufmännischen Schulen West der Stadt Wuppertal...[40]. Schließlich gibt es insbesondere in ländlichen Regionen sogenannte Bündelschulen, die mehrere Schulzweige und Schulformen erfassen. Diesen Typ kennzeichnet das Po-

---

[40] ...verbunden mit Erinnerungen an die eigene Schulzeit eines der Autoren.

lygon (c) und beschreibt beispielsweise die Struktur der Berufsbildenden Schulen des Oberbergischen Kreises in Wipperfürth...[41].

Die Absicht einer solchen Systematik besteht darin, die notwendig unterschiedlichen organisatorischen Lösungen zu verdeutlichen, die sich für konkrete Schultypen ergeben. Je nach Größe bzw. Differenzierung stellen sich ganz verschiedene Kooperations- und Koordinationsaufgaben in den einzelnen Schulen vor Ort. So ist offensichtlich, dass es für eine Schule von Typ (a) im Vergleich mit einer Bündelschule (c) leichter ist, ein einheitliches Organisationskonzept nach innen und außen zu realisieren.

In einer allzu vereinfachenden Darstellung könnten berufsbildende Schulen als Muster schlanker Organisationsstrukturen gelten: Es gibt nur zwei Ebenen, die leitende (organisierende) und die ausführende (unterrichtende) Ebene. Es gibt wenige Leitende (z.B. Schulleiterin und Stellvertreter) und viele, formal gleichgestellte und gleichberechtigte Ausführende mit ‚pädagogischer Freiheit' bei der Ausführung. Aber schon das Beispiel der Tätigkeitsbeschreibungen der Lehrerin Marie B. in A.1.1.1 zeigt, wie grob dieses organisationstheoretische Bild einer Schule ist, denn als Lehrerin ist das Unterrichten nur eine Aufgabe neben dem Beraten und dem Organisieren. Und in diesem Zusammenhang fallen für Marie B. Kontakte mit Betrieben, Fachraumpflege, Klassenausflüge, Konferenzen, Lehrerfortbildungen an (ggf. mit durch Einsatz anderer Lehrer zu kompensierendem Unterrichtsausfall für Marie B.). Organisationstheoretische Besonderheit von Schulen ist ihre Arbeitsstruktur, die letzlich von Stundenplänen, also Zeiteinheiten, geprägt ist. Die Auswirkungen einer Veränderung in diesem Plan – etwa weil ein EDV-Fachraum noch nicht von einem Virus befreit worden ist – sorgt in der Regel für eine ganze Reihe von Verschiebungen gerade auch bei anderen Lehrern. Anschaulich wird dies, wenn man die Auswirkungen von Erkrankungen einzelner Lehrer in komplexen Vertretungsplänen ablesen kann.

So gibt es in berufsbildenden Schulen wenig formal und hierarchisch klar abgegrenzte Bereiche, sondern eher ein informelles Geflecht von Aufgabenzuschreibungen und Verantwortungsbereichen, einmal abgesehen von bestimmten Koordinatorenstellen.[42] Dies betrifft alltägliche Routinen wie die Zuständigkeit für den Kopierer

---

[41] ...verbunden mit einem herzlichen Dank an Herrn Dr. H.-Hugo KREMER für die kritische Durchsicht des Typoskriptes.

[42] Diese als Studiendirektorenebene bezeichnete dritte Ebene blenden wir hier aus.

oder die Pausenaufsicht, aber auch besondere ‚events', wie eine gemeinsame Unterrichtsführung mit anderen Kollegen oder die Vorbereitungen von Schulprojekten etc.

Die Vielzahl informeller Beziehungen und gegenseitiger Abhängigkeiten kann als Begründung herangezogen werden, warum einerseits das freundliche Klima im Kollegium betont, andererseits zugleich die Klage über ein Einzelkämpferdasein angestimmt werden kann.[43] Mehr oder weniger explizit ausgesprochene Wertprioritäten und die Berücksichtigung individueller Vorlieben für bestimmte Schulformen oder organisatorische Aufgaben bieten individuellen Spielraum, um eigene Verantwortungsbereiche zu definieren bzw. zugesprochen zu bekommen. Auffällig ist dann, dass Lehrerinnen und Lehrer jeweils mehrere, unterschiedliche und unterschiedlich bedeutsame Verantwortungsbereiche übernehmen können oder müssen, oder sich diese Verantwortungsbereiche schaffen und aufbauen bzw. verteidigen. In einem formalen Organigramm jener meist informellen Strukturen drückt sich dies durch Doppelt- und Dreifachbesetzungen von Verantwortungsbereichen aus. Dies wird in der folgenden Darstellung des inneren Aufbaus einer berufsbildenden Schule deutlich, in der die Buchstaben A-I bestimmte Lehrerinnen bezeichnen.

Ein Blick in das Innenleben einer berufsbildenden Schule zeigt somit die Heterogenität von Interessen etwa der Schulformen und ihrer Verantwortlichen, die sich in einem informellen Geflecht widerspiegeln und dennoch durch gegenseitige Abhängigkeiten gebunden sind. Dies macht plausibel, warum die Frage der organisatorischen Führung von Schulen sehr häufig die Notwendigkeit der Formulierung von pädagogischen Leitbildern einer Schule oder der Entwicklung von je eigenen Schulprofilen thematisiert.[44] Denn diese bieten einen Identifikationspunkt für die differenzierte Interessen und schaffen Transparenz über informelle Netzwerke.

Voraussetzung für solche Profilbildung ist eine relative Autonomie der Schulen, die es ermöglicht, nach innen im Kollegium und nach außen in der Region eigenständig in Erscheinung zu treten. Eine wichtige Grundidee besteht darin, von der visionären Kraft der Führung auszugehen, die wiederum innerhalb des Kollegiums Überzeugungsarbeit leisten muss. Hier wird letztlich ein Unternehmensführungsmodell auf die Schule übertragen. Zentrale Gesichtspunkte sind

---

[43] Vgl. Buschfeld 1994, S. 72 ff. und S. 193 ff.
[44] Vgl. hierzu mit wirtschaftspädagogischem Bezug Dubs 1994 und 1997.

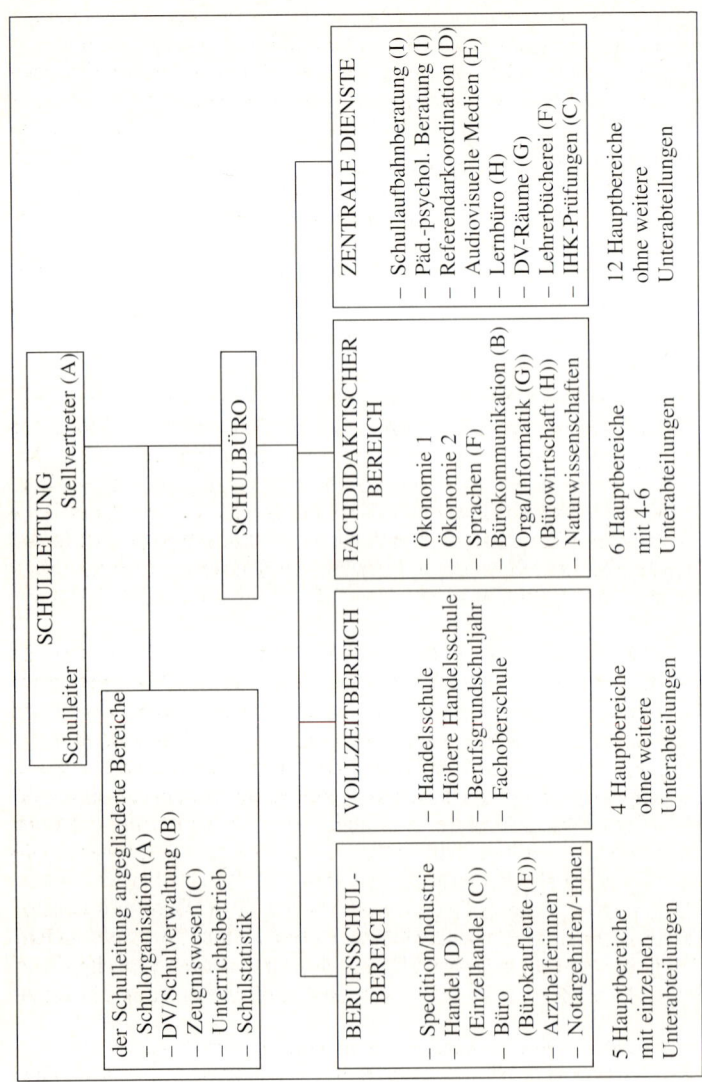

Abbildung B. 18: Organigramm einer berufsbildenden Schule[45]

---

[45] Entnommen aus BUSCHFELD 1994, S. 69.

dabei, dass in der Schule intern eine Lehr- und Lernkultur entsteht und dass sich die Schule in ihre jeweilige Region aktiv einbindet.

Nach innen heißt dies wiederum, dass Arbeitskreise und Projektgruppen gebildet werden, die an zentralen Schulfragen arbeiten. Selbstredend muss hier dann auch der entsprechende Freiraum entstehen. So setzt diese Kooperation nach innen voraus, dass überhaupt ein Mitwirkungsraum für die Lehrer und Lehrerinnen gegeben ist.[46] Die Schule muss daneben aber auch nach außen treten und mit ihrem Umfeld kooperieren, insbesondere mit den Ausbildungsbetrieben, dazu muss sie aber generell als ein relevanter Lernort in Erscheinung treten.[47]

B.2.2.2 Die Betriebe

Betriebe als Organisationen bündeln und koordinieren vielerlei technische und wirtschaftliche Prozesse und Informationen sowie Ansprüche und Interessen. Betriebe können immer auch als mikropolitische Systeme interpretiert werden. Menschen versuchen in und durch den Betrieb spezifische Interessen durchzusetzen. Von daher ist es wiederum wichtig, die verschiedenen Interessensgruppen zu lokalisieren, die hier tätig werden. Zu unterscheiden wären im Hinblick auf die berufliche Bildung:

(1) Die leitenden Angestellten und Eigentümer. – Hiermit ist die oberste Betriebsführung gemeint, dabei wird auf den Unterschied wertgelegt, dass es neben der traditionellen Führungsebene, die gleichzeitig Kapitaleigner sind, heute in vielen Betrieben eher der Fall ist, dass leitende Angestellte die Unternehmen führen. Obwohl diese Gruppe Angestelltenstatus hat, gelten sie nicht als abhängig Beschäftigte. Vielmehr führen sie Unternehmen. Eine interessante Frage hierbei ist, ob die Interessen dieser Betriebsführer sich immer mit denen der Kapitaleigener decken (müssen).

Die Interessen dieser Gruppe bestehen darin, Rendite- und Umsatzziele zu erreichen (operative Zielsetzung), technologische Standards zu realisieren, Personal zu sichern, Marktpositionen zu halten (strategische Zielsetzung) usw. Dafür ist berufliche Bildung ein Instru-

---

[46] Vgl. hierzu die ausführlichen Darstellungen in DUBS 1994, S. 48 ff.

[47] Auch an dieser Stelle muss – wegen des einführenden Anspruchs der Publikation – die Diskussion abgebrochen werden. Wir wollen aber aufzeigen, dass über die Rolle und über die Aufgaben der Berufsschule in Zukunft in dieser Richtung verstärkt diskutiert werden muss.

ment. Zugleich spielen aber auch Aspekte wie Machterhalt und Machtzuweisung, informelle Führungs- und Organisationsstrategien, individuelle Karriere- und Nachfolgeplanungen und vieles mehr eine Rolle.

(2) Die abhängig Beschäftigten. – Die Angestellten, Facharbeiter, ungelernten Arbeitskräfte, aber auch das mittlere und untere Management streben durch betriebliche Arbeit insbesondere Einkommenserzielung, soziale Sicherheit und ggf. beruflichen Aufstieg an. Daneben kommen weitere Interessen hinzu, wie Entscheidungsbeteiligung, soziale Integration und ggf. qualitativ anspruchsvolle Arbeit. All diese Bemühungen können zum Impuls für berufliche Bildungsmaßnahmen werden. Ein hervorzuhebender Punkt ist in diesem Zusammenhang die relativ große Einflußmöglichkeit, die die Mitbestimmungsrechte den einzelnen Gremien der Arbeitnehmervertretungen über die Durchführung von betrieblicher Berufsbildungsmaßnahmen sichern. Dies gilt beispielsweise für den *betrieblichen Ausbildungsplan* (siehe dazu auch die Abbildung B.4 in B.1.1.5), der auf der Grundlage der Ausbildungsordnung zu entwickeln ist. Hier muss der Betriebsrat zustimmen. Ohne die faktische Wirkung überschätzen zu wollen, sind die Einrichtung etwa der Auszubildendenvertretung resp. -versammlung weitere Instrumente der Interessenartikulation, die teilweise durch bildungspolitische Stellungnahmen von Gewerkschaften vorbereitet werden.

Neben diesen betriebsinternen Interessen gibt es gleichsam ‚internalisierte' Interessen i. S. der gesellschaftlichen Anforderungen an den Betrieb, die in einem Unternehmen wirksam sind:

(3) Die gesellschaftlichen Gruppen. – Die politischen Gruppen wie Gewerkschaften, Parteien, der Staat, Kirchen, Bürgerinitiativen haben Ansprüche an Unternehmen wie: Erwirtschaftung von Sozialproduktanteilen und Steueraufkommen; Sicherung von Arbeitsplätzen; Schaffung von Ausbildungsplätzen usw. In jüngster Zeit werden daneben weitere Ansprüche diskutiert wie eine nachhaltige ökologieverträgliche Produktion, Sicherung der internationalen Wettbewerbsfähigkeit, Stabilisierung des Wirtschaftsstandorts usw. Eine Reaktion aus diesen Ansprüchen sind häufig betriebliche Bildungsmaßnahmen.

Die jeweiligen mikropolitisch wirksamen Positionen der Interessensgruppen wirken sich zum einen auf die Ziele von Aus- und Weiterbildung aus, zum anderen aber auch auf die Bereitstellung von finanziellen Mitteln, organisatorischen Freiräumen usw. zur Durchführung von Bildungsmaßnahmen. Die Bildungsarbeit im Betrieb hängt daher sehr stark von der innerbetrieblichen Koordination ganz verschiedener Interessen ab, wobei offensichtlich ist, dass diese Interessen nicht gleichgewichtig ihren Niederschlag finden. Vielmehr kommt es hierbei auch darauf an, welche Entscheidungs- und Durchsetzungsmacht die jeweiligen Gruppen haben. Die innerbetriebliche Machtverteilung läßt sich dabei nicht verallgemeinern, vielmehr ist sie in jedem Betrieb, abhängig von der wirtschaftlichen Lage, den Führungskonzepten, den Eigentumsverhältnissen usw. unterschiedlich. Der Kulminationspunkt dieser möglicherweise divergierenden Interessen ist die für die betriebliche Bildungsarbeit zuständige Abteilung.[48]

Die Zuständigkeit kann dabei organisatorisch ganz unterschiedlich verankert sein. Verbreitet ist eine Zuordnung des „betrieblichen Bildungswesens" als eigenständiger Verantwortungsbereich innerhalb des Personalwesens neben Entgeltabrechnung, Personaleinsatzplanung usw. Bei dieser zentralisierten Form wird häufig auch innerhalb von Betrieben der Vorwurf der Praxisferne des Bildungswesens laut; der Bildungsbedarf äußert sich schließlich in den ‚Fachabteilungen'. Diesem Mangel versucht eine dezentrale Verankerung durch eine Übertragung von Mitverantwortung für die betriebliche Bildungsarbeit auf Vorgesetze oder Bildungsreferenten der Fachabteilungen zu entgehen. Dies erhöht allerdings die Möglichkeit von Ressortegoismen und die nur mangelhafte Nutzung spezifischer pädagogischer Kompetenzen bei der Entwicklung von Bildungsprogrammen etc.[49]

Das Spannungsfeld zwischen dezentraler Adressatennähe und zentraler know-how-Bündelung wird teilweise durch Organisation und Ansiedelung der betrieblichen Bildungsarbeit i.S. von betriebsinternen profit-centern[50] zu lösen versucht. Eine andere Möglichkeit besteht in der kombinierten Zusammenarbeit zwischen Fachabteilungen und Per-

---

[48] Damit ist ein wesentlicher Unterschied zur schulischen Situation genannnt. Das betriebliches Bildungswesen sieht sich unterschiedlichen Ansprüchen ausgesetzt, die sie als eine Einheit konzeptionell umsetzen muss und sich darüber auch legitimiert. In schulischen Strukturen sind i. d. R. die von außen gesetzten Ansprüche homogen, die Heterogenität der Interessen entwickelt sich von innen.

[49] Vgl. GAUGLER/MUNGENAST 1992, Sp. 242 ff.

[50] Teilweise werden sie auch als cost-center (gleichzusetzen mit Kostenstelle) bezeichnet.

sonalern, wie sie in A.1.1.2 beschrieben wurde. Einen Schritt weiter in diese Richtungen gehen Konzepte, die betriebliche Bildungsarbeit als eigenständige Geschäftsbereiche mit Verrechnungspreisen anbieten.[51]

Bezogen auf die berufliche Weiterbildung werden in folgender Tabelle einige Punkte aufgeführt, die Vor- und Nachteile betriebsintern oder betriebsextern organisierter Formen betrieblicher Berufsbildung wiedergeben.[52]

Ein weiterer Punkt der organisatorischen Gestaltung ist die Beteiligung an interner und externer Gremienarbeit. Interne Gremien betreffen vorrangig die Koordination unterschiedlicher Interessen und gemeinsamer Bildungsplanung. Externe Gremienarbeit ist großteils bedingt durch die korporative Struktur[53] beruflicher Bildung. Zu nennen sind:

interne	Weiterbildung		externe
Vorteile	Nachteile	Vorteile	Nachteile
• Betriebs-und Arbeitsplatz-nähe • Kostengünstig • Transfermöglichkeiten des Gelernten in die Arbeitssituation	• Lernatmosphäre durch die Nähe zum Arbeitsplatz evt. belastet • fehlende Distanz zum Betrieb möglich • Soziale Kontrolle durch Kollegen und Vorgesetzte	• Erfahrungsaustausch mit Menschen aus anderen Betrieben • Angstfreie Atmosphäre • Keine Interferenzen durch den Betrieb	• nicht immer ein direkter Betriebsbezug möglich • Transfer schwierig • Kostenungünstig

Abbildung B. 19: Vor- und Nachteile interner und externer Weiterbildung

---

[51] Konsequent machen in jüngster Zeit einige Unternehmen auch den nächsten Schritt. Sie gründen rechtlich selbständige Bildungsträger und übertragen ihnen die Bildungsarbeit.

[52] Vgl. hierzu auch DECKER 1985, 45; BERTHEL 1992, Sp. 886 ff.

[53] Vgl. hierzu B.2.1.1.

(1) *Die Mitwirkung bei Ausschüssen der beruflichen Bildung.* – Zentral sind hierbei der Berufsbildungsausschuss sowie die jeweiligen Prüfungsausschüsse.[54] Das konkrete Mitwirken von Interessenvertretern hängt dabei innerhalb des korporativen Sysems der Berufsbildung davon ab, dass man sich über den Betrieb hinaus in gesellschaftlichen Gruppen organisiert, etwa bei Arbeitnehmer- oder Arbeitgeberverbänden oder in den Gremien der zuständigen Stellen aktiv ist.

(2) *Die Mitwirkung in themenbezogenen Interessengruppen.* – Weiterhin haben Betriebsangehörige die Möglichkeit, sich über jeweilige Interessengruppen in bildungspolitische Diskussionen einzuschalten, etwa im Entwicklungsprozess von Ausbildungsordnungen oder Reformprojekten auf regionaler Ebene (Arbeitskreisen Schule–Betrieb, Zusammenarbeit mit Ausbildungs- und Berufsberatung etc.)

Der Bedarf eines Unternehmens an Aus- und Weiterbildungsmaßnahmen ergibt sich i. d. R. auf der Grundlage einer Analyse betrieblicher Anforderungen, die in das Konzept einer betrieblichen Bildungs-

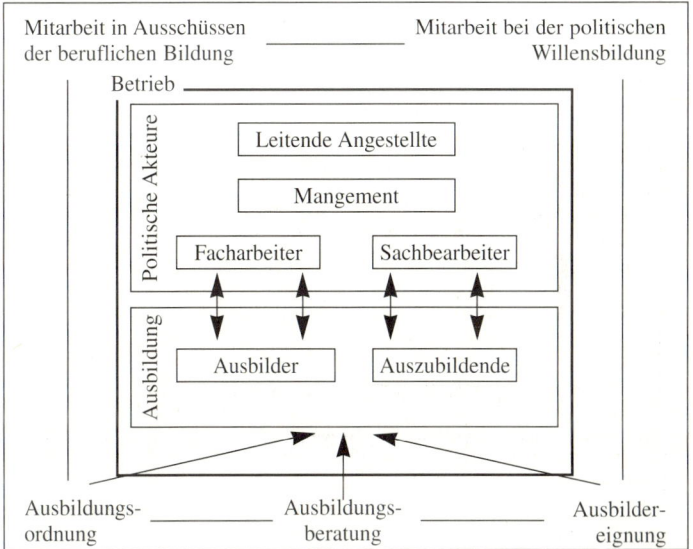

Abbildung B. 20: Einbindung der betrieblichen Ausbildungstätigkeit in den gesellschaftlichen Kontext

---

[54] Vgl. hierzu B.2.1.2.

planung eingebunden sein müssen. Folgendes Modell der Maßnah-
meplanung, -durchführung und -bewertung als Grundmuster kann
vorgestellt werden:[55]

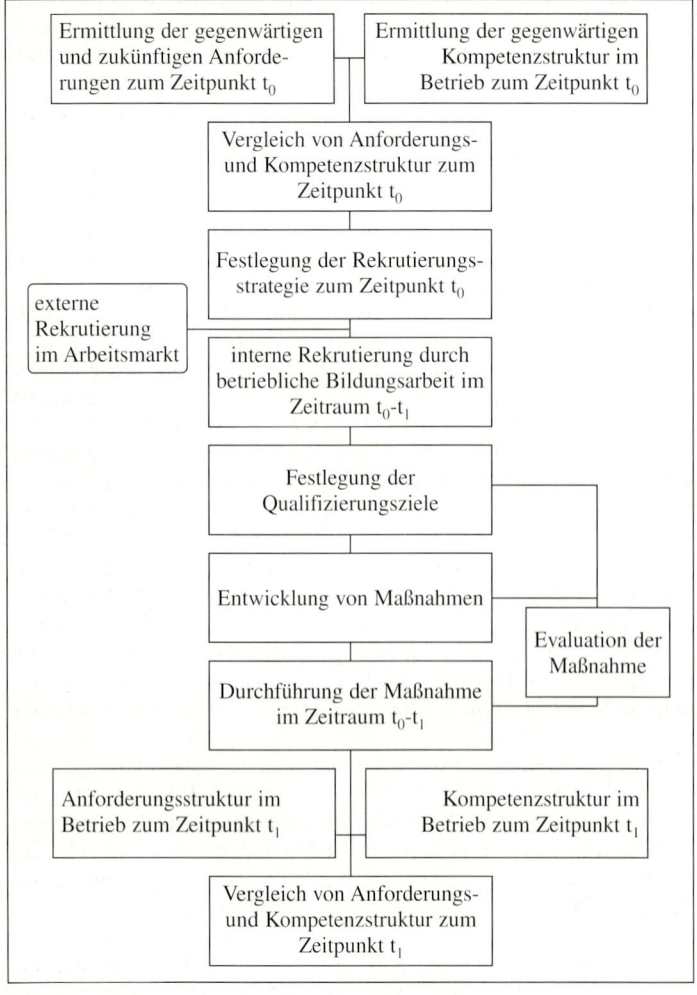

Abbildung B. 21: Planung von Bildungsmaßnahmen

[55] Vgl. hierzu HEEG /MÜNCH 1993, S. 408.

messen werden kann. Auf der Basis solcher Festlegungen können dann konkrete Bildungsmaßnahmen geplant werden. In dieser Planung sind zeitliche Vorgaben zu machen; es muss festgelegt werden, wo die Maßnahmen durchgeführt (on-the-job, off-the-job, near-the-job), welche didaktischen Ansätze zur Anwendung kommen sollen usw.

Der konzeptionell-planenden Bildungsarbeit folgt dann die konkrete Umsetzung der Maßnahme bzw. ihre Durchführung und Kontrolle, ob die intendierten Ziele, Kriterien oder Maßstäbe erreicht wurden. Über eine Evaluation können Verbesserungsvorschläge für spätere Maßnahmeplanungen und -durchführungen gewonnen werden.

Der in der Maßnahme erzielte Erfolg sagt noch nichts Abschließendes darüber aus, ob die gewünschte Anpassung zwischen der prognostizierten Anforderungsstruktur und der dafür als notwendig erachteten Kompetenzstruktur erzielt wurde. Daher ist es im Zeitpunkt t_1 erforderlich, die neuen Anforderungsstrukturen mit den nunmehr vorhandenenen Kompetenzstrukturen zu vergleichen. Hieraus werden dann wiederum neue Daten und Hinweise für die weitere Bildungsarbeit gewonnen.

An diesem Planungs- und Durchführungsmodell wollen wir nochmals die Auswirkungen unterschiedlicher Organisationsansätze erläutern. Wir empfehlen vorab, die Darstellung des „Tätigkeitsfeld Betrieb" (A.1.1.2) kurz in Erinnerung zu rufen.

Bei einer dezentralen Organisation der betrieblichen Berufsbildung werden viele Teile des beschriebenen Modells an die Fachabteilungen verlagert und als Aufgabenstellung des Managements angesehen. Es wäre eine Aufgabe von Vorgesetzten, vorhandene Kompetenzen (und Potentiale) der Mitarbeiter zu erfassen und mit zu entscheiden, ob und in welchem Umfang eine Mitarbeiterförderung realisiert werden soll. Konkret heißt dies, dass die Karriereplanung eines Mitarbeiters eine Aufgabe der Führungskraft wäre. Dies kann nicht ausschließlich im Gespräch zwischen Führungskraft und Mitarbeiter erfolgen. Zwar muss die Kommunikation zwischen Vorgesetztem und Mitarbeiter als Kern der Förderung angesehen werde, doch ist es darüber hinaus erforderlich, dass die Führungskraft in eine innerbetriebliche Analyse und Diskussion der gegenwärtigen und zukünftigen Anforderungen eingebunden ist. Hierfür bedarf es dann der Unterstützung von Seiten kompetenter Referenten für Fragen der Personalentwicklung resp. der Durchführung von Bildungsmaßnahmen, womit deutlich wird, dass auch bei dezentralen Modellen zentrale

Ausgangspunkt ist die Ermittlung gegenwärtiger und zuk[ünftiger]
Qualifikationsanforderungen im Unternehmen, und zwar zu[m]
Zeitpunkt t_0. Hierbei geht es vor allem um technische, wirtscha[ftliche]
und soziale Größen. Innerhalb des Unternehmens als politis[ches]
System muss dabei zwischen den Interessengruppen ausgeha[ndelt]
werden, ob man hier sehr enge Qualifizierungsvorstellungen hat [oder]
ob umfassende Bildungsmaßnahmen in Betracht kommen. So k[ann]
die Anforderungsstruktur sehr eng auf eine unmittelbare und a[b-]
schließliche betriebliche Verwertung gerichtet sein. Man kann d[ie]
aber auch weiter fassen und nach den sozialen Bedürfnissen der j[e-]
weiligen Mitarbeiter fragen und diese als wichtigen Bestandteil be[-]
trieblicher Anforderungen ansehen.

Neben der Anforderungsseite sind die bei den Mitarbeitern individuell vorhandenen Kompetenzen zu ermitteln, also einzuschätzen,
welche Fähigkeiten und Kenntnisse zunächst vorhanden sind. Sehr
schwierig ist in diesem Zusammenhang die Frage, ob diese Kompetenz schon konkret vorhanden sein müssen oder ob es möglich ist,
von einem sogenannten Potential auszugehen, also die prinzipiellen
Möglichkeit anzunehmen, dass bestimmte Personen die Grundvor-
aussetzungen für die Bewältigung bestimmter Anforderungen haben.
Auf jeden Fall stellt sich aber die Frage nach dem Verhältnis gegenwärtiger und zukünftiger Anforderungsstrukturen gegenüber den
aktuell vorhandenen Kompetenzen und den ggf. angenommenen Entwicklungsmöglichkeiten der einzelnen Mitarbeiter des Unternehmens. Eine Differenz zwischen Anforderung und tatsächlicher Kompetenz begründet, unabhängig von der Frage nach den Potentialen,
einen Rekrutierungsbedarf. Ein angenommenes Potential innerhalb
der Mitarbeitergruppe führt aber zwangsläufig zu der Überlegung,
durch welche Maßnahmen eine Förderung dieser Mitarbeiter möglich
wäre.

In diesem Kontext muss eine strategische Grundsatzfrage gestellt
werden. Sollen die für den Betrieb notwendigen Kompetenzen von
außen (Suche auf dem Arbeitsmarkt) oder innerhalb des Betriebes
(Entwicklung von Mitarbeiterqualifikationen durch entsprechende
Bildungsmaßnahmen) gewonnen werden? Dies hängt unmittelbar
auch davon ab, wie die Potentialeinschätzung aussieht.

Die Entscheidung für eine interne Rekrutierung bedeutet, dass
für einen festgelegten Zeitraum $[t_0, t_1]$ Maßnahmen entwickelt
werden müssen, die einer Förderung ausgewählter Unternehmens-
mitarbeiter dienen. In diesem Zusammenhang ist es wichtig, Ziele
zu formulieren und darzulegen, wie das Erreichen dieser Ziele ge-

Abteilungen vorhanden sein müssen, die jedoch jetzt eine eher moderierende und beratende Funktion haben.

Ein in diesem Spannungsfeld anzusiedelndes betriebliches Bildungsmanagement bedeutet im Idealfall eine Integration von Personalentwicklung, Organisationsentwicklung und betrieblicher Bildungsarbeit. Bildungsarbeit hat eine wichtige Funktion sowohl bei der Enwicklung von zukünftigem Personal als auch bei der organisatorischen Anpassung des Unternehmens an veränderte Umweltbedingungen. In Bezug gesetzt werden die drei Bereiche Personalentwicklung, Organisationsentwicklung, Bildungsarbeit durch ein betriebsinternes Wissensmanagement:

Mit dem Begriff „Wissensmanagement" soll zum Ausdruck gebracht werden, dass betriebsrelevantes Wissen gesammelt und systematisiert werden muss. Es kann dabei unterschieden werden zwischen dem innerhalb und außerhalb des Unternehmens vorhandenem (und betriebsrelevantem) Wissen.

Zum ersten – dem betrieblichen – Bereich gehören z. B.:

1. Kenntnis über die Fähigkeiten und Kompetenzen einzelner Mitarbeiter.
2. Kenntnis über das für die Arbeit im Unternehmen relevante wirtschaftliche und technische Wissen.
3. Kenntnis der innerbetrieblichen Veränderungsabsichten.
4. Kenntnis über organisatorische Zusammenhänge.
5. Kenntnis über Qualifizierungs- und Karrierewege im Betrieb.

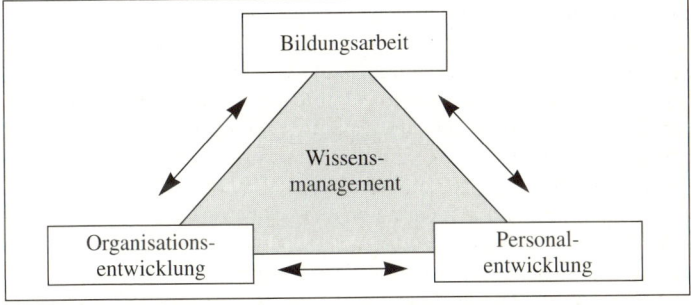

Abbildung B. 22: Organisationsentwicklung, Personalentwicklung, Bildungsarbeit

Dem zweiten – außerbetrieblichen – Bereich wären zuzuordnen:

1. Kenntnis über Marktentwicklungen.
2. Kenntnis über die Entwicklung des technologischen und ökonomischen Wissens außerhalb des Unternehmens.
3. Kenntnis über Qualifizierungs- und Karrierewege außerhalb des Betriebes.

Die Aufgabe eines Wissensmanagements, nämlich die exemplarisch genannten betriebsinternen und -externen Kenntnisse zu dokumentieren und systematisieren, beschreibt die operative Notwendigkeit. Die weitere Aufgabe ist es, dieses Wissen systematisch in den Betriebsablauf einzubringen, indem man sich einerseits an innerbetrieblichen Kommunikationsprozessen beteiligt und diese zum anderen systematisch initiiert und fördert. Die Bildungsarbeit wird dann sehr umfassend verstanden als permanente Einspeisung von Wissen in das Unternehmen sowie stetiges zur-Verfügung-Stellen von bereits vorhandenem Wissen für die Menschen im Betrieb. Der letzte Aspekt verweist auf das Phänomen, dass gerade in komplexen Organisationen große Intransparenz dahingehend besteht, welches Wissen und welche Kompetenzen in dem Unternehmen überhaupt vorhanden sind.

Die Bildungsarbeit hat demnach die Aufgabe, nicht nur Maßnahmen zu entwickeln, durchzuführen und zu evaluieren, sondern ein großer Teil der Bildungsarbeit wird über das Wissensmanagement informell durchgeführt. Ein Unternehmen leistet informelle oder funktionale Bildungsarbeit, wenn in den Arbeitsabläufen ständig auch eine Lernaufforderung steckt. Informelles Lernen kann man sich dabei vorstellen als ein Lernen, welches ‚gleichsam nebenher‘ und ‚unbeabsichtigt‘ stattfindet. Herrmann Ebner spricht in diesem Zusammenhang davon, dass ein lernendes Unternehmen über eine spezifische Lernkultur verfügt.[56] Dies wiederum macht es erforderlich, lernfördernde Organisationsstrukturen aufzubauen.[57]

B.2.2.3 Sonstige Träger als Anbieter beruflicher Bildung

Ein schlichter Hinweis auf die unterschiedlichen Spielräume der Gestaltung eines internen Bildungswesens in kleineren und größeren

---

[56] Vgl. EBNER 1997.
[57] Vgl. SLOANE 1997b.

Unternehmen genügt, um die Existenz weitere Anbieter beruflicher Bildung plausibel zu begründen. Denn gerade kleinere Unternehmen sind häufig nicht in der Lage, Bildungsmaßnahmen maßzuschneidern, sondern sie können diese allenfalls als Fertigprodukt, sozusagen von der Stange, kaufen.

Die Darstellung der Vielfalt der Anbieter steht bei den folgenden Überlegungen zunächst im Vordergrund. Als ein im Detail leicht anfechtbares Ordnungsmerkmal benutzen wir das Kriterium der Autonomie der Geschäftsführung der Bildungsträger.

- Autonome Geschäftsführung freier Marktanbieter
  Viele Unternehmens- und Personalberatungen, von Einzelpersonen geführte Bildungsinstitute und Akademien bieten Kommunikationsseminare, Verkaufstrainings-, Sprachenschulungen etc. an. Die Maßnahmen können von solchen Anbietern im jeweiligen Betrieb oder in Seminarhotels, Schulungsräumen usw. durchgeführt werden.
- Externalisierte Bildungsanbieter mit Einflußnahmemöglichkeiten weniger Gesellschafter
  Wie in B.2.2.2 bereits angedeutet, verfolgen in jüngster Zeit auch viele Großbetriebe die Strategie, große Teile der Bildungs- bzw. Personal- und Organisationsentwicklungsarbeit auszulagern. Dieses „outsourcing" bedeutet, dass Unternehmen eigene Gesellschaften oder Vereine gründen, die die Aus- und Weiterbildung organisieren. Diese sind dann Vertragspartner oder Arbeitgeber der Teilnehmer und Vertragspartner bzw. Dienstleister für den Kunden, die Unternehmen. Entsprechend ist der Einfluß auf die Geschäftsführung eines solchen Bildungsanbieters durch das Unternehmen als Gesellschafter und Kunden außerordentlich hoch. Dabei wirft diese Konstruktion eine Vielzahl von organisatorischen, rechtlichen und nicht zuletzt pädagogischen Fragen auf, auf die wir hier nicht weiter eingehen können.
  Durch die vorhandene Kompetenz der Mitarbeiter eines solchen noch stark betriebsgebunden Anbieters öffnet sich zudem ein Feld für Unternehmen (in ihrer Funktion als Gesellschafter) durch ein aktives Marketing auch andere Marktsegmente zu erschließen, etwa die durch die Bundesanstalt für Arbeit geförderten Maßnahmen. Überspitzt formuliert kann dies bedeuten, dass eine von dem Unternehmen entlassene Arbeitnehmerin eine vom Arbeitsamt geförderte Umschulung in der Bildungsgesellschaft des Unternehmens absolviert, um dadurch doch wieder zur Rentabilität des Unternehmens beizutragen: Eine zynische Vorstellung.
- Bündelung von Bildungsinteressen durch Mitgliederstrukturen

Diese nach dem Motto „gemeinsam sind wir stark" funktionierende Form der Trägerschaft ist weit verbreitet. Es beruht darauf, dass eine von einer größeren Zahl von Mitgliedern gegründeter Träger für die Mitglieder Bildungsmaßnahmen konzipiert und durchführt. Eine informelle Kontrolle und Qualitätssicherung erfolgt dabei implizit durch die Rückmeldung der Mitglieder. Zu dieser Gruppe von Trägern beruflicher Bildungsmaßnahmen können Innungen des Handwerks, Verbände, Berufsförderungswerke (des DGB, kirchlicher und wohltätiger Organisationen etc.), Sparkassen- und Versicherungsakademien u. a. gezählt werden. Ein weiterer, jedoch auch stärker einer öffentlich-rechtlichen Aufgabe verpflichteter Träger sind die jeweiligen Kammern. Sie werden später noch ausführlich vorgestellt.

Ein Beispiel für ein ganzes Netzwerk solcher Träger im Bereich des Einzelhandels wird in der folgenden Abbildung visualisiert. Einzelhandelsbetriebe sind Pflichtmitglieder bei der Industrie- und Handelskammer (IHK). Die Mitgliedschaft in einem Einzelhandelsverband ist freiwillig. Der Einzelhandelsverband ist Träger der Zentralstelle für Berufsbildung im Einzelhandel e. V. (zbe e. V.). Verband und zbe e. V. sind in einem Haus angesiedelt. IHK und zbe e. V. bieten beide Bildungsmaßnahmen für den Einzelhandel an.

Insgesamt wird über solche mitgliederorientierte Interessenbündelung im Grunde die ganze Breite des Ausbildungs-, insbesondere

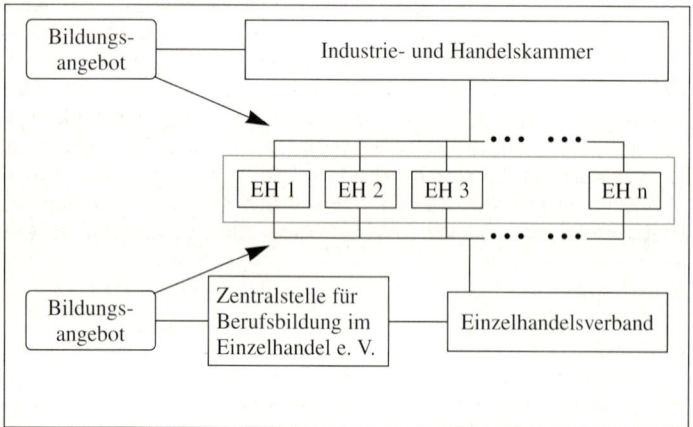

Abbildung B. 23: Externalisierte Bildungsarbeit in Netzwerken

aber auch des Weiterbildungsspektrum (vgl. dazu Abbildung B. 7 in B.1.2) abgedeckt. Es liegt nahe, dass ein von mehreren Unternehmern über freiwillige oder verpflichtende Mitgliedschaft organisierter Bildungsträger insbesondere Maßnahmen der sogenannten überbetrieblichen Ausbildung anbietet bzw. im Rahmen der Aufstiegsweiterbildung (z.B. im Bereich von Kursen zur Vorbeitung auf die Meisterprüfung etc.) tätig wird. Damit ‚tummeln‘ sie sich als Anbieter ebenfalls auf dem Markt der staatlich geförderten Bildungsmaßnahmen.

Die Organisationsstrukturen der sonstigen Träger sind offensichtlich ebenso vielfältig wie die Trägerlandschaft selbst. Allerdings ist zu vermuten, dass alle Träger der unterschiedlichen Gruppen ihre Organisation auf das gemeinsam geteilte Problem ausrichten, also Bildung als Dienstleistung auf dem Markt anbieten. In der Literatur wird dies unter dem Stichwort Bildungsmarketing diskutiert.[58] Hiermit verbindet sich in erster Linie die Überlegung, wie die sonstigen Träger Maßnahmen entwickeln und ‚auf den Markt bringen‘. Unter Marketing wird dabei das „auf den Absatzmarkt bezogene Verhalten kommerzieller Unternehmen.“[59] bezeichnet. Man kann von einer Marktorientierung sprechen, die sich in dem Einsatz ganz bestimmter Marketinginstrumente dokumentiert. Hierzu zählen: die Produkt-, Preis-, Kommunikations- und Distributionspolitik.[60]

Der Bildungsmarkt ist regelmäßig nicht durch eine freie Übereinkunft zwischen Bildungsanbieter und -nachfrager gekennzeichnet. Dies liegt an dem Umstand, dass vielfach der Nachfrager den Kauf von Bildung nicht selbst finanzieren muss, zumindest nicht ausschließlich. Vielmehr organisieren die Bildungsanbieter die Finanzierung der potentiellen Bildungsnachfrage. Anders ausgedrückt: Den Bildungsmarkt in diesem Bereich kennzeichnet, dass der Zahler und der Konsument eines Produktes teilweise voneinander abweichen. Daher ist der Bildungsmarkt auch kein Markt, in der eine herkömmliche Preis- oder Distributionspolitik betrieben wird. Distributions- und Preispolitik werden daher um eine Finanzierungspolitik ergänzt, wo-

---

[58] Vgl. WILBERS 1996; SLOANE 1997c.

[59] STRAUSS 1995, 606. Vgl. weiterführend zum Marketing auch NIESCHLAG, DICHTL und HÖRSCHGEN 1994.

[60] Vgl. hierzu, trotz einiger kleinerer Abweichungen hinsichtlich des inhaltlichen Verständnisses der einzelnen Begriffe u. a. BRUHN 1995; KOTLER und BLIEMEL 1995; NIESCHLAG, DICHTL und HÖRSCHGEN 1994; MEFFERT 1989.

bei der Mittelgeber häufig – z. B. im Fall der Arbeitsverwaltung – als Mittelmonopolist auftritt.[61]

Bildungseinrichtungen entwickeln für Zielgruppen und Mittelgeber Bildungsmaßnahmen, also in zwei Denkrichtungen. Je nach pädagogisch-didaktischem Professionalisierungsgrad werden dabei sehr ‚anspruchsvolle' Maßnahmen entwickelt. Die Besonderheit der Differenz von Zielgruppe und Kundenkreis erzwingt vielfach eine Abstimmung mit administrativen und wirtschaftlichen Gremien. Häufig resultieren aus einem politischen Interesse der Gremien die Finanzierungsbereitschaft bzw. die politische Mithilfe beim Akquirieren von Mitteln.

Beispiele hierfür sind z. B. Maßnahmen, die von der Arbeitsverwaltung finanziert wurden und deren Zielsetzung darin bestand, bestimmte Bevölkerungsgruppen zu unterstützten. In früheren Jahren wurden solche Maßnahmen dann u. a. für die berufliche und soziale Integration von Ausländern (insbesondere in den frühen 80er Jahren), zur Integration von Aussiedlern aus Osteuropa (insbesondere Ende der 80er Jahre) oder zur wirtschaftlichen und sozialen Anpassung der neuen Bundesländer (insbesondere in den frühen 90er Jahren) durchgeführt.

Über eine geeignete Kommunikationspolitik geht es für die Träger darum, sowohl Zielgruppen als auch Kundenkreis auf die Maßnahmen aufmerksam zu machen. Nicht selten bieten Beilagen von Zeitungen einen Überblick der lokal angebotenen Maßnahmen. Es kann von folgender Grundbeziehung ausgegangen werden:

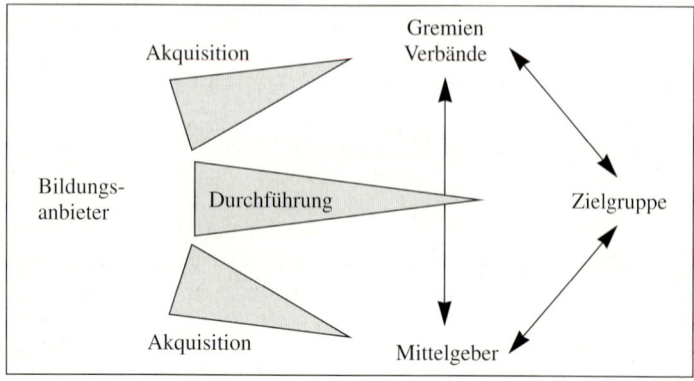

Abbildung B. 24: Kommunikative Grundfigur im Bildungsmarkt[62]

---

[61] Vgl. PAULSEN 1991, 17.
[62] SLOANE 1997c, S. 49.

Dieses Modell verdeutlicht die kommunikative Verantwortung der Bildungsanbieter. Sie stellen eine Verbindung zwischen gesellschaftlichen bzw. politischen sowie ökonomischen Kräften auf der einen Seite und den Zielgruppen auf der anderen Seite her.

Distributions-, Produkt- und Preis- und Finanzierungspolitik von Bildungsanbietern

modalitäten für die jeweiligen Bildungsmaßnahme zu akquirieren. Es handelt sich also um eine vorrangig akquisitorische Funktion.

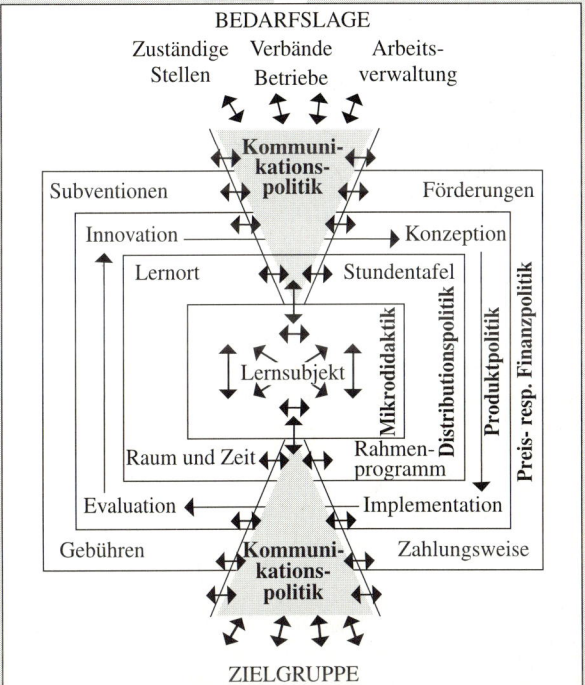

Die Preis- und Finanzierungspolitik des Bildungsanbieters ist unmittelbar in kommunikativen Beziehungen verankert. Bei dieser Politik geht es nicht nur um Preisfestsetzung, Gebührenordnungen u. ä., sondern vor allem auch darum, Finanzierungsquellen und -

Die Maßnahmeentwicklung selbst kann als eine Produktinnovationsstrategie (Produktpolitik) angesehen werden, bei der es darum geht, Innovationen zu entwickeln, diese in Form konkreter Bildungskonzepte zu konzeptualisieren, die dann umgesetzt und evaluiert werden. Somit liegt ein klassischer Regelkreis von Innovation, Konzeption, Durchführung und Evaluation vor. Anzumerken ist dann wiederum, dass die Kommunikationspolitik das Innovative auf das Machbare zurückführt, was in diesem spezifischen Kontext heißt, das ökonomische und politische Gremien überzeugt werden müssen und zum Schluss immer die Finanzierung der Maßnahme gewährleistet sein muss.

Bildungsmaßnahmen schließlich müssen in den Markt gebracht werden. Es bedarf daher *distributionspolitischer* Entscheidungen da-

hingehend, an welchen Lernorten und in welcher konkreten Organisationsform die Maßnahme durchgeführt werden soll.

Die Maßnahme selbst wäre nach *mikrodidaktischen* Gesichtspunkten zu strukturieren; mithin wären Angaben über die Intention, die Thematik, die Methodik und den Medieneinsatz, und zwar in Hinblick auf eine spezielle Lerngruppe (Lernsubjekt), zu formulieren. Hiermit ist nur eine Strukturvorgabe gemacht. Die konkrete Ausgestaltung ergibt sich aus der Kommunikationspolitik. (Entnommen aus SLOANE 1997c, S. 50 f.)

Wir werden nun das Angebot der Zuständigen Stellen als Träger beruflicher Bildung näher untersuchen, gerade weil Zuständige Stellen durch ihren öffentlich-rechtlichen Status ein Symbol für die Vielschichtigkeit zwischen marktwirtschaftlichen und administrativen Organisationsprinzipien sind. Der Umstand, dass Zuständige Stellen ihr Bildungsmarketing mit dem Hinweis auf die ihr eigene Prüfungshoheit unterstreichen können, mag dafür einen ersten Hinweis geben.

Die Förderaufgabe der Kammern als Zuständige Stellen ist im Bereich klein- und mittelständischer Unternehmen anders ausgeprägt als im Bereich der Großindustrie. Hierauf wurde schon oben hingewiesen, als die Unterschiede in der Bildungsarbeit von Groß- und Kleinbetrieben herausgearbeitet wurden. Auch ergeben sich zwangsläufig für die Handwerkskammern und Landwirtschaftskammern ganz andere Profile als für die Industrie- und Handelskammern, wobei wiederum auch nicht dahingehend vereinfacht werden darf, dass die Industrie- und Handelskammern nur Großbetriebe repräsentieren. Gerade im Handelsbereich ist ja eine Vielzahl von Klein- und Mittelbetrieben angesiedelt. Wir konzentrieren uns im Folgenden auf die Darstellung von Handwerkskammern, weil sie sowohl im Ausbildungs- wie im Weiterbildungsbereich teilweise umfangreiche Aufgaben übernehmen. Wir können dadurch auch die Darstellung in B.1.3 um den Punkt der überbetrieblichen Ausbildung ergänzen und zudem belegen, dass bislang vorrangig im Weiterbildungsbereich thematisierte sonstige Träger gerade auch als eigene ‚Ausbildungsträger' in Betracht kommen.

Die Berufsbildungsausschüsse der Handwerkskammern können für einzelne Ausbildungsberufe festlegen, ob überbetriebliche Ausbildungslehrgänge für die Region verbindlich werden. So erfolgt dies für den Beruf Bürokaufmann/-frau im Handwerk in NRW. Die Lehrgänge finden u. a. in Berufsbildungszentren der Handwerkskammern statt. Durch diese insgesamt sechswöchige Lehrgangsstruktur – für die ein bundeseinheitlicher Unterweisungsplan existiert – soll die betriebliche Ausbildung ergänzt werden, um einen jeweiligen informationstechnischen Mindeststandard zu gewährleisten. Die Lehrgänge dauern nach den Unterweisungsplänen jeweils eine Woche und sind wie folgt aufgebaut:

• Grundlagen der Bürowirtschaft (1. Ausbildungsjahr)
• Organisationswesen (ab 2. Ausbildungsjahr)
• Bürokommunikationstechniken (ab 2. Ausbildungsjahr)
• Datenverarbeitung für kaufmännische Anwendungen (ab 2. Ausbildungsjahr)
• Kaufmännische Steuerung und Kontrolle (ab 2. Ausbildungsjahr)
• Sozial- und Arbeitsrecht mit Entgeltabrechnung (ab 2. Ausbildungsjahr).

Die Auszubildenden werden durch das Berufsbildungszentrum zu den Lehrgängen aus allen Teilen des Kammerbezirks eingeladen, wobei jeweils Gruppengrößen von mindestens acht, maximal sechzehn Auszubildenden erreicht werden. Finanziert werden die Lehrgänge durch öffentliche Subventionen und einen nicht unerheblichen Kostenbeitrag der Betriebe. Die öffentlichen Subventionen sind dabei unter formalen Gesichtspunkten an die Einhaltung der Unterweisungspläne und Gruppengrößen gebunden.

Während dieser Lehrgänge fehlen die Auszubildenden in der Berufsschule (deren Unterricht eigentlich normal weitergeführt wird) und im Betrieb. Hierdurch geraten diese Lehrgänge in das Beziehungsgefüge der Ansprüche der beiden anderen Lernorte der Ausbildung. Entsprechend gibt es in NRW eine Kooperationsvereinbarung zwischen Handwerksverbänden und dem Schulministerium. Eine gewisse organisatorische und inhaltliche Nähe zur schulischen Ausbildung ist für die überbetriebliche Ausbildung unverkennbar, wobei aber die besonderen Bedingungen handwerklicher Betriebe als Begründung für einen eigenen Lehrgang dienen. Das Verhältnis zur betrieblichen Ausbildung gestaltet sich in den Fällen konstruktiv, in denen die Ausbildungsbetriebe den Vorteil der Lehrgänge wahrnehmen, wobei immer auch Defizitvermutungen über die Qualität der Ausbildung in anderen Betrieben virulent sind. Dies erklärt z. T. den Unmut mancher Betriebe über zuviel und zudem kostenträchtige Lehrgänge. Unter diesen Gesichtspunkten wird das Spannungsfeld deutlich, in dem sonstige Träger als eigenständiger Lernort der Ausbildung mit einer ausgleichenden Funktion agieren. Eine Vielzahl didaktischer und organisatorischer Probleme und Chancen treten dabei auf.[63]

Neben den (Zwangs-)Angeboten überbetrieblicher Ausbildung, aber meistens jedoch in denselben Räumlichkeiten eines eigenen Bildungszentrums – welches teilweise auch als selbständige GmbH geführt wird – bieten Handwerkskammern einen differenzierten Katalog von Weiterbildungsmaßnahmen an. An dieser Stelle sollen nur einige dieser Angebote aufgelistet werden:

1. Ausbildereignungskurse und -prüfungen für den Erwerb der Ausbildereigung. Diese Kurse umfassen i. d. R. 120–140 Stunden und erstrecken sich auf die Gebiete (1) Grundfragen der Ausbildung, (2) Jugendkunde, (3) Planung und Durchführung der Ausbildung und (4) Rechtsfragen der Ausbildung (sh. dazu A.4.3). Die Prüfung erfolgt vor einem öffentlichen Püfungsausschuß.

2. Meisterkurse, die neben berufsbezogenen fachtheoretischen Teilen auch solche zur Betriebsführung und zur Ausbildertätigkeit aufweisen. Sie sind in den gewerkspezifischen Teilen von unterschiedlicher Dauer und auch unterschiedlich teuer. Der Meistertitel gilt als Voraussetzung, um sich im entsprechenden Gewerk selbständig machen zu können, was eine relative Nachfragekontinuität nach solchen Kursen bedeutet.

3. Fortbildungskurse zu relevanten Teilfragen wie etwa: EDV, Existenzgründung, Finanzbuchhaltung, Qualitätsmanagement, ökologische Betriebsführung, Produktionstechniken, Verkaufsförderung und -training und vieles andere mehr. Diese Maßnahmen werden häufig zertifiziert, wobei es wahrscheinlich ist, dass eine Prüfung vor einem Prüfungsausschuss der Kammer abgelegt wird.

---

[63] In Modellversuchen werden dafür konstruktive Lösungen entwickelt; vgl. beispielsweise STICKLING 1996. Ein interessantes Indiz für den Institutionalisierungsgrad ist, dass heute von „überbetrieblichen Ausbildungsstätten" (ÜBS) gesprochen wird, während es früher hieß: „Überbetriebliche Lehrgänge" (ÜBL).

Diese Angebote sind im Kontext der Aufgabe der Handwerkskammern als Zuständige Stellen i. S. des Berufsbildungsgesetzes und Selbstverwaltungseinrichtungen der Handwerkswirtschaft zu sehen, die ganz bewußt die Interessen der Wirtschaft zu vertreten haben. Hierbei muss beachtet werden, dass das Wirtschaftssystem nicht ‚naiv' aufgefaßt werden kann als ein von Kapitaleigenern geprägtes oder gar beherrschtes System.

In Hinblick auf die Handwerkskammern heißt dies wiederum, dass sie einerseits durch die Interessensvertreter der in der Wirtschaft tätigen Gruppen gesteuert werden, wobei es Regulierungsmechanismen gibt, die in entsprechenden Bundesgesetzen (z. B. in der Handwerksordnung oder in der Gewerbeordnung) festgelegt sind. Andererseits vertreten sie die Wirtschaft in regionalen und überregionalen Gremien. Kammern sind daher auch ein Ort der politischen Willensbildung.

Politische Willensbildung in Zuständigen Stellen

Die politische Willensbildung kann am Beispiel des Handwerks verdeutlicht werden: Jede Handwerkskammer hat als oberstes Organ eine Vollversammlung. Diese besteht zu einem Drittel aus Vertretern der abhängig Beschäftigten und zu zwei Dritteln aus Vertretern der selbständigen Meister. Geschichtlicher Hintergrund ist die Dreiteilung des Handwerks im Mittelalter, als zwischen selbständigen Meistern, unselbständigen Meistern und Gesellen unterschieden wurde. Die Vollversammlung wählt zum einen den Präsidenten und zwei Vizepräsidenten; hierbei sind der Präsident und ein Vizepräsident Vertreter der Selbständigen und ein Vizepräsident Vertreter der Unselbständigen. Zum anderen ist es Aufgabe der Vollversammlung, den Hauptgeschäftsführer zu wählen. Dieser ist oberster Chef der Kammerverwaltung. Man sieht an dieser Auf-

teilung, dass es eine Ehrenamtsstruktur gibt, die sich in der Vollversammlung und den Präsidenten niederschlägt, zum anderen existiert eine Geschäftsführungsstruktur, die sich in beamteten und angestellten Mitarbeitern der Kammer niederschlägt. Man spricht daher auch von einer Doppelspitze – Präsident und Hauptgeschäftsführer – einer Kammer.

Die Vollversammlung beschließt auch darüber, wie die Kammer die ihr obliegenden Aufgabe zu erfüllen hat. Diese Aufgaben ergeben sich teilweise aus den gesetzlichen Bestimmungen. Außerdem wird die Satzung der Kammer von der Vollversammlung verabschiedet. Diese muss wiederum vom jeweiligen Landeswirtschaftsminister genehmigt werden. Hier zeigt sich wiederum die Abstimmung zwischen Interessen der Öffentichkeit und der Wirtschaft: es gibt eineseits Regelungen und andererseits autonome Entscheidungskompetenzen der Wirtschaft, wobei es i. d. R. so ist, dass diese autonomen Entscheidungen innerhalb einer vom Gesetzgeber vorgegenen Ordnung erfolgen. Weiterhin wird die Verwebung zwischen Kammerverwaltung und Ehrenamt (als den eigentlichen Vertretern der Wirtschaft) deutlich. Die Geschäftsführung erstellt Vorlagen, die die Vollversammlung verabschiedet, aber auch sehr grundlegende Dinge wie Satzungen u. ä. Auch hier besteht letztlich ein mikropolitischer Zusammenhang, ähnlich wie in den Betrieben.

Zusammenfassend kann gesagt werden: Die Zuständigen Stellen erfüllen zwei wesentliche Teilaufgaben in ihrer Bildungsarbeit. Sie müssen die Bildungsnachfrage abschätzen und hierfür geeignete Maßnahmen entwickeln. Zudem müssen sie für diese Maßnahmen entsprechende Prüfungsausschüsse organisieren. Ihre Aufgabe ist dabei nicht nur darin zu sehen, auf Bildungsnachfragen bzw. auf veränderte Wirtschaftsstrukturen zu reagieren. Ihnen kommt es sicherlich auch zu, hier vorausschauend tätig zu werden. Dies wiederum bedeutet, die Abschätzung ökonomischer, technologischer, sozialer Trends und Veränderungen durch die entsprechenden Bildungsabteilungen, um entsprechende zukunftsgerichtete Bildungsangebote zu entwickeln, von deren Notwendigkeit sie die Zielgruppen in der Wirtschaft teilweise erst noch überzeugen muss.

B.2.3 Zur Zukunft beruflicher Bildung. Ein Streitgespräch

Es ist wohl ein typisch menschlicher Wunsch, in die Zukunft blicken zu wollen. Die Anzahl von Horoskopen in Zeitschriften ist dafür ein ganz alltäglicher Beleg. Die Zukunft ist auch ein Anliegen der Politik. So ist die Zukunft beruflicher Bildung ein bildungspolitisches Thema, wobei hier Positionen eben nicht nur von Politikern formuliert werden, sondern auch von anderen Interessenvertretern. Dabei können etwa Interessen von Arbeitgeber- oder Arbeitnehmerseite, Lehrerverbänden u. a. relativ klar identifiziert und somit positioniert werden. Standpunkte vermeintlich neutraler Vertreter wie zum Beispiel von Wissenschaftlern sind aber auch nicht frei von Interessen und unterschiedlichen Einschätzungen der sogenannten Sachlage. Dies wollen wir in diesem Kapitel über das Thema der Zukunft beruflicher Bildung aufzeigen, wobei wir zunächst eine gemeinsame Diskussionsgrundlage schaffen müssen.

Ausgangspunkt ist hierfür eine Darstellung der aktuellen Situation der beruflichen Bildung, genauer einer Darstellung einer aktuellen

Problemlage, die erst die Gedanken über die Zukunft auslöst, weil eben möglicherweise nicht alles so bleiben kann, wie es ist. Berufliche Bildung ist geprägt durch die Bezugspunkte Beruf und Bildung. Mit Beruf verbunden ist die Orientierung auf erwerbsbezogene Bildungsmaßnahmen in Abgrenzung zu sogenannten allgemeinen Bildungsmaßnahmen und die Differenzierung zwischen Ausbildung und Weiterbildung. Bezogen auf die Ausbildung rückt im deutschen Kontext damit die duale Ausbildung in den Vordergrund und deren Verhältnis zur Weiterbildung, insbesondere der beruflichen Weiterbildung. Eine Gewichtung der erörterten Probleme zwischen Aus- und Weiterbildung fällt klar zu ungunsten der Ausbildung aus: Hier wird sehr viel stärker, intensiver und lauter über Reformfragen diskutiert als im Bereich der Weiterbildung. Dies hängt sicherlich zunächst mit einer quantitativ leicht feststellbaren Entwicklung zusammen, denn seit 1984 ist die Zahl der neuen Ausbildungsverträge in den alten Bundesländern kontinuierlich zurückgegangen. Wurden in 1984 noch ca. 700.000 Verträge abgeschlossen, betrug ihre Zahl in 1996 nur noch ca. 450.000. Dies entspricht einem Rückgang von fast 37 %. Die Gesamtentwicklung ist in der nachfolgenden Tabelle dargstellt:

	Neue Aus-bildungs-verträge	offene Plätze	noch nicht Ver-mittelte	Ange-bot	Nach-frage	Angebots-Nachfrage-Relation
1984	705.652	21.134	58.462	726.786	764.078	95,1
1989	583.736	84.193	18.278	668.649	602.014	111,1
1992, AL	499.985	128.378	11.756	623.363	511.741	121,8
1992, NL	95.320	3.232	1.219	98.462	96.462	102,1
1993, AL	471.169	83.655	14.841	554.824	486.100	99,2
1993, NL	98.951	2.082	2.918	101.033	101.869	114,2
1994, AL	450.210	52.767	17.456	502.977	467.666	107,6
1994, NL	117.872	1.385	1.514	119.257	119.386	99,2
1995, AL	450.128	43.231	19.396	493.359	469.524	105,1
1995, NL	122.646	983	5.566	123.629	128.212	96,4
1996, AL	449.314	33.866	24.637	483.180	473.951	101,9
1996, NL	125.028	1.081	13.821	126.109	138.849	90,8

Abbildung B. 25: Nachfrage- und Angebotsentwicklung auf den Lehrstellen-markt[64]

---

[64] Daten verändert entnommen aus den Berufsbildungsberichten 1996 und 1997, vgl. BRAUKMANN/SLOANE 1998.

In Zeiten eines Angebotsüberhangs von Ausbildungsplätzen äußert sich ein Rückgang bildungspolitisch zunächst vordergründig als nicht so dramatisch[65]; erst seitdem nicht mehr genügend Ausbildungsplätze zur Verfügung stehen, drängt sich die Notwendigkeit der bildungspolitischen Diskussion auf. Für die alten Bundesländer zeigt sich in 1996 noch ein Angebotsüberhang, d. h. es gab mehr offene Ausbildungsplätze als Bewerber. In Ostdeutschland ist die Situation jedoch alamierend, denn dort verschlechtert sich die Situation. Die Relation von Angebot und Nachfrage verschiebt sich immer mehr zu Ungunsten der Ausbildungsplatznachfrager. So kamen in 1996 in den neuen Bundesländern nur noch 91 Angebote an Lehrstellen auf 100 Bewerber.

Dies ist ein quantitatives Bild der Entwicklung. Sie provozierte eine Ursachenanalyse für den Rückgang, vielfältige kurzfristige Bestrebungen und Appelle zur Schaffung von mehr Ausbildungsplätzen und – teilweise aus der Ursachenanalyse heraus – langfristig greifende Reformvorschläge. Es wird von einer Krise des dualen Systems gesprochen[66], zu Beginn der neunziger Jahre stärker von einer Nachfragekrise, gegen Ende von einer Angebotskrise.

Die so bezeichnete Angebots- und Nachfragekrise drückt sich in quantitativen Daten aus. Hinter diesen verbergen sich qualitative Zusammenhänge, die näher betrachtet werden müssen. Dabei ist dann zu fragen, welche Ansprüche Betriebe an die Berufsausbildung haben und welche Vorstellungen potentielle Nachfrager nach Berufsbildung bzw. Bildung formulieren.

Die Sichtweise der Betriebe läßt sich in der Aussage pointieren, dass sich für Unternehmen eine Ausbildung nicht mehr lohnt. Es werden drei zentrale Argumente angeführt:

- Ausbildung sei zu teuer: Kosten und Nutzen stünden in einem ungünstigen Verhältnis.
- Ausbildung sei nicht bedarfsgerecht: Das bestehende Profil an Ausbildungsberufen und die inhaltliche Ausgestaltung einzelner Ausbildungsberufe (das Ausbildungsberufsbild) decken nicht die aktuell und künftig bedeutsamen Qualifikationen ab.

---

[65] Hier stehen dann eher wirtschaft- und arbeitsmarktpolitische Fragen der Nachwuchssicherung im Vordergrund.

[66] Formulierung über die duale Ausbildung als Auslaufmodell, die Krise der dualen Ausbildung geben eher eine pessimistische Prognose für die bestehenden Verhältnisse, Formulierungen über mögliche Modernisierung oder die Zukunftstauglichkeit eher eine optimistische Einschätzung.

- Ausbildung mache unflexibel: Die berufsorientierte Struktur des Arbeitsmarktes, also das Konstrukt der Facharbeiter/der Fachangestellten, erweise sich als zu schwerfällig, um den dynamischen Marktbedingungen zu entsprechen; das Gewicht müsste stärker auf kurzfristig gestaltbaren, betriebsspezifisch auszurichtenden Qualifizierungsmöglichkeiten liegen, die insbesondere auch bestehende Hierarchie-, Arbeitsorganisations- und Arbeitsentgeltstrukturen in Frage stellen.

Insgesamt bewerten die Betriebe die berufliche (Aus-)Bildung aus wirtschaftlichen Gesichtspunkten heraus. Dabei zeigt sich eine Veränderung in der Art und Weise, wie Personal rekrutiert wird. So erscheinen gegenüber der dualen Ausbildung alternative Qualifizierung- und Bildungsformen wie die Fachhochschule insbesondere für größere Betrieben häufig attraktiver als die duale Ausbildung.

Die derzeitige Knappheit an Ausbildungsplätzen verbirgt momentan eine in der Fachöffentlichkeit durchaus registrierte Veränderung in der Nachfragegruppe des dualen Systems. Quantitativ zeigt sich diese in der Tatsache, dass immer weniger Jugendliche eine Ausbildung im dualen System als attraktiven Einstieg in das Erwerbsleben ansehen. Würden nur demographische Faktoren die derzeitige Nachfrage nach Ausbildungsplätzen bestimmen, so müsste die relative Ausbildungsknappheit heute noch größer sein, als sie ohnehin schon ist. Insofern muss ein relativer Nachfragerückgang angenommen werden, der über die soziale Faktoren der Einschätzung der Attraktivität der Ausbildung erklärt wird[67]. Ausbildung wird danach immer stärker als Zwischenschritt in der individuellen Bildungsbiographie gesehen, weniger als ein Einstieg in das Erwerbsleben. Genau darauf ist aber formal die Ausbildung ausgelegt. Sie fällt dabei im Vergleich zu anderen Alternativen des Zugangs zur Fachhochschule oder Hochschule zurück.

Potentielle Nachfrager einer beruflichen Erstausbildung betrachten daher die duale Berufsausbildung durchaus unter dem Gesichtspunkt, welche weiteren Bildungsmöglichkeiten und Ansprüche sich aus dem Ausbildungsabschluss heraus ergeben. Während also Betriebe letztlich die Anpassung der beruflichen Erstausbildung anstreben, scheint es eher im Interesse der mögliche Absolventen zu liegen, dass diese Form der beruflichen Bildung sich im Bildungssystem in einer Weise

---

[67] Vgl. SCHOBER/TESSARING 1993, TESSARING 1995, S. 83; relativierend dazu BEHRINGER/ ULRICH 1997.

verankern soll, die weitergehende Bildungsmöglichkeiten eröffnet. Bei der zukünftigen Gestaltung, insbesondere der dualen Berufsaus- bildung, muss dies berücksichtigt werden: das System der (dualen) Berufausbildung muss gleichermaßen an das Beschäftigungs- und an das Bildungssystem angepasst werden. Es sind Übergänge in beide Systeme zugleich zu eröffnen.

Überlegungen zur Zukunft der Berufsbildung sollen an dieser Ana- lyse ansetzen. Es sind dabei ganz unterschiedliche Szenarien vorstell- bar, man kann verschiedene und durchaus sich widersprechende Zu- kunftsmodelle entwickeln. Hinter dieser Feststellung verbirgt sich ein grundlegender Aspekt, der eigentlich für die gesamte „Einführung in die Wirtschaftspädagogik" von Bedeutung ist, nämlich: Wie kommt man in einer Gruppe von Wissenschaftlern zu einem gemeinsam ge- teilten Standpunkt. Unsere bisherigen Ausführungen sind immer ein Konsens, den wir Autoren gefunden haben. So haben wir zu vielen Dingen durchaus unterschiedliche Meinungen. Wir versuchen aber, über die Diskussion der einzelnen Fragen, thematische Schwerpunkte usw. einen gemeinsamen Standpunkt zu finden. Da wir mit diesem Buch nicht nur die Absicht verbinden, dem Leser eine Einführung in die Wirtschaftspädagogik zu geben, sondern darüber hinaus auch be- müht sind aufzuzeigen, wie in der Wirtschaftspädagogik argumentiert wird, ist es auch unser Anliegen, dem Eindruck entgegenzutreten, innerhalb der Wirtschaftspädagogik gäbe es nur einhellige Auffassun- gen. So verweisen ja auch die einzelnen „grauen Zellen" auf weiter- führende und z. T. andere Positionen. Trotzdem verbirgt der ge- meinsame Text vom Grundsatz her gleichzeitig die diesem Text zu- grundeliegende wissenschaftliche Diskussion.

Da nun u. E. die Diskussion in der Wissenschaft, man spricht hier auch oft von einem Diskurs, eine sehr wichtige und produktive An- gelegenheit ist, wollen wir nachfolgend illustrieren, wie man zu Er- gebnissen gelangen kann. Hierfür haben wir unseren letztlich noch nicht abgeschlossenen Diskurs über die Zukunft der beruflichen Bil- dung rekonstruiert und in Form eines Briefwechsels dargestellt.

München, 1/1997

Lieber Martin,

ich habe mittlerweile mit einem ersten Entwurf für das Kapitel „Zukunft der beruflichen Bildung" begonnen. Dabei habe ich die von uns in Köln abge- stimmte Argumentationslinie weiter ausgearbeitet. Der Text befindet sich auf der beiliegenden Diskette. Wir müßten uns nun aber darüber verständigen, wie wir die Reformoptionen behandeln wollen, die momentan in der Bildungspolitik und -praxis sowie in unserer Disziplin diskutiert werden. Unser Hauptaugenmerk sollte auf der beruflichen Erstausbildung, also auf dem dualen System liegen und wir sollten von diesem Bezugspunkt aus dann Fragen der beruflichen Weiterbildung thematisieren.

Nach meinem Dafürhalten wäre es notwendig, sich auf Kriterien oder Ziele zu einigen, von denen ausgehend man dann die einzelnen Reformvorschläge systematisch darstellen kann. Außerdem sollten wir auch überlegen, ob wir versuchen, alle Vorschläge darzustellen oder ob es nicht ausreicht, hier Schwerpunkte zu setzen.

Als mögliche Ziele für die Reform des dualen Sytems sehe ich (1) die Flexibilisierung, (2) die Individualisierung und (3) die Differenzierung an.

(1) Unter „Flexibilisierung" verstehe ich die Anpassung der beruflichen (Erstaus-)Bildung an veränderte technische, ökonomische oder sozialkulturelle Bedingungen. Wir sind uns ja eigentlich immer einig, dass berufliche Bildung sowohl eine Subjektbildung als auch eine Qualifizierung für das Erwerbsleben sein soll. Die Dynamik des Wirtschafts- und Beschäftigungssystems nötigt zu einer rascheren Anpassung von Bildungsmaßnahmen. Langfristig muss es daher darum gehen, dass Ausbildungsordnungen mehr Flexibilität zulassen. Für mich heißt das auch, dass ich die Uniformität insbesondere der Erstausbildung relativieren würde, z. B. indem regionale Ausprägungen ermöglicht werden.

(2) „Individualisierung" verstehe ich als gesellschaftliches Phänomen, wie es von Ulrich BECK beschrieben wird. Demnach muss von der individuellen Berufsbiographie ausgegangen werden. Diese ist immer auch eine Lernbiographie, was auch die Fragen nach dem Verhältnis von Ausbildung zu Weiterbildung in einem Prozess des lebenslangen (beruflichen) Lernens neu stellt. Hier gibt es immer weniger einheitliche und verbindliche Muster. Das berufliche Bildungssystem muss hierauf mit mehr unterschiedlichen Angeboten zum Lernen reagieren. Solche Überlegungen finde ich bei Günter KUTSCHA und Karlheinz GEIßLER. So geht KUTSCHA davon aus, dass Menschen in Zukunft verstärkt ihre individuelle Berufs- und Lernbiographie strategisch gestalten müssen. Ich vergleiche dies gerne mit einem ‚Berufs-'Sportler: der muss ja auch seine eigene Leistungsfähigkeit strategisch betrachten; er muss sein eigener Trainer sein und darüber nachdenken, durch welche Maßnahmen er sein Leistungsvermögen stabilisiert bzw. steigert. Hierzu gehört dann auch, Schwächen und Defizite zu lokalisieren und entsprechende Vorkehrungen zu treffen. Bei GEIßLER findet sich der Hinweis auf Bildungscollagen. Dies wendet sich gegen die uniforme und für alle gleiche Struktur der Aneignungsmöglichkeit von beruflichen Fähigkeiten. Dies wäre schon eine denkbare Reaktion auf indivualisierte Berufs- und Lernbiographien, nämlich die prinzipielle Möglichkeit zu schaffen, über ganz unterschiedliche Lern-Orte zur beruflichen Handlungsfähigkeit zu gelangen.

(3) Die „Differenzierung" ist für mich ein didaktischer Anspruch, der auf die verschiedenen Lernvoraussetzungen der Zielgruppe (z. B. der Auszubildenden) abzielt. Ich bin schon überzeugt, dass die homogene Zielgruppe eher die Ausnahme darstellt. Sicherlich ist das didaktische Konzept der Differenzierung sehr ausgeprägt, zumindest in der Wissenschaft. Es wird aber nach meiner Einschätzung in der beruflichen Bildungspraxis noch nicht ausreichend umgesetzt. So sollte darüber nachgedacht werden, ob durch mögliche Reformmaßnahmen unterschiedliche Lernvoraussetzungen ausreichend berücksichtigt werden. In der aktuellen Diskussion zeigt sich dies in Fördermaßnahmen für besonders Begabte (Begabtenförderung) bzw. in solchen für Leistungsschwächere (Stützmaßnahmen u. ä.).

Ausgehend von diesen Kriterien sollten einzelne Reformmöglichkeiten diskutiert werden. Ich würde hier Schwerpunkte setzen, und zwar hinsichtlich (1) des Verhältnisses von Berufsbildung und Allgemeinbildung, (2) einer curricularen Revision beruflicher Bildung und (3) einer institutionell-organisatorischen Revision.

(1) Sicherlich ist die Frage nach dem Verhältnis von Allgemeinbildung und Berufsbildung nicht neu. In der öffentlichen Diskussion stellt sich die Frage der Gleichwertigkeit als Frage des Hochschulzugangs durch bzw. nach einer Berufsausbildung. Es geht also um Zugangsberechtigungen. Als Pädagoge frage ich mich aber, ob der formale Zugang (also das Dürfen) durch eine faktische Möglichkeit (also das Können) ‚unterfüttert' ist. Wenn die berufliche Erstausbildung ein Weg in die Hochschule zuläßt, dann muss dieses System den Lernenden auch dabei unterstützen, die Hochschule bewältigen zu können: Sollen impliziert Können!
Für mich stellt sich diese Frage in einem größeren Kontext. Es geht um die Übergänge zwischen beruflicher und allgemeiner Bildung: Es geht um die Frage des ‚Einstiegs' in die Berufsausbildung und um die Frage des ‚Durchstiegs' in den tertiären Bildungsbereich, also in die Fachhochschule und Hochschule.

(2) Die curriculare Revision zielt auf die Entwicklung und Erprobung neuer Lehr-/Lerneinheiten. Prinzipiell sollte mehr Freiraum für Innovationen vorhanden sein. Das Modell der Zusatzqualifikation bietet sich als Experimentierform geradezu an. Ich denke hier an unsere gemeinsamen Erfahrungen im Betriebsassistentmodell, wie wir es ja in dem Kapitel B.1 vorstellen wollen. Dort ist es uns m. E. gelungen, über ergänzende Maßnahmen in der Ausbildung flexible und individualisierte Zusatzangebote zu entwickeln.
Man sollte in diesem Zusammenhang auch über Modularisierung nachdenken. Mit Hilfe von Modulen lassen sich nicht nur Zusatzangebote in der Ausbildung organisieren (Erweiterungskonzept). Es wäre auch möglich, über eine modularisierte Ausbildung das bestehende Ausbildungsangebot neu zu strukturieren (Differenzierungskonzept). Für mich sollten „Module" dabei (i) in sich abgeschlossen, (ii) didaktisch strukturiert sein und sollen (iii) dabei (Teil-) Qualifikationen vermitteln.

Ich weiß, dass das Konzept nicht nur in Teilen der Berufsbildungspraxis, sondern auch bei einigen Fachvertretern der Berufs- und Wirtschaftspädagogik umstritten ist. Jürgen ZABECK sieht in diesen und ähnlichen Maßnahmen einen Widerspruch zum Berufskonzept. Ich frage mich aber schon, ob der Beruf, insbesondere in der ZABECKschen Idee der inneren und äußeren Bindung an den Beruf, wirklich (noch) eine sinnstiftende Klammer darstellt, über die wir die Ausbildung begründen können. Ich würde viel lieber von der (beruflichen) Handlungskompetenz ausgehen und nach den Maßnahmen fragen, die helfen, diese zu ermöglichen.

(3) Prinzipiell löst sich die Forderung nach einer flexiblen, individualisierten und differenzierten Organisation beruflicher Erstausbildung von der Vorstellung einer (zumindest vollständig) standardisierten und uniformierten Ausbildung. Ich halte dies aber im Rahmen einer föderalen Bildungspolitik für durchaus legitim.

Für mich ist diese ‚Aufweichung' bundeseinheitlicher Regulierungen gerade im Zusammenhang mit Überlegungen zur Modularisierung interessant. So ist es ja denkbar, zwischen Basis- und Optionsanteilen in der Ausbildung zu unterscheiden. Dabei wäre es möglich, neben einer (bundeseinheitlichen) Basisausbildung einen Ausbildungsabschnitt zuzulassen, der wahlweise ausgestaltet werden könnte. Hier gäbe es dann Raum für Spezialisierung, für Verbreiterung (z. B. Sprachausbildung in bestimmten Ausbildungsberufe), aber auch für eine Regionalisierung von Berufsausbildung. Es entstünde aber auch ein veränderter Regulierungsbedarf, der aber nicht auf Bundesebene, sondern auf Ebene der Zuständigen Stelle zu handhaben wäre. Auf Bundesebene verbliebe die Regelung der Basisanteile sowie die Festlegung der Regel, wie auf regionaler Ebene die Optionsanteile zu entwickeln und zu evaluieren sind.

Meine Grundidee ist eigentlich einfach: Wenn man Ausbildungsanteile vor Ort entwickeln will, so bedarf es dort einer organisatorischen Infrastruktur. Eine solche Organisation hätte dann die Aufgabe, eine Abstimmung zwischen den Sozialpartnern vorzunehmen, wobei es vor Ort viel stärker möglich ist, hierbei auch die konkreten Interessen der an der Ausbildung beteiligten Personen zu berücksichtigen.

Soweit meine momentanen Vorstellungen zur Reformierung. Auf Deine Antwort freue ich mich, zumal ich schon ahne, dass Du Widerspruch anmelden wirst.

Viele Grüße aus München

Peter

Köln, 2/1997

Lieber Peter,

zumindest mit der Vermutung, dass ich Deinen Reformideen widerspreche, liegst Du richtig. Du hast meinen Widerspruch ja geradezu provoziert, wenn

Du eine modularisierte Ausbildung als Reformvorschlag einbringst! Schließlich haben wir schon in der Konzeption des Buches die Bedeutung des Berufskonstrukts betont und ich sehe die Modularisierung als fundamentale Abkehr von diesem Konstrukt. Insofern willst Du unter dem Deckmäntelchen der Reform eine Revolution veranstalten, die das bisherige System der Berufsbildung von Grund auf umkrempelt. Wir könnten dann das Wort Berufsbildung eigentlich direkt streichen und besser von Modulqualifizierung sprechen, in der jeder machen kann, was ihm kurzfristig in den Kram paßt. Das kann ich aus Verantwortung für die jungen Menschen nicht mittragen!

Sicher hast Du recht, wenn wir bei der Darstellung der Zukunftsfragen an der aktuellen Problemlage des dualen System anknüpfen. Auch die Berücksichtigung der Sichtweise der Betriebe und der potentiellen Auszubildenden finde ich richtig gesetzt, auch wenn mir einige Argumente, etwa das der zu hohen Ausbildungskosten oder der Einschätzung der höheren Attraktivität der Hochschulausbildung, vordergründig erscheinen. Aber eine ausführliche Diskussion dürfte den Rahmen der Einführung sprengen. Was aber genau in den Rahmen einer Einführung gehört, ist die Betonung des Berufsprinzipis als Ordnungsmerkmal für die Erstausbildung. Dies bezieht sich sowohl auf die im Konsens der Sozialpartner getroffene einheitliche Normierung eines Anforderungsprofils der Ausbildungsordnungen als auch die Bedeutung, die dieses Konstrukt dann für die Auseinandersetzung mit einer individuellen Lebensperspektive hat, die idealerweise auch der Formung der jeweils individuellen Profession dient. Und dafür brauchst Du ein gewisses Maß an Uniformität, Transparenz und Vergleichbarkeit.

Ich will nicht bestreiten, dass über das „gewisse Maß" diskutiert werden muss. Insofern kann ich die von Dir vorgeschlagenen Reformziele „Flexibilisierung" und „Differenzierung" auch mittragen, wobei ich die Schwerpunkte schon anders setzen würde.

- Flexibilisierung der Berufsstrukturen ist eine immer schon praktizierte Aufgabe, denn die von Dir geforderten Anpassungen hat es immer schon gegeben. Vielleicht im Einzelfall nicht schnell genug. Obwohl ich da auch vorsichtig sein möchte, denn es kann nicht sein, dass wir fortlaufend immer alles neu verbiegen und anpassen, irgendwann muss das Flexibilisierte wieder stabil sein und schlicht seinen Zweck erfüllen.
- Die Differenzierungsmaßnahmen werden von Dir im Sinne einer didaktische Binnendifferenzierung zur konsequenteren Berücksichtigung der Lernvoraussetzungen genannt. Dem kann ich allein aus didaktischen Gründen nur zustimmen. Allerdings gebe ich zu bedenken, dass Differenzierungsmaßnahmen in diesem umfangreichen Sinne nur deswegen notwendig sind, weil so viele unterschiedliche Anspruchsteller eine Ausbildung im dualen System machen wollen. Die Differenzierungsnotwendigkeit sehe ich deshalb eher als eine Folge der verbliebenen, eigentlich zu großen Attraktivität des dualen Systems an. Auch dürfte klar sein, dass

Differenzierungsmaßnahmen in diesem Sinne die Ausbildung teurer werden lassen. Keinesfalls sollte Differenzierung nämlich bedeuten, das Konstrukt des Berufes durch eine Differenzierung in Richtung auf bloße Anlerntätigkeiten aufzuweichen, vornehm verschleiert auch ‚theoriegeminderte Berufe‘ genannt. Wehret den Anfängen, kann ich da nur sagen: Und damit bin ich bei dem entscheidenden Punkt, der Individualisierung.

Individualisierung führt geradewegs in die Modularisierung, wobei Du als Ziel mögliche individuelle Bildungscollagen genannt hast. Ich will nicht leugnen, dass manche Collagen gelingen können. Aber manche bleiben eben eine Ansammlung von Schnipseln. Und die Gefahr ist mir zu groß, um im Bild zu bleiben, dass jeder x-beliebige Schnipsel in den Rang eines Bildungscollagenbestandteils gehoben werden kann. Da erscheint mir der Bezug zum tradierten Berufsprinzip konstruktiver, wenn vielleicht auch vordergründig schwerfälliger und festlegender. Aber dieses Prinzip scheint mir bei der derzeitigen Fülle von ca. 370 Berufen noch genügend Raum für individuelle Entscheidungen zu bieten. Deinem Reformziel der Individualisierung möchte ich also das Ziel entgegensetzen, die vielleicht vergessene Funktion des Berufs als sinnstiftende Klammer für die Entwicklung der Persönlichkeit junger Menschen wiederzubeleben. Das ändert nichts an dem Umstand, dass es teilweise sinnvoll ist, bestimmte Berufsbilder für besondere Zielgruppen zu erschließen, wie wir es im Modellversuch Betriebsassistenten im Handwerk versucht haben.

Da ich mit den Reformzielen schon nicht einverstanden bin, sind mir auch die von Dir vorgeschlagenen Wege in Teilen suspekt. Keine Einwände habe ich hinsichtlich der Argumentation bezüglich des Verhältnisses von Allgemeinbildung und Berufsbildung, wobei mir hinsichtlich der Verwirklichung dieses Weges die bayerische Berufsoberschule als ein bedenkenswertes Modell erscheint. Deine im Zusammenhang mit der Modularisierung gemachten Vorschläge zur Unterscheidung von Basis- und Optionsanteilen sehe ich im Grunde innerhalb der 1997 neu einzuführenden informationstechnischen Berufe bundesweit verwirklicht. Durch die durchgängigen Förderung von gemeinsamen Kernkompetenzen und profilbildenden Fachkompetenzen über die gesamte Ausbildungszeit sehe ich darin auch eine Stärkung der Berufsidee, denn es ist ja unmöglich, die Kernkompetenzen etwa auf das erste Jahr der Ausbildung zu reduzieren. Darauf würde ich stärker hinweisen.

Über Deine Vorstellung von der Regionalisierung der sogenannten Optionskompetenzen muss ich erst mal nachdenken. Hier verstehe ich auch noch nicht genau, was Du damit meinst. Zu Bedenken gebe ich allerdings, dass bei jeder Form der Regionalisierung berücksichtigt werden muss, ob in den regionalen Stellen die Kompetenz zur Umsetzung vorzufinden oder herbeizuführen ist. Sonst droht die heimliche Zentralisierung durch ‚pragmatische Vorgaben‘, wie wir es von den Prüfungen gewohnt sind. Denn die formale Autonomie der

Prüfungsausschüsse der Zuständigen Stellen wird doch faktisch durch billi-
gend in Kauf genommene Arbeitserleichterungen wie die zentrale Prüfungs-
aufgabenerstellung aufgelöst. Aber wie gesagt, ich weiß noch nicht, wie Du
Dir die Regionalisierung als Reformweg eigentlich vorstellst.

    Soweit meine Antwort auf Deinen Brief. Verzeihe mir, dass ich bei dem
Thema so emotional widerspreche. Aber ich habe als Älterer von uns beiden das Gefühl, den jüngeren Kollegen in seinem unbändigen und unbe-
dingten Reformelan bremsen zu müssen. Schütten wir das Kind nicht mit
dem Bade aus?!

Viele Grüße aus Köln, besonders auch an Katharina!

Martin

München, 3/1997

Lieber Martin,

über Deinen impulsiven Brief habe ich mich gefreut. Ich hoffe, Du hast genug Zeit und Muße, Dich entspannt hinzusetzen, um meine Replik zu lesen.
Es sind ja vier Gesichtspunkte, die Du näher und kritisch beleuchtest: (1)
die Modularisierung, (2) den Berufsbegriff, (3) die Individualisierungsthese
und (4) die Regionalisierung von Anteilen der Berufsausbildung.

(1) Eigentlich habe ich mit Deinem Einwand gerechnet. Du hast eine Argumentation aufgebaut, die nach meiner Einschätzung sehr typisch ist für die
deutsche Berufsbildung. Module als zertifizierte Teileinheiten in regulären
Ausbildungsgängen sind nach meiner Beobachtung eine europäische Initiative, die in Deutschland schon sehr frühzeitig abgelehnt worden ist. Feder-
führend war hier das Handwerk. Und die Bundesregierung hat sich diese
Position zu eigen gemacht und Module als ordnungspolitisches Instrument
bisher abgelehnt.

    Was mich hier stört, ist die letztlich doch dogmatisch ordnungspolitische
Argumenationsrichtung. Gestützt wird diese dann durch Positionen aus der
Berufs- und Wirtschaftspädagogik, die mit Modularisierung einen Angriff
auf das deutsche Berufskonzept vermuten. Ein wenig klingen auch Deine
Einreden so. Ich denke, die didaktischen Möglichkeiten von Modularisierung werden gar nicht in Erwägung gezogen: eine Einschätzung, die auch
von Antonius LIPSMEIER geteilt wird.

    Ich denke, wir sollten uns schon, losgelöst von ordnungspolitischen Vor-
gaben, mit den Möglichkeiten der Modularisierung konstruktiv auseinandersetzen. In meinem letzten Schreiben habe ich darauf hingewiesen, dass
Module verschiedene Funktionen erfüllen können. Ich möchte dies hier etwas differenzierter ausführen. Es gibt für mich drei denkbare Modularisie-
rungskonzepte:

(i) Das Erweiterungskonzept. Dieses zielt darauf, Module in Form von Zusatzangeboten in bestehende Ausbildungskonzepte zu integrieren. Für mich ist das Betriebsassistentenmodell ein gutes Beispiel für eine solche Vorgehensweise.

(ii) Das Differenzierungskonzept. Hierbei geht es darum, bestehende Ausbildungsberufe über modularisierte curriculare Einheiten neu zu strukturieren, die Modularisierung also als didaktisches Gestaltungsinstrument zu nutzen.

(iii) Das Singularisierungkonzept. Einzig dieser Ansatz zielt auf eine Zerstückelung von Teilen der Ausbildung in Form von Modulen, die unabhängig von einem Ordnungsrahmen angeboten und nachgefragt werden können.

Die deutsche Diskussion geht verkürzend von dem dritten Konzept, dem Singularisierungskonzept aus. Das Erweiterungkonzept ist nach meiner Einschätzung nicht nur im Betriebsassistentenmodell umgesetzt worden. Im Differenzierungskonzept schließlich gibt es für mich durchaus Möglichkeiten, die wir zumindestens kritisch ausloten sollten.

Du befürchtest die Aufgabe des Berufs. Ich habe zwar durchaus Probleme mit dem Berufsbegriff, worauf ich auch noch eingehen möchte, doch sehe ich eigentlich nicht, warum es nicht möglich sein soll, innerhalb eines beruflichen Ordnungsrahmens Module zu verankern. Die einzige und letztlich didaktische Festlegung, die ich getroffen haben, lautet: Module sollen (i) in sich geschlossen und (ii) didaktisch strukturiert sein und (iii) dabei (Teil-) Qualifikationen vermitteln. Der dritte Aspekt bezieht sich auf die Auswahl relevanter Module innerhalb einer Ausbildung. Dies ist eine Problematik, die wir auch bei einer nicht modularisierten Ausbildung haben. Ganz i. S. Erich Wenigers entscheiden die gesellschaftlichen Kräfte, vorrangig die Sozialpartner, über solche Dinge.

Insgesamt, so habe ich den Eindruck, nähert man sich der Modularisierung in einer analytischen Sichtweise, indem man die bestehenen Ausbildungsordnungen in Teileinheiten ‚zerstückelt‘ und dann die Gefahr sieht, diese würden für sich isoliert. Diese Gefahr besteht eigentlich auch bei den vorliegenden Ausbildungsordnungen. Ich würde Modularisierung viel lieber in einer geisteswissenschaftlichen Figur von Teil und Ganzes interpretieren. Auf die Modularisierung übertragen heißt dies, dass es nicht darum geht, eine additive Liste von Teilthemen zu bestimmen, die über Module abzuarbeiten sind. Vielmehr muss die qualitative Seite beruflicher Handlungskompetenz in den Blick genommen werden: Module sind als Teile eines Ganzen selbst wieder ein Ganzes. Hieraus folgt: Module müssen in sich den gleichen Anspruch tragen, wie das Gesamtkonzept einer Berufsausbildung. Sie müssen als Möglichkeiten für einen Lernenden begriffen werden, sich berufliche Kompetenz anzuzeignen. Sie müssen exemplarisch sein.

(2) Hiermit bin ich beim Berufsbegriff, der mir in der Tat zusehends mehr Schwierigkeiten bereitet. Mir ist natürlich Jürgen ZABECKS Idee des inneren und äußeren Berufs geläufig. Was ich schwierig finde, ist die Trennung von Erwerb und Arbeit auf der einen und Beruf auf der anderen Seite. Und ins-

besondere dann, wenn mit Beruf ein Sinnbezug konstatiert wird, habe ich Probleme, empfinde ich eine Ideologisierung des Arbeitens, die auch nicht immer mit den Realitäten erwerbsmäßiger Beschäftigung einhergeht.

Nun hast Du beim Beruf stärker auf den Aspekt der Normierung abgehoben. Dies verstehe ich als eine curriculare Festlegung eines Anforderungsprofils, der ich auch zustimmen kann. Müßte man aber nicht auch zwischen einer subjektiven und eine objektiven Komponente des Beruflichen unterscheiden? Unter eine subjektiven Kompomente verstehe ich den Gesichtspunkt der beruflichen Handlungskompetenz. Ich argumentiere hier aus der Sicht des Individuums und gehe von dessen Handlungsvermögen aus, den beruflichen Wirkungsraum – wie man wohl mit Martin SCHMIEL sagen könnte – sachlich und sittlich richtig bewältigen zu können. Die objektive Komponente des Berufs zeigt sich in der Perspektive der Anforderungsstruktur. Hier sehe ich auch Deinen Anspruch, nämlich die Festlegung dessen, was an Anforderungssituationen einem Beruf zugeordnet werden soll.

Ich denke, wir sollten den Beruf i. S. eines Lebensraums begreifen, der genau in diesen zwei Perspektiven: Handlungskompetenz (subjektiv) und Handlungsanforderung (objektiv) erfaßt werden muss.

(3) Dein Einwand, die Individualisierung von Berufsbildung führe direkt in eine Modularisierung, die eine Segmentierung von Berufsbildung darstelle, kann ich schon nachvollziehen. Meinen Verdacht, Du würdest hier die Modularisierung einseitig interpretieren, habe ich bereits dargelegt. Bezüglich der Individualisierung möchte ich noch folgendes anmerken: Wenn ich die soziologische Diskussion richtig verstanden habe, so bezeichnet die Individualisierung eine gleichsam überindividuelle Entwicklung in modernen resp. postmodernen Gesellschaften. Man darf Individualisierung von daher nicht nur als einen Gestaltungsanspruch in der Berufsausbildung auffassen, sondern muss sie auch als ein gesellschaftliches Phänomen begreifen. Es geht dann auch nicht darum, eine ‚Schnipselqualifizierung‘ vorzubereiten, sondern – so verstehe ich die Beiträge von Günter KUTSCHA und Karlheinz GEIßLER – neue Wege in den Beruf zuzulassen, die auch mit neuen Lernorten verbunden sind. Hier muss man dann natürlich über die Qualität solcher Lernorte nachdenken. Man kann doch nicht sagen, dass Überlegungen zu neuen Lernorten und neuen Konzepten gleichbedeutend sind mit einem wirtschaftspädgogischen ‚anything-goes‘. Hier wird vorschnell eine pädagogischer Anarchismus vermutet. Selbstverständlich kann und sollte man immer nach den Qualitätsmaßstäben pädagogischer Arbeit fragen, und zwar nicht nur bezüglich des Neuen, sondern auch bezüglich des Alten.

(4) Die Regionalisierung wäre ein Aspekt im Rahmen einer Ausbildung, die Gestaltungsfreiräume für optionale Ausbildungsanteile zuläßt. Deine Einwände sind treffend. In der Tat kann man die Erfahrungen zu den autonomen regionalen Prüfungsausschüssen hier als Analogie heranziehen. Wenn man dies sehr streng auslegt, wäre dieser Einwand im übrigen auf jeden op-

tionalen Anteil der Ausbildung zu beziehen. Meine Idee ist schon die einer Verlagerung von Absprachen, die bisher auf Bundesebene vollzogen werden, auf eine regionale Ebene.

Zugegebenermaßen hast Du hier sehr grundsätzliche Bedenken geschürt. Ich brauche noch Zeit, um dies zu durchdenken. Ich weiß aber auch nicht, ob die Beibehaltung starrer Bundesregelungen wirklich eine Alternative ist. Schließlich impliziert jede Regelung einen Abstimmungsbedarf in der Region. Nun, vielleicht weißt Du hier weiter ...

Meine Antwort ist ein wenig umfangreicher ausgefallen. Die Modularisierung beschäftigt mich im Moment sehr. Ich habe noch einen Aufsatz zu diesem Thema beigefügt. Vielleicht überzeugen Dich dieser Aufsatz und der Brief, dass ich das Kind nicht mit dem Bade ausschütte, sondern ihm vielmehr die Möglichkeit geben möchte, sich selbst zu waschen.

Viele Grüße von München nach Köln. Katharina kommt übrigens nächste Woche nach Köln.

Peter

Köln 4/1997

Lieber Peter,

leider kann ich erst jetzt auf Deine Replik antworten, denn meine Mitarbeit in der Studiengruppe „Allgemeine und berufliche Bildung" der EU-Kommission hat mir wenig Zeit und vor allem Muße belassen, mich mit Deinen Vorschlägen und dem Aufsatz zu befassen. Aber im Nachhinein muss ich sagen, dass sich beides ergänzt: Die Mitarbeit in der Studiengruppe und Deine Anmerkungen. Denn die Debatte um die Modularisierung habe ich in der Studiengruppe letztlich hautnah erlebt, gerade weil es sich, wie Du richtig hervorhebst, auch um eine Angleichungsdebatte im Rahmen einer europäischen Initiative handelt. Auch kann ich aus diesen Erfahrungen nur unterstreichen, dass immanent die Modularisierung aus der Perspektive anderer europäischer Länder als Singularisierungsstrategie gedacht wird. So findest Du im Grünbuch der Studiengruppe einige Hinweise auf die Notwendigkeit der Entwicklung europäischer Qualifikationstabellen, die Förderung der Akkreditierung von Teilqualifikationen und den Aufbau modularer Bildungseinheiten usw., die ausschließlich über ihre arbeitsmarktpolitische Verwertbarkeit begründet werden. Es sind m. E. Indizien dafür, nicht von einem sinnvollen Ganzen, sondern nur nützlichen Teilen der individuellen Kompetenz auszugehen.

Nach Durchsicht Deines Aufsatzes ist mir jedoch klar geworden, dass ich auf Modularisierung als Reizwort reagiert habe, obwohl damit nicht notwendig Singularisierung gemeint sein muss. Vielmehr kann ich mich mit Deiner Grundfigur einverstanden erklären, Module als Teil eines Ganzen zu verstehen, welches selbst den Anspruch des Ganzen in sich birgt. Aber diese geisteswissenschaftliche Denkfigur mit ihrem originär didaktischen Anliegen dürfte einen schweren Stand haben, sich gegen Fehlinterpretationen sowie die vermeintliche einfache analytische Darstellung kleinster Handlungseinheiten und den politischen kleinsten gemeinsamen Nenner zu behaupten. Da scheint es mir doch sinnvoll – gerade zur Durchsetzung didaktischer Ansprüche – ggf. mit veränderten ordnungspolitischen Vorgaben zu argumentieren, die aus europäischer Perspektive regional und mithin aus deutscher Perspektive bundeseinheitlich zu treffen sind. Insofern stellt sich ein doppeltes Regionalisierungsproblem, nämlich im Verhältnis internationaler und nationaler Spielräume sowie nationaler und föderaler bzw. regionaler Ausprägungen.

Insofern ist die von Dir dargestellte Reformidee einer im Sinne des Differenzierungskonzeptes modularisierten beruflichen Bildung vielleicht ein Vorschlag, einerseits die Anschlußfähigkeit der nationalen beruflichen Tradition an die Qualifizierungskonzepte europäischen Länder zu wahren (und dadurch das Berufsprinzip moderat zu reformieren), andererseits die auch national zu konstatierenden Probleme durch die Stärkung regionaler Verantwortung anzugehen über die zwangsläufig notwendige intensivere Beteiligung regionaler Bildungsträger an der Ausgestaltung von Freiräumen. Analog würde sich ein System der Weiterbildung konkretisieren lassen.

Dies beinhaltet in meinen Augen auch eine konsequente Regionalisierung von Prüfungen. Denn international wird die Vergleichbarkeit von abprüfbaren Kompetenzen Fiktion bleiben und national erweisen sich zentrale Prüfungen sicherlich als Hemmschuh der Entwicklung beruflicher Handlungskompetenz. Ich verstehe Deinen Hinweis auf die Exemplarität der beruflichen Handlungssituationen auch im Sinne der Exemplarität von Prüfungssituationen, in denen sich die erworbene Handlungskompetenz exemplarisch zeigt – sie dürfte damit nicht im Sinne der üblichen Prüfverfahren messbar werden. Aber darüber sollten wir uns auf unserer verabredeten 'Klausurtagung' verständigen. Ich bin optimistisch, dass dies gelingen wird. So habe ich Deinen Einwand wohl verstanden, dem Kind in der Badewanne die Möglichkeit zu geben, sich selbst zu waschen. Umgekehrt erkenne ich in Deinem Brief die Bereitschaft, den Umstand zu akzeptieren, dass die Badewanne schon von den gesellschaftlichen Mächten zur Verfügung gestellt werden muss.

Bis dahin

Martin

Der Briefwechsel zeigt einen kleinen Ausschnitt aus dem Prozess der Konsensfindung. Die Auseinandersetzung ist gekennzeichnet durch Positionsbestimmung und Austausch von Argumenten. Das gemeinsame Ergebnis wird im Diskurs gefunden. Generell ist diese diskursive Verständigung in den Sozialwissenschaften ein sehr wichtiges Vorgehen. Auf diese Weise entwickeln sich gemeinsame Standpunkte und Standards. – So gesehen ist das Buch insgesamt Ausdruck einer

Position, die durch gegenseitige Annäherung entstanden ist. Der Briefwechsel und die Auseinandersetzung sind selbstverständlich nicht beendet gewesen. Diese wurde und wird fortgesetzt. Nachstehend beziehen wir uns daher wieder auf die gemeinsame Position.

Wir vermuten, dass die Berufsbildung in Zukunft verstärkt nach den Gesichtspunkten Flexibilisierung, Individualisierung und Differenzierung gestaltet wird. Hiermit sind folgende Ansprüche verbunden:

- Die Berufsbildung soll sich auch kurzfristig den sich verändernden ökonomischen, technischen und sozialkulturellen Bedingungen anpassen können (Flexibilisierung).
- Die Berufsbildung soll individualisierte Wege zulassen; im Idealfall soll das Individuum selbst einen Bildungsweg festlegen können (Individualisierung). Hierfür ist es notwendig, einerseits Freiräume einzurichten, andererseits muss aber auch eine Form der Qualitätssicherung gefunden werden, die eine Selektion zwischen geeigneten und ungeeigneten Maßnahmen ermöglicht.
- Die Berufsbildung soll zielgruppenspezifische Förderungen ermöglichen (Differenzierung), was sich sowohl als Förderung von Begabungen als auch als Überwindung von Lernschwächen entfalten sollte.

Diese Leitvorstellungen implizieren stets einen Freiraum in der beruflichen Ausbildung, der entsprechend zu füllen sein wird. Vom Grundsatz her führen Forderungen nach flexiblen, individualisierten und differenzierten Bildungswegen nämlich immer zu einer Öffnung dieser Maßnahmen. Ansätze wie die Unterscheidung in Basis- und Optionsqualifizierung oder die Regionalisierung von Berufsbildung haben die gleiche institutionell-organisatorische Voraussetzung: es muss eine Instanz geben, die curricular und organisatorisch die jeweiligen Maßnahmen plant. Ordnungspolitisch geht es um die Einschränkung von bisher bundeseinheitlich verbindlichen Regelungen, wobei gleichzeitig auf Länder- oder Regionebene neue Institutionen entstehen müssen, die den so entstehenden Regelungsbedarf decken. Hiermit ist einerseits die Gefahr einer Verselbständigung von Regelungen verbunden, andererseits ist dies auch immer eine prinzipielle Chance zur Verbesserung des momentan sehr starren Systems.

Insgesamt geht es um eine neue Differenzierung von Ausbildungskonzepten. Hierfür kann durchaus auf das in Europa präferierte Konzept der Modularisierung zurückgegriffen werden, wobei es schon erforderlich ist, diesen Ansatz konsequent didaktisch zu interpretieren. In der Berufsbildungspraxis und -politik aber auch in der wirtschaftspädagogischen Forschung wird dieses Konzept sehr verengt unter ordnungspolitischen und berufskonzeptionellen Aspekten abgelehnt. Es besteht zwar in der Tat die Gefahr einer Zerstückelung des Berufes, wenn Modularisierung i. S. eines Singularisierungskonzepts umgesetzt wird, doch umgekehrt ist es durchaus denkbar, über die Modularisierung auch eine Stabilisierung und Intensivierung des Berufskonzepts zu erreichen. „Module" werden von uns als in sich geschlossen, das Ganze abbildende Teile dieses Ganzen angesehen. Dieses Ganze ist sowohl der über den Berufsbegriff normierte Lebensraum als auch die Handlungskompetenz des Subjekts.

Dies ergibt sich insbesondere aus der Dualität des Berufskonzepts, die sich in einer Subjekt- und einer Objektseite des Beruflichen niederschlägt. So werden unter Beruf zum einen alle typischen Handlungssituationen (HS) zusammengefaßt, die somit einen beruflichen Wirkungsraum bestimmen. Dies ist die objektive Seite, die sich in der abstrakten Normierung eines beruflichen Wirkungsraums niederschlägt. Zum anderen verweist Beruf auf das subjektive Vermögen (Handlungskompetenz) eines Menschen, diesen Wirkungsraum, somit also die typischen Handlungssituationen, sachlich und sittlich richtig bewältigen zu können. Der Beruf hat somit eine doppelte Exemplarität. Von der objektiven Seite her ist er ein typisches *Beispiel für* den beruflichen Wirkungsraum; von der subjektiven Seite aus ist er ein typisches *Beispiel von* beruflicher Handlungskompetenz:

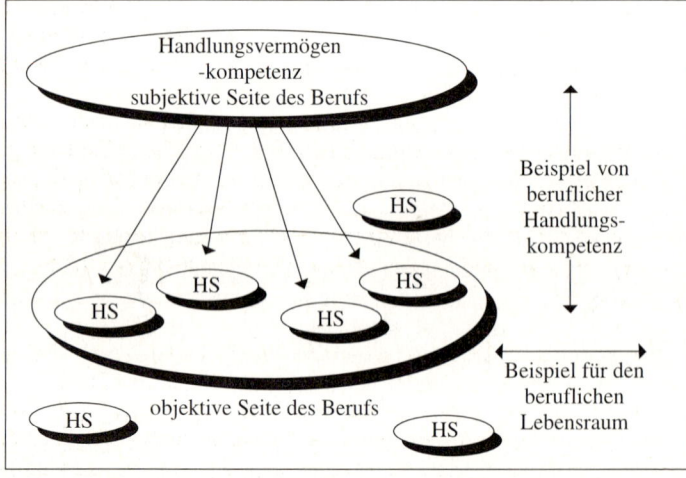

Abbildung B. 26: Die doppelseitige Exemplarität des Berufs

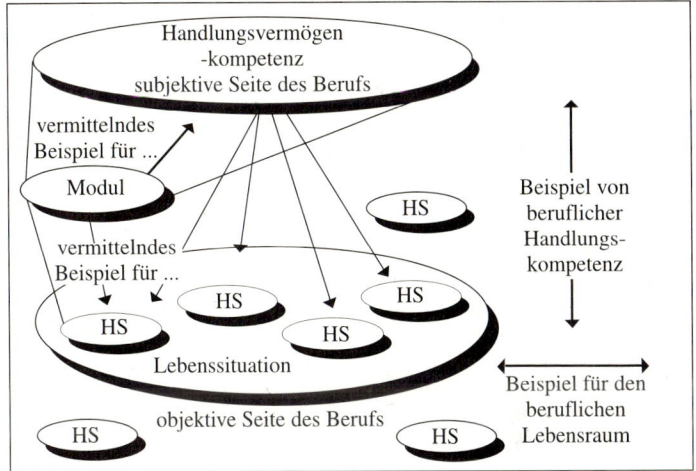

Abbildung B. 27: Module als vermittelnde Beispiele für Handlungskompetenz und für den beruflichen Wirkungsraum

Berufsbildung zielt auf die Aneignung der doppelseitigen Exemplarität. Module in der Berufsbildung sind didaktisch so aufzubereiten, dass sie es dem einzelnen Lerner ermöglichen, sich über Erfahrungen die Handlungskompetenz und den Wirkungsraum zu erschließen. Module müssen daher vermittelnde Beispiele für die beiden Seiten des Berufes sein. Sie haben i. d. S. eine erfahrungsleitende Funktion.

Im Grunde orientieren sich die Reformvorschläge an einer Reflexion des tradierten Berufsbegiffs. Die hier vorgestellten Überlegungen zum Berufsbegriff haben wir auch in den vorhergehenden Kapiteln (vgl. z. B. A.4.2) eingearbeitet. Nebenbei bemerkt: ein Gedankengang entwickelt sich nicht linear, vielmehr führen neue Ideen dazu, vorhergehende Überlegungen zu korrigieren oder zu erweitern.

Zwischenspiel [7]

Die Berufsbildung wird in berufliche Aus- und berufliche Weiterbildung differenziert. Auf den ersten Blick scheint das eine einfache und pragmatische Unterscheidung zu sein: die Erstausbildung stellt gleichsam das Fundament dar, auf dem die Weiterbildung aufsetzt. Hintergründig verbirgt sich hinter dieser Unterscheidung auch eine grundlegende bildungspolitische Differenz. Die Erstausbildung wird viel stärker normiert als die Weiterbildung.

Für die berufliche Erstausbildung hat sich ein hochkomplexes Abstimmungsverfahren entwickelt. Auf der Grundlage dieses Verfahrens entscheiden die gesellschaftichen Gruppen über Ziele, Themen und Organisation der beruflichen Ausbildung. Es etabliert sich so ein mehrheitsfähiges und auf breiter Basis getragenes Ausbildungssystem, welches sich jedoch nur langsam wandeln kann. Demgegenüber ist die berufliche Weiterbildung viel weniger normiert. Hier gibt es vom Grundsatz her viel mehr Möglichkeiten einer flexiblen Anpassung von Bildungsmaßnahmen, die insbesondere im Bereich der betrieblichen Bildungsarbeit genutzt werden kann. Einschränkungen gibt es lediglich im subventionierten Weiterbildungsbereich, und zwar immer dann, wenn nicht-marktkonforme Mechanismen wirken.

So ist auch der pädagogische Anspruch in der Berufsausbildung nicht selbstverständlich. Genaugenommen muss man einen solchen Anspruch als normatives Anliegen begreifen, der nicht zwingend in der Berufsbildungspraxis geteilt wird.

Es ist sehr interessant, dies in einem historischen Zusammenhang zu sehen. Dies soll hier sehr pointiert erfolgen. Generell haben wir die historische Perspektive – wiederum aus Raum- und Darstellungsgründen – ausgeblendet. Und wieder können wir den Leser nur auffordern, sich diesen Bereich selbständig zu erschließen:

Berufliche Bildung ist u. E. so alt wie die menschliche Kultur. Alfons DÖRSCHEL[68] veröffentlichte 1972 eine Geschichte der Erziehung im Wandel von Gesellschaft und Wirschaft, in der er aufzeigte, wie die sozialökonomischen Bedingungen in die Erziehung hineinwirken. Die berufliche Ausbildung entwickelt sich historisch als eine betriebliche Unterweisung in anfänglich handwerklichen und kaufmännischen und später in industriellen Arbeitsprozessen. Das Lernen in den Kontoren und Werkstätten folgte dem Imitatio-Prinzip. Es ist weniger eine systematisch geplante Weitergabe des Berufswissens an die nachwachsende Generation.

---

[68] Vgl. DÖRSCHEL 1972.

So bleibt dann die Berufsausbildung auch der erziehungswissenschaftlichen Reflexion der Modernen verschlossen. Erziehung wird, insbesondere seit der Goethe-Zeit über einen pädagogischen Schonraum definiert, der gleichsam Voraussetzung ist für eine Förderung des Individuums. In der Folge kommt es dann zur Trennung von allgemeiner und beruflicher Bildung. Hierzu einige Zitate:

> „Es gibt nur zwei Arten von Schulen: Erziehungsschulen und Berufsschulen; und das unterscheidende Merkmal der ersten ist, daß sie sich ausschließlich mit Menschenbildung bechäftigt." (Friedrich Immanuel Niethammer, 1766–1848, Theologe und Philosoph in Jena)
>
> „Für diejenigen nun, welche a) zu alt, b) zu einseitig fähig, c) willkürlicherweise nur zum Erlernen bestimmter Künste und Wissenschaften bestimmt sind, muß es Berufsschulen geben. Diese setzen wir hier beiseite, sie sind außerhalb der pädagogischen Sphäre." (Johann Friedrich Herbart, 1776–1841, bedeutender Pädagoge des 18. Jahrhunderts)
>
> „Jeder ist offenbar nur dann ein guter Handwerker, Kaufmann, Soldat und Geschäftsmann, wenn er an sich und ohne Hinsicht auf seinen besonderen Beruf ein guter, anständiger, seinem Stande nach aufgeklärter Mensch und Bürger ist. [...] die Section des öffentlichen Unterrichts läßt daher [...] die Spezial-Schulen für Handwerker, Kaufleute, Künstler u.s.f. überall dem allgemeinen Unterricht nachfolgen und hütet sich, die Berufsausbildung mit der allgemeinen zu vermischen. [...] Was das Bedürfnis des Lebens oder eines einzelnen seiner Gewerbe erheischt, muß abgesondert und nach vollendetem allgemeinen Unterricht erworben werden. Wird beides vermischt, so wird die Bildung unrein, und man erhält weder vollständige Menschen, noch vollständige Bürger einzelner Klassen." (Wilhelm von Humboldt, 1767 – 1835, Reformer, Universalgenie)

Was sich hier offenbart, ist das sogenannte Humboldtsche Bildungsideal. Dieses Ideal wendet sich letztlich gegen die erzieherische bzw. bildende Funktion beruflicher Ausbildung. Eine wesentliche historische Wirkung dieses Gedankens war und ist z. T. die Ausgrenzung der beruflichen Bildung aus dem Kontext von Erziehungspraxis und Erziehungswissenschaft. Wir haben in Teil A dargelegt, wie sich die Wirtschaftspädagogik als Wissenschaft in der Handelshochschule entwickelte und welchen Weg sie in die Erziehungswissenschaft nahm. Dies ist eine Entwicklung, die sich in diesem, dem 20. Jahrhundert, vollzog. Die wissenschaftsdisziplinäre Etablierung der Wirtschaftspädagogik kann dabei eigentlich nicht losgelöst werden von der Entwicklung der Berufsbildung.

So bringt das 20. Jahrhundert in Deutschland auch die Etablierung der dualen Berufsausbildung[69]. Es finden sich zwar bereits im 18. Jahrhundert Fortbildungsschulen, deren Ziel es war, eine Erziehung zur Industriösität zu leisten. Die eigentliche Ausformung dualer Berufsausbildung fand jedoch erst seit den 20er Jahren dieses Jahrhunderts statt. Zu Beginn des Jahrhunderts war dabei das Hauptmotiv, für die industrielle Wirtschaft geeignete Facharbeiter auszubilden. Ein homogenes duales Ausbildungssystem entstand dann in den 30er Jahren, zur Zeit der nationalsozialistischen Herrschaft, welches gekennzeichnet war durch eine Vereinheitlichung des bis dahin zersplitterten Berufsschulwesens, einheitliche Berufsbezeichnungen, Berufschulpflicht, einheitliche Lehrpläne für den betrieblichen und schulischen Bereich usw.

Die Berufsausbildung bleibt dabei – so eine Feststellung von Wolf-Dieter GREINERT[70] – ‚Angelegenheit der Wirtschaft‘. Eine kontinuierliche Veränderung tritt erst mit der Verabschiedung des Berufsbildungsgesetzes im Jahr 1969 ein. Es etabliert sich damit das komplexe Regelwerk, welches wir versucht haben in diesem Kapitel B.2 darzustellen.

Die Berufsausbildung steht in der Verantwortung der Sozialpartner. Diese handeln in einem politischen Diskurs aus, wie die berufliche Ausbildung gestaltet werden soll. Von Seiten des Staates werden die Spiel- sprich Verhandlungsregeln festgelegt. Dies bindet die Berufsausbildung unmittelbar an die gesellschaftlichen Kräfte, die die soziale, ökonomische und technische Entwicklung in unserem Gesellschaftssystem maßgeblich (mit-)gestalten. Strukturell ist die Berufsausbildung somit im Verantwortungsbereich der Wirtschaft geblieben. Doch sind die politischen und sozialen Strukturen der Wirtschaft heute anders als sie vor hundert Jahren waren. „Wirtschaft" darf dabei auf keinen Fall gleichgesetzt werden mit einer althergebrachten politischen Denkfigur wie „Kapitalimus". Im Wirtschaftssystem des ausgehenden 20. Jahrhunderts bestimmt sich die wirtschaftliche Macht nicht (ausschließlich) über Kapitalsanteile. Leitende Angestellte und Gewerkschaften sind gleichfalls zentrale Akteure im wirtschaftlichen Geschehen. Die politischen Gestaltungsmöglichkeiten versuchten wir in diesem Kapitel aufzuzeigen.

---

[69] Vgl. hierzu GREINERT 1995, 26 ff.
[70] Vgl. GREINERT 1995, 29.

Hierzu bleibt festzuhalten, dass die Wirtschaftspädagogik als Wissenschaft diese Zusammenhänge zumindest beschreiben und kommentieren muss; ggf. ist es denkbar, Empfehlungen auszusprechen. Die wissenschaftlichen Erkenntnisse zu diesen bildungspolitischen Zusammenhängen dienen dem wirtschaftspädagogischen Praktiker als Orientierungsrahmen für seine Arbeit. Mit anderen Worten: Wir haben versucht, solche Dinge zu thematisieren, die die Akteure des Teils A berücksichtigen und bewältigen müssen.

Die Frage, die abschließend bleibt, lautet daher: Wer definiert das pädagogische Anliegen und wer setzt es durch? Es kann ein Anliegen der Praxis sein, welches wir in der Wissenschaft beschreiben. – Hat die Praxis und haben die dort agierenden Interessensvertreter ein solches Anliegen? Oder ist der pädagogische Anspruch etwas, was von der Wirtschaftspädagogik als Wissenschaft ausgeht? Handelt es sich um ein Angebot der Wissenschaft an die Praxis, die berufliche Bildung in einer ganz besonderen Art und Weise zu sehen?

Diese Fragen weisen auf einen neuen Zusammenhang: Es geht uns um das Verhältnis von Wissenschaft und Praxis. Im letztem Kapitel haben wir versucht, die bildungspolitischen Mechanismen der Praxis zu beschreiben. Die Berufsbildungspraxis muss nicht automatisch eine pädagogische Praxis sein. Berufsbildung ist immer auch ein ökonomisches Instrument. Und vielleicht hat der äußerst knappe historische Hinweis auch deutlich gemacht, dass diese ökonomische Dimension vielfach sogar ausschlaggebend für die Entwicklung und für die Bewertung beruflicher Bildung war und ist.

Wenn wir nun als Wissenschaftler diese bildungspolitischen Mechanismen untersuchen, um sie zu erklären und zu verstehen, so beschäftigt uns durchaus auch, ob wir lediglich aufzeigen sollen, wie das System funktioniert oder ob wir es einer pädagogischen Bewertung unterziehen sollten. Für diese Bewertung würden wir dann pädagogische Kriterien benötigen.

Diese Überlegungen führen unmittelbar zum dritten Teil unserer Einführung. Es geht um die Frage, wie die Wirtschaftspädagogik als Wissenschaft die Berufsbildungspraxis erforscht. Mit welcher Zielsetzung, mit welchen Ansprüchen, mit welchen Methoden untersucht man Praxis. Und welche Konsequenzen kann man aus Forschungsergebnissen ziehen?

Auf den bisherigen Text bezogen geht es um die Frage, wie wir als Autoren überhaupt zu den bisher gemachten Aussagen gelangen

konnten. An Sie als zukünftige wissenschaftlich geschulte Wirtschaftspädagogen lautet die Frage: Wie wollen Sie die Berufsbildungspraxis heute und in Zukunft wissenschaftlich beschreiben
und analysieren und wie sollte auf der Grundlage dieser Erkenntnisse praktisch gehandelt werden?

C Wirtschaftspädagogische Forschung

In diesem abschließenden Teil wollen wir uns mit wirtschaftspädagogischer Forschung beschäftigen. Es geht darum, wie wissenschaftliche Erkenntnisse gewonnen und in der Praxis umgesetzt werden können und sollen. Wir sprechen hierbei von einer wirtschaftspädagogischen Forschungspraxis. „Praxis" kann man durchaus i. S. von „Anwendung" definieren. So ist – bezogen auf die Überlegungen in Teil B – die Berufsbildung eine Form der Anwendung oder auch Umsetzung von Berufsbildungstheorie. „Theorie" versteht sich dann als Ergebnis der Reflexion von Praxis. I. d. S. beschreiben Theorien die Praxis. Man kann sie aber auch als Orientierungshilfe oder Empfehlung auffassen. Auf diese Weise hat die Theorie dann eine praxis- bzw. handlungsleitende Funktion.

Diese Vorstellung von Theorie und Praxis beziehen wir nun nicht nur auf das Verhältnis von wirtschaftspädagogischer Theorie und Praxis, sondern auch auf das von Forschungspraxis und Forschungstheorie, so dass man – entsprechend den Überlegungen in A.2 – von folgendem Zusammenhang ausgehen kann:

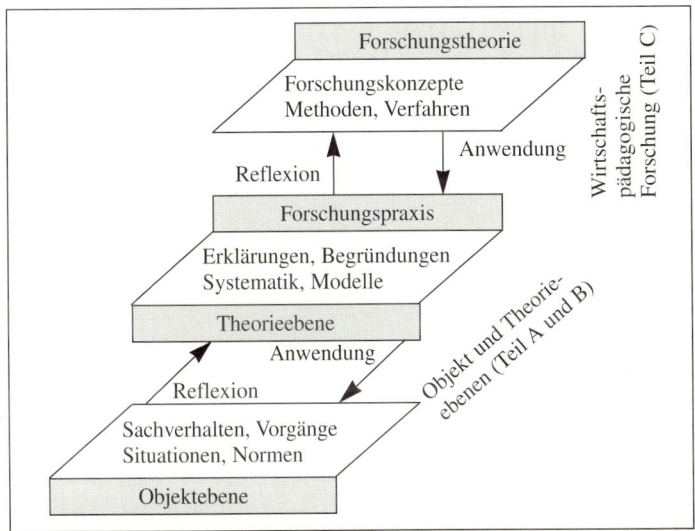

Abbildung C. 1.: Forschungspraxis und Forschungstheorie

Die Praxis von Wissenschaft ist die Forschung. Diese Praxis zeigt sich in den Verfahrensweisen, die von Wissenschaftlern und Wissenschaftlerinnen eingesetzt werden, um Theorien zu gewinnen. Wir werden daher im nächsten Kapitel diese Forschungspraxis anhand einiger Beispiele darstellen, die wir anschließend systematisieren wollen (Kapitel C.1). Es ist unser Ziel, die Besonderheiten und Schwierigkeiten wirtschaftspädagogischer Forschung herauszuarbeiten. Mit diesen muss sich jeder auseinandersetzen, der wissenschaftlich arbeiten will. Somit geht es zweitens um die theoretische Reflexion von Forschung, also um eine Theorie der wirtschaftspädagogischen Forschung. Es handelt sich dabei um sogenannte wissenschaftstheoretische Fragen, die in Kapitel C.2 behandelt werden sollen. Die wirtschaftspädagogische Forschung führt zu Theorien. Wir wollen abschließend ausarbeiten, wie und in welcher Form diese Theorien in die wirtschaftspädagogische Praxis Eingang finden können. So fragen wir dann auch in Kapitel C.3 nach der Umsetzung von wirtschaftspädagogischen Theorien im Alltag der Berufsbildung.

C.1 Wirtschaftspädagogische Forschungspraxis

C.1.1 Kommentierte Forschungsbeispiele

Es sollen zunächst einige Beispiele für Forschungsarbeiten kommentierend eingeführt werden. Diese Geschichten sind narrativ, d. h. wir versuchen die Vorgehensweisen von einzelnen Forschern und Forscherinnen aus deren forschungspraktischen Überlegungen und Problemstellungen heraus zu schildern. Wir werden auch einige wenige Dinge kommentierend hervorheben, die wir im Anschluss in einer Synopse zusammenstellen werden. Die theoretischen Analysen werden dann in den nächsten beiden Kapiteln vorgenommen.

Jan F.: Befragung von Berufsschullehrern

Jan F. will eine Diplomarbeit über Weiterbildungsmotive von Berufsschullehrern schreiben. Er hat einige Aufsätze zum Weiterbildungsverhalten dieser Gruppe gelesen. Sein Eindruck ist, dass die Lehrer an berufsbildenden Schulen in erster Linie ein fachliches Interesse an Fortbildung haben. Im Rahmen einer theoretischen Orientierung beschäftigt er sich mit Motivationstheorien und entwickelt ein Modell, um Bildungsmotive zu erfassen. Dieses Modell berücksichtigt einzelne Motivkomplexe wie Herkunft, Studium, Berufsausbildung (Komplex 1), persönliche Interessen und Neigungen (Komplex 2), berufliche Aufstiegsmöglichkeiten (Komplex 3), berufliches Umfeld und Anforderungen in der beruflichen Situation (Komplex 4) sowie mögliche Wechselwirkungen zwischen diesen Komplexen. Jeder der Komplexe ist noch binnendifferenziert, so umfaßt der Komplex 4 Aspekte wie Schulorganisation, Beziehung zum Kollegium, Zielgruppe, Betriebskontakte, Kommissionsarbeit usw. Jan F. will dieses Motivationsmodell über eine schriftliche Befragung prüfen. Hierfür entwickelt er einen Fragebogen, den er bei fünf berufsbildenden Schulen einsetzt. In diesen Fragebögen sollen die Lehrkräfte die Bedeutung einzelner Komplexe und ihrer Teilkomponenten einschätzen. Ein zweiter Fragenkomplex bezieht sich auf mögliche Weiterbildungsthemen. Die befragten Lehrer sollen die Bedeutung von ausgewählten Themen für ihre Arbeit beurteilen. Die konkreten Themen hat Jan F. sich über die Analyse der entsprechenden Bildungsangebote eines

Landesinstituts für Lehrerbildung erarbeitet. Daneben stellt er einige Fragen zur Schule, in denen der befragte Lehrer unterrichtet, zu den Klassen, in denen er eingesetzt ist, sowie zu biographischen Merkmalen (Alter, Geschlecht, Wohnort etc.).

Die statistische Auswertung ergibt erste Hinweise zur Weiterbildungsmotivation. So kann Jan F. etwas über die Motivationskomplexe sowie den Zusammenhang zwischen einzelnen Komplexen aussagen. Gegebenenfalls ergeben sich typische Motivationsstrukturen. Außerdem ist es möglich, die jeweilige Motivationsstruktur mit biographischen Merkmalen oder mit Merkmalen der jeweiligen Schule in Verbindung zu bringen. Interessant ist sicherlich auch der Zusammenhang zwischen der Einschätzung einzelner Weiterbildungsangebote und der Motivationsstruktur.

Der Ertrag einer solchen Arbeit liegt u. a. in der Verbesserung eines Weiterbildungsangebots für Berufsschullehrer. Man kann also sagen, dass Jan F. Wissen gewinnt, welches für die Weiterbildung im Berufsschulbereich von Bedeutung ist. Dieses Wissen ist gestützt auf die Befragung der Betroffenen. Vom Grundsatz her gibt es zwei Möglichkeiten, wie Jan F. mit dieser Informationsquelle umgeht. Er kann auf der einen Seite versuchen, die Erfahrungen der Berufsschullehrer zu ermitteln, um diese dann zu verallgemeinern. Dies wäre ein induktives Vorgehen, welches explorativ, d. h. erkundend ist. Auf der anderen Seite könnte er, von einer theoretischen Position ausgehend, Hypothesen formulieren, die er zu überprüfen versucht. Dieses Vorgehen ist deduktiv. Er verallgemeinert nicht die Befragungsergebnisse, sondern er versucht, über die Befragung eine Vermutung zu bestätigen (Verifikation) oder zu widerlegen (Falsifikation). Die Falsifikation einer Hypothese ist wiederum wissenschaftlich gesehen besonders aussagekräftig, weil sie Hinweise auf die Verbesserung einer Theorie liefert. Würde beispielsweise Jan F. aufgrund der von ihm entwickelten Theorie einer Motivationsstruktur eine Hypothese über das Weiterbildungsverhalten der Berufsschullehrer aufstellen, so wäre die Widerlegung dieser Hypothese ein guter Hinweis zur Verbesserung der Theorie. So könnte er im Idealfall die Motivationskomplexe und ihre Binnendifferenzierung durchdenken, um zu einer besseren Theorie zu kommen. Diese verbesserte Struktur wäre dann wiederum in einer neuen empirischen Studie zu überprüfen. Auf diese Weise kommt es zu einer stetigen Verbesserung der Theorie.

Wir werden diese letzte Variante von Jan F.'s Vorgehen als empirisch-analytisches Konzept bezeichnen. Es ist ein Beispiel für ein rationales Forschungsprogramm.

Patrick D.: Evaluation eines Unterrichtsexperiments

Der Doktorand Patrick D. möchte untersuchen, ob der fächerüber-greifende Unterricht zu besseren Lernergebnissen führt als der her-kömmliche Fachunterricht. Er hat die Möglichkeit, dies in einem Pro-jekt an einem Universitätsinstitut zu untersuchen. In diesem Projekt wird ein didaktisches Konzept für den fächerübergreifenden Unter-richt entwickelt, welches neben einem neuen Lehrplan auch Materia-lien für den Unterricht enthält. Patrick D. beobachtet die Umsetzung dieses Konzepts in einer Klasse von Industriekaufleuten und parallel dazu den herkömmlichen Unterricht in einer Kontrollklasse. Für die Beobachtung entwickelt er einen Beobachtungs- und Dokumentati-onsleitfaden. Es geht ihm darum, die im Unterricht ablaufenden Pro-zesse festzuhalten. Patrick D. begreift die beiden Unterrichtsmaßnah-men, Normalmaßnahme und fächerübergreifende Maßnahme, als Mittel, um bestimmte Lernergebnisse zu erzielen. Den Erfolg einer Maßnahme kann man seines Erachtens daher über den Lernerfolg der Schüler bestimmen. Daher entwickelt er für beide Klassen ein Test-verfahren. Mit diesem Verfahren misst er das Wissen der jeweiligen Schüler vor und nach dem Unterrichtsexperiment. Durch den Ver-gleich von Vor- und Nachwissen erhofft er sich Aussagen über den Lernfortschritt der Schüler. Durch den Vergleich von Lernfortschrit-ten zwischen den Maßnahmen will er dann erste Hinweise bekom-men, ob der fächerübergreifende Unterricht tatsächlich zu besseren Ergebnissen führt als der herkömmliche Unterricht.

Auch Patrick D.'s Konzept ist empirisch angelegt; auch hier kann eine deduktive Struktur angenommen werden. So lässt sich das neue fächerübergreifende Konzept durchaus als eine Hypothese begreifen, und zwar in der Hinsicht, dass man vermutet, mit diesem Konzept zu besseren Lernergebnissen beitragen zu können. Die Evaluation des Ansatzes kann diese Vermutung bestätigen oder widerlegen. Diese Informationen erhält man schon durch den Vergleich der Lernfort-schritte, also über das von Patrick D. entwickelte Testverfahren. Da-neben führt er aber auch eine Verlaufsevaluation durch, indem er eine teilnehmende Beobachtung vornimmt. Dies ist eine Forschungsme-thode, bei der sich der Forscher an der Lebenssituation, die er unter-suchen will, beteiligt. Auch wenn Patrick D. versucht, im Unterricht nicht aufzufallen, so wird er doch durch seine Anwesenheit immer auch das Unterrichtsgeschehen beeinflussen. Dies ist in gewisser Weise ein Nachteil, weil es zu ungewollten Interventionen kommt. Der Vorteil dieser Prozessbeobachtung besteht aber darin, dass man

Hinweise auf die konkrete Umsetzung des Konzeptes bekommt. So ist dann auch feststellbar, ob es Besonderheiten im fächerübergreifenden Unterricht gibt, die sich ggf. nicht auf den gemessenen Lernerfolg ausweisen. Hieraus können wiederum Hinweise erwachsen, ob der gemessene Lernerfolg wirklich ausreichend ist, um die Möglichkeiten des fächerübergreifenden Unterrichts richtig einzuschätzen.

Jennifer L.: Selbstorganisierte Weiterbildung von Ausbildern

Jennifer L. arbeitet in einer Forschergruppe, die vom Bundesinstitut für Berufsbildung den Auftrag bekommen hat, für die selbstgesteuerte Weiterbildung von Ausbildern ein Konzept zu entwickeln. Diese Entwicklungsarbeit soll in Kooperation mit einem Bildungswerk der Versicherungswirtschaft durchgeführt werden. Es ist vorgesehen, ein Forschung-durch-Entwicklung-Projekt (FdE-Projekt) zu realisieren. Bei einem solchen Ansatz wird eine konkrete Maßnahme gleichzeitig entwickelt und erprobt. Die Forschergruppe ist unmittelbar beteiligt, indem sie beratend tätig wird. Jennifer L. betreut in diesem Gesamtkontext ein Teilvorhaben. Ihre Aufgabe ist es, die biographischen Hintergründe der Ausbilder aufzuarbeiten. Es soll festgestellt werden, in welcher Form sich der einzelne Ausbilder in eine selbstorganisierte Weiterbildung einbringen kann und will.

In dem Bildungswerk sind sechs Ausbilder hauptberuflich und 12 nebenberuflich beschäftigt. Jennifer L. hat vor, mit zwei hauptberuflichen und einem nebenberuflichen Ausbildern jeweils ein offenes Interview durchzuführen. Für diesen Zweck entwickelt sie einen Interviewleitfaden. Ihr Bestreben ist es, die Ausbilder zu motivieren, frei und offen von ihrer Arbeit zu erzählen. Sie erhofft sich, so ein authentisches und facettenreiches Bild des subjektiven Lebensraums der Ausbilder zu erhalten. Damit ist eine theoretische Position verbunden: Jennifer L. geht davon aus, dass jeder Mensch sein soziales Umfeld aufgrund seiner Erfahrungen subjektiv wahrnimmt und interpretiert. Es gibt deshalb keine gemeinsame und verbindliche Realität, sondern immer nur individuelle Interpretationen. Diese sind aber diskutierbar und können von daher aufgedeckt und besprochen werden. Die Fragen von Jennifer L. sollen das Gespräch aber nicht nur in Richtung auf die jetzt erlebte Wirklichkeit lenken, sondern auch die vergangenen Erfahrungen der Ausbilder berücksichtigen.

Die Gespräche dauern i. d. R. 90 - 120 Minuten. Jennifer L. bekommt von den Interviewpartnern die Erlaubnis, einen Tonbandmitschnitt zu machen. Der Mitschnitt wird transkribiert, d. h. es entsteht ein wörtliches Typoskript. Dieses Typoskript wird nun in einer Forschergruppe interpretiert. Man spricht von einer Textinterpretation. Die Gruppe befolgt hierbei Interpretationsregeln. Zu ihnen gehören u. a.: Die von den Befragten benutzten zentralen Begriffe müssen über die Aussagen der Befragten definiert werden; die Interpreten müssen darum die Perspektive der Befragten im Text aufsuchen. Es findet eine extensive Auslegung des Textes statt – die Interpreten assoziieren und versuchen, möglichst viele Interpretationsvarianten zu finden. Die Interpreten transzendieren vom Text, d. h. sie interpretieren den Text mit Hilfe von Theorien. Ziel der gesamten Vorgehensweise ist die Schaffung eines typischen Falls bzw. eines typischen Beispiels.

Es handelt sich hier um ein sogenanntes qualitatives Forschungsverfahren. In diesem besonderen Fall ist sowohl die Datenerhebung (offene Interviews) als auch die Datenauswertung (Interpretation) qualitativ. Insbesondere die Generierung des typischen Falls bedient sich dabei der Objektiven Hermeneutik.

Der Ertrag einer solchen Vorgehensweise liegt in der damit möglichen exemplarischen und vertieften Auseinandersetzung mit einer typischen Lebenssituation. Man gewinnt Hinweise über subjektive Bedeutungsmuster der Ausbilder. Solche Befunde sind besonders fruchtbar im Zusammenhang mit Entwicklungs- und Erprobungsverfahren.

Hannah S.: Entwicklung der Berufsbildung von 1933 bis in die Nachkriegszeit

Die Doktorandin Hannah S. will die Entwicklung der Berufsbildung in den Jahren zwischen 1933 und 1945 und ihre Weiterführung im Nachkriegsdeutschland untersuchen. Sie arbeitet dazu die bildungstheoretischen Konzepte, die schon vor 1933 entstanden sind, auf und zeichnet u. a. nach, wie sie in die politische Diskussion nach 1933 Eingang fanden. Großen Wert legt sie dabei auf die sprachliche Ausgestaltung der Konzepte. Ihr Ziel ist es darzulegen, wie berufs- und wirtschaftspädagogische Ansätze von den Herrschenden einerseits übernommen und wie sie andererseits von den Vertretern der Disziplin gleichsam vorausgreifend angepasst wurden. Sie verfolgt diesen Prozess bis in die Nachkriegszeit hinein. Dabei will sie untersuchen, wie die Anpassung nach dem zweiten Weltkrieg stattfand.

In ihrem Forschungsdesign greift Hannah S. zum einen auf die berufspädagogischen Primärquellen sowie auf die Rezeption dieser Quellen in den jeweiligen zeitlichen Kontexten, Weimarer Republik, Hitlerdeutschland und Nachkriegsdeutschland, zurück. Außerdem arbeitet sie über weitere historische Dokumente (Literatur, Film, Malerei, Theater, Zeitschriften usw.) den Zeitgeist in den Epochen auf. Dies dient dazu, die Sprache und das Lebensgefühl der Kontexte zu erfassen. Auf diese Weise entwickelt sie ein Profil, welches sie nutzen kann, um die Veränderungen bzw. Akzentsetzungen in den Betrachtungszeiträumen zu verstehen. Hannah S. gewinnt ihre Informationen über eine hermeneutische Auslegung von Kulturdenkmälern bzw. historischen Dokumenten. Hierbei wird über ein Nachempfinden versucht, den historischen Kontext zu erfassen.

Es ist Hannah S.'s Anliegen, die politischen Implikationen von Berufsbildungstheorien aufzuarbeiten. Dies ist ein ideologiekritischer Ansatz. Sie will zeigen, dass diese Theorien den historischen Kontext widerspiegeln. Außerdem kann sie evtl. herausarbeiten, ob und in welchem Umfang die Berufsbildungskonzepte sich auf die jeweiligen politischen Kontexte bewusst eingelassen haben.

Es handelt sich um eine Forschungsarbeit zur historischen Berufsbildungsforschung. Der Ertrag einer solchen Forschungsarbeit liegt beispielsweise in Hinweisen über die ideologische Vermischung von Politik und Wissenschaft, und zwar konkret auf die Frage der Berufsbildungstheorie bezogen. Dies wäre nicht nur ein Beitrag zur Vergangenheitsbewältigung der Wirtschaftspädagogik, sondern auch ein Beispiel für die politische Verankerung von Berufsbildung, welches dann helfen könnte, den Blick für solche Zusammenhänge zu schärfen.

Tandem GmbH: Organisationsentwicklung

Ulrich B. und Jörg D. sind zwei Diplom-Handelslehrer, die die Tandem GmbH gegründet haben. Die Zielsetzung dieses Unternehmens ist die Verbesserung der Qualität betrieblicher Arbeit. Die beiden Gesellschafter verstehen sich als wissenschaftliche Berater. Zur Zeit haben sie den Auftrag übernommen, ein mittelständisches Unternehmen bei der Umorganisation des Produktionsbereichs zu unterstützen: es handelt sich um ein Unternehmen, welches Elektrozubehör in Großserien herstellt. Es sind hauptsächlich angelernte Kräfte beschäftigt. Da der Absatzmarkt es zusehends erforderlich macht, die angebotenen Produkte zu diversifizieren und man außerdem als Anbieter in der Lage sein muss, flexibel auf Kundenwünsche zu reagieren (Sonderanfertigungen in kleiner Stückzahl u. ä.), ist es dringend erforderlich, die Produktion auf flexible Fertigungssysteme umzustellen. Diese Umstellung soll bei ‚laufendem Betrieb' erfolgen.

Die Tandem GmbH nimmt eine Analyse der zukünftigen Arbeitsplätze vor. Über eine Befragung der Belegschaft wird außerdem der Ist-Stand an Qualifikationen sowie die ‚Befindlichkeit' untersucht. Es werden parallel Arbeitskreise eingerichtet, an denen alle betrieblichen Gruppen beteiligt werden. In ausführlichen Gesprächen wird die notwendige Umorganisation diskutiert, und es werden gemeinsam die neuen Arbeitsanforderungen präzisiert (z. B. Arbeitsinseln statt Fließbandfertigung). Außerdem wird der Qualifizierungsbedarf in der Belegschaft bestimmt. Diese Arbeit ist dann die Basis für die Entwicklung eines Qualifizierungskonzepts. Es handelt sich um einen Multiplikatorenansatz. Die Belegschaft soll nicht auf eine externe Weiterbildung geschickt werden, sondern betriebsintern von speziell ausgebildeten Multiplikatoren qualifiziert werden. Die Multiplikatoren werden aus den Mitgliedern der Arbeitskreise rekrutiert und durch die Tandem GmbH auf die kommunikative Aufgabe vorbereitet. Die eigentliche Qualifizierung der Belegschaft erfolgt dann an den neu strukturierten Arbeitsplätzen, z. B. an den neuen Arbeitsinseln (training-on-the-job).

Dieses Beispiel ist sehr speziell und unterscheidet sich schon deutlich von den anderen. Es ist ein Beispiel für Forschungsarbeit außerhalb der Hochschule. Die Arbeit der Tandem GmbH zielt eigentlich nicht direkt auf Erkenntnisgewinnung oder Überprüfung von Konzepten oder Hypothesen. Vielmehr geht es um die Verbesserung der betrieblichen Praxis. Ein solcher Anspruch der Praxisverbesserung hat – genauso wie die obigen Beispiele – durchaus eine Tradition in den Sozialwissenschaften und somit auch in der Wirtschaftspädagogik. Unabhängig von dieser Zielsetzung kommen spezifische Methoden wie die Befragung oder der Arbeitskreis (workshop) als Forum für Konzeptentwicklung, Bedarfsermittlung u. ä. zur Anwendung. Eine Besonderheit ist darin zu sehen, dass die jeweiligen Ergebnisse immer auch in innerbetriebliche Aktionen umgesetzt werden.

Dieses Konzept ist typisch für die sogenannte Aktions- oder Handlungsforschung. Bei einem solchen Vorgehen werden Diskurse mit der Praxis geführt, die zur Planung von Aktionen führen, welche dann von Forschern, die i. d. R. den Status von Beratern haben, umgesetzt werden. Der Ertrag solcher Ansätze liegt eigentlich ausschließlich in der angestrebten Verbesserung der Praxis.

C.1.2 Synopse: Entwicklung wissenschafts-theoretischer Fragen

Die obigen Beispiele illustrieren mögliche Forschungsarbeiten. Wenn wir in einer ersten Übersicht zusammenstellen,

- was untersucht wurde (Problemstellung der Forschungsarbeit),
- welche Verfahren zur Informationsgewinnung und -auswertung eingesetzt wurden und
- welche Forschungserträge denkbar sind,

so kommen wir zu folgender Synopse:

Forscher/ Forscherin	Problem-stellung	Informations-gewinnung	Informations-verarbeitung	Forschungs-ertrag
Jan F.	Weiterbil-dungsmoti-vation von Berufsschul-lehrern	schriftliche Befragung	Hypothesen-überprüfung → Theorie-überprüfung	verbesserte Theorie Hinweise für die Lehrer-weiterbildung
Patrick D.	Evaluation fächerüber-greifenden Unterrichts	Teilnehmende Beobachtung (Prozessbeob-achtung) Test: Vergleich von Vorwissen und Nachwissen	Überprüfung eines Lehr-/ Lernkonzeptes Ermittlung von Prozessinfor-mationen → Konzept-überprüfung	verbessertes Konzept Hinweise für die Gestaltung von fächer-übergreifen-dem Unter-richt
Jennifer L.	Selbstge-steuerte Weiterbil-dung von Ausbildern	Qualitative Be-fragung (offene Interviews) Textproduktion	extensive Interpretation des Textes (Objektive Hermeneutik) → Theorie-entwicklung	Typische Beispiele subjektive Interpreta-tionsmuster der Ausbilder
Hannah S.	Historische Entwicklung der Berufs-bildung	Auslegung historischer Quellen	Ideologie-kritische Analyse der ermittelten Zusammen-hänge → Theorie-anwendung	Aufarbeitung historischer Ereignisse Erkenntnisse zur Verbindung von Politik, Wissenschaft und Berufsbil-dung

Forscher/ Forscherin	Problem -stellung	Informations- gewinnung	Informations- verarbeitung	Forschungs- ertrag
Tandem GmbH	Organi- sationsent- wicklung	Diskurs (Arbeitskreise) Arbeits- platzanalyse Befragungen	Planung und Durch- führung von Aktionen → Praxis- gestaltung	Verbesserung der betrieb- lichen Praxis

Abbildung C. 2: Synopse der Forschungsbeispiele

Gemeinsam in allen Beispielen ist die Orientierung an Problemstellungen. Diese sind ganz unterschiedlich. Auch geht es eigentlich immer um eine Informationserfassung und -auswertung. Hier finden sich dann im Detail wieder Unterschiede. So werden Informationen über schriftliche Befragungen, durch die Beobachtung von Interventionen (z. B. Unterrichtsexperimente), durch offene Interviews, durch den Diskurs in Arbeitskreisen, durch die Auslegung von historischen Dokumenten gewonnen. Die Auswertung der Informationen ist ebenfalls differenziert. Es werden Hypothesen und Konzepte überprüft, typische Beispiele entwickelt, historische Daten ideologiekritisch rekonstruiert usw. Die hier nur skizzierten differenzierten Methoden verdeutlichen, dass die wissenschaftliche Arbeit durch ganz unterschiedliche und auch sehr komplexe Forschungsprogramme gekennzeichnet ist. In solchen Programmen werden sehr verschiedene Problemstellungen mit jeweils wiederum verschiedenen Methoden bearbeitet. Der Anspruch der Forscher und Forscherinnen ist jeweils ein ganz anderer. So geht es zum Teil um Theorie- und Konzeptüberprüfung, zum Teil um Theorie- und Konzeptentwicklung, zum Teil um Theorieanwendung und zum Teil um Praxisgestaltung. Entsprechend sind auch die erzielten Ergebnisse, ist der wissenschaftliche Ertrag, unterschiedlich: einerseits wird ein theoretischer Nutzen, andererseits ein praktischer angestrebt.

Zudem kann man abschließend fragen, wie die einzelnen Akteure auf ihre Problemstellungen sowie auf ihre jeweilige Vorgehensweise gekommen sind. Welches Interesse lag hier vor? In Kapitel A.2 haben wir bereits auf den Aspekt des Denkstils respektive des Paradigmas hingewiesen. Hier stoßen wir nun wieder auf dieses Phänomen. In den Forschungsprogrammen drücken sich indirekt bestimmte bevorzugte Denkstile aus.

Man sieht, es gibt eine Vielzahl von Aspekten, die diesen Forschungsbeispielen immanent sind und über die nachzudenken lohnt. Das bedeutet aber auch, dass wir die Forschungsprogramme zum Ge-

genstand einer theoretischen Erörterung machen müssen. Begreifen
wir die Beispiele als Forschungspraxis, und das sind sie aus Sicht der
Akteure auch, so geht es nun um die Forschungstheorie. Man bezeichnet diese i. d. R. als Methodologie. Wir wollen die wissenschaftlichen
Hintergründe von Forschung als nächstes näher beleuchten.

Zwischenspiel [8]

In den Teilen A und B haben wir Aussagen zum Gegenstand der
Wirtschaftspädagogik gemacht. Man kann nun fragen, wie diese
überhaupt zustande kommen. Die Antwort ist zuerst einmal sehr
einfach: Sie sind das Ergebnis von Forschung. Doch dies provoziert eine neue Frage: Wie wird diese Forschung betrieben?
   Unseres Erachtens nach sind hier drei Teilaspekte relevant: Die
Entwicklung von Theorien, die Überprüfung bzw. Evaluation dieser Theorien sowie ihre Anwendung in der Praxis. Interessant sind
die Zusammenhänge zwischen diesen drei Aspekten:
   Entsprechend der obigen Abbildung wollen wir zwei Argumen-
tationsrichtungen unterscheiden:

(1) Entwicklung, Überprüfung, Anwendung: Es werden Hypothesen aufgestellt und überprüft. Dies führt zu vorläufig bestätigtem
Wissen, welches dann in der Praxis zur Anwendung kommen kann.

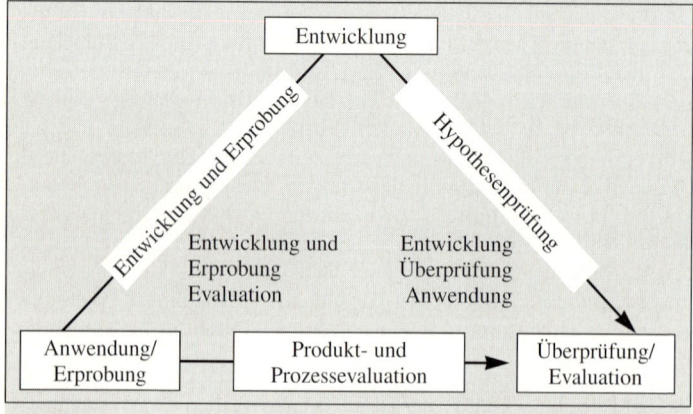

Abbildung C. 3: Theorieentwicklung, -anwendung und -überprüfung

(2) Entwicklung, Erprobung, Evaluation: Es werden Konzepte entwickelt, wobei dieser Entwicklungsvorgang nicht nur eine praxisferne Planung darstellt. Vielmehr wird das Konzept auch unmittelbar angewandt. Dies ist gewissermaßen ein experimentelles Vorgehen. Sowohl das Experiment in seinem Ablauf (Prozess) als auch das Ergebnis (Produkt) werden evaluiert.

Diese beiden Argumenationsrichtungen sind gegenläufig. Sie weisen aber trotzdem eine Gemeinsamkeit auf. Es geht in beiden Fällen darum, überprüfbares Wissen zu erzeugen.

C.2 Theorie der wirtschaftspädagogischen Forschung

Die Beispiele im vorhergehenden Kapitel machen hoffentlich eines sehr deutlich: Es gibt immer einen Forschungsprozess und ein Forschungsergebnis. Dies mag auf den ersten Blick trivial erscheinen, es ist aber von großer Bedeutung. Wir haben es nämlich in der Wissenschaft auf der einen Seite mit wissenschaftlichem Handeln und auf der anderen Seite mit sprachlich fixierten Ergebnissen (Theorien, Konzepte u. ä.) zu tun. So kann dann Wissenschaft einerseits als ein System von Aussagen, Konzepten, Modellen u. ä. aufgefasst werden, andererseits als ein soziales Unternehmen, welches genau diese sprachlichen Dinge produziert.

Es ist darum wichtig, dass wir den Unterschied zwischen wissenschaftlichem Handeln und dem Ergebnis dieses Handelns näher betrachten:

C.2.1 Theorie- und Handlungsebenen

Wissenschaftler und Wissenschaftlerinnen untersuchen – so haben wir bereits in A.2 festgehalten – bestimmte Objekte. Diese Objekte sind Bestandteil unserer alltäglichen Umwelt. Wir erfassen diese Gegenstände, ganz unabhängig von einer wissenschaftlichen Betrachtung, mit unserer Alltagssprache. Dies ist ein ganz wichtiger Ausgangspunkt. Wenn man in der Wissenschaft ein Objekt beschreiben will, so ist man gezwungen, diesen Gegenstand zu definieren. Wir geben Dingen Namen und aus den Namen bilden wir Begriffe. Für diese Begriffsbildung müssen wir wiederum auf andere Begriffe und Namen zurückgreifen. Wenn wir z. B. definieren: „Berufsausbildung ist in Deutschland als duale Berufsausbildung organisiert, so erläutern wir einen fixierten Begriff – den wir durch die Konnotationszeichen „…" kennzeichnen – mit Hilfe der Alltagssprache. Wir könnten weitergehend sofort fragen, was mit „dual" oder „Organisation" gemeint sein soll. Es geht also darum, sprachliche Festlegungen zu treffen. Wir bauen systematisch einen Sprachapparat auf. Es entsteht auf diese Weise eine Wissenschaftssprache, die wir für die Beschreibung oder Analyse der Wirklichkeit benötigen. Diese Fachsprache ist eine sogenannte Metasprache. Während die Alltagssprache, manchmal nennt man sie auch Objektsprache, die Objekte bezeichnet, sagt die Meta-Sprache etwas über die Objektsprache aus. Die Anführungszeichen deuten an, dass wir über den konnotierten Begriff sprechen.

Zusammenfassend kann festgehalten werden: Für die wissenschaftliche Untersuchung von Wirklichkeit müssen wir eine Fachsprache entwickeln, die letztlich über Alltagssprache hergeleitet wird. Mit dieser Sprache können wir dann den wissenschaftlichen Gegenstand beschreiben oder aber auch Empfehlungen über und für diesen Gegenstand aussprechen. Solche sprachlichen Äußerungen nennen wir Theorien und können daher wie folgt definieren:[1]

„Theorien" sind in Sprache gefasste Aussagen über/oder Empfehlungen für einen Ausschnitt der Wirklichkeit (Objektebene), die mit wissenschaftlichen Methoden, von anderen intersubjektiv nachvollziehbar, gewonnen werden.

In dieser Definition ist eine bestimmte Festlegung getroffen worden. Die Theorie wird mit Hilfe wissenschaftlicher Methoden gewonnen. Hiermit ist angedeutet, dass bestimmte Handlungen, Vorgehensweisen und Programme notwendig sind, um zu Theorien zu gelangen. Es gibt einen systematischen, einen methodischen Weg der Theoriebildung. In Anlehnung an Hans ALBERT[2] gehen wir von einem rationalen Handeln der Forscher und Forscherinnen aus. Wissenschaft betreibt in einem solchen Verständnis immer eine rationale Problemlösung. Für den Theoriebegriff bedeutet dies wiederum, dass Theorien als sprachliche Produkte Antwort auf spezifische Probleme oder Fragestellungen geben. Diese Probleme oder Fragen sind gleichsam das Motiv, um Theorien zu bilden. Wir orientieren uns hierbei an Karl R. POPPER[3]: „Die Erkenntnis beginnt nicht mit der Wahrnehmung oder Beobachtung oder Sammlung von Daten oder Tatsachen, sondern sie beginnt mit Problemen." Die Theoriebildung beginnt also mit einer subjektiven Problemdefinition. Die Methode, das Vorgehen, ist dann der Versuch einer rationalen Problemlösung. Auch dies können wir definieren:

„Methode" soll jene Vorgehensweise bei der Entwicklung von Theorien genannt werden, die problemangemessen und nachvollziehbar ist.

In dieser Definition wird etwas über einen Begriff der Theorieebene gesagt. Die Methode ist der systematische Weg der Theoriebil-

---

[1] Vgl. hierzu und den nachfolgenden Ausführungen SLOANE 1992, S. 38-43.
[2] Vgl. ALBERT 1982.
[3] POPPER 1970, S. 104.

dung. Aussagen über oder Empfehlungen für die Methode sind daher Meta-Theorien. Man könnte auch von einer Methodentheorie oder Methodologie sprechen. Solche Methodologien sind selbst das Ergebnis einer systematischen und problemorientierten Auseinandersetzung, bei der u. a. festgelegt wird, welchen Ansprüchen eine wissenschaftliche Methode zu genügen habe.

Dieser semantische Stufenaufbau lässt sich über die Unterscheidung in (0) Objektebene, (1) Objekttheorie, (2) Meta-Theorie und (3) Meta-Meta-Theorie darstellen:

In dem Bild wird auf jeder Ebene zwischen Handeln (Prozess) und Sprache (Struktur) unterschieden. Hier findet sich ein Dualismus von Denkergebnis (Sprache) und Denkvorgang (-prozess), der bereits von Imanuel KANT zu Grunde gelegt wurde. Wir werden weiter unten noch einmal ausführlicher darauf eingehen. Methode und Theorie sind daher i. S. von Denken und Gedachtem, Entwicklungsprozess und Entwicklungsergebnis untrennbar miteinander verbunden. Es ist der besondere Anspruch von Wissenschaftlichkeit, den Versuch zu unternehmen, nicht nur Lösungsergebnisse, sondern auch den Weg dorthin, also den Denk- oder Entwicklungsvorgang, transparent ma-

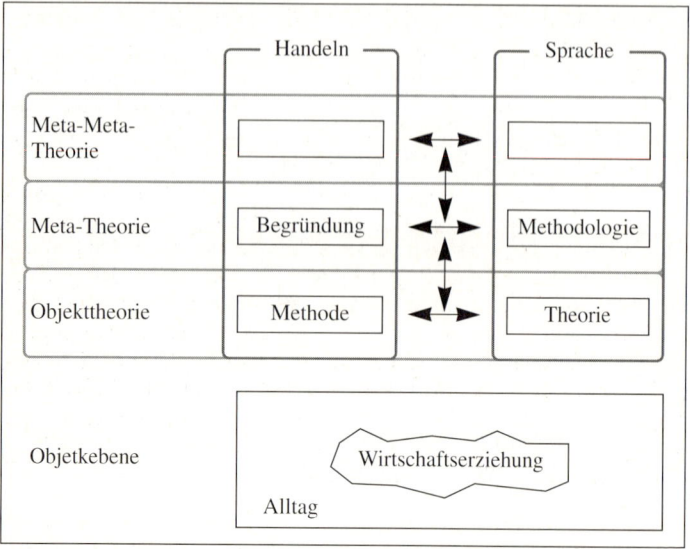

Abbildung C. 4: Theorie- und Handlungsebenen

chen zu wollen. Auf diese Weise wird die Theoriebildung intersubjektiv nachvollziehbar.

Somit nimmt eine wissenschaftliche Argumentation immer Bezug auf die ihr zugrundeliegende Methodologie. Über diese kann auch wieder nachgedacht werden. Dies würde systemimmanent im Rahmen einer Meta-Meta-Theorie sprachlich vermittelt werden können.

Hier wird etwas deutlich. Wir können diesen Prozess einer Meta-Ebenen-Bildung immer weiter fortsetzen, indem wir nach den Regeln für eine einzelne Ebene bzw. nach der Geltung dieser Ebene fragen.

C.2.2 Normative Basis wirtschaftspädagogischer Forschung

Unsere Analyse macht sichtbar, dass die Anfangspunkte bzw. genauer Ausgangspunkte einer wissenschaftlichen Argumentation sich durch Setzungen ergeben, und zwar explizit durch gesetzte Normen. Hierbei lassen sich aber durchaus unterschiedliche Qualitäten in der Art und Weise der Setzung finden. Drei Aspekte sollen hier bearbeitet werden:

(1) Primärziele von Wissenschaft – Philosophen wie Paul LORENZEN und Oswald SCHWEMMER[4] haben als Vertreter des sogenannten Erlanger Konstruktivismus herausgearbeitet, dass alle Wissenschaften sich auf Primärziele zurückführen lassen. Dies kann man sich auch sehr leicht an dem semantischen Stufenmodell in Abbildung C. 4 verdeutlichen. So lassen sich Forschung bzw. die Forschungspraxis in Form einer Methodologie analysieren. Solche Meta-Theorien beschreiben die Forschungspraxis und stellen hinsichtlich der Frage, wie man in der Forschung vorgehen soll, auch eine Empfehlung dar. Methodologien selbst sind jedoch auch wiederum begründungsbedürftig, denn es kann ja prinzipiell gefragt werden, warum man in einer ganz bestimmten Art und Weise – gemäß den methodologischen Vorgaben – forschen soll. Es ist also erforderlich, gute Gründe für eine Methodologie nennen zu können. Was sind aber gute Gründe? Und was ist eine gute Argumentation? In der Abbildung C. 4 wurde dieser weitere Rückgriff auf die Meta-Meta-Theorie durch offene weiße Flächen ausgedrückt. Es ist leicht vorstellbar, dass man diesen Rückgriff im-

---

4   Vgl. LORENZEN 1969 und SCHWEMMER 1973;- zusammenfassend vgl. KÖNIG 1975a, 1975b.

mer weiter treiben kann. Hans ALBERT[5] spricht in diesem Zusammenhang von einem Münchhausen-Trilemma, weil man entweder in einen infiniten Regress eintritt, einen logischen Zirkelschluss vornehmen muss, oder aber die Argumentation bzw. das Infragestellen der
jeweiligen Theorieebene willkürlich abbrechen muss. Das Münchhausen-Trilemma verweist auf den Lügenbaron, der behauptet hat,
sich selbst aus den Sumpf ziehen zu können. Physikalisch geschulte
Menschen wissen nun, dass man sich nur aus den Sumpf ziehen
kann, wenn man einen äußeren Ankerpunkt hat, zu dem man sich
hochziehen kann. Wissenschaft verfügt nicht über einen solchen
Punkt, von dem aus sie sich gewissermaßen logisch ableiten kann.
Vielmehr müssen die Menschen, die wissenschaftlich arbeiten, sich
diese Ankerpunkte letztlich selbst setzen.

Solche Anker- oder Ausgangspunkte sind Primärziele. Sie sind
auszuweisen und stellen die jeweilige Legitimation für wissenschaftliches Arbeiten dar. Man kann sie anzweifeln und man kann gegen
sie sein. Beides würde erforderlich machen, dass man andere Legiti-
mationskriterien benennt. Wir sehen die Intersubjektivität und die
Problemorientierung als für uns zentrale Primärziele an. Forschung
muss nach unserem Dafürhalten so transparent und nachvollziehbar
organisiert werden, dass die Ergebnisse, die in einer Forschungsarbeit
entwickelt werden, idealerweise von denjenigen, die die gleiche Vorgehensweise wählen, ebenfalls erzielt werden. Oft sind Forschungs-
prozesse, insbesondere bei sozialen Prozessen (vgl. die Beispiele in
C.1) zu komplex und nicht in der gleichen Art und Weise wiederhol-
bar. In einem solchen Fall muss die Vorgehensweise zumindest re-
konstruierbar und einsichtig sein. Problemorientierung bedeutet, dass
wir ganz i. S. einer rationalen Wissenschaft Forschungs- als Problem-
lösehandeln begreifen. Dabei verstehen wir Wissenschaft und somit
zumindest auch universitäre Forschung immer auch als ein Unternehmen, welches sich den gesellschaftlichen Bedürfnissen verpflichtet
fühlen muss.

Die Intersubjektivität ist für uns eine formale Zielsetzung von Wissenschaft. Sie kann u. E. als Ausdruck einer Binnenlegitimation angesehen werden, die sich über methodische Standards[6] in der Forscher-
gemeinschaft begründet. Demgegenüber ist die Ausrichtung an
gesellschaftlichen Aufgaben als Außenlegitimation anzusehen, die

---

5   Vgl. ALBERT 1968, S. 13.
6   Vgl. hierzu SLOANE 1983, S. 36 f.; 1992, S. 45 f.

sich in den Ansprüchen der Gesellschaft an die Wissenschaft dokumentiert.[7]

Es ist für den Leser durchaus lohnenswert, sich in Bezug auf die Beispiele in C.1 zu überlegen, ob und in welchem Umfang die Forschungsbeispiele diesen Ansprüchen von Binnen- und Außenlegitimation genügen.

(2) Diskurs – Die beiden Legitimationsinstanzen: die Forschungsgemeinschaft hinsichtlich der Binnenlegitimation und die Gesellschaft hinsichtlich der Außenlegitimation, verweisen auf die Notwendigkeit von Regulativen. Ein regulierende Funktion kann u. E. nur die Öffentlichkeit haben. Öffentliche Kontrolle ist dann gegeben, wenn wissenschaftliche Ergebnisse und wissenschaftliche Verfahrensweisen in einer wissenschaftlichen und in einer gesellschaftlichen Öffentlichkeit diskutiert werden können. Dieser Gedanke geht auf Imanuel KANT[8] zurück, der den öffentlichen Gebrauch der Vernunft vor dem „Publicum der Lesewelt"[9] als Korrektiv forderte.

Entscheidende Beiträge zu dieser Frage hat der Philosoph Jürgen HABERMAS[10] geleistet, der einen herrschaftsfreien (praktischen) Diskurs als meta-kommunikatives Verständigungsverfahren vorschlägt. In einer idealen Sprechsituation, die frei von Unterdrückung und Verzerrung ist, sollen zwangsfrei Begründungen ausgetauscht werden, die dazu dienen, die eigenen Normen im Diskurs einer öffentlichen Bewährung auszusetzen. In seinen späteren Arbeiten zum kommunikativen Handeln[11] hat er dann vor allem dargelegt, dass dieses Handeln verständigungsorientiert angelegt sein muss, um Einverständnis zwischen Akteuren oder Gruppen herzustellen.

(3) Erkenntnis- und Handlungsinteresse – Die Beispiele von Hannah S. und Patrick D. haben bereits auf spezifische Interessen der Akteure hingewiesen. Generell kann gesagt werden, dass es Neigungen für bestimmte Methoden und Themen, aber auch für spezielle Problemstellungen gibt. Wiederum Jürgen HABERMAS hat hierfür den Begriff

---

[7] Vgl. hierzu ZABECK 1978, S. 292 f.

[8] Vgl. KANT 1979, 11; vgl. auch SLOANE 1988, S. 147.

[9] KANT 1979, S. 11.

[10] Vgl. zu den nachfolgenden Ausführungen HABERMAS 1971, S. 118 f., S. 121 f., S. 131.

[11] Vgl. HABERMAS 1981, u. a. S. 384 ff., S. 573.

des Erkenntnisinteresses eingeführt, der sich auf die Neigung bezieht, bestimmte Forschungsverfahren anzuwenden.[12]

Auch hier kann erneut auf die Forschungsbeispiele in C.1 verwiesen werden. Die ausgewählten Problemstellungen und die präferierten Vorgehensweisen zeigen die spezifischen Interessen der Forscher und Forscherinnen.

Als Zwischenergebnis kann festgehalten werden, dass Forschung immer auf Grundannahmen und -übereinkünften aufbaut. Sie ist nicht universell und sie ist nicht für alle Zeiten auf bestimmte Ansätze und Vorgehensweisen festgelegt, sondern sie ändert sich im geschichtlichen Verlauf.

C.2.3 Paradigmen: Denkstile und Orientierungsrahmen wirtschaftspädagogischer Forschung

Die Wissenschaft stellt u. E. einen sozialkommunikativen Rahmen für Forschung dar. In einem solchen Zusammenhang begreifen wir Wissenschaft als soziales Unternehmen. Innerhalb dieser Institution bilden sich Forschergruppen, die gemeinsame Vorstellungen über relevante Forschungsfragen und adäquate Forschungsmethoden haben. Sie beziehen sich gewissermassen auf eine gemeinsame Basis.

In Anlehnung an Thomas S. KUHN wird für diese gemeinsame Basis von Forschergruppen der Ausdruck „Paradigma" gewählt.[13] Unter diesem Begriff lassen sich Aspekte wie Erkenntnis-, Handlungsinteresse und Diskurs, die wir bereits thematisiert haben, subsumieren. KUHN spricht von dem gemeinsamen Paradigma einer wissenschaftlichen Gemeinschaft, die sich über fachgebundene Kommunikation, ihre gemeinsamen Publikationsorgane (Fachzeitschriften u. ä.) sowie aus Arbeitsvollzügen (Tagungen, Kongresse, Forschungsprogramme u. ä.) zeigt und sich in von der Gruppe geteilten Vorstellungen niederschlägt.[14]

Forschung ist somit ein durch ein Paradigma normiertes Handeln. Vor diesem Hintergrund kann u. E. von folgendem wissenschaftlichen Handlungsmodell ausgegangen werden:[15]

---

[12] Vgl. hierzu HABERMAS 1978, S. 146 ff.
[13] Vgl. KUHN 1977, insb. 389 ff. und 1976.
[14] Vgl. KUHN 1977, S. 390 f.
[15] Vgl. SLOANE 1992, S. 49; 1995.

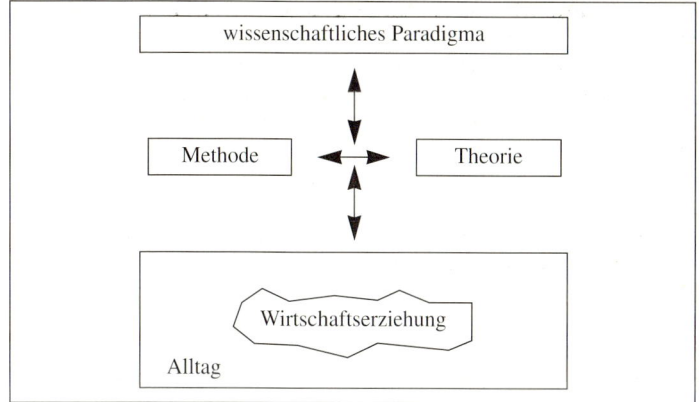

Abbildung C. 5: Wissenschaftliches Handlungsmodell

Wissenschaftsgeschichtlich lassen sich drei zentrale Denkschulen identifizieren: (1) das empirisch-analytische, (2) das kulturkritische und (3) das holistische Paradigma.

(1) Das empirisch-analytische Paradigma – Das empirisch-analytische Konzept geht von der Überprüfung von Theorien in der Wirklichkeit aus. In den Forschungsbeispielen in C.1 sind die Ansätze von Jan F. und Patrick D. eigentlich sehr typisch für diese Vorgehensweise. Sie versuchen auf jeweils verschiedene Art, Hypothesen (Jan F.) bzw. Konzepte (Patrick D.) einer empirischen Überprüfung auszusetzen.

Wir können in einer Einführung nicht auf die feingegliederte und differenzierte Tradition empirischer Forschung eingehen. Statt dessen beziehen wir uns auf eine spezifische empirisch-analytische Richtung: den Kritischen Rationalismus.

Dieser Ansatz basierte weitgehend auf den methodologischen Überlegungen von Karl Raimund POPPER sowie der Aufarbeitung dieser Konzeption im deutschsprachigen Raum durch Hans ALBERT. Wissenschaftlichkeit bestimmt sich in diesem Ansatz über eine vernünftige Forschungslogik[16]. Ausgehend von Problemstellungen sollen Ideen entwickelt und einer kritischen Prüfung unterzogen werden. Dies geschieht, indem die Ideen als Hypothesen in Form von Geset-

---

[16] Vgl. zu den folgenden Überlegungen POPPER 1969; 1970; 1973.

zesaussagen (nomologische Aussage) formuliert werden. Diese Hypothesen werden dann mit Hilfe nachvollziehbarer, d. h. prinzipiell wiederholbarer, empirischer Verfahren überprüft. Die kritische Haltung der Wissenschaft zeigt sich im Bemühen, die Ideen zu widerlegen, also zu falsifizieren. Das Wissen, welches so gewonnen wird, ist immer nur vorläufig gültig. Das Anliegen der Wissenschaft ist die Überprüfung von Wissen. Dieses Wissen ist demgemäß nomologisch und wertfrei.

(2) Das kulturkritische Paradigma – Insbesondere innerhalb der deutschen Philosophie gibt es eine starke kulturkritische, teilweise -pessimistische Tradition. Eine zentrale Frage dieser Denkschule ist die nach der Vernünftigkeit gesellschaftlicher Umstände. Der Forschungsansatz von Hannah S. in C.1 kann durchaus im Sinne eines kulturkritischen Vorgehens begriffen werden. Es wird in diesem Forschungsbeispiel versucht, die Verwebung von Politik, Berufsbildung und Wissenschaft aufzuarbeiten.

Auch das kulturkritische Paradigma ist sehr differenziert, so dass wir auch hier exemplarisch argumentieren müssen. Wir beziehen uns daher schwerpunktmäßig auf die Kritische Theorie.

Ein Protagonist dieser Kritik war der Frankfurter Philosoph Theodor Wiesengrund ADORNO. Die zentrale Argumentationsfigur dieser auch als Frankfurter Schule bekannten Richtung ist die Analyse des Zusammenhangs von gesellschaftlichen und wissenschaftlichen Entwicklungsprozessen. Es wird der Nachweis gesucht, dass in der Geschichte der Moderne, gemeint ist die Epoche seit KANT, also die Aufklärung und das Industriezeitalter, die Wissenschaft anfänglich ein Ort der kritischen Reflexion der Gesellschaft war. In einer geschichtswissenschaftlichen Betrachtung wird dargelegt, wie die Wissenschaft sich zusehends aus dieser neutralen Position herauslöst und selbst immer mehr zum Bestandteil der gesellschaftlichen Bedingungen wird. Insbesondere die ökonomischen und naturwissenschaftlichen Erkenntnisse werden zusehends zu wichtigen gesellschaftlichen Faktoren. Das ökonomische und technische Denken durchzieht die gesellschaftliche Praxis und steht dabei im Dienst von gesellschaftlichen Mächten und deren Interessen. Dieses Wissen dient nicht mehr der Aufklärung der Menschen und ihrer Befreiung aus einer Unterdrückung, sondern es unterdrückt die Menschen. ADORNO spricht von einer Technifizierung des Denkens und einer in ihr Gegenteil umschlagenden Aufklärung.[17]

---

[17] Vgl. ADORNO 1966; 1970.

(3) Das holistische Paradigma – Holistische Denkansätze gehen von der Ganzheitlichkeit aus. Eine zentrale Argumentationsfigur ist: ‚Das Ganze ist mehr als die Summe seiner Teile.' Hiermit ist vor allem gemeint, dass ein Ganzes nie nach den Regeln und mit den Theorien erklärt werden kann, die für die Teile gelten. So kann man den Unterricht niemals auf den Medieneinsatz verkürzen. Die Ganzheitlichkeit wendet sich prinzipiell gegen das analytische Zerschneiden des Ganzen. Holistische Ansätze kann man auch als geisteswissenschaftliche bezeichnen. Wir beschränken uns im folgenden, aus den gleichen Gründen wie oben, auf ein exemplarisches Konzept: auf die Hermeneutik.

Die Hermeneutik wurde von dem Philosophen Wilhelm DILTHEY begründet.[18] Der Hermeneut geht von einer verstehenden Erfassung der Wirklichkeit aus. Durch die innere Nachbildung einer historischen Situation soll sozialer Sinn erfasst werden.[19] Bei den Forschungsbeispielen in C.1 finden sich durchaus Hinweise auf einen solchen Ansatz. So ist die historische Rekonstruktion, die Hannah S. vornimmt, als hermeneutisch zu bezeichnen. Dies ist gleichsam eine klassische Hermeneutik, die sich auf die Auslegung historischer Dokumente bezieht. Dieses Beispiel zeigt im übrigen wie problematisch eine Grenzziehung zwischen den Denkstilen ist. Im Vorgehen von Hannah S. finden sich neben hermeneutischen auch ideologie- und kulturkritische Ansätze. Daneben finden sich noch hermeneutische Bezüge in den Forschungsarbeiten von Jennifer L. und der Tandem GmbH. Die Tandem GmbH verwendet einen action-research-Ansatz. Hierbei wird der von den Forschern erlebte Alltag ausgelegt. Das von Jennifer L. präferierte Interpretationsverfahren geht auf Ulrich OEVERMANN zurück und wird von diesem als Objektive Hermeneutik bezeichnet.[20] Es handelt sich hierbei insbesondere beim zweiten Beispiel um eine Variante der sogenannten modernen Hermeneutik. Diese ist – anders als die traditionelle Hermeneutik – weniger auf das Nachempfinden von alltäglichen Erfahrungen als auf die theoretische Rekonstruktion des Alltags ausgerichtet. Ein entscheidender Wegbereiter dieser Vorstellung von hermeneutischer Forschung war Hans-Georg GADAMER, der Hermeneutik als eine Rekonstruktion von Wirklichkeit unter Anwendung von Theorien versteht.[21] Es wird somit das Typische der Wirk-

---

[18] Vgl. u. a. DILTHEY 1958; 1966.
[19] Vgl. hierzu u. a. GADAMER 1972, S. 216; UHLE 1976, u. a. S. 21; NOHL 1949, FLITNER 1963, S. 22 f.
[20] Vgl. u. a. OEVERMANN 1983; 1986; OEVERMANN et al. 1976.
[21] Vgl. GADAMER 1972, u. a. S. 291, S. 312 ff.

lichkeit als Anwendungsfall des Allgemeinen im besonderen Fall erfasst. Mit anderen Worten: eine soziale Situation wird als Anwendungsfall einer Theorie begriffen. Die Situation (der besondere Fall) kann mit der Theorie (das Allgemeine) verstanden werden.

Unsere Ausführungen zu den Denkstilen sind allgemein geblieben. Es kam uns darauf an, die prinzipiellen ‚Richtungen' aufzuzeigen. Man kann daher auch nicht von einem monokausalen Zusammenhang zwischen Paradigma und Forschungspraxis ausgehen. Die Denkschulen sind grobe Orientierungsrahmen. So gibt es dann auch innerhalb eines Paradigmas sehr differenzierte und voneinander abzugrenzende Positionen. Außerdem ist es wohl nicht so, dass man sich für ein Paradigma instrumentell entscheidet. Vielmehr wird man in einer bestimmten Forschungstradition ausgebildet und sozialisiert, und es ist genau Ausdruck eines eigenständigen Forschungswillens, wenn man diesen Prozess nicht nur passiv erduldet, sondern versucht, in der Auseinandersetzung mit Denkstilen, mit der eigenen Forschungsarbeit sowie mit den Forschungsarbeiten anderer zu einer eigenen, letztlich dann auch individuellen wissenschaftlichen Position zu gelangen.

Eigentlich sollte dabei die Toleranz gegenüber anderen Traditionen selbstverständlich sein, gleichwohl sind konstruktive Diskussionen um Forschungsziele und methodische Standards ein wichtiges Mittel sowohl für die Ausformung einer eigenen individuellen Forschungsposition als auch für die Entwicklung der Wissenschaftsdisziplin. Die Wissenschaftsgeschichte zeigt da aber vielfach ein anderes Bild. Sehr oft wird ein eher polemischer Streit um die jeweiligen Positionen geführt.

C.2.4 Forschungsprogrammatik: wirtschaftspädagogische Forschung zwischen Erkenntnisgewinnung und Praxisgestaltung

Solche wissenschaftlichen Disputationen entbrennen vor allem, wenn es um vermeintlich sehr grundsätzliche Fragestellungen geht, die auf das Selbstverständnis von Wissenschaft abzielen. Die Vehemenz der Diskussion zeigt, dass das sachliche Geschäft der Forschung von Menschen betrieben wird, die häufig sehr empfindlich sind, was die eigene Arbeitsweise anbelangt. Eine solche sehr grundsätzliche Frage ist die nach dem Verhältnis von Wissenschaft gegenüber der Gesellschaft. Sie findet in der Überlegung ihren Ausdruck, ob Wissenschaft an gesellschaftlichen Veränderungsprozessen mitwirken soll, um sich dann insbesondere wertend in politische Prozesse einzubringen. Diese Problematik ist im sozialen Unternehmen Wissenschaft gewissermaßen programmatisch angelegt. Das Wissenschaftssystem ist keine statische und gleichsam gegenüber gesellschaftlichen Veränderungen neutrale Instanz.

Man kann von einem Interaktionsverhältnis zwischen der Wissenschaft und den anderen gesellschaftlichen Einrichtungen ausgehen. Diese Interaktion ist durch das Prinzip der Arbeitsteilung gekennzeichnet. Die von der Wissenschaft generierten Erkenntnisse werden von den anderen gesellschaftlichen Einrichtungen rezipiert und interpretiert. Dabei ist mittel- und langfristig die Tendenz zu erkennen, dass die einzelnen gesellschaftlichen Praxen (Institutionen) die Erkenntnisse, Theorien, Konzepte, aber auch Begriffe der Wissenschaft übernehmen. Dies ist eine Entwicklung, die auch als Verwissenschaftlichung der gesellschaftlichen Praxis bezeichnet wird. Man kann dies auch als eine Ontologisierung wissenschaftlicher Erkenntnisse bezeichnen. Begriffe und Theorien der Wissenschaft werden im Alltag benutzt, um diesen Alltag zu erklären: Die Wissenschaftssprache wird zur Alltagssprache. Bezogen auf die Überlegungen des vorangehenden Unterkapitels kann von einem Transfer der Wissenschaftssprache in die Alltagssprache gesprochen werden. Der Mechanismus, über den dieser Wissens- bzw. Sprachtransfer läuft, ist allgemein die Ausbildung an der Hochschule, daneben aber auch die Nachfrage gesellschaftlicher Institutionen nach wissenschaftlichen Erklärungen und wissenschaftlich gestützter Beratung sowie nach wissenschaftlichen Konzepten zur Lösung praktischer Probleme.

Diese Verwebung von Wissenschaft und Praxis ist wiederum kritisch zu reflektieren. So stellt sich die Frage, ob das jeweilige Wissenschaftsverständnis es zulässt, dass Wissenschaft als soziales Unternehmen sich der Praxisberatung verpflichtet fühlen soll und darf.

Innerhalb der Sozialwissenschaften ist diese Frage sehr ausführlich unter dem Gesichtspunkt der Wertfreiheit von Wissenschaft diskutiert worden. So kam es Anfang dieses Jahrhunderts im Verein für Socialpolitik zum ersten Werturteilsstreit. Während einige Vertreter um Gustav von SCHMOLLER davon ausgingen, dass Werturteile in die wissenschaftliche Erörterung einfliessen sollten, wurde insbesondere von Max WEBER die Position der Wertfreiheit von Wissenschaft vertreten. WEBER kam es vor allem darauf an, eine Trennung zwischen Sollens- und Seinsaussagen vorzunehmen, um auf diese Weise politische und wissenschaftliche Äußerungen zu trennen. Dies bedeutete im Übrigen nicht, wie dies vielfach interpretiert wird, eine Entpolitisierung von

Wissenschaft. Vielmehr forderte es einen vorsichtigen Umgang mit Wissen einerseits und Empfehlung andererseits.

Zu einer zweiten Auseinandersetzung um diese Frage kam es dann in den 60er Jahren. Diese zweite Debatte wird auch als Positivismusstreit in der Deutschen Soziologie bezeichnet. Auf der Grundlage der von Max WEBER vertretenen Auffassung einer wertfreien Wissenschaft hatte sich jene Forschungsrichtung etabliert, die oben als empirisch-analytisch bezeichnet wird. Wir haben die Grundzüge dieses Ansatzes, der im Wesentlichen auf den Überlegungen von Karl R. POPPER und Hans ALBERT beruht, bereits dargestellt.

Diese Position wurde im Posivitismusstreit von Vertretern der kulturkritischen Wissenschaftsposition kritisiert. Es wurden schon der Frankfurter Philosoph Theodor W. ADORNO als ein Vertreter sowie die Kernaussagen der Kritischen Theorie vorgestellt. Vor diesem Hintergrund der Kritischen Theorie wird die empirisch-analytische Wissenschaftsauffassung polemisch als verkürzter positivistischer Ansatz gedeutet, der genau die oben beschriebene Technifizierung der (gesellschaftlichen) Praxis betreibe.

Fasst man diese eher grundsätzlichen Überlegungen zusammen, so lässt sich folgende Gegenüberstellung machen: die empirisch-analytische bzw. kritisch-rationale Position zielt auf die Entwicklung vorläufig gültiger Erkenntnisse. In diesem Sinn führt sie in der Tat zu positivem Wissen. Demgegenüber ist es das Anliegen der Kritischen Theorie, eine Aufklärung der gesellschaftlichen Praxis zu leisten. Hieraus ergeben sich zwingend auch unterschiedliche Ansprüche an das soziale Unternehmen Wissenschaft.

Die zentrale Frage, die sich stellt, ist die nach der Neutralität von Wissenschaft. Man muss in diesem Zusammenhang aber auch deutlich hervorheben, dass mit diesen beiden Denkstilen, dem empirisch-analytischen und dem kulturkritischen, gleichzeitig zwei verschiedene Forschungsprogrammatiken verbunden sind. Es handelt sich hier zum einem um das Programm rationaler Forschung und zum anderen um das Programm rationaler Praxis[22]:

(1) Das Programm rationaler Forschung – Das kritisch-rationale bzw. empirische Vorgehen betont die Vernünftigkeit des wissenschaftlichen Handelns. Eine Forschung wird dann als besonders ‚vernünftig‘ angesehen, wenn die Forschungsmethoden nachvollziehbar und problemangemessen sind. Ziel der Forschung ist wahrheitsfähi-

---

[22] Vgl. SLOANE 1998

ges nomologisches Wissen. Die Forscher und Forscherinnen folgen dem Prinzip der Wahrheitsfindung.

(2) Das Programm rationaler Praxis – Diese tendenziell kritisch-theoretische Position bezieht den Vernunftsbegriff nicht auf den Prozess der Erkenntnisgewinnung, sondern auf die gesellschaftlichen Umstände. Die Wissenschaft ist aufgefordert, dazu beizutragen, dass die Gesellschaft vernünftiger wird.[23] Das Ziel der Wissenschaft ist die bessere Praxis. Die Forscher und Forscherinnen sind bemüht, die Rationalität der Praxis zu erhöhen.

Diese beiden Forschungsprogrammatiken stellen u. E. jeweils Extrempositionen zueinander dar. Während das Programm rationaler Forschung zu einer distanzierten Reflexion der Wirklichkeit auffordert, zielt das Programm rationaler Praxis auf die Intervention in die Praxis. Mit ,Distanz' und ,Intervention' sind somit zwei Extrempositionen gemeint, die sich in den gegenläufigen Ansprüchen von Erkenntnisgewinnung und Praxisgestaltung niederschlagen. Bezieht man sich ganz konsequent auf die Frage, was eigentlich der Forscher in Hinblick auf die Praxis machen will, so lassen sich idealtypisch drei Positionen bestimmen. (1) die Beschreibung von Praxis, (2) die Empfehlung für die Praxis und (3) die Intervention in die Praxis.
Diese drei Positionen können benutzt werden, um mögliche Forschungsansätze zu strukturieren:

(1) Beschreibung von Praxis – Hier wäre zu fragen, was eigentlich genau beschrieben werden kann. Die einführenden Beispiele zeigen eigentlich drei Möglichkeiten auf:

(i) Beschreibung über die Kommunikation mit Praktikern – Gemeint ist das Beispiel von Jan F., der eine Befragung von Lehrkräften durchgeführt hat. Verallgemeinert man dieses Beispiel, so kann diese Art der Beschreibung als eine Form der Aufarbeitung von individuellen Erfahrungen angesehen werden. Der Forscher bemüht sich, über eine systematische Befragung von Menschen deren Erfahrungen aufzuarbeiten. Dies bedeutet auch, dass der einzelne Mensch etwas über seine Umwelt mitteilen kann, was in der Summe von vielen Erfahrungen, die erfasst werden, zu einem objektivierten Bild der Wirklichkeit beiträgt.

---

[23] Vgl. HORKHEIMER/MARCUSE 1937, S. 635.

(ii) Beschreibung über die Auslegung von Texten – Dies bezieht sich auf geisteswissenschaftliche Auslegung von Texten. Man folgt hierbei der Idee, dass die soziale Wirklichkeit sich immer in textlicher Form manifestiert. Texte wie Bücher, Zeitschriften, Arbeitsplatzanweisungen, Protokolle usw. werden als Basis für eine Interpretation genommen. Diese Vorstellung findet sich in den Forschungsbeispielen u. a. bei Jennifer L. Diese Forscherin versucht, die Protokolle mit dem Verfahren der objektiven Hermeneutik auszulegen.

(iii) Beschreibung über die Dokumentation von Interventionen – Diese Vorgehensweise kann leicht mit dem Programm rationaler Praxis verwechselt werden. Es ist aber davon deutlich zu unterscheiden. Ein typisches Beispiel für dieses Vorgehen sind das Experiment und seine Evaluation, ähnlich wie es im Forschungsbeispiel von Patrick D. vorgenommen wird. Bei dem Experiment handelt es sich in der Tat um eine Intervention. Man kann dies sogar soweit verallgemeinern, dass man sagt, jede pädagogische Handlung stelle eine Intervention dar. Pädagogik ist sogar vielfach mit Intervention gleichzusetzen. Man muss aber dann unterscheiden, wer interveniert und beobachtet. Wiederum im Idealfall wird von einer Intervention, z. B. der Erprobung eines neuen Unterrichtskonzeptes ausgegangen; diese Intervention wird dokumentiert und analysiert.

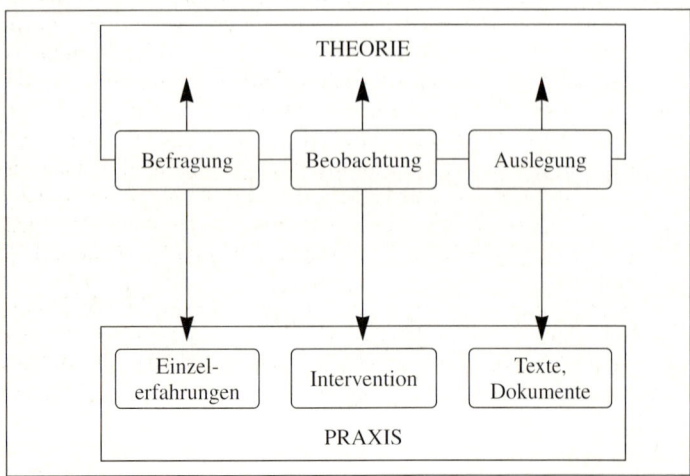

Abbildung C. 6: Beschreibung von Praxis

(2) Empfehlung für die Praxis – Die Beschreibung von Praxis wird in einer sehr strengen Auffassung von Wissenschaft als einzig legitime Aufgabe von Wissenschaft angesehen. Diese Vorstellung wird vor allem von Vertretern einer empirisch-analytischen Auffassung vertreten. Es ist aber daneben auch möglich, die geisteswissenschaftlichen Verfahren so anzuwenden, dass lediglich eine Beschreibung, nicht jedoch eine Empfehlung vorgenommen wird.

Man muss hier drei Aspekte sehen: die normative Grundposition, von der ein Forscher oder eine Forscherin aus beschreibt, die Beschreibung selbst und die möglichen Konsequenzen, die sich aus der Beschreibung in Verbindung mit der Grundposition ergeben. In der erwähnten strengen Sichtweise von Wissenschaft, die letztlich auf Max WEBER zurückgeht, wird die eigene normative Position als vorwissenschaftliche Überlegung und die Empfehlung als nachwissenschaftliche Betrachtung angesehen.

Unseren Erachtens nach ist eine Wissenschaft wie die Wirtschaftspädagogik aber schon darauf angelegt, etwas im Hinblick auf Praxis auszusagen, was über eine bloße, auf Beobachtung, Befragung oder Auslegung beruhende Beschreibung von Praxis hinausgeht. Außerdem sind wir der Überzeugung, dass jede Beschreibung von einem subjektiven Standpunkt aus vorgenommen wird. Dieser Standpunkt des Betrachters ist bei der Auslegung, die ja ein sehr subjektives Verfahren darstellt, offensichtlich, kann aber auch für die vermeintlich ‚neutraleren' Arbeitsweisen der Beobachtung und Befragung nicht ausgeklammert werden. In der Wahl der Forschungsprobleme und -themen und in den methodischen Präferenzen für die Beschreibung ist eine subjektiver Anteil enthalten, der von uns weiter oben unter den Stichworten Paradigma bzw. Denkstil ausreichend beleuchtet wurde. Nach unserer Vorstellung ist es möglich und notwendig, in der wirtschaftspädagogischen Forschung solche normativen Positionen auszuweisen und über eine Beschreibung von Wirklichkeit hinausgehend zu Gestaltungsempfehlungen (Normen) zu gelangen.

Wir orientieren uns hierbei an einer neo-normativen Tradition in der Wirtschaftswissenschaft, die insbesondere auf Gerhard WEISSER, den akademischen Lehrer von Hans ALBERT in Köln, zurückgeht, was sich vor allem in der Ausrichtung an drei Forschungsphasen niederschlägt:[24]

---

[24] Vgl. JONGEBLOED und TWARDY 1983; SLOANE 1983, S. 22; 1992, S. 63.

(i) Formulierung eines Grundwerturteils – Gerhard WEISSER spricht hier von obersten Urteilen, die nicht regressiv überhöht werden können.[25] Es handelt sich unserer Ansicht nach um subjektive und, wie es Gunnar MYRDAL[26] gefordert hat, ostentativ auszuweisende Werte. Pragmatisch gewendet: der Forscher bzw. die Forscherin sind aufgerufen, ihre weltanschauliche Position transparent darzulegen, wobei uns schon bewusst ist, dass man in der Ergründung der jeweils eigenen Motive auf Grenzen der Selbstwahrnehmung stößt.

(ii) Beschreibung der sozialen Wirklichkeit – Hier können wir uns auf die oben unter dem Gesichtspunkt der Beschreibung von Praxis dargestellten Verfahren beziehen. In früheren Schriften haben wir hier einschränkend eine kritisch-rationale Beschreibung gefordert. Ein Standpunkt, den wir nach unserer heutigen Sicht in dieser Strenge nicht mehr vertreten. Insbesondere die Einbeziehung qualitativer Methoden scheint uns angebracht.

(iii) Bestimmung von Handlungsempfehlungen – Die Verbindung von Werturteil und Beschreibung führt zu Empfehlungen. Diese Empfehlungen verstehen wir nicht als zufällige, subjektive und politisch akzentuierte Hinweise. Diese Gefahr sehen wir eigentlich eher bei solchen Forschungskonzepten, die die Empfehlung ausdrücklich aus dem wissenschaftlichen Bereich ausklammern, weil dann die gemachte Aussage in die politische Beliebigkeit abgegeben wird.

Wir sehen es statt dessen als notwendig an, dass ein nachvollziehbarer Argumentationsgang aufgebaut wird. Es muss sichtbar werden, warum und aufgrund welcher Argumente es zu bestimmten Empfehlungen kommt.

Wir sehen hier zwei mögliche Argumentationsweisen: als erstes eine normenlogische und als zweites eine didaktische. Die normenlogische Argumentation geht von normenlogischen Regeln aus. Eine solche Normenlogik ist analog zur formalen Logik aufgebaut. Man bezeichnet sie auch als Deontik.[27] Ziel ist es, eine widerspruchsfreie und in sich geschlossene Ableitung von Normen zu finden. Die didaktische Argumentation stellt die Frage nach der Verwendbarkeit von Wissen bzw. von Theorien für die Praxis. Es wird versucht, die gewonnenen Beschreibungen so aufzuarbeiten, dass sie in der Praxis

---

[25] Vgl. WEISSER 1971, S. 129; 1978a, S. 88; 1978b.

[26] Vgl. MYRDAL 1963; 1965; 1971.

[27] Vgl. hierzu SLOANE 1983; 1988.

angewandt werden können.[28] Es geht also darum, Wissen anwendungs- und somit praxisgerecht zu gestalten. Wir werden hierauf unter dem Stichwort ‚situiertes Wissen' im abschließenden Unterkapitel eingehen.

Es ergibt sich folgende Gesamtstruktur für eine neo-normative Forschungsauffassung, wobei uns wichtig ist, diese nicht als Gegensatz, sondern als Erweiterung einer beschreibenden Wissenschaftsauffassung zu verstehen:

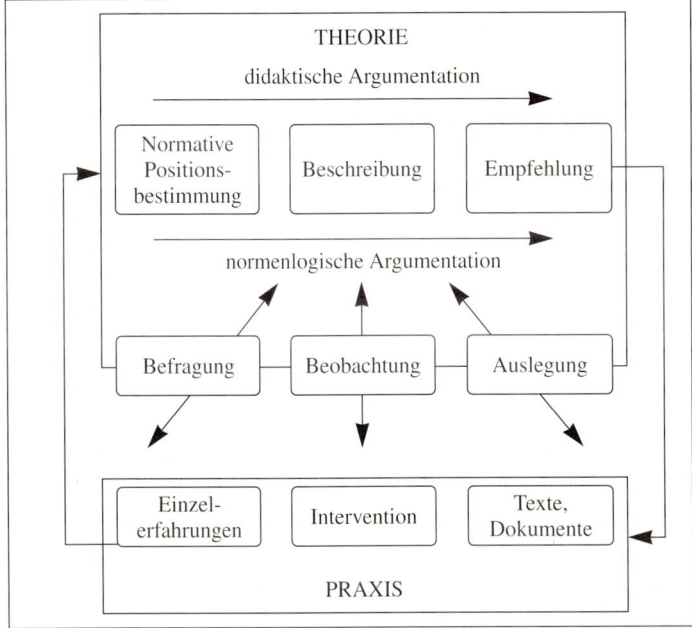

Abbildung C. 7: Empfehlung für die Praxis

(3) Intervention in die Praxis – Die Intervention in die Praxis wurde als ein Merkmal der Handlungsforschung dargestellt. Außerdem wurde darauf hingewiesen, dass auch bei beschreibenden Forschungskonzepten Interventionen vorliegen können, die Gegenstand einer Beobachtung und Evaluation sein können. Wichtig ist fest-

---

[28] Vgl. hierzu SLOANE 1995.

zustellen, wer der Träger von Interventionen ist. Wird die Intervention innerhalb eines sozialen Feldes von einem Akteur vorgenommen oder wird sie von einem Forscher ausgelöst, der sich gleichsam selbst beobachten möchte? Schließlich muss gefragt werden, welche Absichten hinter dieser Intervention stecken. In diesem Zusammenhang wäre dann bei einem Forscher, der eine Intervention vornimmt, zu fragen, ob er über die Beobachtung seiner eigenen Intervention Erkenntnisse über Veränderungsprozesse in der Praxis gewinnen will oder ob er das Ziel hat, die Praxis in irgendeiner Form zu verbessern.

Für uns ist eine intervenierende Forschung in erster Linie relevant, wenn es gelingt, über die Beobachtung von Interventionen zu verbesserten Einsichten in die Zusammenhänge der Praxis zu gelangen. Dies hängt für uns aber auch mit einem spezifischen Verständnis für das Verhältnis von Wissenschaft und Praxis zusammen, worauf wir im letzten Unterkapitel noch vertiefend eingehen werden. An dieser Stelle wollen wir hierzu festhalten:

Wir begreifen Wissenschaft als ein soziales Unternehmen. Wissenschaftlerinnen und Wissenschaftler versuchen über ein systematisches und nachvollziehbares Handeln Einsichten in die Zusammenhänge der Praxis zu gewinnen. Die Praxis selbst ist aber kein ‚lebloser‘ Gegenstand. Die Praxis ist für uns eine soziale Praxis, die weitgehend durch die Interaktion von Menschen miteinander geprägt ist. Die Praxis ist deshalb eigentlich kein Objekt, welches die Forschung einfach nur beobachtet. Das ist zwar denkbar, doch wenn wir uns Experimente wie das von Patrick D. vergegenwärtigen, so ist doch sehr schnell erkennbar, dass dieses Experimentieren bzw. Intervenieren in die Praxis nicht nur von den Forschern, sondern auch von den anderen beteiligten Personen kritisch beobachtet wird. Dies gilt auch für Befragungen. Wenn – wie in den Fallbeispielen – Jan F. und Jennifer L. Fragebögen verwenden oder Interviews durchführen, so müssen sie durchaus überlegen, in welcher Form ihre Gesprächspartner über die Befragung, deren Zielsetzung usw. nachdenken. Und weitergehend kann gefragt werden, ob die Antworten authentisch sind. Pointiert wäre festzustellen: Prinzipiell kann der Antwortgeber bei Befragungen den Fragenden durch seine Antworten manipulieren.

Aus diesen Überlegungen folgt, dass wir es in der wirtschaftspädagogischen Forschung mit denkenden Gegenständen und nicht mit unbelebten Dingen zu tun haben. Daraus ergeben sich Konsequenzen für das Zusammenwirken von Wissenschaft (bzw. Theorie) und Praxis (bzw. Objekt). Die Beziehung zwischen Objekttheorie und Objekt ist prinzipiell interaktiv.[29] Wir wollen diese Interaktion in Form einer Kommunikation von Wissenschaft und Praxis berücksichtigen. Unser Grundgedanke besteht in der institutionellen Zusammenarbeit von Forschergruppen mit der Praxis. Es handelt sich hierbei um Kooperationsabkommen, so z. B. zwischen einer Schule und einer Forschergruppe. Wir sprechen hier auch von Entwicklungs- oder Erprobungsgruppen oder einfach nur von Arbeitskreisen.

Ziel solcher Arbeitskreise ist die gemeinsame Entwicklung von Maßnahmen bzw. von möglichen Interventionsstrategien. Als Beispiel könnte man sich vorstellen, dass eine Arbeitsgruppe bestehend aus Vertretern verschiedener Institutionen der Praxis (Schule, Handwerkskammern, Schulaufsicht etc.) und der Wissenschaft einen neuen Weiterbildungsgang entwickeln und erproben. Die Forschung wäre also an der Entwicklung und ggf. auch an der Erprobung einer Maßnahme beteiligt. Genau genommen würden Entwicklung und Erprobung aufeinander abgestimmt sein.

Eine weitere Aufgabe der Forschung wäre es in diesem Arbeitsprogramm, die Umsetzung bzw. Anwendung der Maßnahme zu evaluieren. Diese Evaluation könnte sich auf das Ergebnis beziehen, also darauf, was mit der Maßnahme erreicht worden ist. Man spricht hier auch von Produktevaluation. Bezogen auf das Beispiel eines neuen Weiterbildungsganges ginge es um die Frage, ob die gewünschten Ziele erreicht worden sind. Gegenstand der Evaluation könnte daneben aber auch der Vorgang bzw. Prozess der Entwicklung sein, insbesondere dann, wenn man aufarbeiten möchte, wie Innovationen in der Praxis zustande kommen. Hier spräche man dann von einer Prozessevaluation.

Zusammenfassend können wir sagen: eine intervenierende Forschung ist für uns dann von Bedeutung, wenn sie Bestandteil eines komplexen Forschungsprogramms ist, bei der Entwicklungs- und Erprobungsarbeiten in Kooperation mit der Praxis vorgenommen werden, wobei es dann auch Aufgabe der Forschung sein soll, den Entwicklungs- und Erprobungsprozess sowie die entwickelte Maßnahme zu evaluieren. Wir sprechen hier von einer Wissenschaft-Praxis-Kommunikation. Durch die Bezeichnung Wissenschaft statt Theorie machen wir deutlich, dass es sich um eine Kooperation der Institution Wissenschaft mit anderen Institutionen des Alltags handelt.

---

[29] Eine ähnliche Überlegungen findet sich in der Betriebswirtschaftslehre bei Werner KIRSCH (u. a. 1997).

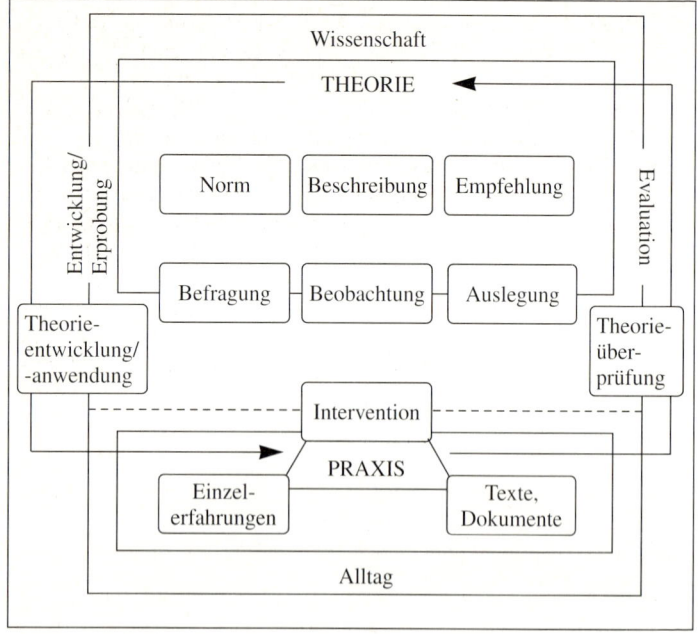

Abbildung C. 8: Intervenierende Forschung in einer Wissenschafts-Praxis-
Kommunikation

Zwischenspiel [9]

Wirtschaftspädagogische Forschung ist ein kompliziertes Geschäft. Man kann Wissenschaftler und Wissenschaftlerinnen dabei
durchaus als kreative Handwerker ansehen. Ihre Aufgabe ist
es, Probleme zu lösen. Jedoch werden ihnen diese nicht einfach
vorgegeben. Solche Fälle von Auftragsforschung sind durchaus
möglich. Schließlich lebt in unseren Fallbeispielen die Tandem
GmbH von solchen Aufträgen. Vielfach besteht aber die Leistung
genau darin, Probleme zu erkennen. Das Problembewusstsein
ist daher eine wichtige Voraussetzung für wissenschaftliches Arbeiten.

    Bei der Problembearbeitung kann man dann auf eine Vielzahl
von Werkzeugen zurückgreifen. Die Handhabung von wissen-

schaftlichen Verfahren ist daher sehr wichtig. Forscher und Forscherinnen müssen sich einen Werkzeugkasten zulegen. Der ist leider nicht käuflich, sondern muss eigenständig erstellt werden. Der wissenschaftliche Handwerker macht sich seine Werkzeuge selbst. Es gibt hierzu gute Vorbilder, die man durch das Studium der wirtschaftspädagogischen Forschungsliteratur finden und erkunden kann. Bei einem solchen Studium wird man dann auf unterschiedliche Werkzeugtypen stoßen. Es gibt bestimmte Schulen, die wiederum bestimmte Werkzeuge präferieren, insbesondere deshalb, weil sie sich auf bestimmte Problemtypen spezialisiert haben.

Während des Studiums sollte daher Zeit sein, dass man einerseits diese verschiedenen Werkzeugkästen kennenlernt und dass man sich andererseits darauf vorbereitet, die Werkzeuge zu organisieren.

C.3 Von der Forschung zur Praxis: zur Umsetzung wirtschaftspädagogischer Theorien im Alltag der Berufsbildung

Wir haben dargelegt, welche verschiedenen Verfahren und Programme es gibt, um zu wissenschaftlichen Erkenntnissen zu kommen. Eine Frage haben wir dabei weitgehend ausgeklammert, und zwar diejenige nach der Umsetzung von Theorien in die Praxis. Verallgemeinert man das Anliegen, so geht es darum, wie die Menschen, die ja auch in ihrer gesellschaftlichen Einbindung unser Untersuchungsgegenstand sind, mit den Theorien, die Wissenschaft produziert, umgehen. Hierfür wollen wir Vorklärungen treffen.

C.3.1 Annahmen

Seit KANT[30] geht die abendländische Wissenschaft von einem sogenannten Dualismus von Subjekt und Objekt aus. Hiermit ist eine Unterscheidung in Denken (Subjekt) und Denkergebnis (Objekt) gemeint. Den Begriff des Objekts haben wir schon benutzt, als wir den Gegenstand von Wissenschaft erwähnten. Das Objekt der Wirtschaftspädagogik ist die Bildung im wirtschaftsberuflichen Bereich, also die Wirtschaftserziehung. Das Subjekt haben wir über den Begriff des Forschungshandelns erfasst. Dies kann man sich an den Abbildungen in Kapitel C.2 nochmals vergegenwärtigen. Dort haben wir zwischen Handeln und Sprache differenziert und so auf der Theorieebene zwische Methode und Theorie und auf der Meta-Theoriebene zwischen Methodologie und Begründung unterschieden.

Die Idee KANTs war die Abbildung der Wirklichkeit im Denken, und zwar aufgrund der Verstandestätigkeit, die den „rohe[n] Stoff sinnlicher Eindrücke […] zu einer Erkenntnis der Gegenstände"[31] verarbeitet. Der Verstand ist mehr als nur Wahrnehmung.[32] Er um-

---

[30] Vgl. hierzu SLOANE 1988, S. 153 ff.
[31] KANT , Critic, A 1.
[32] Vgl. KANT, Critic, A 134.

fasst das Vermögen, Regeln zu bilden, zu urteilen, Vorstellungen hervorzubringen u. v. m. [33]: „Wir können aber alle Handlungen des Verstandes auf Urteile zurückführen, so dass der Verstand überhaupt als ein Vermögen zu urteilen vorgestellt werden kann"[34]; als „Einheit der Verstandesregeln unter Prinzipien"[35].

Diese Position KANTs war und ist prägend für die rationale Wissenschaftsauffassung, insbesondere für das von uns so genannte Programm rationaler Forschung.[36] Demnach führt Wissenschaft zu expliziertem Wissen über die Welt wie sie ist, wobei die – gerade im Alltags unwidersprochene – Annahme gemacht wird, es gäbe eine für alle Menschen gleiche Wirklichkeit, die auf diese Weise erkannt wird.

Zwei Gesichtspunkte müssen hierbei jedoch nach unserem Dafürhalten berücksichtigt werden, nämlich: (1) die Besonderheit der Gegenstände (Objekte) der Wirtschaftspädagogik, denn es handelt sich hierbei um gleichfalls ‚denkende' Wesen und (2) die prinzipielle Problematik, von einer allgemeingültigen Wirklichkeit ausgehen zu können.

(1) Zur Denkfähigkeit der Objekte[37] – Die Berufs- und Wirtschaftspädagogik betrachtet soziale Phänomene, es geht um die Theorie für und von gesellschaftlichen Anwendungsfeldern, worauf schon mehrfach hingewiesen wurde. Die Objekte unserer Wissenschaft sind daher nicht ‚gegenständlich' oder ‚unbelebt', wie dies etwa für die Physik angenommen werden könnte. Vielmehr untersuchen wir soziale Systeme, konkret auch und vor allem Menschen in diesen sozialen Systemen. Diese Menschen wiederum sind genauso wie die Forscher und Forscherinnen in der Lage, über sich und ihre Welt nachzudenken. Anders formuliert: Reflexion i. S. eines Nachdenkens und einer Theoriebildung, einschließlich der Selbstreflexion des gesamten Vor-

---

[33] Vgl. KANT, Critic, B 17ff.
[34] KANT, Critic, B 137.
[35] KANT, Critic, B 359.
[36] Das Programm rationaler Forschung orieniert sich letztlich an KANTs Critik der reinen Vernunft. Demgegenüber ist das Programm rationaler Praxis über KANTs Critic der praktischen Vernunft zu erschließen. Es geht im zweiten Fall um die Verbesserung der Lebenswirklichkeit und um das Herstellen einer vernünftigen Gesellschaft, während es im ersten Fall um das vernünftige Nachdenken geht.
[37] Vgl. zu den nachfolgenden Überlegungen SLOANE 1995, S. 22 ff.

gangs i. S. einer Metatheoriebildung ist auf keinen Fall ein exklusives Vermögen der Wissenschaft.

Eigentlich ist es eine alltägliche Fähigkeit, nämlich das Vermögen zu handeln, wobei dieses Handeln sowohl äußerliche Aktivitäten als auch inneres Nachdenken (i. S. von Denkhandeln) umschließt. Die Wissenschaft hat diese alltägliche Fähigkeit lediglich spezialisiert und bestimmte Regeln – vgl. hierzu C.2 – aufgestellt.

Der traditionelle Subjektbegriff, nach dem wir über die Welt nachdenken und so zu Objekttheorien kommen, ohne dass wir betroffen sind von diesen Objekten, muss daher relativiert werden. Ausgehend von der psychologischen Forschung[38] ist daher die Idee eines epistemologischen Subjektmodells entwickelt worden. Gemäß dieses Modells ist der Gegenstand der Forschung genauso intelligibel wie der Forscher selbst. Daher gelten für Forscher und Erforschtem die gleichen Regeln und Prinzipien.

Hiermit wird auch die Idee der Neutralität von Wissenschaft gegenüber der gesellschaftlichen Entwicklung erschüttert, was aber u. E. schon in der Vorstellung von Wissenschaft als sozialem System angelegt ist. Zwischen Wissenschaft und Praxis besteht eine kommunikative Grundfigur. Diese zeigt sich einerseits darin, dass man in der Praxis sehr wohl registriert, dass man Gegenstand einer wissenschaftlichen Reflexion ist. Ein einfaches Beispiel ist die schriftliche Befragung. So ist es einem Befragten gut möglich, nachzuvollziehen, was mit ihm geschieht und er kann prinzipielle Überlegungen anstellen, ob und wie er als Zu-Befragender auf die Befragung Einfluss nimmt. Andererseits rezipiert die Gesellschaft bzw. rezipieren die gesellschaftlichen Gruppen die Ergebnisse und das Vorgehen in der Wissenschaft. Dieses Phänomen wurde bereits oben als Ontologisierung von Wissenschaft gekennzeichnet.

(2) Über die Gewissheit der Wirklichkeit – KANTs Modell und die diesem Modell folgenden wissenschaftlichen Konzepte gehen von der Gewissheit aus, dass die Wirklichkeit objektiv existiere. Nur so ist es beispielsweise logisch möglich, die Wahrheit von Theorien zu behaupten, und zwar weil sie überprüfbar sind an der Wirklichkeit. Es ist ebenfalls ein alter und sehr grundsätzlicher Streit in der Philosophie und in der Wissenschaftstheorie, ob diese Annahme berechtigt ist.

---

[38] Hier ist vor allem die Arbeit von GROEBEN und SCHEELE (1977) zu nennen. Vgl. auch SLOANE 1995.

Auch Vertreter der empirischen Richtung, etwas Karl R. POPPER oder Hans ALBERT verweisen auf die Problematik, die Wirklichkeit objektiv erfassen zu können.[39] Sie argumentieren vor dem Hintergrund einer prinzipiell möglichen Fehlbarkeit der Vernunft, die sich im Unvermögen zeigt, die Welt exakt zu erfassen. Theorien können daher nur Annäherungen an die Wirklichkeit sein.[40]

Die Fehlbarkeit der Wissenschaft bei der Erkenntnisgewinnung bedarf aber wiederum einer objektiven Wirklichkeit, an der genau festgestellt wird, dass man bei der Theoriebildung Fehler gemacht hat. Ins Wanken gerät dieses Modell jedoch dann, wenn man das objektive Vorhandensein der Wirklichkeit anzweifelt. Genau dies wird in den letzten Jahren im Rahmen von konstruktivistischen Wissenschaftspositionen vorgenommen. Auch diese Position kann hier nur kurz skizziert werden:

Ausgangsüberlegung ist die Geschlossenheit des Gehirns als biologisches Korrelat der Denktätigkeit. Ohne hier auf die ebenfalls sehr grundsätzliche Frage nach dem Verhältnis von Geist und Gehirn, Psychis und Physis einzugehen, soll nur die sich ergebende Argumentation knapp und grobkonturig dargestellt werden. Denksysteme sind ohne direkten Außenkontakt. Alles was wir über die Welt wissen, wird in unseren Denksystemen konstruiert. Mit der Außenwelt haben wir über sogenannten physiologische Korrelate immer nur einen indirekten, niemals einen direkten Kontakt. Dies führt logischerweise zu der erwähnten Konstruktion der Außenwelt im Denksystem. Somit steht, anders als bei KANT, nicht die Wahrnehmung am Anfang der Erkenntnisgewinnung, sondern der Denkprozess.[41] Auch kommt es dann nicht zur Überprüfung von Denkergebnissen (Theorien) an der Wirklichkeit. Die Gültigkeit eines Denkergebnisses ist statt dessen eine Frage der Passung. Mit anderen Worten: eine Theorie ist gültig, wenn sie dem Handelnden hilft, sich in der Welt zu orientieren. Theorien haben daher in erster Linie eine subjektive Relevanz.

Jede Auseinandersetzung eines Menschen mit seiner Umwelt hat einen Erprobungscharakter, der durch die Suche des Subjekts nach passenden Erklärungen gekennzeichnet ist. Dieser Suchvorgang führt zum subjektiven Wissen des einzelnen Menschen, welches er dann auch bei zukünftigen Such- und Orientierungspro-

---

[39] Vgl. zu diesen Ausführungen exemplarisch ALBERT 1982.
[40] Vgl. POPPER 1973, u. a. S. 138.
[41] Vgl. von GLASERFELD 1992, S. 11 ff; ROTH 1988.

zessen einsetzt. Es entsteht ein Strukturwissen über die Wirklichkeit. Dieses Modell gilt auch für die Kommunikation zwischen Menschen, wobei dann auch der epistemologische Aspekt bedacht werden muss. Menschen erkunden sich gegenseitig, dabei kommt es zu einem Vorgang, der als Orientierung bezeichnet wird.[42] In der Kommunikation interpretiert der jeweilige Rezipient (Empfänger) die ‚Botschaften' des jeweiligen Gesprächspartners. Entscheidend ist, dass die Sinnzuweisung nicht durch den ‚Sender', sondern durch den ‚Empfänger' einer Botschaft erfolgt. Dabei wird wiederum die Art und Weise, wie der Empfänger die Botschaft aufnimmt vom Sender, der ja nunmehr der Empfänger dieser ‚Reaktion' ist, interpretiert. In diesem wechselseitigen Prozess nähern sich dann die Wissensstrukturen einander an. Bezogen auf die Überlegungen, die wir weiter oben zum Paradigma gemacht haben, ergibt sich aus diesem Ansatz heraus auch eine Erklärung für die Gemeinsamkeiten einer Forschergruppe.

Was resultiert nun aus diesen Überlegungen für unsere Fragestellung? Als erstes wäre der Objektbezug zu klären. Die Berufs- und Wirtschaftspädagogik ist ein soziales Unternehmen, welches an der gesellschaftlichen Praxis teilnimmt. Ihre Untersuchungsobjekte sind in epistemologischer Hinsicht reflexionsfähige und -bereite Menschen, deren Handlungsvermögen strukturgleich dem der Wissenschaft ist. Wissenschaftliches Handeln ist in einer konstruktivistischen Position ein Such- und Orientierungsprozess, der nicht zu objektiven Erkenntnissen, sondern vielmehr zur Konstruktion passenden Wissens führt. Dieses Wissen kann als Orientierungswissen der Praxis angeboten werden. Dabei muss dann wiederum von einer Kommunikation zwischen Wissenschaft und Praxis ausgegangen werden.

In dieser Wissenschaft-Praxis-Kommunikation[43] bietet Wissenschaft Konzepte, Theorien und Modelle an. Diese werden von anderen gesellschaftlichen Institutionen (allgemein gesprochen von der Praxis) rezipiert. Gleichzeitig kann die Wissenschaft diese Kommunikation für einen Orientierungsprozess nutzen, um weiteres Wissen über die Praxis zu gewinnen. Somit ergibt sich folgende Grundfigur:

---

[42] Vgl. MATURANA 1982, u. a. S. 57; RUSCH 1994.
[43] Vgl. hierzu SLOANE 1992, S. 149 ff.

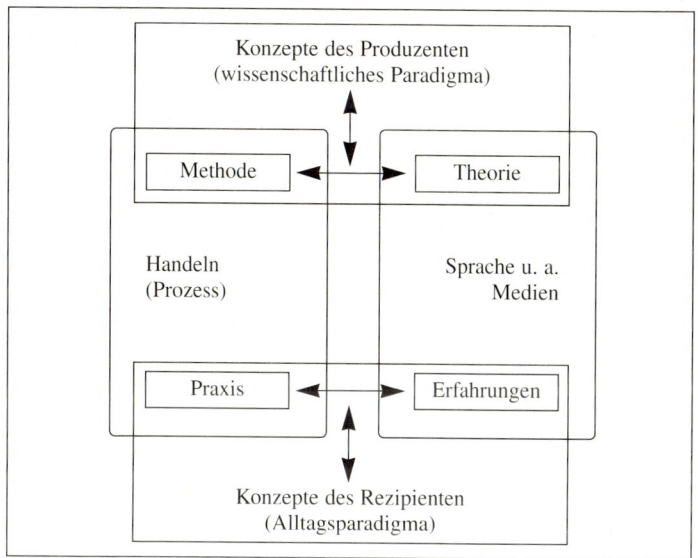

Abbildung C. 9: Epistemologische Grundfigur einer Wissenschaft-Praxis-
Kommunikation

Entsprechend der epistemologischen Grundannahme lässt sich wissenschaftliches und nicht-wissenschaftliches Handeln strukturell gleich erklären. Wissenschaft ist dadurch gekennzeichnet, dass über Methoden Theorien gewonnen werden, wobei die Ansprüche und Ziele, die hierbei zur Geltung kommen, Ausdruck eines spezifischen Denkstils eines wissenschaftlichen Paradigmas sind. Ähnlich ist es aber auch im nicht-wissenschaftlichen Bereich. Dort werden Erfahrungen gewonnen, indem man handelt. Dieses Handeln wird als Praxis bezeichnet.[44] Theorie und Praxis stellen somit für uns ein Begriffspaar dar. Theorie ist die methodische gewonnene Erkenntnis über Praxis. Sie ist das Ergebnis eines Reflexionsprozesses. Praxis ist

---

[44] Wir verwenden hier den Praxisbegriff gegenüber den vorhergehenden Kapiteln in einer etwas veränderten Art und Weise. Bisher haben wir keinen direkten Unterschied zwischen Praxis und Anwendungsfeld oder Alltag gemacht. Nunmehr schränken wir hier ein. Die Lebenssituation nennen wir Alltag. Praxis hingegen bezieht sich auf die Anwendung von Wissen im Alltag bzw. auf den Vollzug von Handlungsprozessen.

somit die Anwendung von Theorie, also das Ergebnis eines Imple-
mentationsprozesses. Praxis im Sinne von Anwendung oder Vollzug
von Handeln führt zum Aufbau individueller Erfahrungen. Der Erfah-
rungsaufbau sowie der Vollzug von Handeln sind Ausdruck eines
Denkstils. Analog zu den Überlegungen in der Wissenschaft kann daher von einem Alltagsparadigma gesprochen werden.

Schließlich zeigt sich sowohl in der Wissenschaft als auch im Alltag allgemein der Kant'sche Dualismus. Methode und Praxis sind
Prozesse (Subjekt), die zu Erfahrungen und Theorien führen. Dies
sind Strukturen, Ergebnisse bzw. Produkte (Objekt). So ist Praxis der
Vollzug von Handeln im Alltag, der zu Erfahrungen i. S. von subjektiven Theorien über den Alltag führt. Demgegenüber sind Methoden
die Implementationen solcher Verfahren, die zum Aufbau von objektiven Theorien führt.

Die Theorie-Praxis-Problematik ist somit eine komplexe Abstim-
mungsproblematik zwischen subjektiven und objektiven Theorien,
zwischen alltäglichen und wissenschaftlichen Methoden. Der Transfer von Theorie in Praxis ist somit eigentlich eine Frage des Trans-
fers von Theorie in subjektive Erfahrungsmuster. Schließlich ist die
Theorie-Praxis-Problematik auch eine Frage des Verhältnisses der jeweiligen Denkstile zueinander, also nach der Beziehung von wissenschaftlichem Paradigma zu Alltagsparadigma.

C.3.2 Wirtschaftspädagogische Theoriebildung

Für die wirtschaftspädagogische Forschung stellt sich daher die Frage, wie Theorien sich in Praxis bzw. in Erfahrungsstrukturen trans-
formieren lassen. Bezogen auf die Überlegungen in C.2 geht es um
die didaktische Aufbereitung von Theorien, und zwar mit dem Ziel,
das theoretische Wissen nutzbar zu machen. Wir wollen hierzu drei
Konzepte näher analysieren, und zwar den (1) aufgeklärt-pragmati-
schen Eklektizismus von Frank ACHTENHAGEN, (2) den Ansatz hand-
lungsgerechter Theorie von Jürgen ZABECK und (3) den Ansatz situierter Theorie, den wir in unserer Forschungskonzeption vertreten.[45]

(1) Frank ACHTENHAGEN geht von einer gegenseitigen Befruchtung
von wirtschaftspädagogischer Theorie und Praxis aus.[46] Er unter-

---

[45] Vgl. zu den folgenden Ausführungen SLOANE 1995, S. 26-33.
[46] Vgl. ACHTENHAGEN 1985a; 1985b.

scheidet zwischen objektiven Theorien als Ergebnis einer empirisch gestützten Theorieüberprüfung und subjektiven Theorien als verallgemeinerte Erfahrungen von Praktikern. Sein Ziel ist es dabei, einerseits subjektive Theorien durch objektive zu ersetzen und andererseits subjektive Theorien als Reservoire für die Entwicklung objektiver Theorien zu nutzen. Im zweiten Fall geht es darum, die Erfahrungen von Praktikern wissenschaftlich zu überprüfen, um so verallgemeinerbare Aussagen zu gewinnen.

Bezogen auf die Überlegungen in C.2 kann gesagt werden, dass es von der methodischen Seite darum geht, Praxis zu beobachten und Erfahrungen über Befragungen zu erfassen. Die Praxis kann dabei als Intervention begriffen werden, die beobachtet werden soll. Vorläufig bestätigte Theorien sind dann ex definitione objektive Theorien. Auf der Grundlage solcher objektiven Theorien können Technologien gewonnen werden. Bei einer Transformation einer Theorie in eine Technologie kommt es zu folgender Argumentation:[47]

$A \rightarrow B$	A führte zu B	nomologische Aussage
!B	B soll sein	
$A \rightarrow B$	A führte zu B	tautologische Transformation
!A	A soll sein	

Beispiel: Die Verwendung von Fallstudien (A) erhöht die Möglichkeiten der Berufsschüler, ihr Fachwissen in betrieblichen Arbeitssituationen anzuwenden (B). Die Schüler sollen ihr Fachwissen in betrieblichen Arbeitssituationen anwenden können (!B). Es sollen daher Fallstudien verwandt werden.

Erfahrungen und somit subjektive Theorien stellen ein Wissen dar, welches den Akteuren aufgrund erlebter Praxis plausibel erscheint. Ereignisse werden daher aus den Erfahrungen heraus begründet. Es findet sich folgende formale Argumentation:[48]

$B \supseteq A$	B geschah, weil A vorgenommen wurde	Erfahrung
! B	B soll sein	
$B \supseteq A$	B geschah, weil A vorgenommen wurde	Begründung
!A	A soll vorgenommen werden	

---

[47] Vgl. SLOANE 1998.
[48] Vgl. SLOANE 1998.

Beispiel: Der Schüler konnte die Aufgabe lösen (B), weil der Lehrer
ein Beispiel aus dem Privatleben verwandte, mit dem sich der
Schüler identifizieren konnte (A). Die Problemlösung soll unterstützt werden (!B). Daher sollen Beispiele aus dem Privatleben
verwandt werden, mit denen sich der Schüler identifizieren kann
(!A).

Die beiden Argumentationsfiguren zeigen, dass Technologien und
Erfahrungen einander gegenüberstehen können. Während sich Erfahrungen in Begründungsargumenten niederschlagen, sind Technologien Ausdruck eines regelgebundenen und überprüften Wissens. Es
ergibt sich folgender Gesamtzusammenhang:

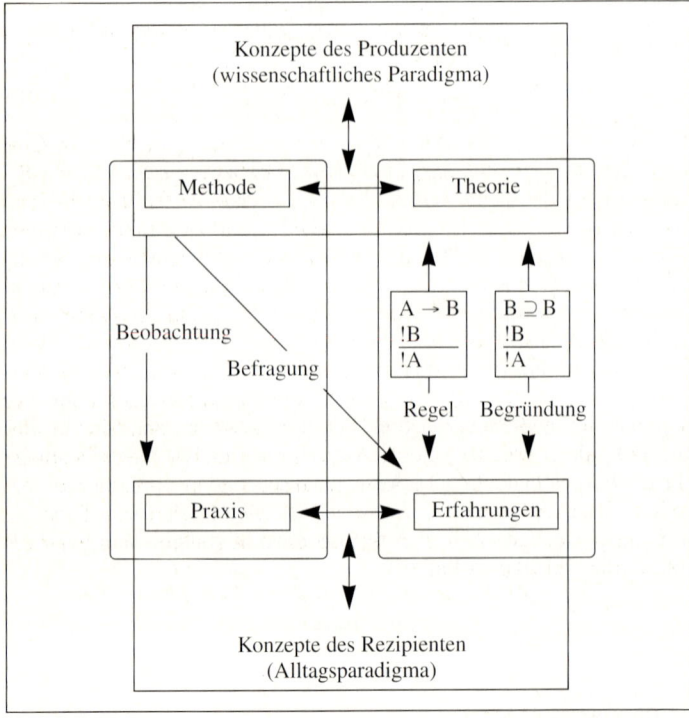

Abbildung C. 10: Theoriegewinnung und -anwendung im Konzept des aufge-
klärt-pragmatischen Eklektizismus

(2) Jürgen ZABECK negiert in seinem Ansatz zur handlungsgerechten Theorie, dass Technologien überhaupt in der Lage sind, handlungsleitend zu werden.[49] Für ihn ist die zentrale Frage diejenige, wie Wissen und somit auch Theorien im Alltag von Akteuren rezipiert werden. So geht es dann auch um die Integration von neuen Theorien in die Lebensweltkonzepte der Menschen. Mit anderen Worten, sie müssen in die Erfahrungswelt integriert werden. Hierfür ist entscheidend, ob die Akteure an die Handlungsrelevanz der angebotenen Theorien bzw. Technologien glauben. Dies wird von ZABECK mit Hilfe eines praktischen Syllogismus verdeutlicht:

$P\angle$ w: B	P will B bewirken	Absicht
$P\angle$ k: A $\rightarrow$ B	P weiß: A führt zu B	Wissen/Theorie
$P\angle$ b: a $\rightarrow$ B	P glaubt: a bewirkt B	
a $\in$ A	a wird als Mittel von A angesehen	Begründung
! a	a soll vorgenommen werden	

Beispiel: Ein Dozent will in der kaufmännischen Weiterbildung seine Schüler für eine neue Abrechnungstechnik interessieren (P $\angle$ w: B). Er weiß aus der Theorie, dass berufsbezogene Aufgabenstellungen (A) den erwachsenen Lerner eher motivieren als abstrakte Aufgaben (P$\angle$k: A). Aus einer Fachzeitung hat er eine Aufgabenstellung (a), die aus der betrieblichen Praxis stammt. Er glaubt, dass diese Aufgabenstellung die notwendige Berufsnähe aufweist (a OE A). Daher setzt er diese Aufgabe im Unterricht ein (!a).

Fasst man dies zusammen, so geht es um die subjektive Bedeutsamkeit von Wissen. Ganz in diesem Sinn fordert ZABECK daher für sogenannte handlungsgerechte Theorien, dass sie „den Sinnzusammenhang derer erhellen, die im Alltag stehen und auf der Grundlage ihres Wissens handeln."[50] Dies kann insbesondere erreicht werden, indem Fälle gesammelt werden, die die Anwendbarkeit von Theorien verdeutlichen. Ziel wäre der Aufbau einer Kasuistik, und zwar als Sammlung gelungener Fälle.[51]

---

[49] Vgl. ZABECK 1988, S. 89.
[50] ZABECK 1988, S. 88. Ähnlich auch KRUMM 1987, u.a. S. 20 f.
[51] Vgl. ZABECK 1988, S. 92.

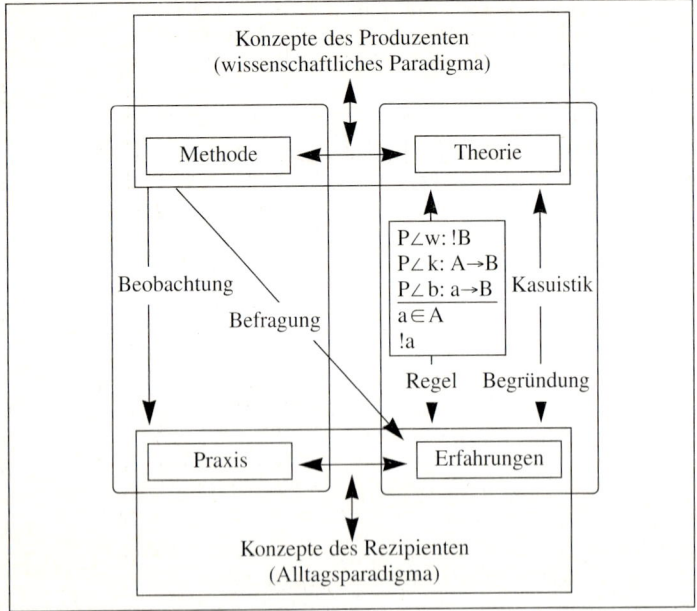

Abbildung C. 11: Handlungsgerechte Theorie

(3) Unter situierter Theorie verstehen wir eine Theorie, die in einem Anwendungszusammenhang steht. Mit anderen Worten: Es handelt sich hierbei um solches Wissen, welches nicht abstrakt die Wirklichkeit beschreibt, sondern auf Anwendungsbeispiele bezogen ist.

So reicht es u. E. nicht aus, nomologisches Wissen zu extrahieren. Vielmehr ist es erforderlich, dieses Wissen auf konkrete und auch für den Verwender von Wissen vorstellbare Fallbeispiele zu beziehen. Es geht darum, Wirklichkeit kasuistisch zu deuten. Die Theorie muss letztlich in einen hermeneutischen Vermittlungszusammenhang gebracht werden. Wir orientieren uns hierbei an GADAMERS Hermeneutikverständnis. Demnach muss die Theorie als allgemeiner Fall angesehen werden, der sich im Beispiel wiederfindet. Beispiele oder Fälle werden somit zu Anwendungsmöglichkeiten von Theorien. So sind dann das Allgemeine (die Theorie) und das Besondere (Fallbeispiel) aufeinander bezogen. Diesen Vorgang nennen wir Applikation. Einzelbeispiele, Musterlösungen aber auch gemeinsame Situationen mit der Praxis sollen in Hinblick auf die Theorie exemplarisch sein.

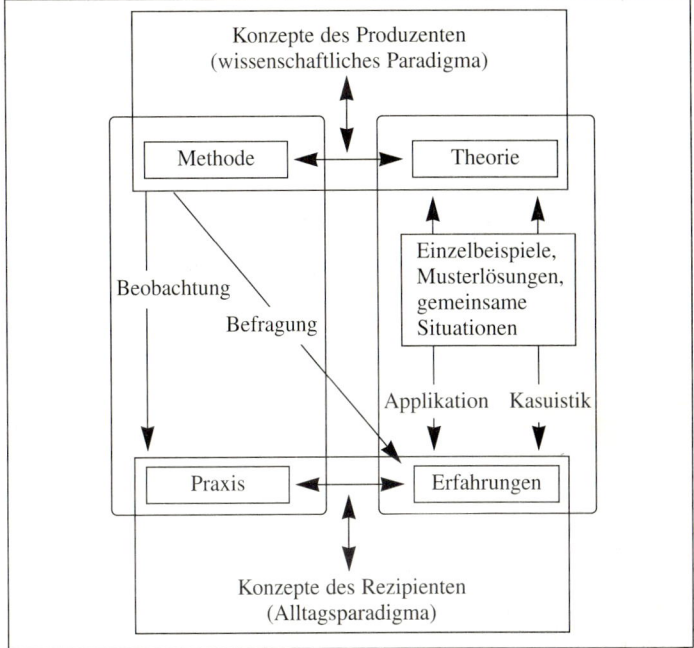

Abbildung C. 12: Situierte Theorie

Zwischenspiel [10]

Wir befürchten, dass Sie sich nun am Ende des Buches verloren fühlen. Genaugenommen sind wir aber auch wieder am Anfang unserer Überlegungen angelangt. Erinnern Sie sich an die Geschichten, mit denen der Teil A begann: Dort ging es um Tätigkeiten in Schule, Betrieb und Bildungsverwaltung. Marie B., Armin M. und Gesa M. Wenn Sie nun, ähnlich wie diese drei Praktiker, nach Abschluss eines wissenschaftlichen Studiums Ihre Berufstätigkeit beginnen, so sollten Sie – so unsere Hoffnung – über ausreichend viel theoretisches Wissen verfügen. Solche Objekttheorien sollen Ihnen helfen, sich in Ihrem beruflichen Wirkungsraum zurechtzufinden. Für die wirtschaftspädagogische Forschung und Lehre ist die Frage der Anwendung von Theorien und somit der Umsetzung von Forschungsergebnissen im Alltag von großer Bedeutung. Wenn wir es genau betrachten, so heisst dies vor allem, dass Sie später die Anwender von Theorien sein sollen. Sie leisten dann den Tansfer von wirtschaftspädagogischen Forschungsergebnissen in die wirtschaftspädgogische Praxis. Sie erlernen während des Studiums dann auch nicht nur einen Bestand an heute akzeptierten und gültigen Theorien. Forschung geht weiter. Während Ihres Studiums und auch in der Zeit danach werden neue Erkenntnisse gewonnen werden und bisher stabiles Wissen wird erweitert und ggf. als falsch erkannt werden. Dies fordert zwangsläufig dazu auf, sich auch nach dem Studium mit wirtschaftspädagogischer Forschung bzw. deren Ergebnissen zu beschäftigen. Hierfür stehen Ihnen Fachzeitschriften zur Verfügung, die Ihnen den Anschluss an die wissenschaftliche Diskussion erlauben.

Es reicht aber nicht aus, Forschungsergebnisse zur Kenntnis zu nehmen. Viel wichtiger ist das Nachvollziehen der Ergebnisse, ist die kritische Überprüfung des Neuen. Dies wiederum ist nur möglich, wenn Sie die Forschungsprogramme nachvollziehen können. Somit wird es immer wichtig sein, wissenschaftkritisch lesen zu können. Sie benötigen aber nicht nur als Rezipient wirtschaftspädagogischer Forschungsergebnisse wissenschaftstheoretische Kenntnisse. Erinnern Sie sich an Teil B. Dort ging es um die Praxis der Berufsbildung. Wir haben dort einleitend mit Geschichten von Absolventen des beruflichen Bildungssystems begonnen. Für diese Menschen werden Sie Verantwortung tragen. Wenn Sie diese Menschen unterstützen und fördern wollen, so wird es erforderlich sein, deren Leben immer wieder aufs Neue zu erkunden. Für solche Erkundungen benötigen Sie schon einen wissenschaftlichen Sachverstand, der es Ihnen ermöglicht, Probleme zu erkennen und zu definieren, so dass Sie dann mit Hilfe wissenschaftlicher Verfahren auch zu ‚guten' Lösungen gelangen.

Anhang

Abbildungsverzeichnis

Literaturverzeichnis

ABRAHAM, K. (1978): Betriebspädagogik. Grundfragen der Bildungsarbeit der Betriebe und der Selbstverwaltungsorgane der Wirtschaft, Berlin 1978.

ACHTENHAGEN, F. (1985a): Didaktik des Wirtschaftslehreunterrichts, Opladen 1985.

ACHTENHAGEN, F. (1985b): Wissenschaftstheoretische Dimension einer normativen fachdidaktischen Handlungsorientierung. In: Fachdidaktik zwischen Normativität und Pragmatik, hrsg. v. M. TWARDY, Düsseldorf 1985, S. 55-81.

ACHTENHAGEN, F. (1996): Situationsorientierung als Beitrag zur fachdidaktischen Innovation. In: Wissenschaftsorientierung und Praxisbezug in der Didaktik der Ökonomie. Festschrift für W. SCHNEIDER, hrsg. v. R. FORTMÜLLER und J. AFF. Wien 1996, S. 23-42.

ACHTENHAGEN, F. u. a. (1992): Lernhandeln in komplexen Situationen. Neue Konzepte der betriebswirtschaftlichen Ausbildung, Wiesbaden 1992.

ACHTENHAGEN, F. (1997): Berufliche Ausbildung. In: Psychologie des Unterrichts und der Schule, hrsg. v. F. E. WEINERT, München 1997, S. 603-657.

ADORNO, T. W. (1966): Negative Dialektik, Frankfurt am Main 1966.

ADORNO, T. W. (1970): Einleitung. In: Der Positivismusstreit in der deutschen Soziologie, hrsg. v. T. W. ADORNO, 2. Aufl., Frankfurt am Main 1970, S. 7-79.

AFF, J./WAGNER, M. (Hrsg.) (1997): Methodische Bausteine der Wirtschaftsdidaktik, Wien 1997.

ALBERT, H. (1968): Traktat über kritische Vernunft, Tübingen 1968.

ALBERT, H. (1982): Die Wissenschaft und die Fehlbarkeit der Vernunft, Tübingen 1982.

ANGER, G./BRACEY, J./CHRIST, H./MÜLLER, H. (1996): Handlungsfeld Personalwirtschaft, Köln 1996.

[AG] ARBEITSGRUPPE BIELEFELDER JUGENDFORSCHUNG (1990): Das Individualisierungstheorem – Bedeutung für die Vergesellschaftlichung von Jugendlichen. In: Individualisierung von Jugend: gesellschaftliche Prozesse, subjektive Verarbeitungsformen, jugendpolitische Konsequenzen, hrsg. v. W. HEITMEYER und Th. OLK, Weinheim und München 1990, S. 11-34.

ARBEITSGRUPPE BILDUNGSBERICHT am Max-Planck-Institut für Bildungsforschung (1994): Strukturen und Entwicklungen im Überblick, Reinbek 1994.

ARNOLD, R. (1982): Beruf – Betrieb – Betriebliche Bildungsarbeit. Einführung in die Betriebspädagogik, Frankfurt am Main 1982.

ARNOLD, R./LIPSMEIER, A. (Hrsg.) (1995): Handbuch der Berufsbildung, Opladen 1995.

BALS, T. (1994): Professionalisierung des Lehrens im Berufsfeld Gesundheit, Köln 1994.

BANDURA, A. (1979): Social Learning Theory, Stuttgart 1979.

BAUMGARDT, J. (1978): Erziehung zu sinnvollem Konsumieren – Aspekte zur Konsumpädagogik. In: Erziehung zum Handeln, hrsg. v. J. BAUMGARDT und H. HEID, Trier 1978, S. 25-48.

BECK, K. (1980): Zum Problem der Beschreibung des Verhältnisses von Mensch und Arbeit. In: Zeitschrift für Berufs- und Wirtschaftspädagogik, Heft 5, 1980, S. 355-364.

BECK, K. (1984): Zur Kritik des Lernortkonzeptes – Ein Plädoyer für die Verabschiedung einer untauglichen pädagogischen Idee. In: Schule und Berufsausbildung. Gustav Gründer zum 60. Geburtstag, hrsg. von W. GEORG, Bielefeld 1984, S. 247-262.

BECK, U. (1986): Risikogesellschaft. Auf dem Weg in eine andere Moderne, Frankfurt am Main 1986.

BECKMANN, A. (1996): Versicherungsmodelle zur individuellen Finanzierung von Weiterbildungsmaßnahmen – Präzisierung von konzeptionellen Rahmenbedingungen unter wirtschaftspädagogischen Kriterien vor dem Hintergrund der Meisterausbildung im Handwerk. Unveröffentlichte Diplomarbeit, Köln 1996.

BEHRINGER, F./ULRICH, J. G. (1997): Attraktivitätsverlust der dualen Ausbildung: Tatsache oder Fehldeutung der Statistik? In: Berufsbildung in Wissenschaft und Praxis, Heft 4, 1997, S. 3-8.

BENNER, H. (1995): Ordnung der staatlich anerkannten Berufe, Bielefeld 1995.

BENNER, H. (1997): Entwicklung anerkannter Ausbildungsberufe – Fortschreibung überkommener Regelungen oder Definition zukunftsbezogener Ausbildungslehrgänge? In: Duales System im Umbruch. Eine Bestandsaufnahme der Modernisierungsdebatte, hrsg. v. D. EULER und P. F. E. SLOANE, Pfaffenweiler 1997, S. 53-70.

BEREINIGTE Amtliche Sammlung der Schulvorschriften: Ausgabe NRW 1997/98.

BERTHEL, J. (1992): Fort- und Weiterbildung. In: Handwörterbuch des Personalwesens, hrsg. v. E. GAUGLER und W. WEBER, 2. Aufl., Stuttgart 1992, Sp. 883-898.

BLANKERTZ, H. (1986): Theorien und Modelle der Didaktik, 12. Aufl., Weinheim/München 1986.

BMBF: Berufsbildungsberichte verschiedener Jahrgänge, hrsg. v. Bundesministerium für Bildung, Wissenschaft, Forschung und Technologie.

BÖNSCH, M. (1994): Differenzierungsform. In: Pädagogische Grundbegriffe, hrsg. v. D. LENZEN, Hamburg 1994, S. 320-331.

BONZ, B. (Hrsg.) (1996): Didaktik der Berufsbildung, Stuttgart 1996.

BRAUKMANN, U. (1997): Möglichkeiten und Grenzen der Individualisierung und Flexibilisierung der Dualen Berufsbildung durch Zusatzqualifikationen. Unveröffentlichte Habilitationsschrift, vorgelegt der wirtschaftswissenschaftlichen Fakultät der Friedrich-Schiller-Universität Jena, Jena 1997.

BRAUKMANN, U./SLOANE, P. F. E. (1994): Flexibilisierung und Individualisierung der Ausbildung durch Zusatzqualifikationen. In: Kölner Zeitschrift für Wirtschaft und Pädagogik, Heft 16, 1994, S. 27-57.

BRAUKMANN, U./SLOANE, P. F. E. (1998): Modelle zur Reformierungen dualer Berufsausbildung: Zusatzqualifizierungen im Handwerk. Unveröffentlichtes Manuskript. Erscheint voraussichtlich Ende 1998.

BREZINKA, W. (1974): Grundbegriffe der Erziehungswissenschaft, München 1974.

BREZINKA, W. (1989): Aufklärung über Erziehungstheorien. Beiträge zur Kritik der Pädagogik, München/Basel 1989.

BROMME, R. (1992): Der Lehrer als Experte. Zur Psychologie des professionellen Wissens, Bern 1992.

BRUHN, M. (1995): Marketing: Grundlagen für Studium und Praxis, 2. überarbeitete Aufl., Wiesbaden 1995.

BUND-LÄNDER-KOMMISSION für Bildungsplanung und Forschungsforderung: Modellversuche in der Bewährung, Bonn 1995.

BUNK, G. (1982): Einführung in die Arbeits-, Berufs- und Wirtschaftspädagogik, Heidelberg 1982.

BUSCHFELD, D. (1994): Kooperation an kaufmännischen Berufsschulen, Köln 1994.

BUSCHFELD, D./SLOANE, P. F. E. (1994): Lernorte – Organisation der Lehrorte. In: Kölner Zeitschrift für Wirtschaft und Pädagogik, Heft 16, 1994, S. 5-9.

BUTTLER, F. (1995): Arbeitsmarkt- und Berufsforschung. In: Handbuch der Berufsbildung, hrsg. v. R. ARNOLD und A. LIPSMEIER, Opladen 1995, S. 492-500.

CZYCHOLL, R. (1985): Fachdidaktik Wirtschaftswissenschaften im Problemgefüge von Fachwissenschaft, Fachdidaktik, Didaktik und Unterrichtsfach. In: Fachdidaktik zwischen Normativität und Pragmatik, hrsg. v. M. TWARDY, Düsseldorf 1985, S. 239-273.

CZYCHOLL, R. (1996): Handlungsorientierung in der beruflichen Bildung. In: Didaktik der Berufsbildung, hrsg. v. B. BONZ, Stuttgart 1996, S. 113-131.

CZYCHOLL, R. (1997): Ansprüche an die Lehrerbildung – wie fließen didaktische Innovationen in die Aus- und Weiterbildung der Lehrer ein. In: Duales System im Umbruch. Eine Bestandsaufnahme der Modernisierungsdebatte, hrsg. v. D. EULER und P. F. E. SLOANE, Pfaffenweiler 1997, S. 361-376.

CZYCHOLL, R./EBNER, H. G. (1995): Handlungsorientierung in der Berufsbildung. In: Handbuch der Berufsbildung, hrsg. v. R. ARNOLD und A. LIPSMEIER, Opladen 1995, S. 39-49.

DAUENHAUER, E. (1996): Berufsbildungspolitik, 2. Aufl., Münchweiler 1996.

DECKER, F. (1985): Aus- und Weiterbildung am Arbeitsplatz. München 1985.

DEHNBOSTEL, P. u.a. (1996): Neue Lernorte und Lernort-Kombinationen – Erfahrungen und Erkenntnisse aus dezentralen Bildungskonzepten, Bielefeld 1996.

DEUTSCHER BILDUNGSRAT (1970): Empfehlungen der Bildungskommission. Strukturplan für das Bildungswesen. Verabschiedet auf der 27. Sitzung der Bildungskommission am 13. Februar 1970.

DIEDERICH, J. (1988): Didaktisches Denken. Eine Einführung in Anspruch, Möglichkeiten und Grenzen der allgemeinen Didaktik, Weinheim/München 1988.

DIEDERICH, J. (1994): Der Lehrer. In: Erziehungswissenschaft – ein Grundkurs, hrsg. v. D. LENZEN, Hamburg 1994, S. 228-252.

DILTHEY, W. (1958/1976): Entwürfe zur Kritik der historischen Vernunft. In: Seminar. Philosophische Hermeneutik, hrsg. v. H. G. GADAMER und G. BOEHM, Frankfurt am Main 1976, S. 189-220.

DILTHEY, W. (1966): Erleben, Ausdruck und Verstehen. In: Denkformen und Forschungsmethoden der Erziehungswissenschaft, Hermeneutik, Phänomenologie, Dialektik, Methodenkritik, hrsg. v. S. OPPOLZER, Band I, München 1966, S. 25-52.

DÖRING, R. (1994): Das Konzept der Schlüsselqualifikationen. Ansätze, Kritik und konstruktivistische Neuorientierung auf der Basis der Erkenntnisse der Wissenspsychologie, Hallstadt 1994.

DÖRSCHEL, A. (1972): Geschichte der Erziehung im Wandel von Wirtschaft und Gesellschaft. Berlin 1972.

DÖRSCHEL, A. (1975a): Betriebspädagogik, Band 11 der Schriftenreihe Ausbildung und Fortbildung, Berlin 1975.

DÖRSCHEL, A. (1975b): Einführung in die Wirtschaftspädagogik, 4. Aufl., München 1975.

DUBS, R. (1994): Die Führung einer Schule. Leadership und Management, Stuttgart 1994.

DUBS, R. (1997): „Teilautonome Schule" – ein Thema für die berufsbildende Schule? In: Duales System im Umbruch. Eine Bestandsaufnahme der Modernisierungsdebatte, hrsg. v. D. EULER und P. F. E., SLOANE, Pfaffenweiler 1997, S. 105-120.

DÜRR, W. (1983): Betriebspädagogik. In: Sekundarstufe II – Jugendbildung zwischen Schule und Beruf, Band 9.2 der Enzyklopädie Erziehungswissenschaft, hrsg. v. H. Blankertz u.a., Stuttgart 1983.

EBERLE, F. (1997): Anforderung an den Hochschulunterricht zur Förderung des lebenslangen Lernens. In: ZBW, 93. Band, Heft 2, 1997, S. 145-159.

EBNER, H. G. (1997): Lernende Organisation: Anpassung oder Selbstbestimmung der Mitarbeiter/innen? In: Vision einer Lernenden Organisation. Herausforderungen für die betriebliche Bildung, hrsg. von U. WITTHAUS und W. WITTWER, Bielefeld 1997, S. 141-153.

ECKHARDT, P./VON DER AA, K. (1927): Betriebswirtschaftslehre, 1. Band, Leipzig/Berlin 1927.

EDDING, F. (1989): Bildungsökonomie. In: Pädagogische Grundbegriffe, hrsg. v. D. LENZEN, Reinbek 1989, S. 232-241.

EDELMANN, W. (1986): Lernpsychologie, 2. völlig neu bearbeitete Aufl., München/Weinheim 1986.

ENGGRUBER, R. (1994): Arbeitsprojekte in der handwerklichen Berufsbildung. In: Berufsbildung in Wissenschaft und Praxis, Heft 1, 1994, S. 9-12.

ENGGRUBER, R./HAHN, A. (1992): Evaluation des Förderlehrgangs. In: Neue Ausbildungskonzepte im Handwerk. Erster Zwischenbericht des Modellversuchs zur Ausbildung von Jugendlichen ohne Hauptschulabschluß, hrsg. v. M. TWARDY, Köln 1992, S. 172-197.

ESSER, F. H. (1997): Beruf als didaktische Kategorie: Tradition und Innovation, Köln 1997.

EULER, D. (1994): Didaktik einer sozio-informationstechnischen Bildung, Köln 1994.

EUROPÄISCHE KOMMISSION (1995): Weißbuch zur allgemeinen und beruflichen Bildung. Lehren und Lernen. Auf dem Weg zur kognitiven Gesellschaft, Luxembourg 1995.

EWERT, O./THOMAS, J. (1996): Das Verhältnis von Theorie und Praxis in der Instruktionenpsychologie. In: Enzyklopädie der Psychologie. Psychologie des Lernens und der Instruktion, hrsg. v. E. WEINERT, München 1996, S. 89-118.

FAULSTICH, P. (1996): Qualifikationsbegriffe und Personalentwicklung. In: ZBW, Heft 4, 1996.

FELD, F. (1928): Grundfragen der Berufsschul- und Wirtschaftspädagogik, Langensalza 1928.

FELD, F. (1944): Wirtschaftspädagogik. In: Studienführer Gruppe II Rechts- und Wirtschaftswissenschaft, hrsg. v. F. KUBACH, Band 14, Heidelberg 1944.

FELLER, G./ZÖLLER, A. (1995): Bedeutung und Entwicklung der vollqualifizierenden schulischen Berufsausbildung – Strukturdaten und Vergleiche. In: Berufsbildung in Wissenschaft und Praxis, Heft 3, 1995, S. 21-28.

FINGERLE, K. (1994): Schule. In: Pädagogische Grundbegriffe, hrsg. v. D. LENZEN, Hamburg 1994, S. 1326-1331.

FISCHER, A. (1924): Die Humanisierung der Berufsschule. In: Aloys Fischer – Leben und Werk Band II, hrsg. v. K. KREITMAYR, München 1950, S. 315-385.

FLITNER, W. (1963): Das Selbstverständnis der Erziehungswissenschaft in der Gegenwart, 3. Aufl., Heidelberg 1963.

FORTMÜLLER, R./AFF, J. (Hrsg.) (1996): Wissenschaftsorientierung und Praxisbezug in der Didaktik der Ökonomie, Mainz/Wien 1996, S. 372-402.

FORTMÜLLER, R. (1996): Wissenschaftsorientierung und Praxisbezug als komplementäre Prinzipien lernpsychologisch fundierter Lehr-Lern-Arrangements. In: Wissenschaftsorientierung und Praxisbezug in der Didaktik der Ökonomie, hrsg. v. R. FORTMÜLLER und J. AFF, Mainz/Wien 1996, S. 372-402.

FRIELING, E. (1995): Lernen und Arbeiten. In: Handbuch der Berufsbildung, hrsg. v. R. ARNOLD und A. LIPSMEIER, Opladen 1995, S. 261-270.

GABISCH, G. (1990): Haushalte und Unternehmen. In: Vahlens Kompendium der Wirtschaftstheorie und Wirtschaftspolitik, hrsg. v. D. BENDER u.a., Band 2, 4. Aufl., München 1990 , S. 1-57.

GABLER WIRTSCHAFTS LEXIKON (1992), 13. vollst. überarbeitete Aufl., Wiesbaden 1992.

GADAMER, H.-G. (1972): Wahrheit und Methode, 3. Aufl., Tübingen 1972.

GAUGLER E./MUNGENAST, M. (1992) : Aus- und Weiterbildung. In: Handwörterbuch der Organisation, hrsg. v. E. FRESE, 3. Aufl., Stuttgart 1992, Sp. 237-252.

GEISSLER, H. (1994): Management Education. In: Pädagogische Grundbegriffe, hrsg. v. D. LENZEN, Hamburg 1994, S. 1031-1035.

GEORG, W./SATTLER, U. (1995): Arbeitsmarkt, Beschäftigungssystem und Berufsbildung. In: Handbuch der Berufsbildung, hrsg. v. R. ARNOLD und A. LIPSMEIER, Opladen 1995, S. 123-141.

GEULEN, D. (1994): Sozialisation. In: Erziehungswissenschaft – ein Grundkurs, hrsg. v. D. LENZEN, Hamburg 1994, S. 99-132.

GIESEKE, W. (1994): Der Erwachsenenpädagoge. In: Erziehungswissenschaft – Ein Grundkurs, hrsg. v. D. LENZEN, Hamburg 1994, S. 282-313.

GLASERFELD, E. v. (1992): Konstruktion der Wirklichkeit und des Begriffs der Objektivität. In: Einführung in den Konstruktivismus, München/Zürich 1992, S. 9-39.

GREINERT, W.-D. (1995). Das duale System der Berufsausbildung in der Bundesrepublik Deutschland, 2. verbesserte Aufl., Stuttgart 1995.

GROEBEN, N./SCHEELE, B. (1977): Argumente für eine Psychologie des reflexiven Subjekts. Paradigmenwechsel vom behavioralen zum epistemologischen Menschenbild, Darmstadt 1977.

GRUSCHKA, A. (1992): Bericht der Wissenschaftlichen Begleitung zum Kollegschulversuch NRW, hrsg. v. LANDESINSTITUT für Schule und Weiterbildung, Soest 1992.

HABERMAS, J. (1971): Vorbereitende Bemerkungen zu einer Theorie der kommunikativen Kompetenz. In: Theorie der Gesellschaft oder Sozialtechnologie – Was leistet die Systemforschung?, hrsg. v. J. HABERMAS und N. LUHMANN, Frankfurt am Main 1971, S. 101-141.

HABERMAS, J. (1978): Technik und Wissenschaft als ‚Ideologie‘, Frankfurt am Main 1978.

HABERMAS, J. (1981): Theorie des kommunikativen Handelns. Band I: Handlungsrationalität und gesellschaftliche Rationalisierung, Frankfurt am Main 1981.

HAHN, A. (1997): Vollzeitschulen und duales System – Alte Konkurrenzdebatte oder gemeinsame Antworten auf dringende Fragen? In: Duales System im Umbruch. Eine Bestandsaufnahme der Modernisierungsdebatte, hrsg. v. D. EULER und P. F. E.. SLOANE, Pfaffenweiler 1997, S. 27-51.

HEEG, F.-J./MÜNCH, J. (1993): Handbuch Personal- und Organisationsentwicklung, Stuttgart 1993.

HEID, H. (1994): Erziehung. In: Erziehungswissenschaft – ein Grundkurs, hrsg. v. D. LENZEN, Hamburg 1994, S. 43-68.

HEID, H. (1996): Über Zweifel an der Möglichkeit, Pädagogik als empirische Wissenschaft zu betreiben. In: Pädagogik als empirische Wissenschaft – Reden zur Emeritierung von Peter Martin Roeder, Berlin 1996, S. 17-61.

HERRMANN, U. (1994): Familie und Elternhaus. In: Erziehungswissenschaft –
Ein Grundkurs, hrsg. v. D. LENZEN, Hamburg 1994, S. 186-204.

HOMMER, O. (1913): Kaufmännisches Unterrichtswesen. In: Lexikon der Pädagogik, hrsg. v. M. ROHLOFF, Band 2, Freiburg im Breisgau 1913, Sp.
1144-1156.

HORKHEIMER, M./MARCUSE, H. (1937): Philosophie und kritische Theorie. In:
Zeitschrift für Sozialforschung, Jahrgang 1937, S. 625-647.

HURRELMANN, K. (1994): Differenzierung. In: Pädagogische Grundbegriffe,
hrsg. v. D. LENZEN, Hamburg 1994, S. 318-320.

JONGEBLOED, H.-C. (1996): Wirtschaftspädagogik – oder: Gedanken zu einem
Verhältnis. Vortragstyposkript, Kiel 1996.

JONGEBLOED, H.-C. (1997): Weiterbildung zwischen Vielfalt und Zertifizierung. In: Zwischen Autonomie und Ordnung – Perspektiven beruflicher Bildung, hrsg. v. M. TWARDY und H.-C. JONGEBLOED, Köln 1997, S. 3-38.

JONGEBLOED, H.-C./TWARDY, M. (1983): Wissenschaftstheoretische Voraussetzungen. In: Kompendium Fachdidaktik Wirtschaftswissenschaften, hrsg. v.
M. TWARDY, Düsseldorf 1983, S. 163-204.

KADE, J./SEITER, W. (1996): Lebenslanges Lernen. Mögliche Bildungswelten,
Opladen 1996.

KAISER, F.-J./KAMINISKI, H. (1994): Methodik des Ökonomie-Unterrichts, Bad
Heilbrunn 1994.

KALLEN, D. (1996): Lebenslanges Lernen in der Retrospektive. In: Berufsbildung – Europäische Zeitschrift, Heft 8/9, 1996, S. 17-24.

KANT, I. (1781/87): Critik der reinen Vernunft. Zitiert in der Ausgabe der Wissenschaftlichen Buchgesellschaft von 1983, 1. Aufl., Riga 1781, 2. Aufl. Riga 1787, hrsg. von W. WEISCHEDEL, Band 3 und 4, Zitierweise: Kant, Critik,
mit Zeitenzahl. Der Zusatz A verweist auf die erste, der Zusatz B auf die
zweite Aufl. (Critik A/B).

KANT, I. (1979): Beantwortung der Frage: Was ist Aufklärung? In: Aufklärung
in Deutschland, hrsg. v. P. RAABE und U. SCHMIDT-BIGGEMANN, Bonn 1979,
S. 9-16.

KELL, A. (1974): Didaktische Matrix – Konkretisierung des „didaktischen
Strukturgitters" für den Arbeitslehreunterricht. In: Curriculumforschung –
Strategien, Strukturierung, Konstruktion, hrsg. v. H. BLANKERTZ, 4. Aufl.,
Essen 1974, S. 35-52.

KELL, A. (1995): Organisation, Recht und Finanzierung der Berufsbildung. In:
Handbuch der Berufsbildung, hrsg. v. R. ARNOLD und A. LIPSMEIER, Opladen 1995, S. 369-397.

KELL, A. (1995a): Berufsgrundbildung. In: Enzyklopädie Erziehungswissenschaft hrsg. v. D. LENZEN, Band 9.2, hrsg. v. H. BLANKERTZ, J. DERBOLAV,
A. KELL und G. KUTSCHA, Stuttgart 1995, S. 161-165.

KELL, A. (1995b): Das Berechtigungswesen zwischen Bildungs- und Beschäftigungssystem. In: Enzyklopädie Erziehungswissenschaft, hrsg. v. D. LEN-

ZEN, Band 9.1, hrsg. v. H. BLANKERTZ, J. DERBOLAV, A. KELL und G. KUTSCHA, Stuttgart 1995, S. 289-320.

KIRSCH, W. (1997): Kommunikatives Handeln, Autopoiese, Rationalität. Kritische Aneignungen im Hinblick auf eine evolutionäre Organisationstheorie, 2. überarbeitete und erweiterte Aufl., München 1997.

KLINGBERG, L. (1995): Lehren und Lernen – Inhalt und Methode, Oldenburg 1995.

KM-NRW (1994): Richtlinien und Lehrpläne Bürokaufmann/Bürokauffrau, hrsg. v. Kultusministerium des Landes Nordrhein-Westfalen, Düsseldorf 1994.

KÖNIG, E. (1975a): Theorie der Erziehungswissenschaft. Band I: Wissenschaftstheoretische Richtungen der Pädagogik, München 1975.

KÖNIG, E. (1975b): Theorien der Erziehungswissenschaft. Band II: Normen und ihre Rechtfertigung, München 1975.

KOTLER, P./BLIEMEL, F. (1995): Marketing – Management, Analyse, Planung, Umsetzung und Steuerung, 8. vollständig bearbeitete und erweiterte Aufl., Stuttgart 1995.

KRUMM, V. (1987): Der Beitrag der Erziehungswissenschaft zur Entstehung der Kluft zwischen Theorie und Praxis. In: Theorie und Praxis des Theorie-Praxis-Bezugs in der empirischen Pädagogik, hrsg. v. G. ECKERLE und J.-L. PATRY, Baden-Baden 1987, S. 17-40.

KUHN, T. S. (1977): Die Entstehung des Neuen, Frankfurt am Main 1977.

KUTSCHA, G. (1993): Modernisierung der Berufsbildung im Spannungsfeld von Systemdifferenzierung und Koordination. In: Modernisierung beruflicher Bildung vor den Ansprüchen der Vereinheitlichung und Differenzierung, hrsg. v. F. BUTTLER u.a., Nürnberg 1993, S. 40-56.

KUTSCHA, G. (1995): Weierentwicklung der Berufsschulen zu Zentren der beruflichen Aus- und Weiterbidung. In: Bewegung in der Berufsbildung. Neue Ansätze einer Theorie und Praxis, Dokumentation der Fachtatung vom 4. Juli 1995 in Stuttgart, hrsg. von der Gewerkschaft Erziehung und Wissenschaft, 1995, S. 5-18.

LANGEWAND, A. (1994a): Bildung. In: Erziehungswissenschaft – ein Grundkurs, hrsg. v. D. Lenzen, Hamburg 1994, S. 69-98.

LANGEWAND, A. (1994b): Bildsamkeit. In: Pädagogische Grundbegriffe, hrsg. v. D. LENZEN, Hamburg 1989, S. 204-208.

LENZEN, D. (1994): Erziehungswissenschaft – Pädagogik. In: Erziehungswissenschaft – ein Grundkurs, hrsg. v. D. LENZEN, Stuttgart 1994, S. 11- 42.

LIPSMEIER, A. (1984): Möglichkeiten und Grenzen einer vollschulischen Berufsausbildung. In: Gewerkschaftliche Bildungspolitik, Heft 3, 1984, S. 75-82.

LIPSMEIER, A. (1991): Berufliche Weiterbildung. Theorieansätze, Strukturen, Qualifizierungsstrategien, Perspektiven, Frankfurt am Main 1991.

LIPSMEIER, A. (1995): Die didaktische Struktur des beruflichen Bildungswesens. In: Enzyklopädie Erziehungswissenschaft, hrsg. von D. LENZEN, Band

9.1, hrsg. von H. BLANKERTZ, J. DERBOLAV, A. KELL und G. KUTSCHA, Stuttgart 1995, S. 227-249.

LORENZEN, P. (1969): Normative logic and ethics, Mannheim 1969.

LORENZEN, P./SCHWEMMER, O. (1973): Konstruktive Logik, Ethik und Wissenschaftstheorie, Mannheim/Wien/Zürich 1973.

MATURANA, H. R. (1982): Erkennen: Die Organisation und Verkörperung der Wirklichkeit, Braunscheig 1982.

MEFFERT, H. (1989): Marketing: Grundlagen der Absatzpolitik. Mit Fallstudien, 7. überarbeitete und erweiterte Aufl., Wiesbaden 1989.

MERTENS, D. (1974): Schlüsselqualifikationen, Thesen zur Schulung für eine moderne Gesellschaft. In: Mitteilungen aus der Arbeismarkt- und Berufsforschung, Heft 7, 1974.

MILLER, G./GALANTER, E/PRIBRAM, K. H. (1973): Strategien des Handelns, Stuttgart 1973.

MÜLLER-ARMACK, A. (1956): Soziale Marktwirtschaft. In: Handwörterbuch der Sozialwissenschaften, hrsg. v. E. v. BECKERATH u.a., Band 9, Göttingen 1956.

MÜNCH, J. (1971): Die Berufsbildung Erwachsener. Begriff, Wirklichkeit und Anspruch. In: Berufsbildung Erwachsener. Aufgaben und Lösungen, hrsg. v. J. MÜNCH, Braunschweig 1971, S. 13-36.

MÜNCH, J. (1993): Die Weiterbildung als begriffliches und bildungspolitisches Problem. In: Berufliches Handeln, gesellschaftlicher Wandel, pädagogische Prinzipien. Festschrift für Martin Schmiel zur Vollendung des 80. Lebensjahres, hrsg. v. K.-H. SOMMER und M. TWARDY. Stuttgart 1993, S. 61-81.

MÜNCH, J. und KATH, F. M.: Zur Phänomenologie und Theorie des Arbeitsplatzes als Lernort. In: Lernen – aber wo?, hrsg. v. J. MÜNCH, Trier 1973, S. 76-110.

MYRDAL, G. (1963): Das politische Element in der national-ökonomischen Doktrinbildung, Hannover 1963.

MYRDAL, G. (1965). Das Wertproblem in den Sozialwissenschaften, Hannover 1965.

MYRDAL, G. (1971): Objektivität in der Sozialforschung, Frankfurt am Main 1971.

NIESCHLAG, R./DICHTL, E./HÖRSCHGEN, H. (1994): Marketing, 17. neu bearbeitete Aufl., Berlin 1994.

NIKOLAY, H. (1993): Aufgabenverteilung in der Berufsausbildung. Inhaltliche Abstimmung der fachlichen Lerninhalte im Dualen System, Berlin 1993.

NOHL, H. (1949): Die pädagogische Bewegung in Deutschland und ihre Tradition, 3. Aufl., Frankfurt am Main 1949.

OEVERMANN, U. et al. (1976): Beobachtung zur Struktur der sozialisatorischen Interaktion. Theoretische und methodologische Fragen der Interaktionsfor-

schung. In: Seminar. Kommunikation, Interaktion, Identität, hrsg. v. M. AU-
WÄRTER, W. KRISCH und K. SCHRÖTER, Frankfurt am Main, S. 371-403.

OEVERMANN, U. (1983): Hermeneutische Sinnkonstruktion: Als Therapie und
Pädagogik mißverstanden, oder: Das notorische strukturtheoretische Defi-
zit pädagogischer Wissenschaften. In: Brauchen wir andere Foschungsme-
thoden?, hrsg. v. D. GARZ und K. KRAIMER, Frankfurt am Main 1983,
S. 113-155.

OEVERMANN, U. (1986): Kontroversen über sinnverstehende Soziologie. Einige
wiederkehrende Probleme und Mißverständnisse in der Rezeption der „objektiven Hermeneutik". In: Handlung und Sinnstruktur. Bedeutung und Anwendung der objektiven Hermeneutik, hrsg. v. S. AUFENANGER und
M. LENSSEN, München 1986, S. 19-83.

PÄTZOLD, G. (1996): Lehrmethoden in der beruflichen Bildung, 2. Aufl., Heidelberg 1996.

PÄTZOLD, G. (1997a): Lernortkooperation – wie ließe sich die Zusammenhang-
losigkeit der Lernorte überwinden? In: Duales System im Umbruch. Eine
Bestandsaufnahme der Modernisierungsdebatte, hrsg. v. D. EULER und P. F.
E. SLOANE, Pfaffenweiler 1997, S. 121-142.

PÄTZOLD, G. (1997b): Betriebliches Bildungspersonal und Professionalität. In:
Weiterungen der Berufspädagogik, hrsg. v. R. ARNOLD, R. DOBISCHAT und
B. DOTT, Stuttgart 1997, S. 251-268.

PAULSEN, B. (1991): Marketing für Weiterbildung – Anstöße zur Innovation.
In: Lernfeld Betrieb, Heft 3, 1991, S. 17-22.

PENNDORF, B./OBERBACH, J. (1925): Der Musterkontorgedanke in seiner geschichtlichen Entwicklung und neuzeitlichen Durchführung, Leipzig 1925.

PICOT, A. (1991): Ökonomische Theorie der Organisation – Ein Überblick
über neuere Ansätze und deren betriebswirtschaftliches Anwendungspoten-
tial. In: Betriebswirtschaftslehre und ökonomische Theorie, hrsg. von
D. ORDELHEIDE, B. RUDOLPH und E. BÜSSELMANN, Stuttgart 1991, S. 143-
170.

PLEISS, U. (1973): Wirtschaftslehrerbildung und Wirtschaftspädagogik, Göttingen 1973.

PLEISS, U. (1986): Wirtschafts- und Berufspädagogik als wissenschaftliche
Disziplin – Eine wissenschaftstheoretische und wissenschaftshistorische
Modellstudie. In: Arbeits-, Berufs- und Wirtschaftspädagogik im Übergang,
hrsg. v. R. LASSAHN und B. OFFENBACH, Frankfurt am Main/Bern/New York
1986, S. 79-129.

PLEISS, U. (1987): Begriffliche Studien zur Konsumentenerziehung, Baltmannsweiler 1987.

PLEISS, U. (1988): Der Handelslehrer und sein Diplom. In: Wirtschaftspädago-
gik im Spektrum ihrer Problemstellung. Festschrift zum 65. Geburtstag von
Joachim Peege, hrsg. v. M. BECKER und U. PLEISS, Baltmannsweiler 1988,
S. 389-433.

POPPER, K. R. (1969): Logik der Forschung, Tübingen 1969.

POPPER, K. R. (1970): Die Logik der Sozialwissenschaften. In: Der Positivismusstreit in der deutschen Soziologie, hrsg. v. T. W. ADORNO, 2. Aufl., Frankfurt am Main 1970, S. 102-123.

POPPER, K. R. (1973): Objektive Erkenntnis. Ein evolutionärer Entwurf, 2. Aufl., Hamburg 1973.

RAFFÉE, H. (1993): Gegenstand, Methoden und Konzepte der Betriebswirtschaftlehre. In: Vahlens Kompendium der Betriebwirtschaftslehre, hrsg. v. M. BITZ u.a., Band 1, 3. Aufl., München 1993, S. 1-46.

REETZ, L. (1985): Zur Rolle der Wirtschaftswissenschaften in der Wirtschaftsdidaktik. In: Fachdidaktik zwischen Normativität und Pragmatik, hrsg. v. M. TWARDY, Düsseldorf 1985, S. 197-237.

REICHENBACH, R. (1994): Moral, Diskurs und Einigung. Zur Bedeutung von Diskurs und Konsens für das Ethos des Lehrberufs, Freiburg 1994.

REISER, R./TWARDY, M. (1994): Neue Ausbildungskonzepte im Handwerk. Abschlussbericht des Modellversuchs „Ausbildung Jugendlicher ohne Hauptschulabschluss", Köln 1994.

RETZMANN, T. (1994): Wirtschaftsethik und Wirtschaftspädagogik, Köln 1994.

RETZMANN, T./TWARDY, M. (1993): Vom technisch Machbaren, ökonomisch Vorteilhaften und pädagogisch Verantwortbaren, oder: Zur Wirtschaftspädagogik als Wissenschaftsdisziplin. In: Kölner Zeitschrift für Wirtschaft und Pädagogik, Heft 15, 1993, S. 79-109.

RIEDEL, J. (1958): Arbeitspädagogik im Betrieb, Essen 1958.

ROTH, G. (1988): Erkenntnis und Realität: Das Gehirn und seine Wirklichkeit. In: Der Diskurs des radikalen Konstruktivismus, hrsg. v. S. J. SCHMIDT, Frankfurt am Main 1988, S. 229-255.

RUSCH, G. (1994): Kommunikation und Verstehen. In: Die Wirklichkeit der Medien. Eine Einführung in die Kommunikationswissenschaft, hrsg. v. F. MERTEN, S. J. SCHMIDT und S. WEISCHENBERG, Opladen 1994, S. 60-78.

SCHANNEWITZKY, G. (1978): Die Wirtschaftspädagogik unter berufspädagogischem Aspekt. In: Erziehung zum Handeln, hrsg. v. J. BAUMGARDT und H. HEID, Trier 1978, S. 252-267.

SCHANNEWITZKY, G. (1991): Werden und Wachsen einer Wissenschaft, Frankfurt am Main 1991.

SCHLEIERMACHER, F. (1957): Die Vorlesungen aus dem Jahre 1826. In: Friedrich Schleiermacher – Pädagogische Schriften unter Mitwirkung von Theodor Schultze, hrsg. v. E. WENIGER, Düsseldorf/München 1957, S. 35-45.

SCHLIEPER, F. (1944): Die Grundformen wirtschaftsberuflicher Jugenderziehung, Leipzig 1944.

SCHLIEPER, F. (1954): Berufserziehung im Handwerk, Coesfeld 1954.

SCHMIEL, M. (1967): Erziehung zum Handeln. In: Erziehung in einer ökonomisch-technischen Welt. Festschrift für Friedrich Schlieper zum 70. Geburtstag, hrsg. v. J. BAUMGARDT, Köln 1967.

SCHMIEL, M. (1973): Lernstandsfeststellungen in der beruflichen Bildung, Köln 1973.

SCHMIEL, M. (1975): Das Unterrichten in der beruflichen Weiterbildung von Erwachsenen, Köln 1975.

SCHMIEL, M. (1976a): Berufspädagogik. Band I: Grundlagen, Trier 1976.

SCHMIEL, M. (1976b): Berufspädagogik. Band II: Berufsvorbereitung, Trier 1976.

SCHMIEL, M. (1977): Berufspädagogik. Band III: Berufliche Weiterbildung, Trier 1977.

SCHMIEL, M. (1978): Einführung in fachdidaktisches Denken, München 1978.

SCHMIEL, M. (1980): Gruppenunterricht in der beruflichen Bildung, Köln 1980.

SCHMIEL, M./SOMMER, K.-H. (1985): Lehrbuch Berufs- und Wirtschaftspädagogik, München 1985.

SCHNEIDER, D. (1987): Allgemeine Betriebswirtschaftslehre, 3. Aufl., Wien 1987.

SCHNEIDER, D. (1992): Betriebswirtschaftlehre. In: Gabler-Wirtschafts-Lexikon Band A-E, Wiesbaden 1992, S. 493-501.

SCHNEIDER, W. (1997): Berufliche Erstausbildung zwischen Vollzeitschule und dualem System. Eine Analyse aus österreichischer Sicht. In: Duales System im Umbruch. Eine Bestandsaufnahme der Modernisierungsdebatte, hrsg. v. D. EULER und P. F. E.. SLOANE, Pfaffenweiler 1997, S. 1-26.

SCHOBER, K./TESSARING, M. (1993): Eine unendliche Geschichte – Vom Wandel im Bildungs- und Berufswahlverhalten Jugendlicher. Materialien aus der Arbeitsmarkt- und Berufsforschung (MatAB 3), Heft 3, Nürnberg 1993.

SCHWEMMER, O. (1973): Philosophie und Praxis. Versuch zur Grundlegung einer Lehre vom moralischen Argumentieren in Verbindung mit einer Interpretation der praktischen Philosophie Kants, Fankurt am Main 1973.

SCHWENK, B. (1994): Verhältnis, pädagogisches. In: Pädagogische Grundbegriffe, hrsg. v. D. LENZEN, Hamburg 1989, S. 1566-1572

SENATSKOMMISSION für Berufsbildungsforschung (1990): Berufsbildungsforschung an den Hochschulen der Bundesrepublik Deutschland, Weinheim 1990.

SEUBERT, R. (1977): Berufserziehung und Nationalsozialismus, Weinheim/Basel 1977.

SEVERING, E. (1997): Lernen am Arbeitsplatz – ein Kernelement moderner Berufsausbildung? In: Duales System im Umbruch. Eine Bestandsaufnahme der Modernisierungsdebatte, hrsg. v. D. EULER und P. F. E.. SLOANE, Pfaffenweiler 1997, S. 305-318.

SEYD, W. (1997): Handlungsorientierung: Modernistische Maxime oder fundamentales Lehr-Lern-Konzept? In: Arbeit und Lernen 2000. Berufliche Bildung zwischen Aufklärungsanspruch und Verwertungsinteressen an der Schwelle zum dritten Jahrtausend, hrsg. v. G. DREES und F. ILSE, Band 1, Bielefeld 1997, S. 143-168.

SLOANE, P. F. E. (1983): Theoretische und praktische Aspekte der Zielbestimmung, Düsseldorf 1983.

SLOANE, P. F. E. (1988): ... Vernunft der Ethik – Ethik der Vernunft ... Zur Kritik der Handlungswissenschaft, Köln 1988.

SLOANE, P. F. E. (1992): Modellversuchsforschung. Überlegungen zu einem wirtschaftspädagogischen Forschungsansatz, Köln 1992.

SLOANE, P. F. E. (1993): Theorien für das Handeln. Über „pädagogische Konsequenzen" und „didaktisches Handeln" in der Auseinandersetzung mit Martin Schmiel. In: Berufliches Handeln, gesellschaftlicher Wandel, pädagogische Prinzipien. Festschrift für Martin Schmiel zur Vollendung des 80. Lebensjahres, hrsg. v. K.-H. SOMMER und M. TWARDY, Esslingen 1993, S. 393-424.

SLOANE, P. F.E. (1995): Von der Erkenntnis zur Anwendung, Baden-Baden 1995.

SLOANE, P. F. E. (1997a): Wirtschafts- und Berufspädagogik. In: Wirtschaftswissenschaften. Eine Einführung, hrsg. v. R. WALTER, Paderborn u.a. 1997, S. 129-161.

SLOANE, P. F. E. (1997b): Klein- und Mittelbetriebe als Lernende Organisationen – Konzeptionelle Strukturierung und empirische Exploration. In: Vision einer Lernenden Organisation. Herausforderungen für die betriebliche Bildung, hrsg. v. U. WITTHAUS und W. WITTWER, Bielefeld 1997, S. 107-127.

SLOANE, P. F. E. (1997c): Bildungsmarketing in wirtschaftspädagogischer Perspektive. In: Weiterbildungsmarketing, hrsg. v. H. GEIßLER, Neuwied 1997, S. 36-54.

SLOANE, P. F. E. (1997d): Modularisierung in der beruflichen Ausbildung, oder: Die Suche nach dem Ganzen. In: Duales System im Umbruch. Eine Bestandsaufnahme der Modernisierungsdebatte, hrsg. v. D. EULER und P. F. E.. SLOANE, Pfaffenweiler 1997, S. 223-245.

SLOANE, P. F. E. (1998): Modellversuchsforschung zwischen Erkenntnisgewinnung und Praxisgestaltung. Münchener Texte zur Wirtschaftspädagogik, Heft 5, München 1998.

SPRANGER, E. (1920): Allgemeinbildung und Berufsschule. Vortrag, gehalten auf dem XIII. Deutschen Fortbildungsschultag in Dresden, aus: Eduard Spranger – Schule und Lehrer, hrsg. v. L. ENGLERT, gesammelte Schriften Band 3, Heidelberg 1970, S. 7-26.

STATISTISCHES BUNDESAMT (1995): Statistisches Jahrbuch 1995 für die Bundesrepublik Deutschland, Wiesbaden 1995.

STICKLING, E. (1996): Modellversuch Rabbit – ein Beitrag für curriculare Arbeit ‚vor Ort'. In: Kölner Zeitschrift für Wirtschaft und Pädagogik, Heft 21, 1996, S. 17-45

STRAUSS, B. (1995): Marketing. In: Lexikon der Betriebswirtschaftslehre, hrsg. v. H. CORSTEN, 3. überarbeitete und erweiterte Aufl., München/Wien 1995, S. 606-609.

TESSARING, M. (1995): Übergänge ins Beschäftigungssystem und Fachkräftenachfrage. In: WESTHOFF, G. (1995): Übergänge von der Ausbildung in den Beruf – Die Situation an der zweiten Schwelle in der Mitte der neunziger Jahre, Bielefeld 1995, S. 81-92.

TWARDY, M. (1983): Konsumpädagogik, Köln 1983.

TWARDY, M. (1985): Lernpsychologische Bedingungen und didaktische Konsequenzen zur Realisierung computergestützten Unterrichts. In: Angewandte Informatik. Festschrift für Paul Schmitz, hrsg. v. D. SEIBT, N. SZYPERSKI und U. HASENKAMP, Braunschweig 1985.

TWARDY, M. (1993): Politische Bildung tut not! – Ein Aufruf und seine wirtschafts- und berufspädagogische Begründung. In: Berufliches Handeln, gesellschaftlicher Wandel, pädagogische Prinzipien. Festschrift für Martin Schmiel zur Vollendung des 80. Lebensjahres, hrsg. v. K.-H. SOMMER und M. TWARDY, Esslingen 1993, S. 119-134.

TWARDY, M. (1996a): Die betriebliche Weiterbildung im Spannungsfeld zwischen Wissenschaftsorientierung und Praxisbezug. In: Wissenschaftsorientierung und Praxisbezug in der Didaktik der Ökonomie, hrsg. v. R. FORTMÜLLER und J. AFF, Wien 1996.

TWARDY, M. (1996b): Wirtschaftlicher und gesellschaftlicher Wandel des 19. und frühen 20. Jahrhunderts aus pädagogischer Sicht am Beispiel der Reichsschulkonferenz von 1920. In: Von der Landwirtschaft zur Industrie, hrsg. v. G. SCHULZ, Paderborn 1996, S. 185-219.

TWARDY, M. (1997): Ausbildung zwischen Flexibilisierung und Identität. In: Zwischen Autonomie und Ordnung – Perspektiven beruflicher Bildung, hrsg. v. M. TWARDY und H.-C. JONGEBLOED, Köln 1997, S. 125-146.

TWARDY, M. (Hg.) (1983a): Kompendium Fachdidaktik Wirtschaftswissenschaften, Band 3, Düsseldorf 1983.

TWARDY, M./WILBERS, K. (1996): Computergestützter Unterricht in der Berufsbildung. In: Didaktik der Berufsbildung, hrsg v. B. BONZ, Stuttgart 1996, S. 144-161.

UHLE, R. (1976): Geisteswissenschaftliche Pädagogik und kritische Erziehungswissenschaft, Weilheim/Berlin 1976.

URBSCHAT, F. (1965): Wirtschaftspädagogik. In: Handwörterbuch der Sozialwissenschaften, hrsg. von E. v. BECKERATH u.a., Band 12, Tübingen 1965, S. 203-210.

VOIGT, W. (1977): Einführung in die Berufs- und Wirtschaftspädagogik, 2. Aufl., München 1977.

VOLPERT, W. (1987): Psychische Regulation von Arbeitstätigkeiten. In: Arbeitspsychologie, hrsg. v. U. KLEINBECK und J. RUTENFRANZ, Serie III, Band 1 der Enzyklopädie der Psychologie, Göttingen 1987, S. 1-42.

WEIDEMANN, B.: Lernen – Lerntheorien. In: Pädagogische Grundbegriffe, hrsg. v. D. LENZEN, Hamburg 1989, S. 996-1010.

WEHLE, G. (1956): Praxis und Theorie im Lebenswerk Georg Kerschensteiners, hrsg. v. E. WENIGER, Weinheim 1956.

WEHNERS, F.-J. (1991): Theorien der Bildung – Bildung als historisches und aktuelles Problem. In: Pädagogik. Handbuch für Studium und Praxis, hrsg. v. L. ROTH, München 1991, S. 256-270.

WEISSER, G. (1971): Zur Erkenntniskritik der Urteile über den Wert sozialer Gebilde und Prozesse. In: Werturteilsstreit, hrsg. v. H. ALBERT und E. TOPITSCH, Darmstadt 1971, S. 125-149.

WEISSER, G. (1978a): Die ‚praktischen' Aussagen von Politologie und Wirtschaftswissenschaft. In: Beiträge zur Gesellschaftspolitik, Göttingen 1978, S. 72-96.

WEISSER, G. (1978b): Distributionspolitik. In: Beiträge zur Gesellschaftspolitik, Göttingen 1978, S. 386-418.

WELSCH, W. (1991): Gesellschaft ohne Meta-Erzählungen? In: Die Modernisierung moderner Gesellschaften: Verhandlungen des 25. Deutschen Soziologentages in Frankfurt am Main, hrsg. v. W. ZAPF, Frankfurt am Main 1991, S. 174-184.

WENIGER, E. (1963): Didaktik als Bildungslehre. Teil 1: Theorie der Bildungsinhalte und des Lehrplans, 5. Aufl., Weinheim 1963.

WILBERS, K. (1996): Bildungsmarketing versus Pädagogik. Kritische Anmerkungen zu einem Spannungsverhältnis. In: Lernarrangements und Bildungsmarketing für multimediales Lernen, hrsg. v. G. ZIMMER und H. HOLZ, Nürnberg 1996, S. 226-257.

WILBERS, K. (1997): Netzwerke in der Wirtschaftspädagogik. Dissertation, Köln 1997.

WIRTH, H. (1992): Fachorganisationen der Personalarbeit. In: Handwörterbuch des Personalwesens, hrsg. von E. GAUGLER und W. WEBER, 2. Aufl., Stuttgart 1992, Sp. 865-873.

WITT, R. (1996): Navigator. Konzept eines hypermedialen Assistenzsystems für den verbundenen Erwerb von Fachwissen und Meta-Wissen für den Umgang mit Fachwissen. In: Beiheft 13 zu Zeitschrift für Berufs- und Wirtschaftspädagogik, hrsg. v. K. BECK und H. HEID, Wiesbaden 1996, S. 68-89.

WURDACK, E. (1982): Wirtschaftspädagogik. In: Handwörterbuch der Wirtschaftswissenschaften, Band 9, hrsg. v. W. ALBERS u.a., Stuttgart 1982, S. 155-178.

ZABECK, J. (1961): Die realistische Aufgabe der kaufmännischen Berufsschule unter dem Aspekt eines pädagogischen Berufsbegriffs. In: Die Deutsche Berufs- und Fachschule, 57. Jahrgang, Heft 12, 1961, S. 901-916.

ZABECK, J. (1968): Zur Grundlegung und Konzeption einer Didaktik der kaufmännischen Ausbildung. In: Jahrbuch für Wirtschafts- und Sozialpädagogik, hrsg. v. der DR.-KURT-HERBERTS-STIFTUNG, Freiburg im Breisgau 1968, S. 87-141.

ZABECK, J. (1978): Pluralismus als wissenschaftstheoretisches Programm. In: Tradition und Neuorientierung in der Berufs- und Wirtschaftspädagogik. Beiträge zur Theorie und Praxis beruflicher Bildungsprozesse, Festschrift für Ludwig Kiehn, hrsg. v. W. BRAND und D. BRINKMANN, Hamburg 1970, S. 291-332.

ZABECK, J. (1988): Was leistet die Handlungsforschung für die Wirtschaftspädagogik und -didaktik. In: Handlung und System, hrsg. von M. TWARDY, Düsseldorf 1988, S. 79-96.

ZABECK, J. (1992): Die Berufs- und Wirtschaftspädagogik als erziehungswissenschaftliche Teildisziplin, Hohengehren 1992.

ZABECK, J./ZIMMERMANN, M. (1995): Anspruch und Wirklichkeit der Berufsakademie Baden-Württemberg, Weinheim 1995.

ZIMMERMANN, G. E. (1995): Arbeit. In: Grundbegriffe der Soziologie, hrsg. v. B. SCHÄFERS, 4. Aufl., Opladen 1995, S. 12-18.

Register